Steven Weinberg

ROTES MEER
INDISCHER OZEAN

Steven Weinberg

ROTES MEER
INDISCHER OZEAN

Delius Klasing
EDITION NAGLSCHMID

© 1996 by Editions Nathan, Paris
Titel der französischen Originalausgabe:
DECOUVRIR: LA MER ROUGE ET L'OCEAN INDIEN
veröffentlicht bei Editions Nathan, Paris

Die Deutsche Bibliothek – CIP-Einheitsaufnahme

Weinberg, Steven:
Rotes Meer, Indischer Ozean / Steven Weinberg.
[Aus dem Franz. von Dr. Marcus Würmli]. – 1. Aufl. –
Bielefeld: Delius Klasing; Stuttgart: Ed. Naglschmid, 1998
(Erlebte Unterwasserwelt)
Einheitssacht.: Découvrir: La mer Rouge et l'ocean Indien (dt.)
ISBN 3-7688-1202-2

1. Auflage
ISBN 3-7688-1202-2

Die Rechte für die deutsche Ausgabe liegen bei:
Delius, Klasing & Co.,
Siekerwall 21, 33602 Bielefeld
Aus dem Französischen von Dr. Marcus Würmli
Umschlaggestaltung: Buchholz / Hinsch / Hensinger, Hamburg
Umschlagfotos: Steven Weinberg, Senningen
Wissenschaftliche Bearbeitung: MTi-Press / Dr. Friedrich Naglschmid
Druck: Kunst- und Werbedruck, Bad Oeynhausen
Printed in Germany 1998

Inhaltsverzeichnis

Vorwort

*In der Erinnerung
an meinen Vater
und auf die Zukunft
meiner Söhne.*

Als wahre Oasen inmitten der tropischen Ozeanwüsten kann man die Korallenriffe bezeichnen. Sie weisen unter allen Lebensräumen der Ozeane die bei weitem größte Artenvielfalt auf. In diesen warmen, geschützten Ökosystemen sind durch die natürliche Auslese Arten mit unglaublich phantastischen Formen und Farben entstanden. Dieses Leben versammelt sich im und um das Riff, das gleichzeitig schützendes Haus und Speisekammer darstellt. Oft vergleicht man die Korallenriffe wegen ihres Reichtums mit tropischen Regenwäldern. Beide Lebensräume sind bekanntlich bedroht. Die Ökologen nennen alarmierende Zahlen: 50 % der Korallenriffe sollen heute vom Menschen geschädigt, 10 % gar vollständig zerstört sein! Einige der schönsten Bilder in diesem Buch könnte man zu diesem Zeitpunkt vielleicht gar nicht mehr aufnehmen... Das Leben ist eher zerbrechlich als robust, und der Mensch bedroht es noch zusätzlich:
• Durch Verschmutzung, sei es von seiten der Industrie, der Landwirtschaft oder des Tourismus, weil viele Hotelkomplexe ihre Abwässer ungeklärt ins Meer entlassen.

Der Autor mit seinem Sohn Olivier. Selbst ein kaum neunjähriges Kind kann die Welt unter Wasser entdecken, vor allem in den warmen Meeresgebieten, von denen hier die Rede ist.

(Foto: Eddy Westinga)

• Durch mechanische Zerstörung, durch mißbräuchliche Nutzung der Riffkalke, durch Einwirkung von Ankern und Taucherflossen.

• Durch Raubbau der unterschiedlichsten Art, angefangen von der Langustenfischerei, bei der man die Tiere mit Chlor aus ihren Löchern holt, bis zum Pflücken eines Korallenstöckchens, das der Tourist dann aber doch liegen läßt.

Trotz allem ist ein Zusammenleben zwischen dem Menschen und den Meerestieren möglich. Einige Länder haben schon Verordnungen und Gesetze zum Schutz der Umwelt erlassen, die eine nachhaltige Nutzung im Sinne des Umweltgipfels von Rio 1992 erlauben.

Diese Verordnungen beruhen meistens auf dem gesunden Menschenverstand – gepaart mit einigem Grundwissen über Korallenriffe und ihre Ökologie. Und ohne Zweifel wird dieses Buch weiter dazu beitragen. Jeder von uns muß irgendwann Verantwortung übernehmen, damit auch unsere Kinder noch die Schönheiten der Korallenriffe und der Ozeane erleben können.

Philippe Vallette
Generaldirektor
NAUSICAA
Centre National de la Mer

Sachwortverzeichnis

abiotisch: unbelebt. Man spricht zum Beispiel von abiotischen Faktoren und meint damit Einwirkungen der unbelebten Natur wie Temperatur oder Licht.

adult: erwachsen, geschlechtsreif.

Art: Zu einer Art gehören alle jene Individuen, die unter sich kreuzungsfähig sind und die fruchtbare Nachkommen haben. Nahverwandte Arten gehören zu einer Gattung.

Atoll: Ein ringförmiges Riff mit einer zentralen Lagune.

autotroph: Bezeichnung für jene Lebewesen, die mit Hilfe von Lichtenergie oder chemischer Energie aus einfachen anorganischen Stoffen komplexe organische Stoffe aufbauen. Autotroph sind zum Beispiel alle grünen Pflanzen.

Barriereriff: Paralell zur Küste verlaufendes Riff, das von ihr durch eine Lagune getrennt ist.

Benthos: Zusammenfassende Bezeichnung für die Tierwelt des Meeresbodens. Das Adjektiv dazu lautet benthisch.

Biolumineszenz: Lichterscheinungen bei Pflanzen und Tieren. Das bekannteste Beispiel ist das Glühwürmchen.

Biomasse: Das Frisch- bzw. das Trockengewicht der Lebewesen, die sich in einem bestimmten Lebensraum aufhalten.

biotisch: Der belebten Welt entstammend.

Biotop: In einem begrifflich strengen Sinn der Lebensraum einer Biozönose oder Lebensgemeinschaft.

Biozönose: Soviel wie Lebensgemeinschaft.

Carapax: Rückenschild der Krebse. Der Carapax bedeckt mehr oder minder vollständig die Brust und auch einen Teil des Hinterleibs.

Chelizeren: Kneifzangenartige Organe am Kopf der Spinnentiere und auch an den Gliedmaßen der Krebse.

Chromatophoren: Farbstoffhaltige Zelle besonders bei den Fischen und den Tintenfischen. Beim Farbwechsel verändern die Chromatophoren ihre Gestalt.

Detritus: Allgemeine Bezeichnung für stark zerkleinerte Abfallprodukte pflanzlicher und tierischer Herkunft. Der Detritus lagert sich auf dem Gewässerboden ab.

endemisch: Bezeichnung für eine Art mit stark beschränkter geographischer Verbreitung. Man spricht zum Beispiel von Endemiten des Roten Meeres.

Epibiont: Bezeichnung für ein Lebewesen, das auf einem anderen Lebewesen lebt, ohne ihm dadurch zu schaden. Epibionten sind zum Beispiel die Seepocken auf vielen Muschelschalen.

Familie: Eine höhere Kategorie der Systematik. In der Regel umfassen Familien mehrere Gattungen mit ihren Arten.

Fauna: Soviel wie Tierwelt.

Flora: Soviel wie Pflanzenwelt.

Gattung: Eine höhere systematische

Kategorie. Mehrere nahverwandte Arten faßt man in einer Gattung zusammen.
Geschlechtsdimorphismus: Die Erscheinung, daß Männchen und Weibchen derselben Art unterschiedlich aussehen.
Habitat: Soviel wie Lebensraum.
halophil, Halophyt: Salzliebend. Die salzliebenden Pflanzen heißen auch Halophyten.
heterotroph: Bezeichnung für die Ernährungsweise nicht grüner Pflanzen und Mikroorganismen sowie aller Tiere. Die heterotrophen Lebewesen sind auf organische Stoffe angewiesen, die von den autotrophen Lebewesen aufgebaut wurden.
Infralitoral: Die Uferzone, deren Obergrenze dauernd überflutetem Gebiet entspricht.
inkrustierend: Auf anderen Lebewesen wachsend und dort eine Kruste bildend.
Kiemen: Die Atmungsorgane wasserbewohnender Tiere. Die Kiemen der meisten Fische liegen hinter dem Kiemendeckel.
Kolonie: Tierstock. Der Zusammenschluß mehrerer Individuen derselben Art zu einem funktionalen Ganzen. Kolonien gibt es zum Beispiel bei den Korallen, den Moostierchen und den Seescheiden.
Kommensale: „Mitesser". Eine Art duldet dabei eine zweite Art, die sich auf das Mitgenießen der Nahrung beschränkt, ohne den Wirt zu schädigen.
Lagune: Seichter Meeresbereich hinter einem Barriereriff oder inmitten eines Atolls.
Litoral: Uferbereich, Uferzone.

Meduse: Das freilebende, meist schirmförmige Stadium der Hohltiere. In der Regel treten die Hohltiere in zwei Formen auf: als freilebende Meduse und als festsitzender Polyp. Stellt die Meduse die Hauptform dar, so spricht man auch von Qualle.
Mesogloea: Zellhaltige, gallertartige Stützlamelle vieler Hohltiere.
Nahrungskette: Ein System von Beziehungen zwischen Lebewesen, bei denen die einen direkt oder indirekt die Nahrung der anderen sind.
Nekton: Die Lebensform der aktiv schwimmenden und meist großen Tiere.
Nomenklatur: Die wissenschaftliche Benennung der Tier- und Pflanzenarten.
Ökologie: Die Wissenschaft von den Beziehungen zwischen den Lebewesen und ihrer Umwelt.
ökologische Nische: Die Rolle und Stellung einer Art im Ökosystem. Dabei faßt man den Begriff „Nische" nicht nur in einem räumlichen, sondern auch vor allem in einem funktionellen Sinne auf.
Ökosystem: Das Beziehungsgefüge zwischen den Lebewesen und ihrem Lebensraum: Statt Ökosystem sagt man heute vereinfacht auch oft nur Lebensgemeinschaft.
Oviparie: Das Ablegen von Eiern, die daran anschließend eine Keimesentwicklung durchmachen.
Oviviparie: Das Ablegen von Eiern, in denen bereits ein mehr oder weniger weit entwickelter Keim vorhanden ist. Es ist möglich, daß die Jungtiere kurz nach der Eiablage ausschlüpfen. Der Übergang zur Viviparie ist fließend.

Parasit: Schmarotzer.

pelagisch: Im freien Wasser lebend.

Phanerogamen: Samen- oder Blüten-pflanzen.

photophil: Lichtliebend.

Photosynthese: Bei der Photosynthese fangen die grünen Pflanzen Sonnenlicht ein und verwenden es als Energiespender für eine Reihe von chemischen Reaktionen, die schließlich zur Bildung von Kohlenhydraten führen. Bei der Photosynthese stellen die Pflanzen ausgehend von Wasser und Kohlendioxid Zucker und Stärke her.

Plankton: Sammelbezeichnung für alle Pflanzen und Tiere, die dauernd im Wasser schweben. Das Plankton wird überwiegend passiv verfrachtet.

Polyp: Die festsitzende Form der Hohltiere. Polypen sind mehr oder minder schlauchförmig und haben am oberen Ende mehrere Tentakel. Bei vielen Hohltieren wechselt der Polyp mit der Meduse ab.

Population: Die Menge aller Individuen einer Art, die in einem bestimmten Gebiet leben.

Rhizoiden: Sehr zugfeste Fäden, mit denen sich bestimmte Algen an ihrer Unterlage verankern. Die Rhizoiden sind keine echten Wurzeln.

Riff: Eine organische Bildung auf dem Meeresboden. Die wichtigsten Riffbauer der Jetztzeit sind die Korallen.

saprophag: Bezeichnung für ein Tier, das sich von verwesenden pflanzlichen oder tierischen Stoffen ernährt.

Saumriff: Ein Riff, das sich direkt am Meeresufer befindet und das von diesem höchstens durch einen engen Kanal getrennt ist.

sessil: festsitzend.

Sklerit: Skelettelement. Sklerite findet man bei Schwämmen, Octocorallia, Seegurken und Seescheiden.

Spermatophyten: Samen- oder Blütenpflanzen.

Sprungschicht: In der Sprungschicht geht die Temperatur innerhalb von wenigen Metern um ungefähr 10° zurück. Die Sprungschicht trennt somit eine wärmere Oberschicht von einer kälteren Tiefenschicht.

Stolo: Ausläufer.

Substrat: Unterlage.

Supralitoral: Obere Uferzone. Die Untergrenze des Supralitorals bildet das Gebiet, das dauernd unter dem Wasserspiegel liegt.

Symbiose: Eine Beziehung zwischen zwei verschiedenartigen Lebewesen zu beiderseitigem Nutzen.

Systematik: Jener Zweig der Biologie, der sich mit dem Beschreiben, Benennen, Ordnen und Bestimmen der Lebewesen beschäftigt. Statt Systematik sagt man auch Klassifikation oder Taxonomie.

Taxonomie: Siehe Systematik.

Tentakel: Längliche Körperanhänge von Tieren. Tentakel haben zum Beispiel Seeanemonen, Tintenfische, Quallen und Moostierchen.

Thallus: Der Vegetationskörper der niederen Pflanzen, der keine Gliederung in Wurzel und Sproß aufweist. Oft verwendet man auch das deutsche Wort „Lager".

Unterart: Im Inneren einer Art unterscheidet man oft mehrere geographische Unterarten oder Subspezies. Sie kommen in unterschiedlichen Gebieten vor, sind oft äußerlich differenziert, kreuzen sich aber noch an den Nahtstellen ihres Vorkommens und erzeugen fruchtbare Nachkommen.

Viviparie: Das Gebären lebender Jungtiere, im typischen Fall bei den Säugetieren.

Zoide: Die Individuen bei koloniebildenden Tieren, zum Beispiel bei den Moostierchen und den Seescheiden.

Zooxanthellen: Einzellige Algen, die symbiontisch im Gewebe gewisser Tiere leben, vor allem von Seeanemonen, Korallen und Weichtieren.

Die Namen

Die Namen der Tiere wurden – soweit möglich – in den folgenden Sprachen angeführt: Deutsch (D), Französisch (F), Englisch (GB), Niederländisch (NL), Hebräisch (HE), Arabisch (AR) sowie Maledivisch (Divehi, MAL). Für die Aussprache des Hebräischen und des Arabischen gelten die folgenden Regeln:

th wie im Englischen „think"
dh wie im Englischen „the"
dj wie im Englischen „Jim"
h wie im Englischen „had"
᾽ Stimmlippenverschlußlaut wie vor anlautenden deutschen Vokalen: Iß᾽ auch᾽ ein᾽ Ei
kh wie **ch** im Deutschen „nach"
rh in der Kehle gesprochenes r
sh wie **sch** im deutschen Wort „Schule"
q wie **k** im deutschen „Kajak"

Einleitung

Dieses Buch handelt von der Tier- und Pflanzenwelt der tropischen und subtropischen Küsten des Indischen Ozeans. Das Rote Meer ist ein Teil davon. Die Aufnahmen stammen aus einem Gebiet, das sich vom Golf von Suez und Aqaba im Norden des Roten Meeres über das Sultanat Oman, die Seychellen, die Malediven, Thailand bis nach Indonesien erstreckt. Dieser Führer richtet sich gleichermaßen an den Strandwanderer wie an den Schnorchler oder Taucher, an den Anfänger wie an den Könner. Die tropischen Meere eignen sich hervorragend zum Kennenlernen mariner Lebensräume – und sei es auch nur mit Hilfe einer einfachen Tauchmaske!

Das vorliegende Werk erhebt nicht den Anspruch enzyklopädischer Vollständigkeit. Sie wäre auch nicht zu erreichen, denn im indopazifischen Raum zählt man rund 500 Korallenarten, 5000 Weichtierarten und 2200 Fischarten. In diesem Buch werden über 500 Arten vorgestellt, denen man mit größter Wahrscheinlichkeit begegnen kann. Einige darunter sind sehr auffällig, andere eher zurückhaltend. Doch jeder kann sie sehen, wenn man die Augen öffnet. Ich habe auch einige seltenere

Begegnung zwischen einem Seidenhai und dem glücklichen Autor irgendwo im Roten Meer im Sommer 1995.

(Foto: Peter Ringseis)

Arten aufgeführt, zum Beispiel den Walhai, den Fangschreckenkrebs und andere, nur um zu zeigen, daß mit etwas Glück alles möglich ist!

Dieses Werk ist aus einem Kompromiß hervorgegangen: Einerseits wollte ich alles sagen, alles aufführen, andererseits mußte ich verständlich, kurz und bündig bleiben. Das Buch will zunächst ein nützlicher Begleiter für den Anfänger wie für den Studenten der Meeresbiologie sein. Und es will den Leser dazu auffordern, selbst zu entdecken, selbst zu verstehen und selbst staunend die Wunder der Natur zu betrachten.

Da die Materie komplex ist, umfaßt das Buch zwei Teile. Der erste Teil stellt eine Einführung in das Rote Meer und den Indischen Ozean, in die Lebensräume und in einige wissenschaftliche Begriffe dar. Im zweiten Teil werden die Arten aufgezählt. Dazu habe ich die klassische Ordnung der biologischen Systematik verlassen. Ich behandle zunächst die festsitzenden Lebewesen, dann die beweglichen... Mit einigen Ausnahmen allerdings! Unter Wasser kann man nämlich leicht Tiere und Pflanzen miteinander verwechseln. Es gibt hier „Blumen" mit einem Mund sowie Würmer und Krebstiere, die festgeheftet auf dem Boden leben.

Die Wunder des Meeres stehen Ihnen offen!   *Steven Weinberg*

Karte des Indischen Ozeans und seiner Nebenmeere mit den Wendekreisen des Krebses im Norden und des Steinbocks im Süden. Sie entsprechen im großen und ganzen den Verbreitungsgrenzen der Korallenriffe.

a. Rotes Meer, b. Golf von Aden, c. Straße von Mozambique, d. Persischer Golf, e. Golf von Oman, f. Arabisches Meer, g. Golf von Bengalen, h. Andamanensee, i. Javasee, j. Südchinesisches Meer. Die Fotografien in diesem Buch stammen von folgenden Orten:

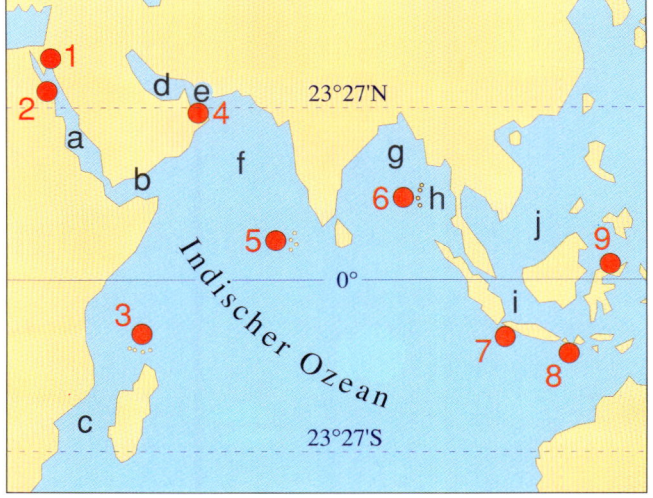

1. Golf von Eilat (Eilat, Sharm el Sheikh), 2. Rotes Meer (Hurghada, Safaga, Quseir, Sudan), 3. Seychellen, 4. Sultanat Oman (Insel Fahal, Bandar Jissah), 5. Malediven (Malé Süd Atoll, Ari Atoll), 6. Similan-Inseln (Andamanensee), 7. Java (Pelabuhanratu), 8. Bali (Pulau Menjanggan, Tulamben, Nusa Penida), 9. Sulawesi (Donggala, Manado).

Das Rote Meer und der Indische Ozean
Von Suez bis nach Indonesien

Im Jahr 1912 formulierte der deutsche Geophysiker Alfred Wegener als erster die Theorie von der Kontinentalverschiebung. Ganz zu Anfang bildeten die Kontinente, wie wir sie heute kennen, einen einzigen Urkontinent, die Pangaea. Diese soll später aufgebrochen sein. Die Bruchstücke entfernten sich dann nach und nach von ihrer ursprünglichen Lage. Diese revolutionäre Theorie wurde zunächst gar nicht beachtet oder einfach abgelehnt. Erst ein halbes Jahrhundert später waren die Geowissenschaftler soweit, daß sie die prinzipielle Richtigkeit von Wegeners Theorie bestätigen und dafür eine mögliche Erklärung in Form der Plattentektonik liefern konnten.

Die Erdkruste ist keinesfalls kontinuierlich ausgebildet, sondern in mehrere Platten unterteilt. An der Grenze zwischen zwei auseinanderstrebenden Platten (Riftzone) steigt Magma auf, preßt die Platten auseinander, erstarrt und bildet eine neue Meereskruste. Was aber geschieht am anderen Ende der Platten (Subduktionszone), wo der Druck immer stärker wird? Hier gibt es zwei Möglichkeiten. Entweder stoßen die zwei benachbarten Platten aufeinander, reiben aneinander und falten Gebirgsketten auf, oder eine der Platten taucht ins glühend heiße Erdinnere der Asthenosphäre ab und wird dort wieder aufgeschmolzen. Solche Subduktionszonen liegen in den tiefsten Meeresgräben und konnten bis vor kurzem nicht direkt beobachtet werden.

Brüche in der Erdkruste

Die Geschichte des Indischen Ozeans begann vor 200 Millionen Jahren. Durch Konvektionsströmungen stieg Magma auf und verschob die Platten der Kontinente mit einer Geschwindigkeit von einigen Zentimetern pro Jahr. Auf der heutigen Karte des Indischen Ozeans können wir diese Umwälzungen nachvollziehen. Madagaskar ist ein früh abgespaltener Splitter Afrikas. Der Indische Subkontinent stieß bei seiner nordwärts gerichteten Bewegung auf die eurasische Platte. Durch den Aufprall und den Druck wurde der Himalaya aufgefaltet. Der Persische Golf im Norden der Arabischen Halbinsel und das Rote Meer westlich davon entsprechen Divergenzrändern. Das Rote Meer ist Teil einer Grabenstruktur, die sich nordwärts bis zum Toten Meer und zum Jordangraben fortsetzt. Südwärts verläuft der Graben bei Djibouti schräg

Reichtümer des Roten Meeres: Juwelen-Fahnenbarsche (Pseudanthias squamipinnis) und Glasfische der Art Parapriacanthus guentheri vor Geweihkorallen.

Diese Klippen vor der Küste von Oman sind alte Korallenriffe, die durch tektonische Kräfte aus dem Meer gehoben wurden. Diese führen zu dauernden Veränderungen in der Topographie der Meere.

und das Südchinesische Meer (Oberfläche 2 975 000 km², mittlere Tiefe 1460 m). In diesem Führer wird nur die Fauna und Flora der tropischen und subtropischen Küsten des Indischen Ozeans behandelt. Im wesentlichen geht es um das Rote Meer, den Golf von Oman, die Malediven, um Thailand und Indonesien.

Von Suez bis nach Indonesien

nach Südwesten und bildet das Ostafrikanische Rifttal: Hier ist ein neuer Ozean im Entstehen begriffen. Vulkane und Erdbeben entstehen vor allem in Bruch- und Subduktionszonen. Dies gilt vor allem für die Gebiete der Philippinen und Indonesiens, für Réunion und Djibouti. Der Indische Ozean hat mit allen Nebenmeeren eine Oberfläche von 74 120 000 km². Er ist damit der drittgrößte Ozean der Erde. Er allein enthält 20 % der Wasserreserven unseres Planeten. Die mittlere Tiefe beträgt 3840 m; der tiefste Punkt liegt im Javagraben bei 7455 m.
Die Nebenmeere sind: Rotes Meer (Oberfläche 450 000 km², mittlere Tiefe 538 m), der Persische Golf (Oberfläche 240 000 km², mittlere Tiefe 25 m), die Andamanensee (Oberfläche 565 000 km², mittlere Tiefe 1120 m)

Die warmen Gebiete des Indischen Ozeans und seiner Nebenmeere, die uns hier interessieren, fallen mit dem Areal der Korallenriffe im indopazifischen Raum zusammen. Dieses erstreckt sich grob gesagt zwischen dem Wendekreis des Krebses und dem des Steinbocks und reicht von der Ostküste Afrikas bis zur Westküste der Meerenge von Panama. Diese Zone entspricht einem Gebiet, in dem die Wassertemperatur niemals unter 20 °C sinkt.
Eine scharfe Grenze zwischen dem Pazifik und dem Indischen Ozean gibt es nicht. Die Gewässer des indonesischen Archipels bilden ein Übergangsgebiet. Aus diesem Grund zeigen die beiden Meere eine ähnliche biologische Zusammensetzung. Man kann allerdings einige besondere zoogeographische Provinzen unterscheiden.
Das Rote Meer ist nicht nur das von Europa aus nächste, sondern auch das ursprünglichste Korallengebiet. Es ist

2350 km lang und 250 bis 300 km breit. Es erreicht die beträchtliche Maximaltiefe von 2850 m. Im Süden steht das Rote Meer in der 25 km breiten und nur 150 m tiefen Meerenge von Bab al-Mandab mit dem eigentlichen Indischen Ozean in Verbindung.

Campende Taucher am Ufer des Roten Meeres. Die Wüste steht in starkem Kontrast zum Reichtum der Unterwasserwelt.

Damit ist das Rote Meer von der restlichen indopazifischen Welt fast isoliert und weist einen relativ hohen Prozentsatz an Endemiten auf: 20 bis 30 % aller hier angetroffenen Arten kommen sonst nirgendwo anders vor. Das Rote Meer ist eines der wissenschaftlich am besten erforschten Gebiete. Den Beginn machte der Schwede Peter Forsskål, der hier von 1761 bis 1763 tätig war und schließlich im Jemen starb. Napoleon brachte von seinem ägyptischen Feldzug (1798–1801) Fische nach Hause, die von Geoffroy Saint-Hilaire beschrieben wurden. Von 1820 an besuchten die beiden Berliner Biologen Christian Ehrenberg und Friedrich Hemprich das Rote Meer. 1825 starb Hemprich in Massaoua, während sein Kollege eine reiche Sammlung von Korallen und anderen Lebewesen nach Hause brachte. Es folgten weitere Wissenschaftler, besonders Eduard Rüppell (1826–1833) und C. B. Klunzinger (1864–1875). Die Faszination dieses Meeres hat nie nachgelassen, und noch heute werden neue Arten entdeckt.

Das Rote Meer ist von Wüste umgeben, so daß hier kein einziger Süßwasserfluß mündet. Das trägt zu seiner größ-

Weil es keine Süßwasserzuflüsse gibt, herrschen im Roten Meer außerordentlich gute Sichtverhältnisse. Hier nähert sich der Taucher einer Riesengorgonie (Subergorgia hicksoni), deren Fächer einen Durchmesser von 3 m erreichen können.

*Luftaufnahme maledivischer Faros.
Jedes Inselchen ist ein winziges Atoll.*

*Einige Inseln im Indischen Ozean sind
vulkanischen Ursprungs. Bei den Seychellen
und den Similan-Inseln (Bild) fallen Granit-
felsen direkt ins Meer.*

ten Attraktion bei, der außergewöhnlichen Klarheit. Die starke
Verdunstung erklärt zusammen mit
den geringen Niederschlägen den
hohen Salzgehalt, der bei 42 ‰
liegt. Die Wassertemperatur
schwankt zwischen 20 °C im Winter
und 30 °C im Sommer. Die Saumriffe des Roten Meeres liegen auf
dem schmalen Festlandsockel und
sind vom Strand durch einen
schmalen Kanal oder eine Lagune
getrennt.

Der westliche Indische Ozean bildet die zweite Riffprovinz. Im nördlichen Teil konnten sich aus verschiedenen Gründen nur wenige
Riffe entwickeln: im Persischen
Golf sind es der sandige Untergrund
und die Verschmutzung, für die Küsten Indiens der allgegenwärtige
Schlick, der eher die Entwicklung
von Mangrovenküsten begünstigt;
für den Süden der Arabischen Halbinsel und die Somalische Küste sind
als Gründe die Upwellings zu nennen, aufsteigende Kaltwasserströme aus den Tiefen des Arabischen
Meeres.

Mehrere Archipele weisen dafür
eine reiche tropische Meeresfauna
auf: die Komoren, die Seychellen,
die Chagosinseln, die Lakkadiven
und die Malediven. Die beiden zuletzt genannten sind reine Korallenriffe aus mehreren Atollen, darunter
auch das größte Atoll der Erde, Suvadiva, im Süden der Malediven. Jedes Atoll auf den Malediven setzt
sich aus einem Ring kleinerer,
gleichfalls ringförmiger Inseln zu-

sammen. Diese sogenannten Faros bilden sozusagen Miniatolle. Diese extrem niedrig gelegenen Koralleninseln wären vom Verschwinden bedroht, wenn die Erwärmung des Klimas tatsächlich zu einem Ansteigen des Meeresspiegels führen würde.

Bedeutende Korallenriffe gibt es auch um Sri Lanka, in Madagaskar, in den Maskarenen (Insel Réunion, Insel Mauritius und Insel Rodriguez) und längs der afrikanischen Küste, vom Äquator bis nach Mozambique.

Die Inseln des indonesischen Archipels bilden einen Kranz aus Vulkanen. Hier liegt das artenreichste Übergangsgebiet zwischen dem Indischen Ozean und dem Pazifik. Im Bild der Vulkan Manado Tua auf Sulawesi.

Der östliche Indische Ozean umfaßt die Inselgruppen der Andamanen und der Nikobaren sowie zwei Atolle, Christmas Island und Cocos Keeling. Auch an der Westküste Australiens begegnet man Korallenriffen, die allerdings sehr viel weniger spektakulär sind als das Große Barriereriff an der gegenüberliegenden Seite des Kontinents. Im indonesischen Archipel und in den Philippinen, die beide ein Übergangsgebiet zwischen Indischem Ozean und Pazifik bilden, treffen wir die größte Artenvielfalt an. Während der letzten Eiszeit vor ungefähr 17000 Jahren konnten die Korallenriffe tatsächlich nur noch hier überleben, weil es anderswo zu kalt war. Von diesem Rückzugsgebiet aus haben sich die korallenbildenden Arten schließlich wieder ausgebreitet. Die Arten dieses Gebietes sind dank der wissenschaftlichen Expeditionen der Snellius und der Siboga zu Beginn unseres Jahrhunderts sehr gut bekannt.

Alarmrufe

Der größte Teil der Küsten des Roten Meeres ist unbewohnt. Dieses Binnenmeer leidet somit nicht unter zu starker Verschmutzung. Nur einige städtische Zentren wie Suez (Ägypten), Eilat (Israel), Aqaba (Jordanien), Djedda (Saudi-Arabien), Port Sudan (Sudan) und Massaoua (Äthiopien) sind Quellen einer relativ bescheidenen Verschmutzung. Ähnliches gilt für die meisten weiteren Gebiete des westlichen Indischen Ozeans mit Ausnahme des Persischen Golfs. Die Ölförderung in diesem Gebiet und die ökologischen Verbrechen während des Golfkrieges 1991 belasten hier schwer das biologische Gleichgewicht. Als erschwerend kommt hier die geringe Wassertiefe hinzu.

Dasselbe gilt leider auch für den größ-

Im flachen Persischen Golf, der mit dem Indischen Ozean nur über die Meerenge von Hormus in Verbindung steht, stellen die Ölplattformen, die Terminals und die Tanker eine dauernde Bedrohung für die Ökosysteme des Meeres dar.

Die Häuser in kleinen maledivischen Dörfern werden aus Korallenkalken gebaut, die die Einheimischen im Meer brechen. So tragen sie zur Zerstörung der Riffe bei, die ihre Inseln schützen.

ten Teil der asiatischen Küsten und ihrer dichten Bevölkerung. Große Küstenstädte wie Karachi, Bombay, Colombo, Madras, Calcutta, Dacca, Rangoon, Bangkok, Singapur, Jakarta und Surabaya geben ihre Mischung aus Haushalts- und Industrieabwässern einfach ins Meer ab. Die Malakkastraße zwischen Singapur und der Insel Sumatra ist eine der am stärksten frequentierten Schiffahrtsstraßen. Hier muß es zwangsläufig zu Unfällen kommen, wie der Schiffbruch des Tankers Showa Maru 1975 beweist.

Es gibt aber auch eine fast unsichtbare Verschmutzung, die mit ihren zahlreichen heimtückischen Formen vielleicht noch schlimmer ist. Die Zinngewinnung im Meer vor Sumatra und den Westküsten Thailands zerstört wertvolle Lebensgemeinschaften des Sandes und wühlt enorme Sedimentmengen auf, die ihrerseits wieder die Korallenriffe ersticken. Ähnliches gilt für den Persischen Golf, wo mit großer Geschwindigkeit urbane und industrielle Zentren sowie Tankeranlegestellen gebaut werden. Die Verschmutzung durch Sedimente stammt bisweilen aus weit entfernten Gebieten. So führte die Rodung auf der Insel Mauritius, auf Madagaskar, in Kenia, Thailand und Indonesien zu starker Erosion. Die Bodenteilchen wurden von den Flüssen an die Küsten verfrachtet und hatten katastrophale Auswirkungen auf die Ökosysteme des Meeres.

An einigen Orten führt der wachsende demographische oder touristische Druck dazu, daß immer mehr Häuser gebaut werden müssen. So nutzt man vor allem in Sri Lanka und den Malediven direkt die Riffe und gewinnt dort Baumaterial.

Die traditionelle Fischerei, die nicht sehr effizient arbeitet, läßt den Fischen die Möglichkeit zur Fortpflanzung. Doch das Bevölkerungswachstum zwingt zu einer Übernutzung der natürlichen Ressourcen: Die Menschen essen alles, was man fangen kann, darunter auch sehr junge Fische, die noch nicht einmal die Gelegenheit hatten, sich fortzupflanzen. Dazu kommt die Präsenz russischer, japanischer oder koreanischer Fischfangflotten, die alle Meere dieser Welt befahren.

Angesichts der sinkenden Fischerträge und der steigenden Zahl von Mäulern, die es zu stopfen gilt, greift die örtliche Bevölkerung bisweilen auf verzweifelte Verfahren zurück. Beim Sprengstofffischen zerstört man ganze Riffe und läßt gleichzeitig zahlreiche Fische mit zerrissenen Schwimmblasen auf dem Meeresboden zurück.

Eine andere Form der Fischerei will mit außerordentlich feinen Netzen kleine bunte Fische lebend fangen, um sie schließlich den Aquarienliebhabern in der westlichen Welt anzubieten. Neun von zehn Fischen sterben dabei, bevor sie ihren Bestimmungsort erreicht haben. Korallen, Muscheln und auch Schildkrötenpanzer werden immer noch den Touristen zum Kauf angebo-

Durch das galoppierende Bevölkerungswachstum in gewissen Ländern (im Bild Indonesien) ist die Bevölkerung gezwungen, immer mehr zu fischen. Doch bis zu welchem Punkt kann das Meer diesem Druck standhalten?

ten, obwohl manche verwendeten Arten unter die Bestimmungen des Washingtoner Artenschutzabkommens fallen. Der aufgeklärte Tourist rührt nichts davon an und trägt dazu bei, daß die Korallenriffe erhalten bleiben, die er selber sehen wollte.

Und Sie selbst?

Auch der Tourismus als neue Einkommensquelle wirft echte Probleme auf. In den Seychellen stammt die Hälfte des Bruttosozialprodukts aus dem Tourismus. Jedes Jahr besuchen fast ebenso viele Touristen die kleine Republik der Malediven, wie dort Einheimische leben. Man stelle sich einmal vor, daß 80 Millionen Besucher jedes Jahr nach Deutschland kommen! Das wäre ohne Zweifel ein seltener Glücksfall für die Tourismusindustrie, aber nicht für lan-

Um der heftigen Strömung (erkennbar an den Luftblasen) zu widerstehen, halten sich die Taucher an Korallen fest, die dadurch mindestens teilweise zerstört werden.

Mit gutem Beispiel voran: Die Taucherin ist völlig austariert und beobachtet das Riff, ohne es zu berühren.

ge Zeit, denn daraus ergäbe sich ein schwerwiegendes Umweltproblem.

Doch kehren wir vor der eigenen Tür... Wenn Sie dieses Buch gekauft haben, lieben Sie ohne Zweifel das Meer. Vielleicht sind Sie Taucher, Angler oder nur Strandwanderer. Kann ich darauf zählen, daß Sie selbst keine unnützen Schäden anrichten? Pflücken Sie nichts, was es auch sei. Lassen Sie Korallenstöcke, wo sie sind. Sie sind im Meer wertvoller als auf dem Kaminsims! Dazu muß man wissen, daß eine Kolonie mindestens zehn Jahre braucht, um zu dieser Größe wieder heranzuwachsen, sofern es einer Larve gelingt, sich an der Stelle festzuheften... Nehmen Sie keinen Seestern mit, keine Krabbe und keine Muschel, denn sie wird nach drei Tagen stinken und im Mülleimer landen, vielleicht zusammen mit Tausenden von Eiern, aus denen niemals Larven oder Jungtiere schlüpfen. Angeln Sie nicht mehr, als Sie essen können. Das Meer ist kein unerschöpfliches Reservoir... Legen Sie auch bitte Steine wieder zurück, die Sie umgedreht haben. Sie machen sich sonst eines Massakers schuldig: Lebewesen, die auf dem Stein wachsen, gehen aus Licht- oder Wassermangel zugrunde, und die Lebewesen unter dem Stein sind hilflos der Sonne, dem Licht und den Sedimenten ausgesetzt... Schließlich drehen Sie mehr als einen Stein... Und Sie sind nicht der einzige, der Steine dreht...

Beim Tauchen und Schnorcheln sollte man keine Korallenstöcke mit den Flossen berühren. Man sollte sie nicht einmal mit den Händen anfassen: Das lebende Gewebe ist so zart, daß es bei der leisesten Berührung abstirbt! Und wenn Sie ihre Lage im Wasser stabilisieren müssen, so halten Sie sich an kleinen abgestorbenen Korallenstöcken fest, die man leicht erkennen kann.

Ein kurzer Blick
in die Wissenschaft

Da stehen Sie nun am Strand, vielleicht mit Maske und Schnorchel und sind zum Tauchen bereit. Hinter Ihnen liegt die Wüste oder ein Palmenwald auf einem kleinen Atoll... Vergessen Sie die täglichen Sorgen und schauen Sie sich um. Staunen Sie! Dieses Staunen ist ein Zeichen dafür, daß man jung geblieben ist. Es kann nur von innen heraus kommen. Ich will Ihnen hier einige Erklärungen von Erscheinungen geben, über die man in Staunen geraten kann.

Ozeanographie

Die Ozeanographie ist die Wissenschaft vom Meer. Sie setzt sich aus ganz unterschiedlichen Disziplinen zusammen. Die Ozeanographie umfaßt geologische, physikalische, chemische und biologische Zweige. Wir wollen uns hier mit einigen ozeanographischen Grundbegriffen beschäftigen.

Druck und Temperatur

Wenn man im Wasser abtaucht, verändern sich die Umweltbedingungen sehr schnell. Temperatur, Sichtweite und die Wasserbewegungen werden geringer; dafür nimmt der Druck zu. Für den Taucher ist er der wichtigste Faktor, doch für die Meereslebewesen ist er nur von geringer Bedeutung. Deswegen wollen wir hier gar nicht näher auf den Druck eingehen.

In relativ stabilen Wasserkörpern (Seen, geschlossenen Meeren) bildet sich im Sommer eine Sprungschicht oder Thermokline aus. Die oberflächennahe Wasserschicht erwärmt sich und dehnt sich aus, so daß deren Dichte geringer wird. Darunter liegt eine Schicht kälteren und dichteren Wassers. Eine Durchmischung findet kaum statt. An der Sprungschicht kann die Temperatur innerhalb weniger Meter um über 10 °C zurückgehen.

Im Roten Meer entsteht keine jahreszeitliche Sprungschicht, weil das Wasser durch die vorherrschenden Winde dauernd umgewälzt wird. Aus diesem Grund ist die Temperatur von der Oberfläche bis in 1000 m Tiefe praktisch konstant – eine einzigartige Erscheinung auf der Welt.

In tropischen Regionen ist die Wassertemperatur das ganze Jahr über ziemlich konstant (25 bis 30 °C). Das gilt von der Oberfläche bis in ungefähr 100 m Tiefe. Dann geht sie schnell zurück und erreicht in 200 m Tiefe 15 °C und in 500 m Tiefe 5 °C. Die größten Temperaturschwankungen des Oberflächenwassers in unserem Gebiet finden wir im Persischen Golf (18 bis 38 °C). Die geringsten Schwankungen konstatiert man in Äquatornähe.

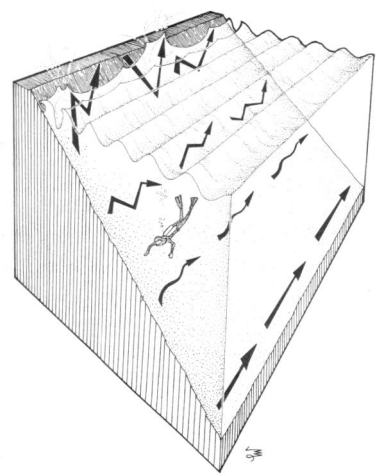

Nahe der Oberfläche ist das Wasser ziemlich turbulent. Die Wellen führen an der Küste zu einer Hin- und Herbewegung, die mit zunehmender Tiefe immer schwächer wird. Lebensräume in größerer Tiefe sind dabei regelmäßigen Wasserströmungen ausgesetzt. An Kaps und in Meeresstraßen zwischen Inseln können diese Strömungen sehr heftig werden.

Winde und Gezeiten

Das Meer ist dauernd in Bewegung. Antrieb für diese Bewegung sind die Sonneneinstrahlung, die Erddrehung, der Wind und die Anziehungskräfte der Himmelskörper. Der Seefahrer nutzt den Wind und fürchtet ihn gleichzeitig, der Dichter bestaunt ihn, der Philosoph denkt über ihn nach, und der Wissenschaftler versucht zu erklären, wie er entsteht und wohin er weht. Im Roten Meer und um die ganze Arabische Halbinsel herum entstehen aufgrund der großen Temperaturunterschiede zwischen der Wüste und dem Meereswasser heftige thermische Winde. Das Klima des Indischen Ozeans wird von den jahreszeitlichen Monsunen bestimmt. Wehen sie von den Kontinenten her, so sind sie trocken, stammen die Winde hingegen vom Meer, so führen sie zu Regenfällen auf dem Festland. Bevor man sich für ein Ferienziel entscheidet, sollte man sich über Trocken- und Regenzeit erkundigen!

An der Meeresoberfläche erzeugen die Winde Wellen und eine Dünung. Die Form der Wellen hängt von der Windgeschwindigkeit und der Strecke ab, auf der der Wind einwirken konnte. Aus diesem Grund sind die Wellen des Indischen Ozeans höher und länger als die des Roten Meeres. Wellenbewegungen spürt man nur bis in eine gewisse Tiefe. In seichten Gewässern führt der Seegang zur Brandung. Eine solche tritt dann auf, wenn – einer allgemeinen Regel zufolge – die Wassertiefe geringer ist als vier Drittel der Wellenhöhe. Eine 3 m hohe Welle bricht folglich in 4 m Wassertiefe. In diesem Fall wird sehr viel Energie frei, und es entstehen heftige turbulente Strömungen.

In wenig tiefem Wasser entsteht hauptsächlich eine vertikale Auf- und Abbewegung. In größerer Tiefe verwandeln sich diese Schwankungen nach und nach in eine regelmäßige, meist horizontale Strömung.

An den meisten Küsten des Roten Meeres und des Indischen Ozeans sind die Gezeiten nur wenig ausgeprägt. In schmalen Meeresstraßen zwischen Inseln und vor Kaps können allerdings größere Meeresströmungen entstehen.

Dem muß man bei Tauchgängen Rechnung tragen. Bevor man ins Wasser geht, sollte man das Meer beobachten und sich erkundigen.

Das Licht

Die Sonne gibt wie alle Sterne Energie in Form elektromagnetischer Strahlen ab, deren Spektrum von den Gammastrahlen bis zu den langwelligen Radiowellen reicht. Ungefähr in der Mitte dieses Spektrums befindet sich ein winziger Ausschnitt, den wir Licht nennen. Nur dieses können wir mit unseren Augen wahrnehmen. Die Empfindlichkeit erstreckt sich dabei von 350 Nanometer (violett) bis 700 Nanometer (rot). Ein Nanometer entspricht dabei einem Milliardstel Meter. Auch die meisten Tiere sowie die autotrophen Pflanzen können Licht wahrnehmen. Die grünen Pflanzen verwenden das Licht bei der Photosynthese sogar als Energiequelle. Glücklicherweise läßt Wasser das Licht hindurchtreten, sonst wäre ein Leben im Wasser unmöglich. Wären die Algen zum Beispiel für die Photosynthese auf Infrarotstrahlen angewiesen, so könnten sie nur innerhalb der ersten Zentimeter oder sogar Millimeter unter der Wasseroberfläche leben, denn Wasser absorbiert Infrarot sehr schnell. Selbst langwelliges Licht der Farben Rot, Orange und Gelb dringt nur wenig ins Wasser ein. Das erklärt uns, warum die Unterwasserwelt schon in einigen Metern Tiefe wie in Blau und Grün getaucht erscheint. Auch blaues Licht

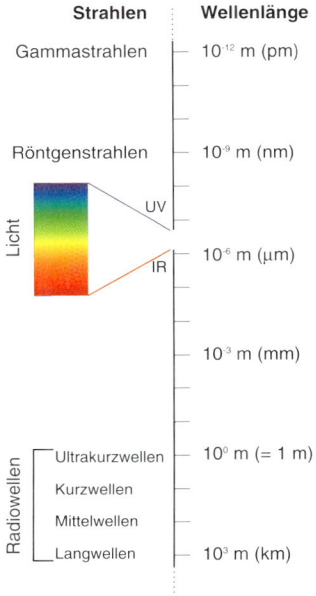

Strahlen	Wellenlänge
Gammastrahlen	10^{-12} m (pm)
Röntgenstrahlen	10^{-9} m (nm)
Licht — UV	
— IR	10^{-6} m (µm)
	10^{-3} m (mm)
Ultrakurzwellen	10^{0} m (= 1 m)
Kurzwellen	
Mittelwellen	
Langwellen	10^{3} m (km)

Das Spektrum der elektromagnetischen Strahlung reicht von den Gammastrahlen bis zu den Langwellen. Deren Wellenlänge ist 10^{15} mal größer als die der Gammastrahlen. Das sichtbare Licht nimmt in diesem Spektrum nur einen winzigen Ausschnitt ein (350 bis 700 nm). Dennoch bildet es die Grundlage für das gesamte Leben auf der Erde.

Ohne Sonne gäbe es kein Leben, weder im Meer noch auf dem Festland.

wird schnell absorbiert, so daß die Lichtverhältnisse mit der Tiefe schnell schlechter werden. An den meisten tropischen Küsten, die verhältnismäßig klares Wasser aufweisen, geht die Lichtstärke alle 8 m auf rund die Hälfte zurück. In 40 m Tiefe sind also nur noch 3 % des Lichts an der Wasseroberfläche vorhanden. Durch die Anpassungsfähigkeit unseres Auges sehen wir hier immer noch sehr gut.

Abgesehen von der Klarheit des Wassers und der Tiefe spielt auch die Topographie des Meeresbodens eine wichtige Rolle. Selbst nahe der Oberfläche gibt es dunkle Stellen: Die Nordseite von Klippen, Spalten, Höhlen, Abhängen die Unterseite von Steinblöcken. Wir werden darauf zurückkommen.

Schnitte durch den Ozean

Schon in den obersten Metern wird der Rotanteil des Lichts vom Meerwasser absorbiert. Deswegen erscheint das Meer bereits in geringer Tiefe überwiegend in Blau- und Grüntönen.

Die Ozeanographen haben das Meer in mehrere Zonen eingeteilt. Eine erste Unterscheidung treffen sie zwischen dem pelagischen Reich des freien Wassers und der Hochsee und dem benthischen Reich, das den Meeresboden umfaßt. Bei den pelagischen Lebewesen unterscheidet man das Plankton, das sich passiv mittreiben läßt, und das aktiv schwimmende Nekton. Die einzelligen Algen und die Quallen gehören zum Plankton, die Sardinen, die Haie und die Wale zum Nekton. Die benthischen Lebewesen halten sich im oder auf dem Meeresboden oder in dessen Nähe auf. Es gibt hier festsitzende, sessile und zu eigener Fortbewegung befähigte, vagile Lebewesen.

Die Kontinente sind von einem flachen Gebiet umgeben, das langsam bis in 200 m Tiefe abfällt, dem Kontinentalschelf. Der Biologe nennt diesen im Durchschnitt 70 km breiten Bereich Litoral. Hier finden wir die meisten Lebensformen, und von den Bewohnern des Litorals handelt auch dieses Buch. An der Grenze des Kontinentalschelfs liegt der Kontinentalhang, der in das praktisch lichtlose Bathyal (200 bis 3000 m Tiefe) abfällt. Anschließend folgen die Tiefsee-Ebenen des Abyssals (3000 bis 6000 m Tiefe). Die größten Tiefen von 6000 bis 11 000 m werden nur von Gräben erreicht. Die entsprechende biologische Zone heißt Hadal. In diesem Buch können wir die hochspezialisierten Tiefseetiere nicht behandeln. Wir beschränken uns auf das Litoral, das von der Sonnenenergie profitiert, gut mit Sauerstoff versorgt ist, angenehme Temperaturen aufweist und jedermann zugänglich ist. Dazu kommt, daß in geringer Tiefe am meisten zu sehen ist.

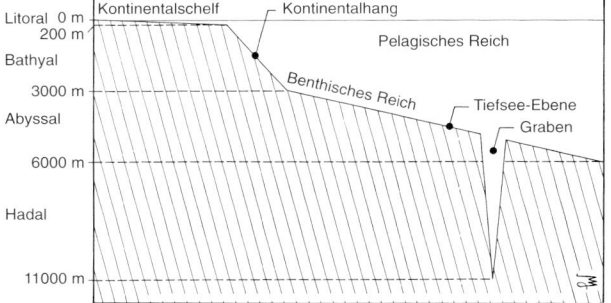

Schnitt durch das Meer. In diesem Buch beschränken wir uns auf das Litoral. Es stellt zwar nur einen kleinen Ausschnitt dar, doch enthält es am meisten Lebewesen und ist uns am leichtesten zugänglich.

Bei Ebbe kann das Riffdach oberhalb des Wasserspiegels liegen, was für die Korallen erheblichen Streß bedeutet. Die Einheimischen haben dann die Gelegenheit, einige Meeresfrüchte zu sammeln.

Litoral

Der Einfluß des Meeres ist auch oberhalb des Wasserspiegels zu spüren. Die Gischt transportiert Salz oft in größere Höhen und weit ins Landesinnere. Hier können nur einige salztolerante Pflanzen (Halophyten) leben, darunter auch Flechten und Blaualgen. Diese Spritzzone heißt auch Supralitoral. Auf sie folgt das Eulitoral, die Zone der Gezeiten. Die Lebewesen, die hier vorkommen, sind extremen Bedingungen ausgesetzt. Bei Flut sind sie untergetaucht, bei Ebbe der heißen Sonne ausgesetzt. Dazu kommt noch die Wirkung der Brandung. Die Lebewesen des Eulitorals müssen mit Temperaturschwankungen (eurytherm) und Schwankungen des Salzgehaltes (euryhalin) gut zurechtkommen.

Weiter unten gibt es praktisch keine Schwankungen der Temperatur und des Salzgehaltes mehr. Dank der großen Lichtfülle begegnen wir dort der Blütenpflanze Seegras und riffbildenden Korallen, die in ihrem Inneren einzellige Algen als Symbionten beherbergen. Diese Zone, die sich bis zur unteren Grenze der Seegraswiesen erstreckt, heißt Infralitoral. Hier begegnen wir der größten Artenvielfalt.

Noch weiter unten schließt sich die ebenso artenreiche Zone des Circalitorals an. Die Untergrenze fällt mit der der mehrzelligen Algen zusammen. Die Definition dieser Zone erfolgt über die Lichtverhältnisse: Für das Seegras ist zu wenig Licht vorhanden, doch es reicht gerade noch für einige Korallen, deren Mannigfaltigkeit hier allerdings deutlich abnimmt. Besonders dunkle Stellen, die schon in geringerer Tiefe vorkommen, rechnet man ebenfalls zum Circalitoral.

Der Untergrund

Ein Spaziergang an der Küste reicht aus, um festzustellen, daß sich die Lebensgemeinschaft des Sandes grundlegend von der der Felsküste unterscheidet. Den Ausschlag gibt hier die Qualität des Untergrundes, das Substrat. Zwischen Sandkorn und Fels besteht möglicherweise nicht einmal ein chemischer Unterschied. Entscheidend ist die Korngröße und damit die Stabilität. Große Blöcke oder Felsen werden nicht bewegt und bald von Organismen bedeckt. Aus diesem Grund treffen wir folgende Einteilung:

• Felsen, Blöcke und große Steine (Durchmesser über 20 cm), die sehr stabil sind
• Grobe Kiesel und Steine (Durchmesser 2 bis 20 cm), die gelegentlich bewegt werden
• Kiesel (Durchmesser 2 bis 20 mm)
• Sand (Durchmesser 50 μm bis 2 mm)
• Schluff oder Schlick (Durchmesser unter 50 μm).

Die drei zuletzt genannten Korngrößen werden dauernd bewegt.

Die genannten ökologischen Faktoren entscheiden über die Umweltbedingungen in den Biotopen, in denen sich wohldefinierte Biozönosen einstellen.

Auf diese untermeerischen Landschaften werden wir im nächsten Kapitel eingehen.

Die Biologie

Wenn man von Pflanzen und Tieren reden will, begegnet man unweigerlich der Fachsprache der Biologen. Abgesehen vom Verzeichnis der Fachbegriffe zu Beginn dieses Buches erscheint eine kleine Einführung notwendig. Die Biologie versucht, alle Erscheinungen des Lebens zu beschreiben und zu erklären. Als komplexe Wissenschaft umfaßt sie zahlreiche Fachgebiete. Die große metaphysische Frage „Was ist das Leben?" versucht sie aber höchstens am Rande zu beantworten.

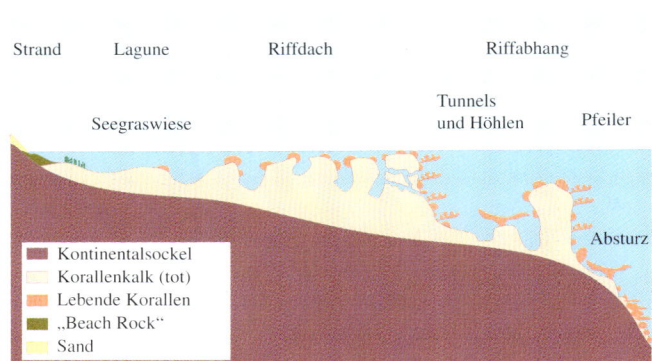

Strand Lagune Riffdach Riffabhang

Seegraswiese

Tunnels und Höhlen Pfeiler

Absturz

Kontinentalsockel
Korallenkalk (tot)
Lebende Korallen
„Beach Rock"
Sand

Schnitt durch ein Saumriff mit den wichtigsten Teilen. Am Riffabhang wechseln Vorsprünge und Pfeiler mit sandigen Kanälen ab, in denen der Korallensand langsam in die Tiefe rutscht.

Der wissenschaftliche Name des Imperator-Kaiserfisches lautet Pomacanthus imperator. Für diese Art hat fast jede Sprache eine besondere Bezeichnung.

fisch, auf französisch Poisson-empereur, auf englisch Emperor angelfish oder Imperial angelfish, auf niederländisch Keizervis, auf arabisch Mesht oder Anfouz imbrator, auf hebräisch Késar hadour, auf maledivisch Kokaa und so weiter. In diesem Buch richten wir uns nach der wissenschaftlichen Nomenklatur, weil sie international gültig ist. Es sind aber auch die einheimischen Namen in den genannten sieben Sprachen angegeben, um die Kommunikation zu erleichtern.

Die Nomenklatur

Eines der Fachgebiete der Biologie ist die Taxonomie oder Systematik. Sie versucht die Mannigfaltigkeit der Lebewesen zu ordnen. Die grundlegende Einheit der Taxonomie ist die Art. Jede Art erhält einen zweiteiligen, lateinisch-griechischen Namen. Dieser wissenschaftliche Name gilt auf der ganzen Welt. Vorne steht der großgeschriebene Gattungsname, dahinter der kleingeschriebene Artname. Nehmen wir als Beispiel *Pomacanthus imperator.* Für diesen Fisch gibt es in den unterschiedlichen Sprachen ebenfalls Namen, die aber keine universelle Bedeutung haben. *Pomacanthus imperator* heißt auf deutsch Imperator-Kaiser-

Strenge Gesetze

Es kam und kommt heute noch sehr oft vor, daß eine Art mehrere Namen erhalten hat, sei es aus Nachlässigkeit oder weil spätere Bearbeiter individuelle Varianten für eigene Arten hielten. Diese neuen Arten wurden aber später wieder für ungültig erklärt. Dann ist aufgrund des Prioritätsgesetzes der erstmals verliehene Name gültig. Alle späteren Namen – und dies gilt auch für Gattungen und Familien – werden zu Synonymen und dürfen nicht gebraucht werden. Wenn umgekehrt der gleiche Name für mehrere verschiedene Arten gebraucht wird und ein Forscher diese Konfusion aufdeckt, gilt der ursprüngliche Name nur für jene Art, die dem ersten Autor vorgelegen hat. Die anderen Arten müssen einen neuen Namen bekommen. Durch diese Gesetze sind erhebliche Konfusionen entstanden. In diesem Buch habe ich weitverbreitete Synonyme in Klammern angegeben. Der Imperator-Kaiserfisch wird hier unter der Bezeichnung *Pomacanthus (Pomacanthodes) imperator* geführt. Dies bedeutet, daß man ihn früher in eine eigene Gattung Pomacanthodes stellte, die später wieder aufgegeben

wurde oder nur den Rang einer Untergattung erhielt. Einst glaubte man, der im Indischen Ozean weitverbreitete Wimpelfisch *(Heniochus acuminatus)* komme auch im Roten Meer vor. Dann fanden Forscher heraus, daß hier zwei andere, sehr ähnliche Arten leben, nämlich *Heniochus intermedius* und *Heniochus diphreutes.* Um der besseren übersicht willen fügen die Wissenschaftler dem Artnamen jeweils noch den Namen des Erstbeschreibers mit dem Jahr der Veröffentlichung bei. Dieser Name steht in Klammern, wenn der Autor die Art erst in einer anderen Gattung beschrieben hat. Wir verzichten hier auf diese Autorenangaben. Durch die Prioritätsgesetze können oft komplexe Situationen entstehen. Der Teppich-Krokodilfisch heißt heute *Papilloculiceps longiceps.* Die Bezeichnungen *Platycephalus crocodilius* und *Cociella crocodila* sind jüngere Synonyme, die nicht mehr verwendet werden dürfen. Ich habe versucht, bei der Nomenklatur auf dem letzten Stand zu sein, doch Perfektion kann man hier wohl nicht erreichen.

Der erste wissenschaftliche Name des Teppich-Krokodilsfisches, Papilloculiceps longiceps stammt aus dem Jahr 1829. Das Prioritätsgesetz verlangt, daß dieser Name verwendet wird und daß die Bezeichnungen Platycephalus crocodilius und Cociella crocodila als ungültige Synonyme behandelt werden, weil sie dieser Art erst später verliehen wurden.

Gattungen und Familien

In ein und derselben Gattung werden oft mehrere Arten vereinigt. Die Gattung Pomacanthus beispielsweise umfaßt im Indischen Ozean nicht nur die Art *P. imperator,* sondern auch *P. maculosus, P. annularis, P. chrysurus, P. asfur, P. rhomboides, P. semicirculatus* und *P. xanthometopon.* Insgesamt kennt man ungefähr fünfzehn Arten von Pomacanthus.

Man bringt mehrere Arten in einer Gattung unter, wenn sie trotz aller Verschiedenheit zahlreiche gemeinsame Züge haben. Diese Definition läßt subjektive Auffassungen durchaus zu. Es kann also vorkommen, daß ein Wissenschaftler die Gattung Pomacanthus weiter aufteilt und dazu einen neuen Namen schafft. Damit verändert sich der Gattungs-, nicht aber der Artname der betroffenen Arten.

Aufgrund weiterer gemeinsamer Merkmale faßt man verschiedene Gattungen zu Familien und weiteren höheren Kategorien zusammen, vor allem zu Ordnungen, Klassen und Stämmen. Bisweilen ist man auch gezwungen, in dieses hierarchische System Zwischenkategorien einzufügen, etwa Unterstämme oder Oberfamilien. Eine vollständige Einordnung des Imperator-Kaiserfisches sieht also wie folgt aus:

Pomacanthus imperator (Gattung, Art)
Pomacanthidae (Kaiserfische, Familie)
Perciformes (Barschartige, Ordnung)
Osteichthyes (Knochenfische, Klasse)
Vertebrata (Wirbeltiere, Unterstamm)
Chordata (Chordatiere, Stamm)
Tierreich.

Auf dieser Aufnahme erkennt man mehrere Acropora-Arten. Der Wissenschaftler schreibt: Acropora spp.

Je weiter man in der Hierarchie aufsteigt, desto größer wird die Artenzahl. Das Tierreich umfaßt alle Tiere, ob Einzeller, Schmetterlinge oder Kaiserfische. Die Knochenfische umfassen immerhin noch rund 20 000 Arten, während die Familie der Kaiserfische aus einigen Gattungen mit jeweils ein oder mehreren Arten besteht.

Die Gattung Pomacanthus umfaßt ungefähr fünfzehn Arten und liegt damit im Mittelfeld. Monospezifische Gattungen, die nur eine Art enthalten, treten nicht selten auf. Dafür gibt es Gattungen, die zwischen fünfzig und hundert Arten, in Ausnahmefällen sogar einige tausend Arten umfassen.

Der Leser wird manchmal auf die Abkürzung sp. oder spp. (vom lateinischen Spezies, Art) stoßen. *Acropora sp.* bedeutet, daß es sich hier um eine Koralle der Gattung Acropora handelt, daß es aber nicht möglich ist, die genaue Art anzugeben. *Acropora spp.* bedeutet, daß von mehreren Acropora-Arten die Rede ist. Gelegentlich verwende ich auch die Abkürzung cf. (vom lateinischen confer, man vergleiche). Dies bedeutet, daß ich mir über die Artzugehörigkeit nicht ganz sicher bin, daß das vorliegende Lebewesen aber der angegebenen Art sehr ähnlich sieht.

Leben heißt Überleben

Systematik und Nomenklatur bilden eine der unerläßlichen Grundlagen der Biologie, denn schließlich muß man immer genau wissen, von welchen Tieren oder Pflanzen die Rede ist. Weitere wichtige Spezialgebiete der Biologie sind die Anatomie, die Lehre vom inneren Aufbau, die Physiologie, die Wissenschaft vom Stoffwechsel und die Verhaltensforschung. Form und Funktion stehen bei den Lebewesen immer in einem sehr engen Zusammenhang, obwohl die Natur bisweilen auf dasselbe funktionale Problem ganz unterschiedliche Lösungen gefunden hat. Dies alles läßt sich in einem kurzen Satz zusammenfassen: Leben heißt Überleben. Überleben heißt in diesem Fall zweierlei: Das eigene individuelle Überleben bis zur Geschlechtsreife und die erfolgreiche Fortpflanzung. Zunächst geht es darum, selbst zu fressen, nicht aber gefressen zu werden. In diesem Zusammenhang sind all die Tentakel, die Zähne, die Saugnäpfe, die Filter und die Rüssel zu sehen. Im Dienste des Überlebens stehen auch die Tarnung, die Nesselzellen, die Stacheln, die schnelle Flucht und weitere Taktiken. Jedes Lebewesen ist zwar sterblich, doch pflanzt es sich von einem bestimmten Alter an fort und sichert somit das Überleben der Art. In diesem Zusammenhang stehen die Eiablage und die Abgabe des Samens, die Paarung, wie sie zum Beispiel bei den Nacktkiemern zu beobachten ist, genauso wie die Brutpflege und der Sexualdimorphismus einiger Fische.

Wenn jeder überleben muß, empfiehlt es sich, Konkurrenz zu vermeiden. Aus diesem Grund hat jede Art ihre eigenen ökologischen Bedürfnisse entwickelt. Wir sagen, sie nimmt eine ökologische Nische ein. Die Gesamtheit der Nischen mit ihren zugehörigen Arten bildet die Lebensgemeinschaft oder Biozönose.

Nahrungsketten

Das Leben auf unserem Planeten ist nur möglich, weil die grünen Pflanzen mit Hilfe des Sonnenlichtes aus Wasser und Kohlendioxid organische Stoffe aufbauen, vor allem Kohlenhydrate, Fette und Proteine. Diesen höchstkomplizierten chemischen Vorgang nennen wir Photosynthese. Die Pflanzen nehmen also kein organisches Material auf, sondern stellen es selbst her: Sie sind autotroph und bilden die Gruppe der Produzenten. Die Tiere und Pflanzen, die nicht über Blattgrün verfügen, allen voran die Pilze, überleben nur, weil sie organisches Material aufnehmen, das die grünen Pflanzen zuvor aufgebaut haben. Wir bezeichnen die Tiere als heterotroph. Einige Tiere ernähren sich direkt von autotrophen Pflanzen. Diese Pflanzenfresser bezeichnen wir auch als Primärkonsumenten. Andere Tiere leben von Pflanzenfressern und sind Sekundärkonsumenten erster Ordnung. Man unterscheidet auch noch Sekundärkonsumenten zweiter, dritter oder gar vierter Ordnung. So entsteht eine Nahrungskette mit mehreren Ernährungsstufen.

In den Korallenriffen leben zahlreiche winzige Algen, die von kleinen Pflanzenfressern abgeweidet werden, etwa von Nacktschnecken. Diese Nacktschnecken fallen kleinen Fischen zum Opfer, die selbst wieder von Zackenbarschen gefressen werden. Diese schließlich müssen sich vor Haien oder dem Menschen hüten.

Nur ein kleiner Teil der aufgenommenen Nahrung wird in lebende Substanz umgewandelt. Wir wissen selbst, daß die vielen Kilos, die wir essen, nicht zu unserem Gewicht dazukommen, glücklicherweise! Der größte Teil wird verbrannt und liefert die Energie, die für die Aufrechterhaltung des Lebens, die Bewegung und die Fortpflanzung

---

Die Nahrungskette

P bedeutet die Primärproduzenten, die organische Stoffe erzeugen (hier Kleine Algen); K1 steht für die Primärkonsumenten und somit die Pflanzenfresser (hier eine Nacktkiemerschnecke); K2-1 ist ein Sekundärkonsument erster Ordnung, ein Fleischfresser, der von Pflanzenfressern lebt (hier ein Falterfisch); der Zackenbarsch K2-2 ist ein Sekundärkonsument zweiter Ordnung, der Hai K2-3 ein Sekundärkonsument dritter Ordnung.

Im allgemeinen nimmt die Größe der Lebewesen im Lauf der Nahrungskette zu. Die Biomasse hingegen geht zurück. Für einen Gewichtszuwachs um 1 g muß der Hai 10 g Zackenbarsch fressen. Die restlichen 9 g dienen dem Betriebsstoffwechsel oder werden wieder abgegeben. Die ökologische Effizienz beträgt somit 10 %. Indirekt entsprechen jedem Gramm des Haikörpers 10 kg Algen.

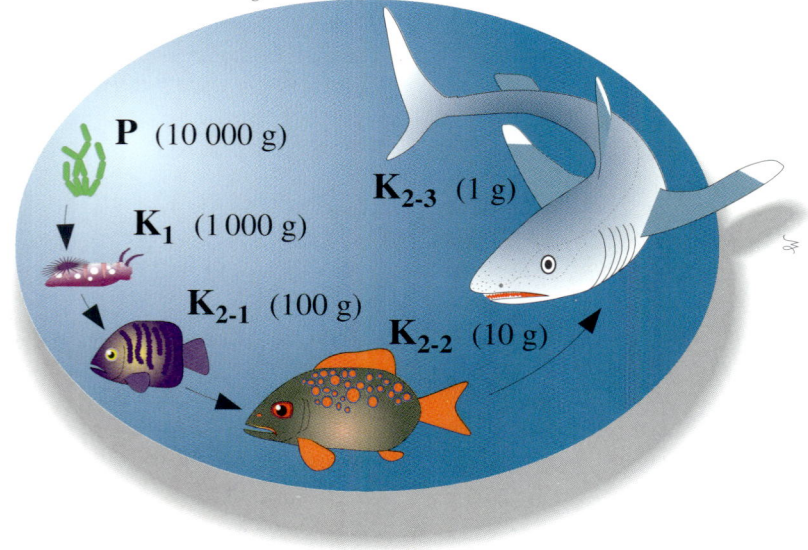

P (10 000 g)

K_1 (1 000 g)

K_{2-1} (100 g)

K_{2-2} (10 g)

K_{2-3} (1 g)

benötigt wird. Stoffwechselabfälle werden in Form von Exkrementen wieder abgegeben.

Eine Nacktkiemerschnecke von 10 g Gewicht müßte ungefähr 100 g Nahrung aufnehmen, um ihre Masse zu erreichen. Die anderen 90 g wurden für den Betriebsstoffwechsel verwendet. Wir haben also eine ökologische Effizienz von rund 10 %. Diese Zahl gilt für alle Stufen der Nahrungspyramide.

Ein Hai mit einem Körpergewicht von 50 kg entspricht somit indirekt 500 t pflanzlichem Material!

Wenn wir die Biomasse in den verschiedenen Stufen der Nahrungskette vergleichen, erhalten wir die Nahrungspyramide. Hier drängt sich der Vergleich mit den russischen Puppen auf: Die größte Puppe entspricht dem Primärproduzenten, die kleinste den Räubern am Ende der Nahrungskette.

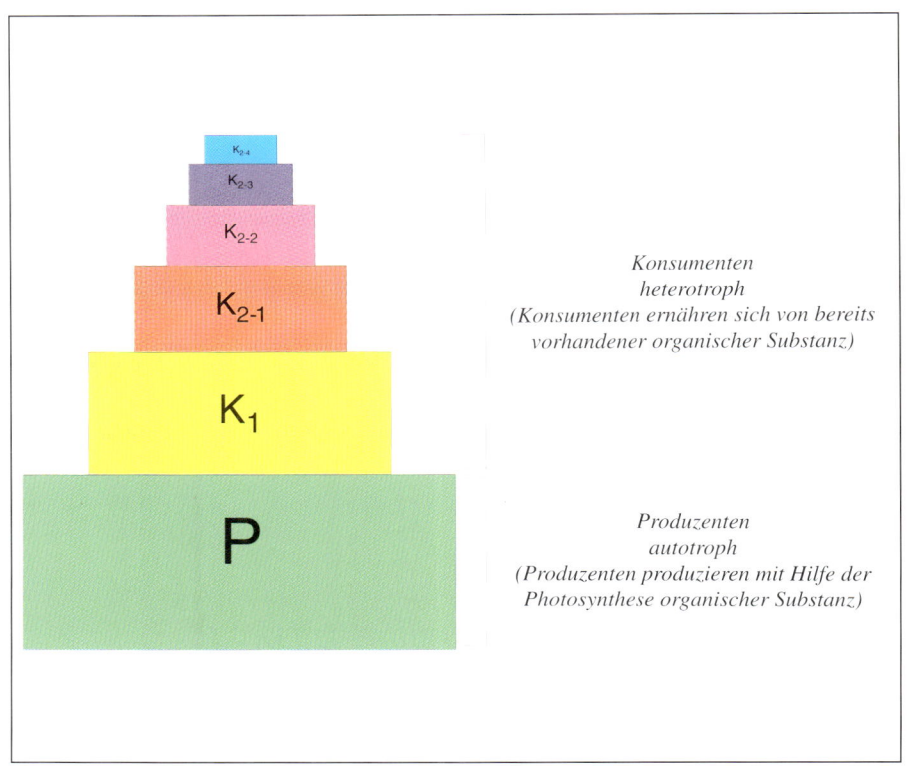

Konsumenten
heterotroph
(Konsumenten ernähren sich von bereits vorhandener organischer Substanz)

Produzenten
autotroph
(Produzenten produzieren mit Hilfe der Photosynthese organischer Substanz)

Wenn man die Biomasse in den verschiedenen Stufen der Nahrungskette durch ein Rechteck darstellt, erhält man die Nahrungspyramide.

Meeresküsten
Strände, Mangroven und Felsküste

Der Korallensand dieser maledivischen Insel ist reich an zahlreichen Lebensformen. Sie erschließen sich aber nur dem, der gezielt nach ihnen sucht.

Nun sind wir da! Das türkisfarbene Meer erstreckt sich bis zum Horizont. Kristallklares Wasser am weißen Sandstrand aus Korallenkalk. Wir riechen das Meersalz, die jodhaltige Luft – und vielleicht auch die Sonnencreme der übrigen Urlauber. Sie sind aber nicht allein auf den langen Sandstränden. An der Wasserlinie liegt viel angeschwemmter Abfall. Er bietet uns eine erste Gelegenheit, einige Meeresbewohner kennenzulernen.

Ein Durcheinander

Überall liegen Schalen, Algen und andere Reste, die das Meer herantransportiert hat. Sie sind stille Zeugen des Lebens, das sich unter der glitzernden Oberfläche des Ozeans abspielt. Die Schalen sind die Häuser oder Außenskelette von Weichtieren. Anhand der Strandfunde kann man leicht zwei Gruppen unterscheiden: die Schnecken und die Muscheln. Wenn wir alle Weichtierschalen behandeln wollten, die man am Meeresstrand finden kann, so müßten wir dazu einen eigenen Führer schreiben. Deswegen habe ich ganz auf die Behandlung solcher Schalen verzichtet, dies um so mehr, als es bereits hervorragende Spezialwerke über dieses Gebiet gibt. Die meisten der Weichtiere, deren Schalen wir finden, wühlen übrigens im Sand.

Auch andere Organismen gelangen mit den Wellen auf den Strand: tote Krabben, Schulpe (Knochen von Tintenfischen), Quallen, bisweilen ein Fisch, gelegentlich eine Schildkröte oder gar ein Delphin. Der Strand ist der Friedhof des Meeres.

Leider kommen zu diesen organischen, oft wunderschönen Resten auch Abfälle wie Plastiktüten, Seilstücke, zerrissene Netze, Schaumstoffe, Kunststoffsandalen, Glühbirnen, kurz unser ganzer Zivilisationsmüll.

Unter den angeschwemmten Dingen gibt es viel zu fressen! Aus diesem

Grund leben Krabben am Sandstrand und graben sich dort Löcher oder Höhlen. Einige dieser Löcher sind von auffälligen, konzentrisch liegenden Sandkügelchen umgeben. Die Löcher werden von ungefähr 1 cm langen Erbsenkrabben der Gattung *Dotilla* bewohnt, die einen abgerundeten Carapax besitzen. Sie ernähren sich von organischen Abfällen, die sie im Sand finden, bevor sie diesen zu kleinen Kügelchen drehen. Die viel größeren Reiterkrabben (*Ocypode ceratophthalma*, 5–6 cm) leben von toten Organismen, greifen bei Gelegenheit aber auch frisch geschlüpfte Schildkröten an, die auf dem Weg ins Meer sind. Diese Krabben laufen sehr schnell und haben langgestielte Augen mit einem spitzen Fortsatz daran. Ihre Farbe passen sie der Wohnumgebung an: Der Carapax ist hell auf einem Sandstrand aus Korallenkalk, dunkel hingegen auf Sanden vulkanischen Ursprungs.

Meeresschildkröten kommen an mehreren Stellen nachts an den Strand, um hier ihre Eier zu legen. Glücklicherweise sind die bekanntesten Strände dieser Art geschützt. Am Strand von Ra's al-Hadd im Sultanat Oman treffen jedes Jahr zehntausend Suppenschildkröten ein. Auf der kleinen Insel Masirah sind es sogar dreißigtausend Schildkröten aus mehreren Arten! Die wichtigste Art des Roten Meeres und des Indischen Ozeans sind die Suppenschildkröte (*Chelo-

Loch einer Erbsenkrabbe (Dotilla sp.), die kleine Sandkügelchen konzentrisch um ihr Loch ablegt.

Bei der leisesten Störung verschwindet die Reiterkrabbe (Ocypode ceratophthalma) in ihrer Höhle.

Am frühen Morgen verraten diese Spuren, daß ein Weibchen der Suppenschildkröte (Chelonia mydas) nachts mühsam den Strand hochgeklettert ist, um hier ihre Eier abzulegen.

nia mydas), die Lederschildkröte *(Dermochelys coriacea)*, die Unechte Karettschildkröte *(Caretta caretta)*, die Bastardschildkröte *(Lepidochelys olivacea)* und die Echte Karettschildkröte *(Eretmochelys imbricata)*. Aus ihrem Hornpanzer, dem Schildpatt, stellte man früher alle möglichen Gegenstände her. Kaufen Sie nichts, wenn Ihnen solches Schildpatt angeboten wird! Alle Meeresschildkröten sind nach dem Washingtoner Artenschutzabkommen geschützt und stehen auf der Roten Liste des Internationalen Naturschutzverbandes IUCN. Während der Fortpflanzungszeit begeben sich die Weibchen, die ein Alter von mindestens dreißig

Jahren aufweisen, nachts an den Strand, graben dort sorgfältig ein Loch und legen ungefähr hundert Eier hinein, die Tischtennisbällen ähnlich sehen. Nach getaner Arbeit kehren sie frühmorgens wieder ins Meer zurück. Nach rund acht Wochen schlüpfen die Jungtiere und schlagen sofort den Weg zum Wasser ein. Am Strand warten jedoch Reiterkrabben, Füchse, Raben, Möwen und andere Vögel auf die kleinen Schildkröten. Wenn es ihnen gelingt, das Wasser zu erreichen, ist die Gefahr aber noch nicht vorüber. Hier lauern Meeresvögel und Raubfische. Man schätzt, daß von zehntausend jungen Schildkröten nur zwei bis drei dieses Massaker überleben.

Wenn man an der Wasserlinie etwas im Sand gräbt, kann man Würmer, Muscheln, Seeigel und andere Tiere finden. Bei dieser groben Untersuchung der Endofauna sieht man aber nicht die vielen tausend Kleinlebewesen, die hier ebenfalls wohnen. Diese sind im Sandstrand an Störungen allerdings gewöhnt.

Unterirdisches Leben

Der Sand ist ein sehr instabiles Substrat. Die Körner werden dauernd vom Meer oder vom Wind bewegt und ordnen sich zu Rippelmarken an. An der Sandoberfläche können praktisch keine Tiere leben. Es bleibt ihnen nur die Möglichkeit, sich einzugraben oder sich in den Zwischenräumen zwischen den Sandkörnern aufzuhalten. In dieser Hinsicht sind Sande mit einer Korngröße zwischen 0,1 und 0,5 mm am artenreichsten. Werden die Körner größer, so läuft das Wasser bei Ebbe zu schnell ab. Sind sie hingegen kleiner, so erneuert sich der Sauerstoff nicht schnell genug. Es ist also nicht einfach, in diesem sehr speziellen Biotop zu überleben. Diese Interstitial-, Meio- oder Sandlückenfauna setzt sich zwangsläufig aus kleinen Tieren zusammen. Aus diesem Grund haben sogar die Biologen sie erst vor rund fünfzig Jahren entdeckt.

Die Größe dieser Sandbewohner schwankt von 0,1 bis 4 mm. Die meisten unter ihnen sind rund 1 mm lang und somit unter einer guten Lupe gerade noch zu sehen. Man braucht nur einen Eßlöffel feuchten Sand in einen Suppenteller zu tun und mit Meerwasser aufzufüllen!

Als erstes sticht ins Auge, daß die meisten Tiere der Sandlückenfauna eine längliche Körperform haben. Die Erklärung ist einfach: je schlanker ein Tier, umso besser kann es sich in den Zwischenräumen der Sandkörper hindurchschlängeln. Obwohl es zunächst den Anschein hat, handelt es sich dabei keineswegs nur um Würmer. Die gemeinsame schlanke Körperform bezeichnet der Zoologe als Konvergenz. Aufgrund ähnlicher Umweltbedingungen haben miteinander sonst nicht verwandte Tiergruppen eine sehr ähnliche Gestalt angenommen. Zur Interstitialfauna zählen Einzeller, Hydroiden, Fadenwürmer, Ringelwürmer, Krebstiere und sogar Nacktkiemerschnecken.

Eine Science-fiction-Welt

Einige dieser Sandlückentiere haben einen abgeflachten Körper und kein Pigment mehr, so daß sie durchsichtig erscheinen und nur noch schwer zu sehen sind. Dazu kommt im allgemeinen eine völlige Blindheit: Sie haben die Augen verloren. Sie brauchen sie auch praktisch nicht mehr, denn schon in wenigen Zentimetern unter der Oberfläche herrscht totale Dunkelheit. Zum Ausgleich für das Fehlen der Augen haben einige Arten ausgeprägte Sinneshaare entwickelt.

Es gibt noch ein weiteres Anpassungsmerkmal besonders bei Tieren, die in der Brandungszone leben: Sie heften sich mit besonderen Organen an die Sandkörner. Dazu haben sie winzige Saugnäpfe, Filamente, sogar eine Art Leim, den sie selbst produzieren.

Die Sandlückentiere ernähren sich im wesentlichen von organischen Stoffen, die das Meer herantransportiert, und von den Myriaden ebenfalls im Lückensystem lebender Bakterien und Pilze. In den ersten Millimetern, in die noch Licht eindringt, leben einzellige Algen, deren Konzentration zwanzigtausend Individuen pro Kubikmeter Sand erreichen kann. Hier nimmt eine Nahrungskette ihren Anfang. Im dunklen Labyrinth aus Tunneln und Löchern zwischen den Sandkörnern wohnt eine Science-fiction-Welt, in der wahre, mit Scheren und Tastern ausgerüstete Monster, die sich mit Saugnäpfen festhalten, ihren Beutetieren auflauern.

Stelzwurzeln wie Strebepfeiler sind charakteristisch für die Mangrovenbäume der Gattung Rhizophora.

Dieser Mangrovenwald besteht aus der Art Sonneratia alba. Die Atemwurzeln, die senkrecht aus dem Schlamm nach oben wachsen, sorgen für den benötigten Sauerstoff.

Ein Wald auf Stelzen

An Flußmündungen und schlammigen Küsten stellt sich eine ganz besondere Lebensgemeinschaft ein, die aus salzliebenden (halophilen) Büschen und Bäumen besteht. Diese bilden Mangroven- oder Gezeitenwälder, die zu den bedeutendsten Primärproduzenten gehören, denn die Biomasse kann bis 50 kg pro Quadratmeter erreichen. Die Gezeiten verfrachten von hier viel organisches Material zu den Korallenriffen und zum offenen Meer. Die Mangrovenpflanzen müssen mit dem Salzgehalt des Meerwassers, dem Sauerstoffmangel des Schlickes und dem fließenden Untergrund zurechtkommen, der keinen rechten Halt bietet. Aus diesem Grunde entwickeln sie Stelzwurzeln, die bogenförmig nach außen vorschwingen und die Standfläche vergrößern, sowie Atemwurzeln (Pneumatophoren), die aus dem Schlamm nach oben ragen und Sauerstoff aus der Luft aufnehmen. Der Schnorchel wurde also schon vor Jahrmillionen von der Natur entwickelt! Alle diese Wurzeln dämpfen die Wellenbewegung und schützen die Küsten vor Erosion. Weil Mangroven die Sedimentation begünstigen, dringen sie immer weiter ins Meer vor. Auf der Seeseite begegnet man erst den Pionieren, nämlich den Mangrovenbäumen der Gattung Rhizophora (Stelzwurzeln wie Strebepfeiler) sowie Avicennia und Sonneratia, die man an ihren senkrechten Atemwurzeln erkennt. Weiter zum Land hin und in eher brackigem Wasser begegnet man Brughiera. Die Blüten der Mangrovenbäume fallen nicht auf. Dafür haben sie pfeilförmige Früchte, die erst in voller Keimung von der Mutterpflanze abfallen und sich buchstäblich in den Schlick bohren. Mangrovenwälder sind wegen des Gewirrs der Wurzeln und Äste praktisch undurchdringlich und wirken auf den ersten Blick nicht gerade einladend. Man braucht aber nur einige Meter weit einzudringen, um eine erstaunliche Welt zu entdecken. Das kann zu Fuß geschehen, indem man sich einen Weg bahnt, oder schwimmend mit Maske und Schnorchel, allerdings nur bei Flut, wenn klares Meerwasser eindringt.

Strandschnecken *(Littorina spp.)* weiden die Algen ab, die auf den Wurzeln wachsen. Weiter oben im Stockwerk bilden die Blätter den Ausgangspunkt für eine Nahrungskette des Festlandes. Von den Blättern leben Insekten, die selbst wieder Echsen und Vögeln zum Opfer fallen...

Die recht eigentümlichen Schlammspringer *(Periophthalmus spp.)* aus der Familie der Grundeln laufen auf dem Schlick mit Hilfe ihrer Brustflossen. Mit ihren kugelförmigen Augen, die oben am Kopf sitzen, haben sie eine Rundumsicht. In Aussackungen der Mund- und Kiemenhöhlen tragen diese Fische Wasser mit sich

und können deswegen auch auf dem Festland Sauerstoff aufnehmen. Die Schlammspringer ernähren sich von Würmern, Krebstieren und Weichtieren. Viele Krabben hingegen nehmen Schlamm auf, in dem es von harmlosen Bakterien nur so wimmelt. In Mangrovenwäldern stößt man auf die berühmten Winkerkrabben *(Uca spp.)*. Die Männchen versuchen die Weibchen in ihre Höhle zu locken, indem sie mit der einen übergroßen Schere immer wieder winken. Für die anderen Männchen bedeutet dieses Signal: „Bleib weg von meinem Territorium!" Auf den Mangrovenwurzeln sitzen auch Muscheln, Seepocken, Schwämme, Seescheiden, Hydrozoen und Moostierchen, die im nährstoffreichen Wasser filtern. Auf dem Boden sind festsitzende Mangrovenquallen zu sehen, die bei Flut ihre Tentakel nach oben richten. Schwärme von Jungfischen schießen zwischen den Wurzeln hin und her. Bisweilen

Die Männchen der Winkerkrabben (Uca lactaea) bewegen ihre überdimensionierte Schere. Mit diesen Signalen ziehen sie Weibchen an und bedrohen gleichzeitig Rivalen.

Die Meeresküste ist auch für Nichttaucher eine Quelle des immerwährenden Staunens.

kommt ein Barrakuda oder ein Hai zu Besuch. Mit sehr viel Glück begegnet man vielleicht auch einem Dugong *(Dugong dugon),* einer friedlichen, pflanzenfressenden Seekuh, die immerhin 3 m lang werden kann. Man schätzt die Zahl dieser scheuen Kolosse im Roten Meer auf viertausend und im Persischen Golf auf siebentausend Individuen. Trotzdem ist die Art ernsthaft bedroht, unter anderem, weil die Geschlechtsreife sehr spät eintritt und die Fortpflanzung sehr langsam erfolgt. Die Seekühe finden immer weniger Stellen, wo sie sich ungestört fortpflanzen können.

Fester Boden

Verlassen wir den Sand und den Schlick!
Mag es sich nun um schwarzen Basalt, harte und doch von Wind und Wasser geformte Granite wie auf den Seychel-

len und Andamanen oder um weichere Riffkalke wie an den Küsten des Roten Meeres handeln, die Haupteigenschaft aller Felsküsten liegt darin, daß sie den Lebewesen ein stabiles Substrat und zahlreiche Verstecke bieten. Deswegen sind Felsküsten immer reich besiedelt. Die Umweltbedingungen können selbst auf kleinstem Raum erheblich schwanken. Der Übergang von trockenem Fels über die Spritzwasserzone zu dauernd untergetauchtem Gebiet findet meist innerhalb weniger Meter statt. Da die Umweltfaktoren ein starkes Gefälle aufweisen, entsteht eine ausgeprägte vertikale Zonierung der Lebensräume.

Salz und Wind

Die klimatischen Bedingungen des Supralitorals – Sonneneinstrahlung und Winde – sind zu schroff für die meisten Pflanzen des Festlandes. Vielleicht mit Ausnahme einiger Flechten ist der Fels hier deswegen unbesiedelt. Die ersten Meereslebewesen kommen in der Spritzwasserzone vor, die regelmäßig von Meerwasser befeuchtet wird. Die spektakulären Riesenkäferschnecken *(Acanthopleura spp.)* wandern hier langsam umher und weiden dabei einzellige Algen ab, die auf den Felsoberflächen wachsen. Die Schar der Weidetiere ist aber noch größer. Man findet hier Napfschnecken, besonders die für das Rote Meer endemische Art *Cellana eucosmita,* ferner Strandschnecken wie *Littorina scabra* und *Nodilittorina millegrana* sowie Nabelschnecken *(Nerita spp.).* Die obere Grenze des Eulitorals markieren vor allem Seepocken. Obwohl diese bemerkenswerten Tiere mit ihrer weißen, festgehefteten Schale an Weichtiere erinnern, handelt es sich im Wirklichkeit doch um Krebse. Die Schale dieser Rankenfüßer widersteht allen Angriffen der Brandung. Die spektakuläre Riesenseepocke *(Tetraclita squamosa)* kann einen sehr dichten Gürtel bilden. Hier begegnet man auch schnellen Springkrabben *(Grapsus tenuicrustatus* und *G. albolineatus),* die sofort fliehen, wenn man sich ihnen nähert. Man erkennt sie an ihrem viereckigen, fein hellblau gestreiften Carapax. Die Scheren von *G. albolineatus* enden in weißen Spitzen. Auf dem Gestein sind kleine Schleimfische *(Istiblennius spp.)* mit Hilfe ihrer Brustflossen unterwegs. Sie haben kugelförmige Augen für eine Rundumsicht. Die Männchen tragen einen Kamm auf dem Kopf und zeigen ein ausgeprägtes Territorialverhalten. Um die Fische von nahem betrachten zu können, muß man sich sehr vorsichtig nähern. Bei der geringsten Störung verschwinden die Schleimfische nämlich im Wasser.

Diese Riesenkäferschnecken (Acanthopleura vaillantii) sind ursprüngliche Weichtiere, die in der Spritzzone und im Eulitoral mit ihrem Fuß auf dem Felsen umherkriechen.

Die kleinen Schleimfische der Art Istiblennius edentulus gehen auf Felsen oberhalb des Wasserspiegels auf Nahrungssuche.

Das Riffdach
Ganz oben

Am Riffdach leben sehr viele Arten. Die Tiere und Pflanzen zu entdecken, ist ein Kinderspiel.

Die Wunder der Unterwasserwelt stehen allen offen, angefangen von dreijährigen Kindern mit Schwimmflügeln bis zu ihren Großeltern auf der Gummimatratze. Mit einem Schnorchel braucht man nicht einmal mehr den Kopf aus dem Wasser zu heben, um zu atmen. Die größten Gefahren bestehen dabei in einem Sonnenbrand auf dem Rücken, einem Sonnenstich und in Meeresströmungen. Ein T-Shirt schützt uns zuverlässig vor der zu heftigen Sonne. Meeresströmungen erkennt man durch Beobachten des Meeres oder indem man sich bei Einheimischen erkundigt.

Am besten eignet sich zunächst eine Stelle, an der das Riffdach möglichst nahe am Strand liegt. Auf dem harten Substrat gibt es viel zu beobachten. Nehmen Sie sich die Zeit, die Auswirkungen der Wellen auf die Küste zu beobachten. Wählen Sie sorgfältig den Ort, wo Sie ins Wasser steigen und wo Sie wieder das Wasser verlassen. Das sollte man zunächst bei ruhigem Meer üben.

Um zu verhindern, daß die Maske beschlägt, spuckt man hinein, verreibt den Speichel und wäscht mit Meerwasser aus. Man kann dazu auch Meeresalgen oder ein Silikonpräparat verwenden. Und nun ab ins Wasser! Passen Sie auf, daß Sie Ihre Ferien nicht verderben, indem Sie Ihren Fuß auf einen Seeigel oder gar auf einen Steinfisch setzen. Man sollte so wenig wie möglich gehen. Schon in einer Tiefe von 30 cm legt man sich flach aufs Wasser und läßt sich davontragen.

Wenn man zum ersten Mal im Wasser ist und um sich blickt, fallen einem zunächst zwei Dinge auf: Es bewegt sich alles, und die Korallen, die Fische und die Seeigel erscheinen in ein blaues Licht getaucht.

Das Licht... einmal mehr!

Meerwasser absorbiert zunächst vor allem die Rotanteile des Sonnenlichtes, so daß die Unterwasserwelt eine bläuliche Färbung annimmt. Im ersten Meter sind rote, orangefarbene und gelbe Töne immer noch gut zu erkennen, und alle Tiere zeigen ihre mehr oder minder natürlichen Farben. Versuchen Sie es selbst: Direkt vor der Maske hat die eigene Hand ihre normale Färbung. Der Ellbogen sieht aber schon etwas bleicher aus, und die Füße, die noch weiter vom Wasserspiegel entfernt sind, erinnern in der Färbung schon an eine Leiche! Sagten wir „entfernt"? In Wirklichkeit erscheinen unsere Füße größer und näher als normal. Es handelt sich um eine optische Täuschung. Weil wir die Umwelt durch die Luft in der Maske und das Wasser sehen, scheint alles um ein Drittel größer als in Wirklichkeit. Das ist tröstlich zu wissen, falls man einem Meeresungeheuer begegnet! Um die Farben möglichst gut wahrzunehmen, sollte man mit der Tauchermaske nahe ans Riff gehen. Auf diese Weise sieht man auch alle die erstaunlichen Kleintiere, die hier wohnen. Natürlich profitieren die Algen am meisten von der Lichtfülle auf dem Riffdach. Direkt unter der Wasseroberfläche beobachtet man einen filzartigen Teppich aus winzigen Algen, die hier das meiste Licht für die Photosynthese bekommen. Auf dem Algenteppich, der je nach der Gruppenzugehörigkeit der Algen unterschiedliche Färbungen annehmen kann, von Blau über Grün, Braun bis Rot, bilden sich bisweilen

kleine Gasblasen. Es handelt sich um reinen Sauerstoff, den die Pflanzen bei der Photosynthese abgeben. Überall auf dem Riffdach begegnet man auch roten Kalkalgen, die rosafarbene Krusten bilden und dabei zur Festigkeit des Riffs beitragen, weil sie Korallenbruchstücke miteinander verbinden. Große Algen oder Tange sind jedoch selten. In geringer Tiefe sieht man den kugeligen Knopftang *(Dictyosphaeria cavernosa)*, die weißen fächerförmigen Trichteralgen *(Padina sp.)* und die mit spitzen Dreiecken verzierten Äste der Dreiecksalge *(Turbinaria ornata)*.
Die oberste Fläche des Riffdaches setzt sich zur Hauptsache aus toten Korallen und Korallensand zusammen. Doch hier begegnet man bereits den ersten lebenden Korallen. Oft handelt es sich um verzweigte rosafarbene Kolonien der Griffelkoralle *(Stylophora pistillata)*.

Eine stachelige Angelegenheit

Das Riffdach ist der Lebensraum zahlreicher Seeigel, die hier die Überzüge aus winzigen Algen abweiden. Den Diademseeigel *(Diadema setosum)* erkennt man leicht an den langen, beweglichen Stacheln. Diese können weiß, rot oder schwarz sein, wobei alle diese Farben auch auf demselben Individuum vorkommen können. Vorsicht bei diesen giftigen Seeigeln!
Viel weniger gefährlich ist die Art *Echinometra mathaei* mit braunen, relativ kurzen und kräftigen Stacheln, die von einem weißen Ring an der Basis

Die Diademseeigel (Diadema setosum) haben ganz unterschiedlich gefärbte Stacheln. Meistens sind sie schwarz, doch treten auch Individuen mit weißen Stacheln nicht selten auf.

der Spitze. Diese Pedicellarien enthalten Giftdrüsen und können Verbrennungen verursachen, die zu lokaler Lähmung führen.

Viele Seeigel sind nur nachts aktiv. Das gilt besonders für den Doppelstachel-Seeigel *(Echinothrix calamaris)*, der entfernt an den Diademseeigel erinnert. Die Schale ist dunkelrot, und die weißgebänderten Stacheln bilden oft fünf Reihen.

Gelegentlich begegnet man auch dem variablen Griffelseeigel *(Heterocentrotus mammillatus)*, der sich mit Hilfe seiner dicken, glatten, im Querschnitt dreieckigen Stacheln tagsüber in Spalten verkriecht. Man darf dieses Tier nicht mit anderen Arten verwechseln, die ebenfalls dicke Stacheln aufweisen, etwa mit dem Lanzenseeigel *(Phyllacanthus imperialis)*.

umgeben sind. Dieses Tier gräbt sich als Unterschlupf eine Höhlung in den Riffkalk. Der Champion in dieser Hinsicht ist der kleine Riffseeigel *Echinostrephus molaris*, der sein Loch überhaupt nicht mehr verläßt. Der Ausgang ist nämlich schmaler als die Spannweite seiner Stacheln. Diese Art weidet keinen Algenrasen ab, sondern ernährt sich filtrierend von Plankton, das sich zwischen den Stacheln ansammelt. Die Stacheln des Pfaffenhut-Seeigels *(Tripneustes gratilla)* sind nicht regelmäßig über die Körperoberfläche verteilt. Von oben gesehen erscheint das Tier eindeutig fünfeckig. Zwischen den Stacheln stehen zahlreiche Pedicellarien, gestielte Füßchen mit Greifzangen an

Nesseltiere

Auf dem Riffdach sieht man auch festsitzende Hydrozoen, die kleine federförmige Kolonien oder – im Fall der Feuerkorallen *(Millepora spp.)* – gelbbraune Kalkskelette bilden. Diese Feuerkorallen sollte man kennen, um ihnen aus dem Weg zu gehen. Ihre Nesselzellen hinterlassen auf empfindlicher Haut ein brennendes Wundmal! Sie widerlegen auch die weitverbreitete Auffassung, alle Pflanzen säßen fest und nur Tiere seien beweglich. Vor allem im

Meer trifft dies nicht immer zu: Das Phytoplankton besteht aus beweglichen, mobilen Pflanzen, während relativ viele Tierarten auf hartem Substrat festsitzen. Dazu kommt, daß viele dieser Tiere weder Kopf noch Schwanz aufweisen, was den Beobachter zusätzlich verwirrt. Trotz der nesselnden Polypen der Feuerkorallen, die man im Gegenlicht in Form kleiner durchscheinender Haare erkennt, nisten sich auf diesen Kolonien gerne kleine Seescheiden der Gattung *Pyrgoma* ein. Sie leben dort wohlbeschützt von ihren Wirten – ein erstes Beispiel einer Symbiose. Wir werden noch vielen weiteren begegnen!

Nächtliche Gefahren

Es gibt nichts Aufregenderes als nachts über dem Riffdach zu tauchen. Man braucht dazu nur eine Maske, Schnorchel und eine wasserdichte Taschenlampe.

Das Hauptproblem ist allerdings die schlechte Sicht. Man läuft leicht Gefahr, sich an allen möglichen Tieren zu stechen, zum Beispiel Seeigeln und Feuerkorallen.

Das ist aber noch nicht alles! Nachts werden zahlreiche Weichtiere aktiv, unter ihnen auch die Kegelschnecken. Die Schönheit ihrer Schalen lockt viele Sammler an, doch diese Tiere besitzen einen Giftpfeil, den sie sofort in die Haut stoßen. Nur anschauen, nicht anfassen! Die beiden häufigen Arten *Conus geographus* und *Conus textile* können für den Menschen tödlich sein.

Die Feuerkoralle (Millepora dichotoma) verdient sehr wohl ihren Namen: Bei Berührung erzeugt sie einen brennenden Schmerz! Unter der verzweigten Feuerkoralle erkennen wir eine inkrustierende, malvenfarbige Kalkalge. Durch ihr Wachstum fixiert sie Korallenbruchstücke und trägt damit zur Festigung des Riffes bei.

Fische, die gehen...

Es ist nicht leicht, im turbulenten Wasser nahe der Oberfläche zu schwimmen. Aus diesem Grund sind viele Fische an ein benthisches Leben auf dem Meeresboden angepaßt: Sie haben keine Schwimmblase mehr und bewegen sich kriechend fort. Ihre Brustflossen sind zu Gehwerkzeugen geworden oder haben sich zu Saugnäpfen entwickelt, mit denen sich die Tiere festhalten.

Die Weißkehl-Doktorfische (Acanthurus leucosternon) leben von kleinen Algen, die reichlich auf dem Riffdach wachsen.

Die Dreiflosser *(Helcogramma spp.)* sind mit den Schleimfischen nahe verwandt, unterscheiden sich aber durch ihre kleinen Schuppen und die drei Rückenflossen. Diese Gattung umfaßt Dutzende von Arten, von denen einige noch neu sind für die Wissenschaft.

...und Fische, die schwimmen

Seien Sie beruhigt, es gibt auch Fische, die noch schwimmen können! Auf dem Riffdach begegnet man prächtigen Arabischen Doktorfischen *(Acanthurus sohal)*, die Algen abweiden, bunten Papageienfischen und Schwärmen von Juwelen-Fahnenbarschen *(Pseudanthias squamipinnis)*, deren Männchen sich deutlich von den Weibchen ihres Harems unterscheiden. Die Papageienfische brechen laut krachend Stücke aus dem Riff ab.

Am bemerkenswertesten in dieser Hinsicht sind ohne Zweifel die Schleimfische der Gattung *Ecsenius* (Wippfische). Sie zeigen ein ausgeprägtes Territorialverhalten und verlassen ihren Standort nur, wenn sie sich zu sehr bedroht fühlen. Dann ziehen sie sich in einen Unterschlupf zurück, in eine Höhle im Riff, in die Röhre eines Wurmes oder in eine verlassene Schneckenschale. Um die Weibchen anzulocken, zeigen die Männchen ein ausgeprägtes Balzverhalten: Sie schütteln den Kopf am „Fenster" ihres Unterschlupfes und locken dadurch ihre Partnerinnen an. Nach der Eiablage und der Besamung kümmert sich das Männchen um das Gelege. Der Halsband-Wippfisch *(Ecsenius minutus)* ist eine endemische Art der Malediven.

Mit etwas Glück – und vor allem am frühen Morgen – kann man gelegentlich einen Hai beobachten, der dieses seichte Gebiet aufsucht. Sie brauchen keine Angst zu haben! Trotz ihrer beunruhigenden Silhouette sind die meisten Haie unter 2 m lang und wenig aggressiv, ja geradezu scheu. Die häufigsten Arten im seichten Wasser sind der Schwarzspitzen-Riffhai *(Carcharhinus melanopterus)* und der Weißspitzen-Riffhai *(Triaenodon obesus)*. Bewegen Sie sich nicht, und genießen Sie den seltenen Anblick.

Aufteilung der Lebensgrundlagen

Schon bei diesem ersten Kennenlernen konnten wir eine extreme Mannigfaltigkeit feststellen, die das Ergebnis einer langen Evolution ist. Tatsächlich herrscht angesichts der begrenzten Ressourcen eine starke Konkurrenz, die Charles Darwin unter dem Begriff „Kampf ums Überleben" zusammengefaßt hat. Es überleben nicht unbedingt die stärksten Individuen, sondern die am besten angepaßten. Sie suchen nicht den Kampf, sondern vermeiden sogar Konflikte. Dies führte zu zahlreichen Spezialisierungen und zu einer immer stärkeren Aufteilung der Lebensgrundlagen. Die eine Art lebt nahe der Oberfläche, die andere in der Tiefe, eine dritte auf Steinen, die vierte darunter. Es gibt Pflanzenfresser und Fleischfresser, Wurmfresser und Weichtierfresser. So besetzt jede Art eine wohldefinierte ökologische Nische, in der sie nur wenig Konkurrenz zu befürchten hat.

Aus diesem Grund können Seeigel und Schleimfische als gute Nachbarn zusammenleben: Der eine weidet Algenrasen ab, der andere fängt Würmer und Krebstiere. Von einer Konkurrenz kann zwischen diesen beiden keine Rede sein. Sie teilen das Nahrungsangebot unter sich auf.

Der Arabische Doktorfisch (Acanthurus sohal) ernährt sich von Pflanzen. Wie alle Doktorfische hat er auf dem Schwanzstiel einen ausklappbaren orangefarbenen Dorn, den er zur Selbstverteidigung einsetzt.

Verkehrte Welt
Das Leben unter Steinen

Stellenweise machen es große Steine schwierig, ins Wasser zu gelangen. Man riskiert, sich den Knöchel zu verstauchen oder die Zehen empfindlich anzuschlagen. Diese Lebensräume sind jedoch bevorzugte Beobachtungsorte für die Liebhaber von Meereslebewesen.

„Rolling Stones"

Der einzige Unterschied zwischen Steinen einerseits und Kieseln und Sand andererseits liegt in ihrem Durchmesser. Die Zwischenräume zwischen den Steinen stellen ähnlich wie die Lücken zwischen den Sandkörnern einen Unterschlupf für zahlreiche Tiere dar. Der Größenunterschied hat einen noch entscheidenderen Unterschied zur Folge: Die größeren Steine bewegen sich weniger und bieten festsitzenden Tieren ein geeignetes Substrat. Kleine Steine und Kiesel werden mindestens einmal pro Woche umgewälzt. Aus diesem Grund können sie keinen Bewuchs tragen, weil diese Lebewesen sonst zerquetscht würden. Steine mit einem Durchmesser von 50 cm bleiben im Durchschnitt sechs Monate lang unbewegt. Blöcke mit einem Durchmesser von 1 m werden nur noch bei außergewöhnlichen Ereignissen verschoben, die höchstens einmal im Jahr stattfinden. Dies gilt für seichte Gewässer an exponierten Stellen. An geschützten Orten und mit zunehmender Wassertiefe werden die Umweltbedingungen immer stabiler, und die Steine bleiben während viel längerer Zeit unbewegt.

Wenn ein Stein längere Zeit nicht bewegt wird, zeigt er am Ende zwei unterschiedliche Seiten: die Oberseite und die Unterseite. Wer einen solchen Stein aus dem Wasser herausholt und betrachtet, wird die Unterschiede zwischen diesen beiden Welten schnell erkennen.

Zwei Welten

Die Oberseite des Steins wird vom Tageslicht erhellt, was vielen Algen das Wachstum ermöglicht. Deswegen ist der Stein oben von einer verfilzten oder wolligen Algenschicht bedeckt, aus der bisweilen größere Algenarten herausragen. Zu ihnen gehören die Trichteralgen *(Padina spp.)* mit ihrem weißen fächerartig eingerollten Thallus, ferner die fleischigen hellgrünen Kriechsproßalgen *(Caulerpa spp.)* und die inkrustierenden Rotalgen aus der Gruppe der Melobesien. Im Meer sinken dauernd kleine Teilchen von der Oberfläche nach unten: Sandkörner, Schlammpartikel, Algenskelette und planktische Lebewesen. Dieses Sediment bleibt zwischen den Algen hängen, wo die Überwasserbewegungen weniger ausgeprägt sind, und hindert die Larven von Tieren daran, sich auf dem festen Substrat des Steins anzusiedeln. Dazu kommt, daß bereits festsitzende Tiere Gefahr laufen, vom Sediment und vom Algenwachstum überwuchert und erstickt zu werden. Aus diesem Grund ist die Steinoberseite fast ausschließlich von Pflanzen besiedelt. Doch einige Zentimeter weiter unten ändern sich die Verhältnisse grundlegend. Die Unterseite des Steins liegt im Dunkeln. Abgesehen von inkrustierenden Kalkalgen wie den malvenfarbenen Arten der Gattung *Lithophyllum* und den orange- oder dunkelrotfarbenen Arten von *Peyssonnelia* können sich hier praktisch keine Pflanzen halten.

Auf der Steinunterseite gibt es auch keine Probleme mit dem Sediment: ideale Bedingungen für festsitzende Tiere! Zahlreiche inkrustierende Schwämme überziehen die Steinunterseiten und tragen zur Farbigkeit dieses Kleinlebensraumes bei. Die Tiere leben hier sozusagen kopfüber. Den Schwämmen ist das völlig egal. Die meisten steinbewohnenden Arten sind klein und bilden dünne Krusten. Sie haben noch kein Nervensystem, das ihnen Auskunft über oben und unten geben könnte. Hier ist die Welt krustenbildender Schwämme der Gattungen *Halichondria,*

Spirastrella und *Cliona.* Man findet auch hier kleine Kalkschwämme wie *Clathrina spp.* und *Grantessa spp.* Die krustenbildenden Seescheiden *Botryllus spp., Didemnum spp., Diplosoma spp.* und *Polysyncraton spp.* ähneln den Schwämmen wie ein Ei dem anderen, zählen taxonomisch gesehen zu den Chordatieren und sind deswegen ziemlich nahe mit den Wirbeltieren verwandt. Die Krusten setzen sich aus zahlreichen kleinen flaschenförmigen Individuen zusammen, die miteinander verbunden sind und eine einheitliche Masse bilden. Man erkennt dabei die Ein- und Ausströmöffnungen der Individuen, die dadurch auch wieder an den Bauplan der Schwämme erinnern.

Auch die weißen oder orangefarbenen Moostierchen bilden Krusten. Wiederum handelt es sich um koloniebildende Tiere, die zu Hunderten zusammenle-

Die Didemniden umfassen koloniebildende Seescheiden, die Felsen oder Steine überziehen. Oberflächlich gesehen ähneln sie Schwämmen. Entgegen dem Anschein handelt es sich jedoch um hochentwickelte Tiere, die den Wirbeltieren nahestehen.

ben. Jedes Einzeltier (Zooid) bewohnt dabei eine eigene Kalkkammer. Insgesamt bilden diese Zooiden, die auf Steinen wachsen, eine rauhe Kruste, die an Schmirgelpapier oder an die Oberfläche einer Feile erinnert. Wenn wir die Moostierchen unter einer Lupe betrachten, können wir feststellen, daß die Kammern absolut regelmäßig angeordnet sind. Aus jeder Kammer streckt der Bewohner seine Tentakel aus, um Planktonorganismen zu fangen. Es gibt zahlreiche Arten von Moostierchen, die für Nichtspezialisten aber nicht auseinanderzuhalten sind. Wir wollen hier nur die Arten *Membranipora savartii*, *Stylopoma viride* und *Parasmittina egyptiaca* nennen.

Schlangensterne (im Bild Macrophiotrix cf. longipeda) sind Filtrierer, die dem Wasser mit ihren feinen Stacheln auf den Armen Nahrungspartikel entnehmen.

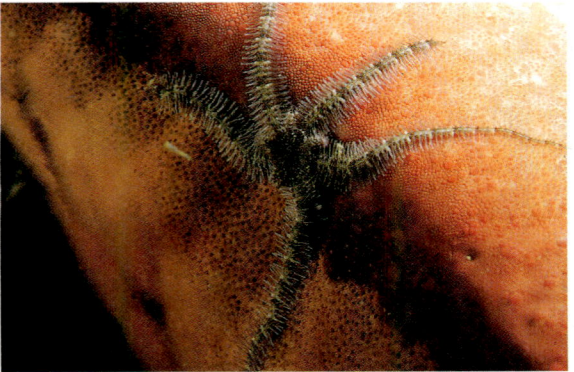

Schlangensterne und andere Stachelhäuter

Die spektakulärsten Tiere auf der Unterseite von Steinen sind die Schlangensterne. Es besteht eine nähere Verwandtschaft zu den vertrauten Seesternen. Von einem runden, kissenartigen zentralen Körper gehen fünf fadenförmige Arme aus. Schlangensterne sind zerbrechliche Tiere, die den Schutz der Steine auch wirklich brauchen.

Die verhältnismäßig glatten Arme der Arten *Ophiolepis superba* und *O. cincta* zeigen eine dunkle Querbänderung. Die Tiere scheuen das Licht und sind sehr beweglich. Wenn man einen Stein umdreht, verkriechen sie sich sofort entweder unter einem anderen Stein oder sie suchen immer die dem Licht entgegengesetzte Seite auf. Dabei haben sie selbst nichts zu verbergen! Sie sind harmlos und ernähren sich hauptsächlich von organischen Teilchen, die im Wasser schwimmen.

Die Schlangensternarten *Ophiothrix purpura* und *Ophiocoma erinaceus* sind etwas weniger scheu als die beiden zuvor genannten Arten. Sie tragen auf ihren Armen zahlreiche dunkelrote beziehungsweise schwarze Stacheln, mit denen sie das Meerwasser filtern. Sie entnehmen ihm dabei alle möglichen organischen Teilchen als Nahrung. Wenn man einen Schlangenstern in die Hand nimmt, muß man sehr behutsam vorgehen.

Die langen Arme sind extrem zerbrechlich. Doch dank einem außergewöhnlichen Regenerationsvermögen wird ein verlorengegangener Körperteil schnell ersetzt. Abgesehen von den bereits genannten häufigen Arten finden wir unter den Steinen noch ungefähr weitere zehn Formen.

In der verkehrten Welt der Steine lebt auch der Fünfeckseestern *(Asterina burtoni)*. Seine Arme sind so kurz, daß der gesamte Körper an ein Kissen erinnert. Diese Art ist dadurch viel weniger verwundbar als die übrigen See- und Schlangensterne. Im Unterschied zu ihnen hält *Asterina burtoni* heftige Brandung aus. See- und Schlangensterne sind übrigens zwittrig, also Männchen und Weibchen zugleich.

Würmer aller Arten

Man begegnet unter Steinen den unterschiedlichsten Wurmformen. Auf der Steinunterseite heften sich oft Plattwürmer an. Diese schleimigen Tiere bewegen sich auf der Oberfläche durch Wimpernschlag vorwärts, wobei sie sich Unebenheiten vollkommen anschmiegen.

Ringelwürmer werden im allgemeinen größer. Ihr Körper besteht aus zahlreichen gleichartigen Segmenten in Form von Ringen. Der wohlbekannte Regenwurm unserer Gärten ist ein Festlandsbewohner dieser Gruppe. Die meisten Ringelwürmer des Meeres gehören zu den Borstenwürmern oder Polychaeten. Bei ihnen ist jedes Segment mit einer Reihe teilweise sehr harter und spitzer Borsten ausgstattet. Einige Borstenwürmer bewegen sich frei (Polychaeta errantia), andere sind zu einem festsitzenden Leben übergegangen und bewohnen eine Röhre, die sie selbst bauen (Polychaeta sedentaria).

Zu diesen Röhrenwürmern gehören zum Beispiel die Arten *Vinearia koehleri, Pileolaria militaris* und *Janua steueri*. Sie halten sich in einer kleinen spiralig aufgerollten Röhre auf. Der Durchmesser ihres Hauses beträgt nur einige Millimeter, doch bemerkt man die Tiere sofort, weil sie auf der Unterseite von Steinen in größerer Zahl zusammenleben. Ihre freischwimmenden Larven zeigen, wenn es darum geht, sich festzusetzen, ein geselliges Verhalten: Sie suchen die Nähe von Individuen derselben Art. Diese Erscheinung kann man auch bei den Seepocken des Supralitorals beobachten. Die koloniebildenden Kalkröhrenwürmer der Art *Filogranaella elatensis* bauen leicht zerbrechliche Büschel aus weißen Kalkröhren mit einem Durchmesser von knapp einem Millimeter.

Die Weichtiere

Unter den Steinen gibt es immerhin soviel zu fressen, daß Weichtiere dieses Kleinbiotop immer wieder gerne aufsuchen. Hier begegnet man der grünen Käferschnecke *(Chiton olivaceus)* sowie weiteren verwandten Arten aus der Gattung Lepidozona. Der Körper dieser ursprünglichen Weichtiere wird von acht Kalkplatten bedeckt, die dachziegelartig übereinanderliegen. Käferschnecken schaben mit Hilfe ihrer feigenartigen, mit spitzen Zähnchen bedeckten Zunge (Radula) Algenbeläge ab.

Eine weitere charakteristische Bewohnerin der Steinunterseiten ist die Sattelmuschel *Anomia nobilis.* Ihre beiden mit Perlmutt überzogenen Schalen sind sehr dünn. Die eine Schale hat einen runden, oft lochartigen Ausschnitt. Durch diesen ziehen die Byssusfäden, mit der sich die Muschel am Substrat festhält. Die andere Muschelhälfte ist stärker und doch unregelmäßig gewölbt.

Auch die Feilenmuscheln *(Lima spp.),* die ungefähr 4 cm messen, sind weitere typische Mollusken dieses Lebensraumes. Sie strecken ihre orangefarbenen oder weißen klebrigen Tentakel aus dem Spalt zwischen den beiden Schalen heraus. Bei einer Störung schwimmt die Feilenmuschel mit ruckartigen Stößen fort, wobei sie ihre beiden Schalen auf- und zuklappt.

Die Welt wieder in Ordnung bringen

Wenn wir einen Stein umdrehen, um zu sehen, was auf der Unterseite lebt, stören wir einen Lebensraum. Tatsächlich überleben die Bewohner der Steinunterseite nur, weil dort Ruhe und Dunkelheit herrschen und weil sich kein Sediment anhäuft. Diese kleine Lebensgemeinschaft ist dem sicheren Tod geweiht, wenn sie dem Licht, dem Sand und den Wellenbewegungen ausgesetzt bleibt. Vor allem die festsitzenden Tiere können vor den neuen Umweltbedingungen nicht fliehen.

Vergessen Sie also bitte nicht: Wenn Sie den Stein beobachtet haben, legen Sie ihn sorgfältig an genau dieselbe Stelle zurück, an der Sie ihn gefunden haben. Diese kleine Geste bezeugt Ihren Respekt für die Lebensformen, die Sie gerade entdeckt haben.

Die Feilenmuschel (Lima sowerbyi) gehört zu den Weichtieren und hat klebrige Tentakel. Bei einer Störung schwimmt sie ruckartig davon, indem sie ihre beiden Schalenhälften auf- und zuklappt.

Verborgenes Leben
Die Bewohner des Sandes

Im allgemeinen liebt der Taucher den Sand nicht. Er akzeptiert es gerade noch, an einem Sandstrand ins Wasser zu gehen, doch dann macht er sich sofort auf den Weg zum Riff: Nur hier gibt es viel zu sehen! Man darf sich aber nicht von der trostlosen wüstenartigen Leere der Sandböden täuschen lassen, die vor den Stränden, am Fuß der Riffe und in den Kanälen zwischen einzelnen Korallengruppen liegen. Das lockere Material stammt von abgestorbenen Korallen und von anderen Lebewesen, etwa von der kalkhaltigen Pfennigalge *(Halimeda)*. Mit etwas Geduld entdeckt man auch auf Sandböden faszinierende Biozönosen. Auch hier sinkt ein unablässiger Regen abgestorbener Planktonorganismen auf den Boden. Und Plankton bedeutet Nahrung, und wo es Nahrung gibt, leben auch Konsumenten... Sie sind sozusagen auch auf Sandböden vorhanden, oft sogar in beeindruckender Zahl (einige tausend Individuen pro Quadratmeter (doch sieht man sie oft nicht leicht). Da Pflanzen auf Sandböden fast völlig fehlen, findet man hier auch kaum Pflanzenfresser. Hier dominieren die Filtrierer und die Detritusfresser. Sie ziehen ihrerseits wieder Räuber an.

Nur beiläufig sei erwähnt, daß die Korngrößenzusammensetzung eine große Rolle spielt. Die Lebensgemeinschaften auf Grobsand sehen ganz anders aus als die auf schluffigem oder schlickigem Sand. In diesem Buch wollen wir diese Unterscheidung nicht treffen. Doch mit solchen Beobachtungen beginnt die wissenschaftliche Arbeit!

Die Seefedern (Pteroeides sp.) sind Weichkorallen aus der Gruppe der Octocorallia. Das Tier hat sich mit einer Art Zwiebel im Sand verankert.

Auch die runden Seefedern (Veretillum sp.) gehören zu den Octocorallia und sind überwiegend nachtaktiv.

Filtrierer

Viele Tiere verbergen sich im Sand und strecken nur einen Teil ihres Körpers heraus, um das Manna aufzunehmen, das von oben herabregnet. Eine der spektakulärsten Formen unter diesen Filtrierern sind die Federwürmer *(Sabella sp.)*. Mit ihrem Federbusch holen sie alle möglichen organischen Teilchen aus dem Wasser. Die Farbe ist an die des Untergrundes gut angepaßt. Deswegen sieht man sie auch schlecht – oder bewegen Sie sich zu heftig? Bei der geringsten Erschütterung zieht sich dieser Röhrenwurm blitzschnell in sein weiches Gehäuse zurück. Die Zylinderrosen *(Pachycerianthus, Cerianthus)* ähneln festsitzenden Röhrenwürmern, doch ihre Tentakel sind unverzweigt

wie bei allen übrigen Seeanemonen, mit denen sie eine Gruppe bilden. Auch die Zylinderrosen fertigen eine weiche Röhre an, in die sie sich zurückziehen. Die Tiere sind vor allem nachts aktiv.

Es gibt zahlreiche weitere Filtrierer, die im wesentlichen zur Gruppe der Weichtiere zählen. Die meisten unter ihnen bleiben unsichtbar, weil sie im Sand eingegraben leben. Sie verraten ihre Existenz nur durch feine durchsichtige Röhren, die sie einige Millimeter über den Sandboden hinausstrecken. Mit diesen Atemröhren oder Siphos nehmen sie Meerwasser auf, um ihm Sauerstoff und organische Teilchen zu entziehen. Dann wird das Wasser über einen weiteren Sipho wieder nach außen abgegeben.

Eine vollständige Aufzählung aller sandbewohnenden Arten ist fast unmöglich: Da gibt es die Herzmuscheln *(Fragum auricula, Nemocardium lyratum, Rudicardium spp.)*, die Samtmuscheln *(Glycymeris pectunculus)*, die Mondmuscheln wie *Callista chione*, die Plattmuscheln *(Tellina virgata, Tellinella staurella)*, die Trogmuscheln *(Mactra olorina)* und die Taschenmesser- oder Scheidenmuscheln *(Solen truncatus, Cultellus cultellus)*... Im Gegensatz zu diesen Arten lebt die Steckmuschel *(Pinna bicolor)* an der Sandoberfläche. Mit Byssusfäden, die an der Spitze der Schalen austreten, verankert sie sich im Boden. Die beiden großen dreieckigen Schalen ragen über das Sediment hinaus und filtern Plankton aus dem Meerwasser.

Man begegnet hier auch Weichkorallen, etwa den Seefedern *(Pennatula sp., Pteroeides sp., Scytaliopsis ghardaqensis)*, die ihre Nahrung mit den Tentakeln der Polypen fangen. Sie gehören zur Gruppe der Octocorallia – ähnlich wie die runde Seefeder *(Veretillum sp.)*, deren zylindrischer Körper eine Höhe von 30 cm und deren Polypen einen Durchmesser von immerhin 1 bis 2 cm erreichen. Wenn man diese Koralle leicht zwickt, schrumpft sie zusammen und zieht ihre Polypen zurück. Dies gelingt über ein Wasserskelett, das als Widerlager gegenüber den Muskeln dient.

Die meisten dieser Tiere sind nur nachts aktiv. Man sieht sie aber schon ab einem Meter Tiefe. Der Taucher bringt den Kopf möglichst nahe an die Sandoberfläche und beleuchtet sie mit einer kräftigen Taschenlampe von der Seite her.

Die Seeanemonen oder Blumentiere stellen weitere lebenserfüllte Oasen in dieser sandigen Ebene dar. Als Beispiel seien die Teppichanemonen *(Stichodactyla spp.)* genannt, die mehrere Clownfischarten *(Amphiprion spp.)* beherbergt. Die großen Bäumchenanemonen *(Actinodendron spp.)* nesseln außergewöhnlich stark und bieten einigen Garnelenarten *(Thor amboinensis, Periclimenes brevicarpalis)* Unterschlupf. Trotz ihrer Größe können sich

Die Röhrenaale (Heteroconger hassi) strecken ihre Körper über die Oberfläche des Sandes hinaus, in dem sie ihre Röhren gebaut haben. Sie ernähren sich von Plankton.

diese Seeanemonen blitzschnell ins Sediment zurückziehen. Der Taucher erkennt dann nur noch eine leichte Vertiefung. Die überraschendsten Planktonfresser sind aber ohne Zweifel die Röhrenaale, die von den Angelsachsen „Gartenaale" genannt werden.

Diese Fische gehören zu den Gattungen *Heteroconger* und *Gorgasia* und verbringen ihr Leben in Röhren, die sie selbst im Sediment graben. Nachts, gelegentlich auch tagsüber, strecken sie ihren Körper heraus. An gewissen Stellen sieht man Dutzende, ja Hunderte dieser Aale, wie sie mit der Meeresströmung hin und her schwanken. Wenn man sich nähert, verschwinden sie diskret, so daß man sich fragt, ob man nicht geträumt hat. Bewegen Sie sich nicht, atmen Sie nicht mehr! Langsam strecken die Röhrenaale ihre Köpfe dann wieder aus dem Sediment heraus.

Detritusfresser

Sandböden sind reich an Detritus, zerkleinerten und zerriebenen organischen Abfällen. Es handelt sich dabei um totes Plankton und um Bruchstücke von Pflanzen und Tieren. Die Detritusfresser haben sich auf diese Nahrungsquelle spezialisiert und reinigen dabei die Sandböden. Am häufigsten sind in die-

Der Fangschreckenkrebs (Odontodactylus scyllarus) ist ein verhältnismäßig primitives Tier, das mit den bekannteren Meereskrebsen wie der Languste oder dem Hummer keine nähere Verwandtschaft aufweist. Diese Krebsart kann mit ihren Vorderbeinen blitzschnell zuschlagen.

ser Gruppe die Borstenwürmer und die Spritzwürmer.

Die irregulären Seeigel, die keine kreisrunden Schalen haben, und die Herzseeigel *(Lovenia elongata, Maretia planulata, Brissus latecarinatus* und *Metalia spp.)* leben eingegraben im Sand und sammeln mit Hilfe ihrer Greiffüßchen (Ambulakralfüßchen), die sie bis zur Sandoberfläche strecken, organische Partikel ein. Ein anderer Füßchentyp ist auf die Sauerstoffaufnahme spezialisiert. Es gibt unter diesen Seeigeln auch stark abgeflachte, exotische Formen, die sogenannten Sanddollars *(Clypeaster spp., Echinodiscus spp., Lagunum depressum).* Man sieht diese Tiere nur, wenn man sie mit einer kleinen Schaufel oder einem Rechen – übrigens sehr nützliche Werkzeuge beim Tauchen – freilegt.

Unter den Stachelhäutern seien auch die detritusfressenden Seegurken oder Seewalzen genannt, etwa *Holothuria spp., Stichopus spp., Synapta spp., Pearsonathuria graeffei, Actinopyga spinea* und viele andere. Diese Tiere fressen das Sediment, verdauen die darin enthaltenen organischen Stoffe und geben Kotballen aus praktisch reinem Sand wieder ab. Dadurch reinigen sie den Boden.

Einsiedlerkrebse leben in einer Schneckenschale und schützen dabei ihren weichen asymmetrischen Hinterkörper, der von keinem Carapax geschützt wird. Die meisten Arten leben als Aasfresser. Die größte Form, *Dardanus tinctor* (10 cm), pflegt eine Symbiose mit der Seeanemone *Calliactis polypus.*

Unter der Sandoberfläche lebt eine unsichtbare Gemeinschaft, die sich nur durch einzelne Sandhäufchen verrät. Sie wird zum Beispiel von Maulwurfskrebsen *(Callianassa spp.)*, Borstenwürmern, Spritzwürmern und anderen Hemichordaten gebildet.

Räuber

Alle Filtrierer und Detritusfresser ziehen Räuber an, die damit die Nahrungskette weiterführen. Auf und im Sand gehen zahlreiche Ringelwürmer auf Jagd. Unter den Weichtieren seien die folgenden Formen genannt: Purpurschnecken *(Murex spp.)*, Tritonshörner *(Charonia tritonis)*, Flügelschnecken *(Strombus spp., Lambis spp.)*, Helmschnecken *(Cassis spp.)*, Olivenschnecken *(Oliva spp.)*, Kegelschnecken *(Conus spp.)* sowie die Nabelschnecke *(Natica onca)*. Diese zuletztgenannte Art sucht Muscheln im Sand auf. Mit Hilfe saurer Sekrete und einer scharfen Radula bringt sie ein kleines Loch in der Schale ihrer Beute an. Dann steckt sie einen Sipho hinein, durch den sie Verdauungssäfte einspritzt. Nach einiger Zeit wird das vorverdaute, verflüssigte Tier eingesogen.

Auch die Seesterne sind große Räuber. Die Arten der Gattung Astropecten leben tagsüber eingegraben im Sand. Nachts kommen sie nach oben und gehen auf Jagd, wobei sie auf der Suche nach Weichtieren und Seeigeln bis über zwanzig Meter zurücklegen. Die Schalen von Muscheln öffnen sie mit ungeheurer Kraft und viel Geduld. Sie besitzen Hunderte von Ambulakralfüßchen, die am Ende Saugnäpfe tragen. Dabei ziehen sie so lange die Muschelhälften auseinander, bis ihr Opfer aufgeben muß. Oft ist es zu groß für die Mundöffnung des Seesterns, dann stülpt der Räuber seinen Magen aus und verdaut die Beute außerhalb des Körpers. Als stumme Zeugin des Massakers bleibt eine leere Schale zurück. Stellenweise findet man mehrere solcher Seesterne pro Quadratmeter.

Der große, bis 18 cm lange Fangschreckenkrebs *(Odontodactylus scyl-*

Wie die Sepien, die Kraken und auch viele Fische kann diese Rotbarbe mit ihren langen Barteln (Parupeneus macronema) schnell ihre Farbe wechseln. Diese Aufgabe übernehmen Farbstoffzellen (Chromatophoren) in der Haut. Deswegen fällt es oft schwer, ein Tier nach einer einzigen Fotografie zu bestimmen!

Grundeln (hier Ctenogobiops maculosus) und Garnelen (Alpheus sp.) sind eine merkwürdige Partnerschaft eingegangen. Die praktisch blinde Garnele hält die gemeinsame Wohnung in Ordnung, während der Fisch auf der Lauer liegt. Nimmt er eine Bedrohung wahr, so zieht er sich in die Wohnung zurück und warnt dadurch gleichzeitig seinen Mitbewohner, der mit Hilfe eines Fühlers dauernd mit dem Fisch in Kontakt steht.

larus) ist deutlich seltener, stellt aber ein sehr auffälliges Tier dar. Er baut im Sand komplexe Tunnels mit mehreren Ausgängen. Dieses bunte Tier mit seinem auffälligen Verhalten kommt schon ab 1 m Wassertiefe vor. Der Fangschreckenkrebs ist ein schrecklicher Räuber. Achtung vor allem vor seinen Vorderbeinen, denn er kann mit ihnen sogar den Finger eines Menschen brechen!

Noch auffälliger sind die Sepien *(Sepia spp.)*. Es handelt sich um Tintenfische und damit um Weichtiere – weite Verwandte der Austern und Miesmuscheln. Die Sepia hat wie der Kraken sehr gute Augen. Sie schwimmt gewandt, vergräbt sich im Sand und lauert hier auf Beute, die sie mit ihren Tentakeln überwältigt. Doch beim Schwimmen an der Oberfläche ist das Tier selbst kaum zu sehen. Mit Hilfe seiner Chromatophoren in der Haut paßt es sich nämlich in Farbe und Muster der jeweiligen Umgebung an. Wer also eine Sepia sehen will, muß seinen Blick schärfen!

Die Fische

Die höchstentwickelten Räuber der Sandgebiete finden wir unter den Fischen. Sehr häufig sind Grundeln, deren zahlreiche Arten man aber nicht leicht auseinanderhalten kann. Sehr charakteristisch hingegen sind die Rot- oder Meerbarben *(Mulloides spp., Parupeneus spp.)*. Man erkennt sie an ihren Barteln, die zahlreiche Sinnesorgane enthalten, besonders für den Geruch. Die Rotbarben durchwühlen den Sand auf der Suche nach kleinen Würmern und Krebstieren.

Wer genau hinschaut, wird bald im Sand Löcher entdecken, in denen Grundeln der Gattungen *Amblyeleotris, Stonogobiops, Cryptocentrus* sowie anderer in Symbiose mit Garnelen der Gattung *Alpheus* leben. Es handelt sich dabei um eine merkwürdige Partnerschaft. Wer etwas Geduld zum Beobachten aufbringt, bemerkt bald, daß die Garnele eine Sklavin des Fisches ist. Sie besorgt den Haushalt und schaufelt mit ihren Scheren immer wieder das Loch frei, denn Sand und andere Sedimente drohen die gemeinsame Wohnung dauernd zuzuschütten. Ein richtiger kleiner Bulldozer bei der Arbeit! Doch was gewinnt die Garnele aus der Partnerschaft? Um diese Frage zu beantworten, muß man genau hinsehen: Die kleine Garnele hat winzige Augen und ist fast blind. Mit einem Fühler ist sie fast dauernd in Kontakt mit einer Körperseite des Fisches, der seinerseits hervorragend sieht. Wenn sich ein Feind nähert, flieht die Grundel sehr schnell ins Loch. Der Verlust des Körperkontaktes mit dem Fisch veranlaßt die Garnele, sich ebenso schnell in die gemeinsame Wohnung zurückzuziehen.

Wie alle Plattfische ist auch der Pantherbutt (Bothus pantherinus) ein Meister der Tarnung.

Plattfische und tödliche Stacheln

Sehr viele Fischarten haben sich der benthischen Lebensweise angepaßt. Die Plattfische haben dabei einen asymmetrischen Körperbau entwickelt – eine Seltenheit unter den Tieren. Ihre Larven leben pelagisch im freien Wasser und sehen normal symmetrisch aus. Wenn sie jedoch das Leben am Meeresboden aufnehmen, legen sie sich auf eine Körperseite, während das eine Auge auf die andere Körperseite langsam hinüberwechselt. Der Mund behält seine Stellung und liegt somit auch

beim erwachsenen Tier quer. Plattfische können sich dem Untergrund in Farbe und Zeichnung hervorragend anpassen. Sie decken sich auch oft ganz mit Sand zu, so daß nur ihre kugeligen Augen herausragen. Unter diesen Meistern der Tarnung seien die Butte *(Bothus spp.)* und die Seezungen genannt. Am erstaunlichsten ist dabei die Art *Pardachirus marmoratus.* Sie besitzt Giftdrüsen, die sogar einen Hai zum Loslassen bewegen können!

Der spektakulärste Räuber auf Sandboden ist ohne Zweifel der Krokodilsfisch *(Papilloculiceps longiceps),* der vollkommen getarnt ist. Kleinfische, die nichts von der Gefahr ahnen, schwimmen an seinem enormen Maul vorbei und sind im Nu verschlungen. Zitterrochen *(Torpedo spp.)* warten geduldig eingegraben im Sand, bis ein Beutetier ganz in ihrer Nähe vorbeischwimmt, um es mit einem elektrischen Schlag zu lähmen und schließlich aufzufressen.

Auch wir Menschen sollten diesen Fisch nicht anfassen. Die elektrischen Entladungen sind für uns zwar nicht tödlich, doch entschieden unangenehm. Auch andere bodenbewohnende Rochen der Gattungen *Dasyatis, Himanthura* und anderer liegen auf der Lauer. Alle diese Fische legen wenige große Eier, die von einer vierzipfeligen Kapsel umhüllt sind. Sie werden an Stein- und Fächerkorallen festgeheftet. Der Falsche Steinfisch *(Scorpaenopsis diabolus)* und der Echte Steinfisch *(Synanceia nana)* sind die Meister auf dem Gebiet der Tarnung. Selbst wenn man nur einen halben Meter von ihnen entfernt ist, verwechselt man sie mit algenbewachsenen Resten von Korallenstöcken. Bei Bedrohung stellen sie die Stacheln ihrer Rückenflosse auf. Badende laufen Gefahr, mit nackten Füßen auf diese Fische zu treten. Die Folge ist ein blitzartiger, entsetzlicher Schmerz. Das Gift kann Kopfschmerzen, Fieber, Schweißausbrüche, Herzrhythmusstörungen, Bewußtlosigkeit und sogar den Tod verursachen. Wenn man gestochen wurde, muß man sofort einen Arzt aufsuchen. Während der Wartezeit sollte man Tücher auflegen, die mit möglichst heißem Wasser getränkt wurden oder eine brennende Zigarette in einem Anstand von weniger als 1 cm vor die verwundete Stichstelle halten: Hitze führt zur Denaturierung der Giftstoffe. Die Gefahr, die von diesen Steinfischen ausgeht, sollte Sie aber nicht davon abhalten, die Lebensräume des Sandes und der Riffe zu untersuchen. Die Wahrscheinlichkeit, auf einen solchen Steinfisch zu treten, ist nicht größer als die einer gefährlichen Begegnung mit einer Viper auf einem Landausflug.

Blütenpflanzen im Meer
Seegraswiesen

An feinsandigen oder schlickigen Küsten wachsen oberhalb der Wassers Mangroven. In geringer Wassertiefe, wo noch viel Licht hinzutritt, begegnen wir Seegraswiesen. Diese Lebensräume sind von unvergleichlicher Produktivität und durchaus mit der von Mais- oder Zuckerrohrfeldern vergleichbar.

haben die Arten der Gattung *Cymodocea, Zostera, Thalassia, Halodule* und *Enhalus*. Entspringen die bandförmigen Blätter am Ende eines Stengels, so handelt es sich um das Fächergras *(Thalassodendron ciliatum)*. Ovale Blätter mit deutlichen Nerven sind typisch für das Ovalgras *(Halophila ovalis)*.

Nur Gras?

Was machen Taucher, die versehentlich über einer Seegraswiese ins Wasser gegangen sind? Sie tauchen angewidert auf: „Es gibt hier nur Gras! Nichts zu sehen!"
Doppelter Irrtum. Die Pflanzen, die hier wachsen, haben mit den Gräsern nicht viel mehr als die Tatsache gemeinsam, daß es sich um Blütenpflanzen und nicht um Algen handelt. Ihre Blüten fallen allerdings kaum auf: Sie sind grün, oft von Blättern verborgen und schwer zu sehen. Auf jeden Fall pflanzen sich die meeresbewohnenden Blütenpflanzen hauptsächlich ungeschlechtlich (vegetativ) durch Ausläufer fort.
Die Pflanzen selbst bestehen aus Wurzelstöcken oder Rhizomen, denen unten die Wurzeln und oben die grünen Teile entspringen. Die verschiedenen Seegrasarten erkennt man an der Form und Größe der Blätter. Bandförmige Blätter

Die Seegraswiesen bestehen aus Blütenpflanzen. Man kann in ihnen viele wundervolle Lebewesen beobachten, zum Beispiel diese Gehörnten Seesterne (Protoreaster nodosus).

Die Seegraswiesen, hier eine mit Pflanzen aus der Gattung Cymodocea, gehören zu den produktivsten Lebensräumen der Welt.

Eine Fabrik unter Wasser

Diese Blütenpflanzen sind vor vielen Jahrmillionen wieder ins Meer zurückgekehrt, aus dem ihre allerersten Vorfahren „ausgewandert" waren, um das Festland zu erobern. Die Seegräser spielen eine entscheidende Rolle im marinen Ökosystem. Man kann sie bis zu einem gewissen Grad mit den meeresbewohnenden Säugern wie Walen, Delphinen und Robben vergleichen. Auch diese sind ins Meer zurückgekehrt, haben aber raffinierte Weiterentwicklungen ihrer festlandsbewohnenden Vorfahren beibehalten. Bei den Säugern sind dies die Fähigkeit zur Temperaturregelung, die Lungen, die besondere Art der Fortpflanzung und das große Gehirn. Bei den Pflanzen hingegen sind die Blüten und die Wurzeln zu nennen, die einen erheblichen Vorteil im Vergleich zu den viel primi-

tiveren Algen darstellen. Seegräser dominieren da, wo eine Pioniervegetation das Terrain erst vorbereitet hat.

Die Produktivität der Seegraswiesen wurde schon erwähnt. Tatsächlich kommt auf einen Quadratmeter Boden eine gesamte Blattoberfläche von einigen Dutzend Quadratmetern. Und diese entspricht wiederum einigen Kilogramm Biomasse (Trockengewicht) pro Quadratmeter Bodenoberfläche. Die Primärproduktion beträgt einige Tonnen Trockenmasse pro Hektar und Jahr, doppelt soviel wie in den Wäldern der gemäßigten Breiten. Und jeder Quadratmeter Seegraswiese produziert mehrere Liter Sauerstoff täglich.

Dies alles erklärt, warum die Seegraswiesen derart reiche Biotope darstellen. Jeder Quadratmeter Boden trägt somit viele Dutzend Quadratmeter biologische Oberfläche, die für die Besiedlung durch Pflanzen (Epiphyten) und Tiere (Epifauna) zur Verfügung stehen. Und auf jedem Quadratmeter Boden entsteht ein Sauerstoffüberschuß und eine große Menge Biomasse.

Besiedlung

Dennoch ernähren sich im Mikrokosmos der Seegraswiesen nur wenige Tierarten direkt von den Pflanzen, die hier wachsen und die sehr reich an Zellulosefasern sind. Man begegnet in den

Wiesen Seeigeln, Krebstieren und einigen Fischarten, gelegentlich auch einigen Weichtieren.

Die meisten Tiere, die hier leben, ernähren sich von Pflanzen und Tieren, die selbst wieder auf den Seegräsern siedeln. Unter den Epiphyten sind zahlreiche Arten zu nennen, und zur Epifauna gehören Moostierchen, Hydrozoen, Foraminiferen, Schwämme und Röhrenwürmer. Unter den freibeweglichen (vagilen) Tieren beobachten wir vor allem hervorragend getarnte Krabben und Garnelen. Weichtiere weiden Epiphyten ab. Typische Bewohner der Seegraswiesen sind auch Haarsterne, Sepien *(Sepia spp.),* Steckmuscheln *(Pinna spp.)* und andere mehr. Schließlich stellen Seegraswiesen richtige Kindergärten für Jungfische und hervorragende Verstecke für bestimmte eigentümliche Fischarten dar. Man begegnet hier nicht nur Drachenköpfen, sondern auch Plattfischen, Seepferdchen, Seenadeln, Muränen und Rochen. Insgesamt kommt eine tierische Biomasse von drei Tonnen Trockengewicht pro Hektar zusammen. In Seegraswiesen hat man über 400 Algenarten und mehrere tausend Tierarten registriert. Wer wagt da noch die Behauptung, es gäbe hier nichts zu sehen? Wenn die Blätter der Seegräser abfallen, verrotten sie. Die entsprechende organische Substanz wird von Detritusfressern aufgenommen, vor allem von Seegurken. Am Ende bleiben nur Zellulosefasern übrig, die sich am Strand zu größeren Haufen auftürmen können. Abgefallene Blätter gelangen auch praktisch unzersetzt direkt auf den Strand und bilden dort später hohe Bänke.

Tödliche Bedrohung

Die artenreichen und hochproduktiven Seegraswiesen spielen eine wichtige Rolle bei der Befestigung des Sandes und beim Küstenschutz. Dazu kommt, daß die toten Blätter auch Nahrung für Tiere und Bakterien der Hoch- und Tiefsee darstellen. Seegraswiesen nehmen also im Gesamthaushalt des Meeres eine Schlüsselstellung ein. Leider sind diese Ökosysteme ziemlich fragil und heute stark bedroht. Die größte Gefahr stammt von der Bautätigkeit längs der Küsten, sei es aufgrund der Bevölkerungsexplosion oder des stetig zunehmenden Tourismus. Manche Seegraswiesen verschwinden einfach unter ausgehobenen Schutt- und Erdmassen, die Lastwagen und Bulldozer ins Meer kippen. Doch auch die Trübung des Wassers durch solche Schuttablagerungen sowie durch ungeklärte Abwässer hat zur Folge, daß Seegraswiesen in größerer Tiefe nicht mehr genügend Sonnenlicht für das Überleben bekommen. Dazu kommen schädliche Auswirkungen von den Schiffen: Wenn diese ihre Anker wieder hochziehen, reißen sie die Wurzelstöcke der Seegräser aus dem Sandboden. Stellenweise spielen auch chemische Abwässer von Fabrikbetrieben eine negative Rolle. Steigen Sie also nicht sofort wieder auf! Stecken Sie Ihre Nase in die Seegraswiese und entdecken Sie den Reichtum dieser Lebensgemeinschaft, bevor es endgültig zu spät dazu ist...

Korallenriffe sind sehr artenreich und äußerst komplexe Lebensgemeinschaften.

Die Korallengärten
Das Riff

Beim Kauf Ihres Flugtickets haben Sie wohl vor allem an die Riffe gedacht. Es ist deswegen an der Zeit, zu diesem Thema zu kommen... Tatsächlich stellen die Korallenriffe der tropischen Meere einige der beeindruckendsten Biozönosen unseres Planeten dar.

In der Lebensgemeinschaft der Riffe kann man zwei Komponenten unterscheiden: die Erbauer des Riffs und die übrigen Bewohner. Zu den Erbauern gehören nicht nur die eigentlichen Korallen, sondern auch die Feuerkorallen (die zu den Hydrozoen zählen), die Kalkalgen, ferner Weichtiere und Röhrenwürmer. Bei den sonstigen Bewohnern ist fast jede Organismengruppe vertreten. Am auffälligsten sind die bunten Fische, die frei umherschwimmen oder sich in Spalten und Höhlen verbergen. Bei genauerem Hinsehen erkennt der Taucher auch Krebstiere, Seescheiden, Seesterne, Seeigel, Weichtiere, Gorgonien, Schwämme und Würmer in größter Artenvielfalt.

Die Korallen: Tiere, Pflanzen oder Mineralien?

Noch zu Beginn des 18. Jahrhunderts waren sich die Wissenschaftler über diese Frage nicht einig. Die meisten Forscher hielten die Korallen für Pflanzen und ihre Polypen für „Blüten". Andere vertraten die Ansicht, es handele sich nur um mineralische Gebilde. Nach und nach mehrten sich jedoch die Hinweise, daß die Korallen zu den Tieren gehören. Heute zählt man sie in die Klasse der Blumentiere der Anthozoen, die wiederum im Stamm der Nessel- oder Hohltiere untergebracht sind.

Die riffbildenden Korallen, die man

Die Detailaufnahme der Pilzkoralle (Fungia fungites) läßt die kalkigen Behausungen erkennen, in die sich die weichen Polypen zurückziehen.

Beim Polypen dieser Zäpfchenkoralle (Tubastrea sp.) erkennt man deutlich, daß Tentakel den spaltförmigen Mund umgeben. Die Tentakel enthalten viele Nesselzellen.

heute zur Gruppe der Madreporaria (Steinkorallen) zählt, treten unter den mannigfaltigsten Formen auf: als Krusten, als halbkugelige massive Köpfe, als verzweigte oder blättrige Strukturen. Die Größe schwankt von einigen Zentimetern bis mehreren Metern. Trotz dieser äußeren Vielfalt gibt es auch einige gemeinsame Merkmale. Jede Korallenart setzt sich aus einem harten toten Kalkskelett und einem weichen Überzug zusammen, der aus lebendem Gewebe besteht. Dieses Gewebe baut das Kalkskelett auf. Der lebendige Teil der Korallen setzt sich aus blütenförmigen Einheiten zusammen,

den Polypen. Sie können sich in ihre Behausung im Kalkskelett zurückziehen. Die „Blütenblätter" der Polypen sind Tentakel, die mit Nesselzellen versehen sind. Wenn ein Tier diese Polypen berührt, werden die Nesselzellen abgeschossen und lähmen den Eindringling. Die meisten Korallen ziehen ihre Polypen tagsüber zurück. Man sieht sie also nur während eines nächtlichen Tauchgangs. Eine Ausnahme bilden die Korallen der Gattung *Goniopora,* deren Polypen auch tagsüber zu sehen sind.

Die Polypen der Korallen entsprechen eigentlich einzelnen Individuen. Ihre Fortpflanzung erfolgt im wesentlichen ungeschlechtlich durch Knospung wie bei manchen Seeanemonen. Am Mutterpolypen entsteht eine Art Aufblähung, die immer größer wird und schließlich zu einem eigenen Polypen heranwächst. Mutterpolyp und Tochterpolyp trennen sich allerdings nicht, sondern bleiben zeitlebens zusammen. Im biologischen Sinn handelt es sich um eine Kolonie und gleichzeitig um einen Klon, weil die genetische Identität gegeben ist. Der Tochterpolyp baut genauso ein Kalkskelett auf. Da sich der Vorgang der Knospung dauernd wiederholt, entsteht bald eine Kolonie aus vielen Hunderten, ja oft Tausenden Individuen, die alle untereinander verbunden bleiben. Die einzelnen Polypen sind als Individuen erkennbar, bilden bei der Gehirnkoralle aber Mäander zwischen den Kalkwülsten und damit eine Art Gewebeband, bei dem man nur noch mehrere spaltenförmige Münder erkennen kann.

Ein Gemüsegarten

Das Wachstum der Kolonie hängt von vielen Faktoren ab, zunächst einmal von der Art, aber auch von der Wassertemperatur und der Beleuchtung. Eine große Kolonie kann bis 1000 kg Kalkskelett pro Quadratmeter und Jahr produzieren, und die Äste wachsen dabei mit einer Geschwindigkeit von 25 cm pro Jahr!

Nun versteht man auch, warum in gewissen tropischen Gebieten die Karten sehr schnell veralten. Es steht zwar fest, daß die Polypen mit ihren Tentakeln und den Nesselzellen kleine planktische Lebewesen fangen, doch eine Notwendigkeit dazu besteht nur in wenigen Fällen. Dazu kommt, daß die kristallklaren Gewässer der tropischen Meere viel zu planktonarm sind, um tropische Riffe am Leben erhalten zu können. Wovon leben sie also? Die Korallenpolypen zeigen trotz der Transparenz ihrer Gewebe schöne Farben, am häufigsten Braun oder Grün, seltener Hellviolett oder Rot. Verantwortlich dafür sind winzige einzellige Algen, die Zooxanthellen oder Zoochlorellen. Man kann diese mikroskopisch kleinen Algen mit einem Gemüsegarten vergleichen, von dem sich die Polypen ernähren. Die Symbiose zwischen Koralle und Alge geht aber noch viel weiter. Zunächst befreien die Pflanzen die Polypen von ihren Stoffwechselabfällen, etwa von Nitrat und Phosphat. Sie brauchen diese Mineral-

Oben und unten: Tagsüber zieht diese Korallenart (Symphylia cf. recta) die Polypen zurück, wobei die Mundöffnungen noch deutlich zu erkennen sind. Nachts sind die Tentakel draußen, um Planktonlebewesen zu fangen.

stoffe sozusagen als Dünger für sich selbst. Die Photosynthese der Algen ist für die Koralle von doppeltem Nutzen: Die Algen verwenden das Kohlendioxid (CO_2), das bei der Atmung der Korallen frei wird, während der Sauerstoff (O_2), den die Algen abgeben, lebensnotwendig ist für die tierischen Zellen der Korallen. Der niedrige CO_2-Spiegel, der von den Algen bewirkt wird, begünstigt überdies die Ablagerung von Kalziumkarbonat

(CaCO₃), aus dem das Kalkskelett be-
steht. Aus diesen Gründen hängt das
Korallenwachstum sehr stark von den
Lichtverhältnissen ab.
Dank der wundervollen Symbiose die-
ser beiden unzertrennlichen Arten ha-
ben die Korallenriffe ihre ökologische
Bedeutung erlangt – trotz der relativen
Nährstoffarmut tropischer Meere.

Das Licht einfangen

Da die riffbildenden Steinkorallen
nicht ohne ihre pflanzlichen Symbionten leben können, unternehmen sie

Die Gelbe Turbinarie (Turbinaria reniformis)
bildet Kolonien, die wie ein Salatblatt aussehen.
Die Tiere vergrößern damit ihre Oberfläche, um
möglichst viel Licht aufzufangen.

alles, um ihnen das Leben möglichst zu
erleichtern. Die Koralle paßt die Form
ihrer Kolonie den Lichtverhältnissen
an, um eine möglichst wirksame Nutzung zu gewährleisten. Verzweigte
oder gefältelte Formen erhöhen die
Oberfläche, die Licht aufnehmen kann,
und damit die Wachstumsgeschwindig-
keit. Das gilt vor allem für die zahlreichen *Acropora*-Arten, denen man
schon in geringer Tiefe begegnen kann.
Die Gattung Acropora umfaßt rund 75
Arten. Als Nachteil ist zu nennen, daß
solche oberflächennahen Korallenstöcke bei heftigen Stürmen leicht ab-
brechen. Aus diesem Grund bilden gewisse Arten in geringer Tiefe, wo das
Licht von allen Seiten kommt, massive,
krustenförmige oder halbkugelige Kolonien. Mit zunehmender Tiefe kommen die Lichtstrahlen aber direkt von
oben, so daß die Korallenstöcke flacher
werden. In großer Tiefe, wo nur noch
ein Minimum an Licht vorhanden ist,
treten die Steinkorallen in Form großer
dünner Platten auf, zum Beispiel *Turbinaria, Pavona* und *Leptoseris*. Daß
die Stöcke hier sehr zerbrechlich sind,
spielt praktisch keine Rolle mehr, denn
in dieser Tiefe ist das Wasser vollkommen ruhig, so daß keine Gefahr mehr
besteht für die Kalkgebilde der Korallen. Von einer bestimmten Tiefe und somit einem bestimmten Lichtminimum
an werden die Korallen und die Algen
immer seltener. Unterhalb von 100 m
können die Zooxanthellen ihre Aufgabe
nicht mehr erfüllen. Hier liegt die absolute Tiefengrenze der Korallenriffe. An
den meisten Stellen wachsen schon unterhalb von 50 m keine Korallen mehr.

Das ist der Grund, warum man Riffen immer in Küstennähe begegnet. Man unterscheidet vor allem zwei Formen: das Saumriff direkt an der Küste und das Barriereriff, das in einigem Abstand vom Meeresufer liegt und eine Lagune umschließt.

Artenvielfalt

Schon bei der allerersten Begegnung ist man von der außergewöhnlichen Artenvielfalt der Korallenriffe fasziniert. Abgesehen von den

Ein typischer Riffabsturz im Roten Meer mit Schwärmen des Fahnenbarsches Pseudanthias squamipinnis.

Erbauern des Riffs bedecken zahlreiche weitere wirbellose Tiere den Untergrund. Bunte Schwämme und koloniebildende Seescheiden und Fächerkorallen (Gorgonien) wechseln mit den langen peitschenförmigen Schwarzen Korallen ab. Man weiß nicht, wo man hinblicken soll! Unter Überhängen und in Höhlungen leben Weichkorallen, die Pilzen und pastellfarbigen Blumenkohlköpfen ähneln. Seesterne und Seelilien, lebende Fossilien aus früheren Erdzeitaltern, liegen wie scheinbar unbewegliche Juwelen auf dem Boden verstreut. Buntscheckige Nacktkiemerschnecken gleiten über die Korallenstöcke. Diademseeigel bewegen ihre Stacheln drohend, wenn man sich ihnen nähert. Da findet man sich nur schwer zurecht! Um sich in dieser Vielfalt orientieren zu können, ist der zweite Teil dieses Buches da.

Vorerst noch einige gute Ratschläge. Nehmen Sie sich die Zeit, inne-

Viele Korallen wie Seriatopora hystrix sind außerordentlich zerbrechlich. Denken Sie daran beim Austarieren!

zuhalten und alles sorgfältig zu betrachten, was Ihnen vor die Augen kommt. Sie lernen dabei, besser zu sehen und sich die Formen der Tiere einzuprägen. Betrachten Sie, aber berühren Sie nicht. Achtung vor allem mit den Flossen: Sie dürfen die Korallenstöcke nicht berühren, weil sie oft wie Glas brechen.

Eine Gruppe von Riesenmuscheln (Tridacna gigas). Das größte Exemplar mißt über 1 m.

Legen Sie nicht die Hand auf irgendetwas, das Sie noch nicht kennen. Sie riskieren dabei, gebrannt, gestochen, gezwickt oder gebissen zu werden! Halten Sie sich von Stein- und Feuerkorallen fern, von Seeanemonen, Hydrozoen, von Haarsternen, Seeigeln und Fischen. Es trifft zu, daß die Berührung noch zusätzliche Informationen liefern kann. Fassen Sie die Oberfläche von Schwämmen, Seescheiden, Seesternen und Nacktkiemerschnecken ganz zart an, allerdings nur wenn Sie sich Ihrer Sache sicher sind! Mit etwas Glück begegnen Sie der Riesenmuschel *Tridacna gigas*. Man hat Ihnen sicher schreckliche Geschichten über Taucher erzählt, die mit ihrem Fuß in der Muschel steckenblieben und die man an Ort und Stelle amputieren mußte, damit sie nicht ertranken... Wahrscheinlich sind diese Geschichten übertrieben, aber man weiß nie! Es steht allerdings fest, daß die Schließmuskeln dieser Muscheln unvorstellbare Kräfte entwickeln können. Seeanemonen bilden große, grüne oder malvenfarbene „Blüten", in denen ungestört kleine Clownfische *(Amphiprion spp.)* schwimmen. Nehmen Sie sich die Zeit, ihr Verhalten zu studieren: Den Paarzusammenhalt und die Verteidigung des Territoriums. Die Riffbarsche *(Pomacentridae)* und die Falterfische *(Chaetodontidae)* ändern im türkisfarbenen Wasser schnell ihre Richtung und erscheinen wie bunte Herbstblätter. Papageienfische knabbern mit ihren meißelartigen Schnäbeln Korallenstöcke an: Das Geräusch hört man noch in mehreren Metern Entfernung. Überall findet man auf den Korallen die Spuren ihres Angriffs. Wenn sie schwimmen, ziehen sie nicht selten eine weiße Fahne hinter sich her. Es ist Korallensand, den sie mit dem Kot abgeben. Die Papageienfische stellen einen der Faktoren biogener Erosion dar. Andere Faktoren sind Bohrschwämme *(Cliona, Siphonodictyon),* die Löcher in den Kalk der Korallenkolonien graben, ferner die Dornenkrone *(Acanthaster planci),* ein Seestern, der jeden Tag zahlreiche Polypen frißt und in manchen Riffen aus bisher unbekannten Gründen sehr überhandgenommen hat.

Fische in allen Formen

Im Riff leben Fische mit merkwürdigem Aussehen und erstaunlichen Verhaltensweisen. Der schlanke Trompetenfisch *(Aulostomus sp.)* steht unbeweglich zwischen Fächerkorallen oder folgt wie ein Schatten einem kleinen Zackenbarsch oder einer Schildkröte. Die Kugelfische *(Tetraodontidae)* treiben ihren starren Körper nur mit den Flossen vorwärts. Wie die Igelfische *(Diodontidae)* pumpen sie sich bei der geringsten Gefahr mit Wasser auf und stellen dabei ihr Stachelkleid auf. Überall verbergen sich nicht ungefährliche Tiere: Muränen mit ihren Giftzähnen, Skorpions- und Steinfische mit Giftstacheln auf dem Rücken. Um Steinfische zu sehen, muß man ganz genau hinsehen, denn sie sind Meister der Tarnung und Täuschung!

Gelegentlich dient eine Seeanemone oder ein Korallenstock als Putzerstation. Garnelen *(Stenopus hispidus, Lysmata amboinensis)* und kleine spezialisierte Fische *(Labroides dimidiatus)* betreiben hier ihren „Friseursalon". Ihre Kunden warten geduldig und bilden nicht selten eine Schlange. Die Garnelen springen auf die Außenhaut des Kunden und entfernen dort Parasiten und tote Hautreste. Ich habe selbst schon den Lungenautomaten aus dem Mund genommen und mich mit weit geöffnetem Mund als Kunde präsentiert. Die Tiere dran-

Diese Spuren auf einer massiven Koralle hinterließ ein Papageienfisch mit seinem Schnabel. Er lebt von Korallenpolypen.

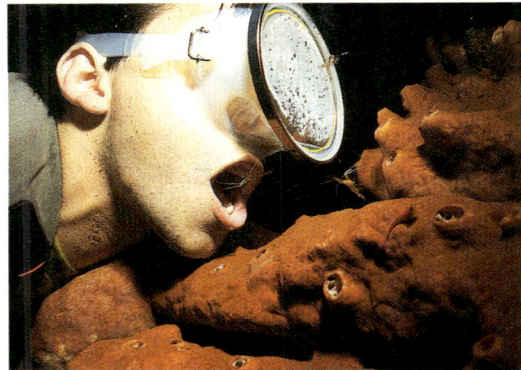

Den Atem anhalten! Ein Taucher präsentiert sich bei einer Putzerstation mit geöffnetem Mund als Kunde. Sofort beschäftigt sich eine Putzergarnele (Lysmata amboinensis) mit seinen Zähnen, während sich eine zweite Garnele nähert.

gen in meinen Mund vor und machten sich an meinen Zähnen zu schaffen!

Dann gibt es auch die Räuber des Riffs. Die Trompetenfische *(Aulostomus spp.)* nähern sich kleinen Beutetieren, indem sie wie ein Schatten hinter großen Fischen hinterherschwimmen. Die Rotfeuerfische *(Pterois*

Der Rotfeuerfisch (Pterois miles) zeigt sein großes Maul. Die sehr ähnliche Art Pterois volitans lebt im Pazifik.

Der Weißspitzen-Riffhai (Triaenodon obesus) ist häufig in Korallenriffen zu sehen.

(Foto: Jean-Philippe Mattei)

den heftigen Sog gelangt die Beute in den Mund. Man sollte es gelegentlich nicht vergessen, sich im freien Wasser mit dem Rücken gegen das Riff zu stellen und zu beobachten. Von der Hochsee dringen oft Schwärme von Barrakudas, Stachelmakrelen und Thunfische ins Riffgebiet ein, um hier auf Jagd zu gehen. Gelegentlich kommen auch die Tiger des Meeres zu Besuch, die Haie. Der Graue Riffhai *(Carcharhinus amblyrhynchos)* und der Weißspitzen-Riffhai *(Triaenodon obesus)* zeigen am wenigsten Scheu. Sie werden nicht über 2 m lang und sind ungefährlich, sofern man sie nicht provoziert.

In diesem Zusammenhang ist vom Anfüttern der Haie („Shark-feeding") abzuraten. Im Prinzip besuchen alle Hochseehaie gelegentlich Riffe, darunter auch die größten und die gefährlichsten Arten, etwa die Hammerhaie *(Sphyrna spp.)* und der Tigerhai *(Galeocerdo cuvier),* die immerhin 6 m lang werden können!

Bleiben Sie ruhig und warten Sie, bis der Hai auf Sie zuschwimmt.

Im allgemeinen schwimmt er nur einmal vorbei. Versuchen Sie keinesfalls ihm zu folgen. Er wird sofort fliehen und ist schließlich ein besserer Schwimmer als Sie selbst... Versuchen Sie auch keinesfalls, den Hai zu berühren: Das ist so ziemlich das einzige, was ihn aggressiv machen kann – oder besser gesagt defensiv, denn in diesem Fall wären Sie selbst der Aggressor.

spp.) jagen in abgelegenen Ecken des Riffs und nehmen dabei ihre mächtigen Brustflossen als Netze zur Hilfe. Die Skorpionsfische, die Steinfische und die großen Zackenbarsche warten geduldig zwischen den Korallenstöcken. Wenn ihnen ein Beutetier zu nahe kommt, öffnen sie einfach den Mund. Durch

Bewohner der Dunkelheit
Höhlen und Wracks

Wie wir gesehen haben, spielen drei abiotische Umweltfaktoren eine entscheidende Rolle bei der Zusammensetzung benthischer Gesellschaften: die Lichtverhältnisse, die Wasserbewegung und die Sedimentation. Aus diesen Gründen unterscheidet sich die Unterseite von Steinen so deutlich von der Oberseite; dasselbe gilt von den Gemeinschaften,

Wracks sind immer faszinierende Stellen – nicht nur wegen der menschlichen Dramen, die sich hier abgespielt haben, sondern auch wegen des Reichtums der Tier- und Pflanzenwelt.

denen wir in einer Wassertiefe von einem Meter begegnen – im Vergleich zu den Lebensgemeinschaften weiter in der Tiefe. In geringer Tiefe ist das Riff reich an Korallen aller Art. Ab circa vierzig Meter geht die Artenfülle zurück und die Populationen werden dünner. Noch weiter unten verarmt die sessile Fauna schnell, und die Flora verschwindet ganz. Ab einer Tiefe von 300 m sind Lebewesen verhältnismäßig selten.

Der Faden der Ariadne

Manche Riffe sind von Höhlen und Tunneln durchzogen. Sie sind Zeugen der Eiszeit, während der der Meeresspiegel niedriger lag, so daß die Riffstrukturen, die über dem Wasser lagen, teilweise abgetragen wurden. Mächtige überhängende Vorsprünge am Riffabsturz zwischen 10 und 40 m Tiefe zeugen davon, daß hier einst die Brandung wirksam war.

Wer in eine dieser Höhlen eindringt, gelangt in immer dunklere und ruhigere Bereiche. In erstaunlich kurzen Abständen verändern sich die Lebensgemeinschaften auf spektakuläre Weise. In einigen Dutzend Metern vom Höhleneingang entfernt herrscht bereits absolute Dunkelheit, und das Wasser bewegt sich nicht mehr. Gelegentlich liegen solche Höhlen und Spalten an der Oberfläche, so daß man mit Maske und Schnorchel in sie eindringen kann. Wenn aber die Höhle ganz unter

Hydroiden der Gattung Stylaster kommen vor allem an überhängenden Felsen und in Höhlen vor.

Tagsüber verbergen sich Langusten (Panulirus versicolor) im Dunkel. Sie sind nachts aktiv.

Wasser liegt, muß man den Tauchgang in die Dunkelheit sorgfältig planen. Hier gilt mehr noch als anderswo die Devise: „Niemals allein tauchen." Man braucht starke Lampen, vielleicht auch einen zweiten Lungenautomaten. Das Material muß perfekt funktionieren. Wenn man sich weit vom Höhleneingang entfernt und keinen Sichtkontakt mehr zu ihm hat, muß man eine Leine am Eingang sicher befestigen und sie beim Eindringen abspulen. Selbst wenn die Lampen ausfallen oder die Sichtverhältnisse sehr schlecht werden, weil man mit einem ungeschickten Flossenschlag Sand und Sediment aufgewirbelt hat, wird man mit diesem Ariadnefaden stets die Rückkehr schaffen. Ohne Leine verliert man sich sehr leicht in Höhlen, selbst wenn die Sichtverhältnisse hervorragend sind.

Es liegt auf der Hand, daß diese Ratschläge auch für die Erforschung von Wracks gelten. Vor allem sollte man deren Stabilität überprüfen, bevor man sich hineinwagt, denn durchgerostete Strukturen können einfallen und dem Taucher schließlich den Weg verlegen. Kurz, Höhlen und Wracks sind nur etwas für fortgeschrittene Taucher.

Die Lichtverhältnisse

Im Wasser ist das Licht ohne Zweifel der wichtigste abiotische Umweltfaktor. Außerhalb der Höhle be-

Bei jedem Tauchgang, der in Spalten oder Höhlen führt, braucht man eine starke, zuverlässige Lampe.

obachten wir noch einen dichten Bewuchs lebender Korallen. Schon im Eingang nimmt die Zahl der Arten und die Dichte des Bewuchses deutlich ab. Dort gedeihen vor allem Zäpfchenkorallen *(Dendrophyllia spp., Tubastra spp.)*, die keine Zooxanthellen aufweisen. Man sieht auch einige Rotalgen, die sich mit geringer Lichtintensität zufrieden geben, etwa die malvenfarbenen Thalli der Kalkalgen *Lithophyllum spp.* und *Lithothamnion spp.* sowie die roten Krusten von *Peyssonnelia spp.* Nach wenigen Metern sind alle Algen verschwunden, und das Substrat ist nur noch von Tieren überzogen. Nicht weit vom Höhleneingang leben die Tiere, die vor allem den Halbschatten schätzen. Wirbellose, die keine Sedimentation vertragen, leben an Überhängen und senkrechten Wänden. Darunter sind einige nesselnde Arten: Vorsicht bei der Berührung! Man begegnet hier auch den hübsch verzweigten, zerbrechlichen Kolonien der Hydroide *Stylaster spp.* Die Tiere halten das Halbdunkel aus und haben hier somit praktisch keine Konkurrenz. Sie leben auch außerhalb der Höhlen, doch fallen sie uns zwischen den viel größeren und imposanteren Korallenstöcken kaum auf.

Gepanzerte Ritter

Die Höhlen sind auch das Reich einer großen Zahl von Krebstieren, die allerdings nicht ausschließlich auf diesen Lebensraum angewiesen sind. Man entdeckt hier Langusten *(Panulirus versicolor* und andere Arten), die oft mit Jungtieren vertreten sind. Mit ihnen verwandt ist der Bärenkrebs *(Parribacus antarcticus)*, der sich tagsüber in den dunkelsten Ecken der Höhlen aufhält, nachts aber seinen Unterschlupf verläßt. Anstelle der langen Fühler, die charakteristisch sind für die Langusten, hat der Bärenkrebs schaufelförmige Platten, die etwas an Scheuklappen erinnern. An den Höhlenwänden sieht man oft bunte Garnelen der Gattungen *Stenopus, Lysmata, Saron, Rhynchocinetes, Periclimenes...* Man läßt den Strahl der Taschenlampe an der Höhlenwand entlang gleiten: Die Augen der Garnelen werfen das Licht zurück und erscheinen wie Lichtpunkte. Erst danach erkennt man das ganze Tier.

Rückenschwimmer und Blitzlichter

In den Höhlen unter Wasser begegnet man oft Beilbauchfischen *(Pempheris vanicolensis)*, die dort in Schwärmen aus Dutzenden, ja Hunderten von Individuen unbeweglich verharren. An der Höhlendecke schwimmen langsam Skorpionsfische der Gattungen *Pterois* und *Dendrochirus*. Mit dem Bauch nach oben!
Nachts füllen sich die Höhlen mit Fischen, die hier Ruhe suchen: Doktorfische, Drückerfische, Meerbarben, Papageienfische. Diese scheiden einen schleimigen Kokon aus, der verhindert, daß sich ihr Geruch im Wasser weiter ausbreitet und während des Schlafes Räuber anlockt. Und die Papageienfi-

sche haben wahrlich einen tiefen Schlaf! Während eines nächtlichen Tauchgangs kann man sich ihnen nähern und ihre bunten Farben bewundern. Ein Glücksfall für den Unterwasserfotografen auf der Suche nach abstrakten Makrofotografien, die mit den schönsten Werken moderner Maler konkurrieren können!

(Foto: John Neuschwander)

Die Beilbauchfische (Pempherides vanicolensis) sind typische Höhlenbewohner.

Gelegentlich kann man in den Höhlen nachts ein wahres Feuerwerk erleben: Zahlreiche dicht stehende, kleine Lichter blinken hintereinander auf. Ihre Träger sind kleine Fische der Arten *Photoblepharon palpebratus* und *P. steinitzi,* die unter jedem Auge ein Leuchtorgan tragen. Eine Tasche gefüllt mit biolumineszenten Bakterien, die der Fisch mit einer Art Augenlid zudecken kann. Das tut er bis fünfzigmal in der Minute. Versuchen Sie sich mit ausgeschalteter Lampe zu nähern. Das ist nicht einfach, doch die Mühe lohnt sich!

Bedingungen wie in der Tiefsee

Dank der außergewöhnlichen Umweltbedingungen können wir in den Höhlen Lebewesen beobachten, die eigentlich in viel größerer Tiefe leben. Wer in das absolute Dunkel einer Höhle vordringt, wo sich das Wasser nie bewegt, wird feststellen, daß die Fauna beträchtlich verarmt. Hier finden wir einige Schwämme, wie die exklusiven Tief-

seebewohner *Astrosclera willeyana, Plectroninia spp.* und *Homophymia spp.,* ferner inkrustierende Moostierchen und Röhrenwürmer.

Der Höhlenboden ist oft von einer ganz feinen Sedimentschicht bedeckt. Achten Sie darauf, daß Sie sich ganz langsam und sehr vorsichtig bewegen, um keine Schlammwolken aufzuwirbeln, die sich nur sehr langsam wieder setzen.

Beim Höhleneingang, in den ersten zehn bis zwanzig Metern, sind die Wände vollständig von Tieren bewachsen. Je weiter man jedoch vordringt, um so stabiler werden die Umweltbedingungen. Die Temperatur schwankt nur noch wenig im Verlauf eines Jahres. Bald herrscht ewiges Dunkel und ewige Ruhe. Die Umwelt ist nährstoffarm, weil sich hier nur noch wenige Lebewesen aufhalten. An den Wänden sind kleine birnenförmige Muscheln befestigt. Bei näherem Hinsehen erkennt der Zoologe, daß es sich nicht um echte Muscheln und damit um Weichtiere, sondern um Armfüßer handelt. Diese, fast wie lebende Fossilien erscheinenden Tiere, sind relativ nahe Verwandte der Moostierchen. Die Begegnung mit einem Armfüßer ist eindeutig weniger spektakulär als die Begegnung mit einem Dinosaurier, aber mindestens so erstaunlich, denn die Armfüßer haben sich seit dem Erdaltertum kaum verändert und sind somit wesentlich älter als die Dinosaurier.

Rückkehr zum Leben

Besonders bei Höhlentauchgängen ist es wichtig, daß Sie diese nach einer strengen Planung und Zeittabelle abwickeln. Man muß den Rückweg antreten, spätestens wenn ein Drittel der Luftmenge aufgebraucht ist. So hat man immer noch ein Drittel als Reserve bei unvorhergesehenen Ereignissen zur Verfügung. Nach einiger Zeit kündet ein vages blaues Licht die Nähe des Höhleneingangs an. Wir löschen die Lampen und schwimmen dem Tag entgegen.

In weiter Ferne, hinter den schwarzen Höhlenwänden oder den dunklen Wrackaufbauten, erkennen wir ein intensives blaues Licht, den Ausgang! Noch nie erschien uns das Meer so leuchtend. Das Reich der Finsternis ist endgültig hinter uns. Mit neuer Kraft schwimmen wir dem Ausgang entgegen. Wir fühlen uns befreit, fast wiedergeboren. Über uns glänzt die Wasseroberfläche im goldenen Sonnenlicht. Wir steigen der Wärme entgegen auf. Nach der Erfahrung der absoluten Dunkelheit hat das Licht der Sonne für uns eine neue, tiefere Bedeutung erlangt.

Plankton und Nekton
Die Bewohner der Hochsee

Wer die Küste verläßt, hat die Gelegenheit, einige Beobachtungen der dritten Art zu machen. Auf der Bugwelle des Schiffes reiten vielleicht Meeressäuger wie Tümmler und Delphine, und wir hören ihr lautes Atmen und Pfeifen. Wer die Gelegenheit – und den Mut! – dazu hat, in der Hochsee zu tauchen, fühlt sich in die Welt des Kinos versetzt. Hier herrscht die unendliche

Man begibt sich in einige Meter Tiefe, tariert sein Gewicht aus und wartet... Wird man nur einige planktische Quallen sehen oder vielleicht einen Teufelsrochen, einen Walhai oder gar einen richtigen Wal?

blaue Weite! Man spürt förmlich die Anziehungskraft der indigofarbenen Tiefe unter den Schwimmflossen. Das Wasser ist wundervoll kristallklar. Vergessen Sie nicht, ab und zu einen Blick auf den Tiefenmesser zu werfen!

Sobald sich der Blick an den unendlichen Raum gewöhnt und sich das Herz wieder dem normalen Schlagrhythmus angepaßt hat, wird man bemerken, daß man gar nicht der einzige ist, der in dieser flüssigen Umwelt treibt. Um den Taucher herum erscheinen merkwürdige durchsichtige Lebewesen, die einem Science-fiction-Film entronnen sein könnten. Plötzlich belebt sich das wüstenhaft leer erscheinende blaue Wasser, und vor den Augen des Tauchers ziehen die eigentümlichsten Tiere vorbei.

Das Plankton

Die Bezeichnung Plankton stammt aus dem Griechischen und heißt „das Treibende". Unter diesen Begriff fallen alle Lebewesen, die sich mit den Wasserbewegungen passiv ausbreiten. Viele unter ihnen können zwar aktiv schwimmen, doch führen sie damit nur kleinräumige Bewegungen durch. Viele andere planktische Formen können nur passiv treiben. Die meisten planktischen Lebewesen halten sich nahe der

Ein Taucher inmitten von Ohrenquallen (Aurelia aurita), die sich im Frühjahr im Roten Meer massenhaft vermehren können.

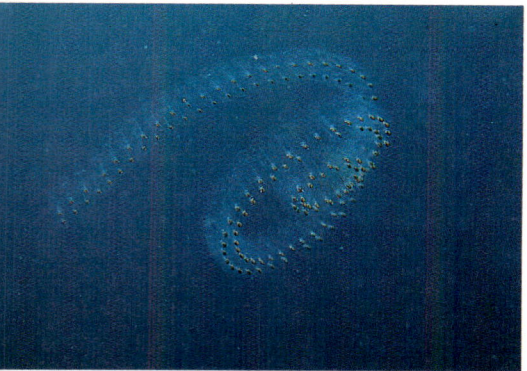

Eine Salpenkolonie (Thalia democratica), die aus einer anderen Welt zu stammen scheint.

Oberfläche auf. Das pflanzliche Plankton oder Phytoplankton braucht Licht für die Photosynthese, und das tierische Plankton oder Zooplankton ist auf das pflanzliche Plankton als Nahrungsquelle angewiesen. Beide haben somit dieselben Probleme: Wie verhindert man ein Absinken in die Tiefen des Ozeans, und wie bleibt man unsichtbar in einem Lebensraum, in dem es kein Versteck gibt? Für den Auftrieb sorgen Öltröpfchen und sogar Gasbehälter. Das Absinken verhindern auch Körperfortsätze in Form von Fühlern, Beinen, Stacheln und Borsten. Sie vergrößern die Oberfläche, erhöhen die Reibung und verringern wie Fallschirme die Absinkgeschwindigkeit. Bei der Frage, wie man unsichtbar wird, gibt es eine einzige Möglichkeit: Man muß sich so durchsichtig wie möglich machen!

Das Phytoplankton umfaßt vor allem einzellige Algen, zu denen vor allem die Diatomeen (Kieselalgen) mit ihren beiden Schalen aus Kieselsäure und die Panzerflagellaten gehören. Der bekannteste Vertreter dieser zuletzt genannten Gruppe erzeugt das Meeresleuchten *(Noctiluca miliaris)*. Schätzungen zufolge macht die Biomasse der Algen in den Ozeanen fast 2 Milliarden Tonnen aus. Das entspricht nur 0,2 % der pflanzlichen Biomasse auf dem Festland. Doch dieses Phytoplankton produziert dank seiner hohen Stoffwechselaktivität 35 % des Luftsauerstoffs. Die große Klarheit des Wassers in der Hochsee führt zu besonders guten Sichtverhältnissen und deutet auf zwei Erscheinungen hin: Es gibt logischerweise keine Trübstoffe, die vom Festland stammen, und dadurch auch weniger Plankton. Doch diese Tatsache verlangt noch nach einer weitergehenden Erklärung. Das Phytoplankton braucht wie

Die Veliger-Larve eines Weichtiers treibt im Wasser. Nach der Verwandlung geht daraus wohl eine Muschel hervor, die dann festsitzend auf dem Meeresboden lebt.

alle anderen Pflanzen bestimmte Nährsalze zur Entwicklung. Abgesehen vom Kochsalz (NaCl), das im Meer mit rund 40 g pro Liter vertreten ist, sind andere lebenswichtige Salze selten, zum Beispiel die Phosphate.

Wenn das Phytoplankton sich schon rar macht, dann ist das Zooplankton noch spärlicher vertreten. Bei jedem Übergang in der Nahrungskette von einer Ernährungsstufe zur anderen bleiben nur ungefähr 10 % übrig. Ein kg Phytoplankton entspricht somit rund 100 g Zooplankton.

Die meisten planktischen Lebewesen sind so klein, daß man sie mit bloßem Auge nicht sehen kann. Nur makroskopische Formen lenken den Blick auf sich. Da aber auch sie durchscheinend oder durchsichtig sind, muß man tatsächlich zweimal genau hinsehen, um sie zu erkennen. Man kann das Zooplankton in ökologischer Hinsicht in zwei Gruppen einteilen: Das Holoplankton umfaßt jene Tiere, die ihr ganzes Leben als planktische Wesen verbringen. Zum Meroplankton zählen Tiere, die nur während eines Teiles ih-

res Lebens im Wasser treiben. Meist handelt es sich um Larvenstadien benthischer Formen.

Unter der Wasseroberfläche tummeln sich vor allem kleine Krebstiere, wie etwa Ruderfußkrebse. Jagd auf diese Krebse und ihre Larven machen die Pfeilwürmer oder Chaetognathen. Sie ähneln kleinen Fischen, gehören aber zu einem eigenständigen, rätselhaft anmutenden Tierstamm.

Und dann gibt es noch die Quallen... Glockenförmige Tiere ziehen in der absoluten Stille an uns vorbei und pulsieren dabei rhythmisch. Irisierende Tentakel mit Nesselkapseln hängen senkrecht herab. Was wir gemeinhin als Quallen bezeichnen, gehört zu drei zoologischen Gruppen: den Hydrozoen, den Staatsquallen oder Siphonophoren und den Seyphozoen. Die kleinsten unter ihnen sind gerade 1 mm groß, während die Tentakel der Staatsquallen

Ein Seidenhai (Carcharhinus falciformis) bei der Jagd im freien Wasser. Er steht an der Spitze der Nahrungskette.

Eine Echte Karettschildkröte (Eretmochelys imbricata) auf der Suche nach Quallen.

eine Länge von bis zu 20 m erreichen können.

Die Rippenquallen *(Ctenophoren)* ähneln den übrigen Quallen, weisen aber eine bilaterale Symmetrie auf. Sie haben acht Reihen von Wimperplättchen. Diese schlagen vor und zurück und erzeugen dabei eine Bewegung und eine Lichtbrechung. Es sieht aus, als würden sich kleine rote, grüne und blaue Lichter auf dem Tier bewegen!

Da wir schon von Beugung sprechen: Gelegentlich sieht man einige Millimeter lange, intensiv schillernd blaue Plättchen, die im Ozean hin und her schwimmen. Es handelt sich dabei um eine besondere Gruppe der Ruderfußkrebse *(Sapphirina gemma).*

Große Unterschiede

Das Plankton bildet die Nahrungsgrundlage für andere Tiere, die zur aktiven Fortbewegung im Wasser befähigt sind. Sie bilden insgesamt das Nekton. Die bereits genannten Pfeilwürmer werden von kleinen Fischen gefressen, zum Beispiel von Ährenfischen *(Atherinomorus lacunosus),* Sprotten *(Spratelloides delicatulus)* oder Heringen *(Herklotsichthys quadrimaculatus).* Diese landen ihrerseits im Magen größerer Räuber, etwa der Stachelmakrelen *(Caranx spp., Carangoides spp.),* der eigentlichen Makrelen *(Scomberoides spp.),* der Thunfische *(Thunnus albacares, Euthyn-*

nus affinis und so weiter) und der Haie. Am Ende der Nahrungskette findet man alle Meeresmonster, angefangen vom Mako *(Isurus oxyrinchus)* über den Weißhai *(Carcharodon carcharias)* bis zum Hammerhai *(Sphyrna mokarran)*. Man sieht diese Tiere aber nur selten und weit weg von der Küste. Grund zur Besorgnis ist nicht gegeben, und Haiangriffe sind äußerst selten.

Zu den Fischjägern zählen auch viele Delphine und Zahnwale, zum Beispiel der Gewöhnliche Delphin *(Delphinus delphis)*, der Spinnerdelphin *(Stenella longirostris)* und der Große Tümmler *(Tursiops truncatus)*.

Unter den Planktonfressern gibt es auch ausgesprochene Spezialisten, zum Beispiel die Meeresschildkröten und den Mondfisch *(Mola mola)*, die überwiegend Quallen fressen. Das Plankton stellt auch die Nahrungsgrundlage für die größten aller Riesen dar, den Manta oder Teufelsrochen *(Manta birostris)*, dessen Spannweite über 6 m betragen kann, sowie den Walhai *(Rhincodon typus)*. Mit 12–14 m Länge ist er der größte Fisch der Welt. Beide Formen filtern das Plankton mit einem Reusensystem aus dem Wasser und sind ganz harmlose Tiere.

Noch größer werden die Bartenwale. Der Buckelwal *(Megaptera novaeangliae)* und der Blauwal *(Balaenoptera physalus)* besuchen die tropischen Gewässer des Indischen Ozeans auf ihren Wanderungen. Vielleicht hat der Leser einmal das Glück, einem solchen Tier zu begegnen.

Wir nehmen Abschied von diesen Kolossen. Es ist nun Zeit, die einzelnen Pflanzen- und Tierarten des Roten Meeres und des Indischen Ozeans kennenzulernen.

Pflanzen

Großeinteilung des Pflanzenreiches

Ohne Pflanzen gäbe es kein Leben auf dieser Welt! Fast alle Pflanzen sind grün und autotroph: Sie stellen organische Stoffe wie Zucker und Stärke selbst her. Die weitaus meisten Pflanzen verwenden dazu die Lichtenergie der Sonne und betreiben Photosynthese. Deswegen findet man Pflanzen auf dem Festland wie im Meer nur dort, wo genügend Licht vorhanden ist. In den Gewässern, die hier behandelt werden, liegt die Lichtgrenze je nach den Sichtverhältnissen zwischen 50 und 200 m. Die autotrophen Pflanzen nehmen das Licht mit Hilfe bestimmter Farbstoffe auf, von denen das Chlorophyll oder Blattgrün am bekanntesten ist.

Einige Bakterien sind ebenfalls autotroph, verwenden aber die Energie, die in chemischen Bindungen enthalten ist. In diesem Zusammenhang spricht von man Chemosynthese. Dieser Vorgang bildet die Grundlage für jene Lebensgemeinschaften, die vor kurzem in der Umgebung heißer Quellen an den mittelozeanischen Rücken in großer Tiefe gefunden wurden.

Schließlich gibt es heterotrophe Pflanzen. Sie leben überwiegend saprophytisch und zersetzen somit die Reste toter Lebewesen.

Im Rahmen dieses Buches ist es nicht möglich, in allen Einzelheiten auf die Systematik der Pflanzen einzugehen. Zunächst unterscheidet man die sogenannten Prokaryoten, deren Zellen keinen echten Zellkern mit Chromosomen (wie bei den Eukaryoten), sondern nur einen DNS-Strang mit den Erbmerkmalen aufweisen. Zu den Prokaryoten zählen die Bakterien und die Blaualgen. Da man sie ohne Mikroskop nicht sieht, tauchen sie in diesem Buch auch nicht weiter auf.

Zu den niederen Pflanzen, die noch einen Thallus und nicht einen in Wurzel, Stengel und Blatt gegliederten Sproß und vor allem kein Leitbündel aufweisen, zählen wir einerseits die heterotrophen Pilze, von denen hier nicht weiter die Rede ist, und die autotrophen Algen. Die Flechten nehmen in diesem Zusammenhang eine Sonderstellung ein: Es sind Symbiosen zwischen einem Pilz und einer Alge und somit eine Art Doppelwesen!

Zu den höheren Pflanzen rechnen wir vor allem die Farnpflanzen und die Blüten- oder Samenpflanzen. In diesem Buch werden nur einige wenige Blütenpflanzen behandelt, da das Meer für sie einen feindlichen Lebensraum darstellt.

Viele Tiere im Meer sind sessil, das heißt am Untergrund festgewachsen.

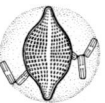

Die Algen

In diesem Buch unterscheiden wir – zugegebenermaßen etwas künstlich – zwischen einzelligen und mehrzelligen Algen. Die meisten einzelligen Algen sind wegen ihrer geringen Größe nicht mit bloßem Auge zu sehen. Da sie aber in großer Zahl vertreten sind, verleihen sie vielen Küstengewässern eine grüne Farbe. Vom Standpunkt der Ernährung und Biomasse aus sind sie so wichtig, daß man sie nicht einfach ignorieren darf. Deswegen seien hier die wichtigsten Gruppen genannt: die Dino- oder Panzerflagellaten *(Peridineen)*, die Goldalgen oder Chrysophyceen, die Coccolithophoriden und die Kieselalgen oder Diatomeen. Bei all diesen Gruppen gibt es benthische wie planktische Formen. Die Dinoflagellaten weisen einige tierische Merkmale auf, besonders den Besitz von Geißeln, die sie zu einer gewissen aktiven Bewegung befähigen. Zwei Gruppen unter ihnen sind von uns von besonderem Interesse, die Zooxanthellen und die Zoochlorellen. Es handelt sich dabei um Algen, die symbiontisch in den Geweben tierischer Wirte leben. Sie verleihen den Riffkorallen, dem Mantel der Riesenmuscheln und anderen Lebewesen ihre Farbe und liefern ihnen direkt Nahrung und Nährstoffe. Die Stickstoffabfälle ihrer Wirte dienen ihnen wiederum als „Dünger" Die zweite interessante Form heißt Noctiluca miliaris. Sie phosphoresziert und ist für das Meeresleuchten verantwortlich, das nächtliche Badende und Taucher gleichermaßen entzückt.

Der Vegetationskörper der mehrzelligen Algen, der Thallus, ist selbst bei einer äußerlichen Ähnlichkeit weder den Blättern noch den Stengeln oder Wurzeln der Blütenpflanzen vergleichbar. Diese Organe traten erst sehr viel später in der Stammesgeschichte auf. Der Thallus zeigt oft eine artspezifische Form. In ihm findet die Photosynthese statt. Aus diesem Grund enthält er photosynthetische Pigmente: Chlorophyll, Karotine, Xanthophylle und Phycobiline. Die Grobeinteilung der Algen erfolgt nach den Pigmenten. Wir unterscheiden zum Beispiel Grünalgen *(Chlorophyceen)*, Braunalgen *(Phaeophyceen)* und Rotalgen *(Rhodophyceen)*. Doch Vorsicht! Die wirkliche Farbe einer Alge stimmt nicht immer mit der Bezeichnung der Gruppe überein, zu der sie zählt. Neben dieser sehr oberflächlichen Gruppendefinition gibt es natürlich noch andere gemeinsame morphologische Merkmale!

Algen pflanzen sich ungeschlechtlich durch Teilung, Fragmentation und Sporen oder auf geschlechtlichem Weg fort. Die geschlechtliche Fortpflanzung ist oft sehr kompliziert und umfaßt meist einen regelmäßigen Generationswechsel zwischen diploiden Formen mit doppeltem Chromosomensatz (Sporophyten) und haploide Formen mit einfachem Chromosomensatz (Gametophyten).

Zooxanthellae und Zoochlorellae

Zooxanthellen und Zoochlorellen (D), Zooxanthelles, zoochlorelles (F), Zooxanthellae, zoochlorellae (GB), Zoöxanthellen, Zoöchlorellen (NL), Tahaleb (AR)

Viele Lebewesen des Riffes, angefangen bei den riffbildenden Korallen, enthalten in ihrem Gewebe einzellige Algen, mit denen sie in einer engen Symbiose zusammenleben. Obwohl man die einzelnen Algen mit bloßem Auge nicht sehen kann, treten sie doch in solchen Mengen auf, daß sie ihren Wirten eine besondere Farbe verleihen. Zu ihren Wirten zählen Hexacorallia, Octocorallia, Riesenmuscheln, Schwämme oder Seescheiden. Die symbiontischen Algen liefern ihnen direkt Nahrung und Sauerstoff.

Detailaufnahme aus dem Mantel einer Riesenmuschel (Tridacna gigas). Die auffällige Färbung geht auf Zooxanthellen und Zoochlorellen zurück.

Ventricaria (Valonia) ventricosa

Blasenalge, Meertraube (D), Valonia, raisin de mer, bille marine (F), Sailor's eyeball (GB), Zeeknikker (NL), Aïn Al-Bahhar (AR)

Eine Grünalge (Familie Valoniaceae). Durchmesser: 2–6 cm. Es handelt sich um eine riesenhafte einzellige Alge mit kugeliger Form und flaschengrüner Farbe. Die Zelle enthält Kohlenmonoxid (CO). Die harten, glänzenden Kugeln sind mit Hilfe von Fäden an rauhen Stellen der Korallenriffe befestigt. Die Art ist überall in den Tropen verbreitet.

Charakteristisch für diese Art ist die kugelige Form und die glänzende Oberfläche.

Die Rosenkranzform ist charakteristisch für Tydemania. Die Koralle im Vordergrund gehört zur Art Favia laxa. Sie wurde im vorigen Jahrhundert im Roten Meer entdeckt.

Tydemania expeditionis

Tydeman-Alge (D), Algue de Tydeman (F), Tydeman's alga (GB), Tydeman-wier (NL), Al Tahaleb Al-Khadra̕a (AR)

Eine Grünalge (Familie Udotea-ceae). Höhe: 10–13 cm. Diese Alge sieht wie ein Rosenkranz aus, doch jede einzelne Kugel ist in Wirklich-keit ein fein verzweigter Thallus. Die Gattung ist im ganzen Indopa-zifik verbreitet und wurde zu Ehren des Kapitäns der Siboga benannt. Die Sibogaexpedition, die von 1899–1900 durch den Indonesi-schen Archipel führte, war eine der großen niederländischen ozeano-graphischen Forschungsreisen. Sie brachte für das Museum in Amster-dam zahlreiche unbekannte Pflan-zen und Tiere zurück. *Tydemania expeditionis* kommt zwischen 5 und 20 m Tiefe vor.

Dictyosphaeria sp.

Knopftang (D), Dictyosphère, algue-bou-ton (F), Button weed (GB), Knoopwier (NL), Zir Al-Bahr (AR)

Eine Grünalge (Familie Valonia-ceae). Durchmesser: 1–3 cm. Es gibt mehrere Arten *(D. cavernosa, D. versluysii...),* denen man haupt-sächlich auf dem Riffdach in sehr geringer Tiefe begegnet. Sie sind im ganzen indopazifischen Raum ver-breitet.

Einige Exemplare des Knopftanges zwischen kleinen rosafarbenen Rotalgen.
Bei Ebbe liegen diese Algen auf dem Dach eines Riffes im Roten Meer oberhalb des Wasser-spiegels.

Caulerpa racemosa
Kriechsproßalge, Fettkraut-Kriech-
sproßalge (D), Caulerpe à billes (F), Sea
grapes, grape weed (GB), Knikkerwier
(NL), Enab Al-Ba<u>h</u>r (AR)

Eine Grünalge (Familie Caulerpa-
ceae). Höhe: 5–10 cm. Rotes Meer,
Indischer Ozean, Pazifik, Karibik,
Östliches Mittelmeer, von 0–15 m.
Es handelt sich nicht um die Art
Caulerpa taxifolia, die es zu trauriger Berühmtheit gebracht hat, weil
sie ins Mittelmeer eingeschleppt
wurde und sich hier ungeheuer
schnell ausbreitet. Die Gattung
Caulerpa umfaßt ungefähr 75 Arten! Sie weisen Rhizoide (eine Art
Wurzeln), Stolonen (Seitentriebe)
und Phylloide (blattartige Organe
oder, wie hier im Bild, kugelige
Auswüchse) auf.

Caulerpa racemosa ist eine der 75 Caulerpa-Arten.
Sie alle sind durch eine lebhaft grüne Farbe
gekennzeichnet.

Halimeda macroloba
Pfennigalge, Meerkette, Opuntienalge
(D), Halimède (F), Calcareous green
alga (GB), Schijfjeswier (NL), Bint Al-
Ba<u>h</u>r (AR)

Eine Grünalge (Familie Halimedaceae). Höhe: 10–20 cm. Diese Gattung umfaßt zahlreiche Arten, die
einander ziemlich ähnlich sehen.
Die meisten sind in den ganzen Tropen verbreitet. Man begegnet ihnen
bis in 25 m Tiefe oder mehr und damit deutlich jenseits der eigentlichen Domäne der Grünalgen. Die
„Scheiben" der Pfennigalge enthalten große Kalkmengen. Sie tragen
an manchen Stellen zu den Sedimenten der Korallenriffe bei.

Die Pfennigalge erkennt man an den grünen,
untereinander verbundenen „Scheiben".

Ein dichter Bestand von Halimeda opuntia, hier in der Form triloba.

Halimeda opuntia
Pfennigalge, Meerkette, Opuntienalge (D), Halimède (F), Calcareous green alga (GB), Schijfjeswier (NL), Bint Al-Ba<u>h</u>r (AR)

Eine Grünalge (Familie Halimedaceae). Höhe: 10–20 cm. *H. opuntia* ist die häufigste Art dieser Gattung. Sie tritt in mehreren Formen oder Varietäten auf.

Eine Gruppe von Dreiecksalgen mit Korallen der Art Stylophora pistillata auf einem Riffdach des Roten Meeres.

Turbinaria triquetra
Dreiecksalge (D), Turbinaire, algue à triangles (F), Turbinweed (GB), Driehoekswier (NL), Al Ta<u>h</u>aleb Al-Bounieh (AR)

Eine Braunalge (Familie Sargassaceae). Diese Braunalge ist entgegen ihrem Namen grün gefärbt. Sie kommt vor allem in geringer Tiefe auf den Riffdächern des gesamten Indopazifiks vor. Sie erreicht eine Höhe von 20 cm bei einer Breite von 6 bis 8 cm. Die „Dreiecke" sind ziemlich hart. Sie ist leicht mit einer verwandten Art, *T. decurrens,* zu verwechseln.

Padina australis

Trichteralge, Pfauenalge (D), Padine (F), Funnelweed, peacock alga (GB), Pauwwier (NL), A'ashab El-Tawouss (AR)

Eine Braunalge (Familie Dictyotaceae). Obwohl den Braunalgen zugehörig, ist die Trichteralge weiß gefärbt. Ihre Thalli enthalten Kalk und sind ungefähr 5 cm groß. *Padina australis* kommt hauptsächlich auf dem Riffdach vor. Man kann sie mit anderen indopazifischen Arten der Gattung verwechseln. Tatsächlich ähneln sich alle Trichteralgen: Die Arten des Roten Meeres und des Indischen Ozeans unterscheiden sich nicht stark von denen des Mittelmeers oder der Bretagne.

Die Trichteralge ist vor allem an ihren konzentrischen Ringen zu erkennen, die rund um den trichterförmigen Algenkörper verlaufen.

Martensia elegans

Pfauenalge (D), Algue queue de paon (F), Peacock's tail weed (GB), Pauwwier (NL), Zanab Al-Tawouss (AR)

Eine Rotalge (Familie Delesseriaceae). Dünne Thalli mit charakteristisch irisierendem Schimmer. Oberflächlich gesehen, ähnelt diese Art der Gattung Padina. Vergleichen Sie jedoch die beiden Fotos, um die Unterschiede zu erkennen.

Im Gegensatz zu den Arten der Gattung Padina sind die Thalli von Martensia nicht konzentrisch gestreift und auch weniger stark eingerollt. Man beachte die großen Zellen, die sogar auf der Fotografie deutlich werden.

Diese Algenart kommt in sehr großer Tiefe vor.

Neogoniolithon brassica-floridum (?)

Sträußchen-Kalkalge (D), Algue calcaire buissonnante (F), Bushy coralline alga (GB), Struikachtig kalkroodwier (NL), A'ashab Mourjaniyeh (AR)

Eine Rotalge (Familie Corallinaceae). Rosafarbene Büschel, einige Zentimeter hoch und breit. Die Bestimmung der Art ist etwas unsicher.

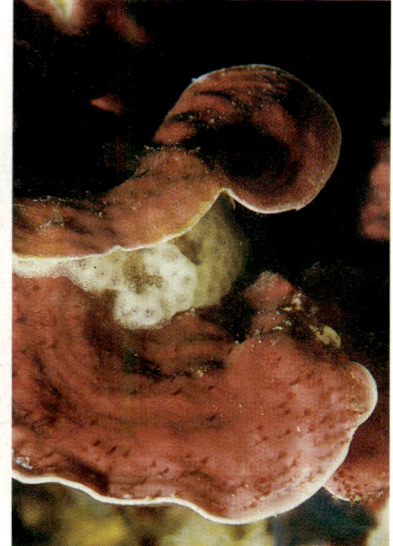

Es gibt zahlreiche Kalkalgen, die dieser Art ähnlich sehen. Für eine zuverlässige Bestimmung braucht man ein Mikroskop. Aus diesem Grund habe ich das Fragezeichen angebracht.

Lithothamnion sp. (?)

Blatt-Kalkalge (D), Algue calcaire foliacée (F), Foliaceous coralline alga (GB), Elfenbank-kalkroodwier (NL), A'ashab Mourjaniyeh (AR)

Eine Rotalge (Familie Corallinaceae). Thalli dünn (1–2 mm), verkalkt, rosa, violett oder rot, Durchmesser bis 10 cm, sehr zerbrechlich. Wie die meisten Rotalgen kommt auch diese Art bevorzugt an dunklen, tiefen Stellen vor. Die Kalkalgen spielen bei der Konsolidierung des Riffes eine große Rolle, weil sie die Korallenbruchstücke verfestigen.

Cymodocea cf. rotundata
Tanggras (D), Cymodocée (F), Seagrass (GB), Zeegras (NL), Hashish Al-Ba̱hr (AR)

Die Blätter des Tanggrases sind 2–3 mm breit.

Es handelt sich hier um Blütenpflanzen (Familie Laichkräuter, Potamogetonaceae), die in Wirklichkeit allerdings nicht oft blühen. Die Vermehrung geschieht vor allem auf ungeschlechtlichem Weg. Man begegnet dem Tanggras in geringer Tiefe, wo es das Sonnenlicht optimal ausnützen kann. Es gibt noch weitere ähnliche Formen: Die Gattungen *Halodule* und *Syringodium* aus derselben Familie, ferner die Froschbißgewächse *Enhalus* und *Thalassia*. Alle diese Pflanzen haben bandförmige Blätter.

Thalassodendron ciliatum
Fächergras (D), Herbe-éventail (F), Fan-seagrass (GB), Waaier-zeegras (NL), Marwa̱het Al-Ba̱hhar (AR)

Eine Blütenpflanze (Familie Laichkräuter, Potamogetonaceae). Oberflächlich betrachtet ähnelt das Fächergras dem Schildkrötengras *(Thalassia)*. Man erkennt die vorliegende Form jedoch am langen Stengel, an dem fächerförmig 6–7 schmale Blätter stehen, die ungefähr 1 cm breit und 10–15 cm lang sind. Die meisten Seegraswiesen wachsen auf Sand- oder Schlickboden. Das Fächergras hat spezielle Wurzeln, mit denen es sich in diesem harten Substrat festhalten kann.

Thalassodendron ciliatum erkennt man an den fächerartig angeordneten bandförmigen Blättern und dem langen Stiel. Die Flecken auf den Blättern sind Algen und kleine inkrustierende Wirbellose, die hier als Bewuchs auftreten.

Es gibt mehrere Arten meeresbewohnender Blütenpflanzen mit bandförmigen Blättern, und auf den ersten Blick sind sie oft nicht leicht zu erkennen.

Thalassia hemprichii
Schildkrötengras (D), Herbe á tortue (F), Turtle-grass (GB), Schildpadgras (NL), A'ashab Al-Soulahfah (AR)

Eine Blütenpflanze (Familie Froschbißgewächse, Hydrocharitaceae). Es handelt sich hier um eines der häufigsten Seegräser. Die ungefähr 1 cm breiten Blätter entspringen direkt den Wurzelstöcken; sie werden selten länger als 30 cm. Eine weitere verwandte Art, *Enhalus acoroides*, unterscheidet sich durch die längeren Blätter. Die Wurzelstöcke von *Thalassia* tragen nur an bestimmten Stellen Blätter; diese sind untereinander durch Abschnitte getrennt, die von Schuppen bedeckt sind. Enhalus hingegen hat von langen schwarzen Haaren besetzte Wurzelstöcke, denen auf der ganzen Länge Blätter entspringen.

Endlich ein Seegras, das leicht zu erkennen ist! Halophila ovalis hat ovale Blätter.

Halophila ovalis
Ovalgras (D), Herbe ovale (F), Oval seagrass (GB), Ovaalgras (NL), Hashish Al-Ba<u>h</u>r (AR)

Eine Blütenpflanze (Familie Froschbißgewächse, Hydrocharitaceae). Höhe der Blätter: ungefähr 5 cm. Es gibt mehrere Arten dieser Gattung. *H. spinulosa* hat pro Stengel 10–20 Blattpaare mit gesägtem Rand. *H. tricostata* zeichnet sich durch 6–18 Gruppen zu je zwei oder drei Blättern aus. Nur zwei Arten haben ovale Blätter:
H. minor (Blätter unter 5 mm) und
H. ovalis (Blätter über 5 mm).

Foraminifieren

Die Foraminiferen gehören zu den einzelligen Tieren oder Protozoen. Es handelt sich dabei um eine sehr große und sehr formenreiche Gruppe, für deren Studium man allerdings durchwegs ein Mikroskop braucht. Wir wollen hier nur einige Gruppen nennen. Die Geißeltierchen bewegen sich mit Hilfe von Geißeln fort, die vor- und zurückschlagen. Bei den Geißeltierchen oder Flagellaten gibt es tierische und pflanzliche Formen nebeneinander. Typisch für die Wimpertierchen wie das Pantoffeltierchen sind kurze Wimpern, die für die Fortbewegung sorgen. Wimpertierchen haben zwei Kerne (Mikro- und Makronucleus) und eine komplizierte Fortpflanzung. Die Wurzelfüßer oder Rhizopoden erkennt man an ihren zytoplasmatischen Fortsätzen, den Pseudopodien. Zu ihnen gehören die Amöben, die Sonnentierchen und die spektakulären Radiolarien mit ihren unglaublich schönen Kieselskeletten. Auch die Foraminiferen bilden eine Ordnung der Rhizopoden.

Kammerlinge und Lochträger

Wir wollen hier näher auf die Foraminiferen eingehen, weil es sehr viele Arten gibt und weil einige von ihnen mit unbewaffnetem Auge zu sehen sind. Die Wissenschaft kennt ungefähr 20 000 fossile und heute noch lebende Formen. Ihre Größe schwankt von ungefähr 50 µm bis zu einigen Zentimetern. Der Durchschnitt dürfte bei 0,5 mm liegen. Die meisten Foraminiferen führen ein benthisches Leben und halten sich mit Vorliebe an geschützten Stellen in geringer Tiefe auf. Einige leben festgeheftet auf festen Substraten, zum Beispiel Felsen, Schalen, Algen oder Blütenpflanzen. Andere bewegen sich mit Hilfe ihrer Pseudopodien auf dem Boden oder zwischen Sandkörnern umher. Einige Arten, darunter die kleinsten, führen ein pelagisches Leben und gehören zum Plankton. Die Foraminiferen, wörtlich übersetzt „Lochträger", scheiden eine Kalkschale mit verschiedenen Kammern aus. Daher stammt auch ihr zoologischer Kunstname „Kammerlinge". Das Jungtier ähnelt einer Amöbe mit einer Schale. Mit zunehmendem Wachstum dehnt sich das Zytoplasma immer weiter aus, umfließt diese eine Kammer und bildet eine neue, größere Kammer. Dieser Vorgang wiederholt sich während des gesamten Lebens. Dadurch entstehen zahlreiche Kammern, die untereinander in Verbindung bleiben. Bei vielen Arten sind diese Kammern spiralförmig angeordnet, was an eine Miniaturschnecke erinnert. Das Tier selbst wohnt in allen diesen Kammern und streckt durch die Poren an den Kalkwänden fadenförmige Pseudopodien aus. Diese Fortsätze sind dauernd in Bewegung. Sie zerfließen miteinander und bilden eine Art Netz, mit dessen Hilfe die Nahrungsteilchen gefangen und auch verdaut werden. Einige Foraminiferenarten sind so groß, daß man sie mit bloßem Auge sieht. Die meisten jedoch werden erst unter dem Mikroskop deutlich. Fossile Formen wie die Nummuliten konnten die Größe einer Münze erreichen – daher auch ihr wissenschaftlicher Name. Abgesehen von der Architektur ihres Skeletts versetzen uns die Foraminiferen auch durch ihre Individuenanzahl in Erstaunen. Einige Küstensande bestehen hauptsächlich aus ihren Skeletten. Foraminiferenskelette lagern sich mit einer Geschwindigkeit von 6 cm pro Jahrhundert auf dem Meeresboden ab. Daran sind vor allem Arten der Gattung Globigerina beteiligt. Schätzungen zufolge sind 30 % aller Meeresböden (100 Millionen km², ein Viertel der Erdoberfläche) von solchen Globigerinenschlämmen bedeckt. Nicht wenige Gesteine, etwa die berühmten Kalkfelsen der Normandie, setzen sich aus fossilen Globigerinenschlämmen zusammen.

Marginopora sp.
Meerespfennig (D), Centime de mer (F), Seacent (GB), Zeedubbeltje (NL)

Dieser Einzeller erreicht einen Durchmesser von 2 cm. *Marginopora vertebralis* lebt im Roten Meer, im Indischen Ozean, im Pazifik und im Atlantik. An einigen australischen Stränden ist er so häufig, daß daraus Halsketten hergestellt werden. Die Häufigkeit wechselt offensichtlich sehr stark von Jahr zu Jahr: Gerald Allen und Roger Steene fanden eine große Menge dieser Foraminifere bei einer kleinen Insel Papua-Neuguineas, wo sie die Art die ganzen Jahre zuvor nie beobachtet hatten. Man kennt von dieser Art Fossilien aus dem Miozän (Alter 25 Millionen Jahre). Die meisten Autoren nennen diese Art – vielleicht fälschlicherweise – *M. vertebralis*. Gérard Breton vom Muséum d'histoire naturelle von Le Havre vertritt die Ansicht, das vorliegende Tier entspräche nicht genau der Artbeschreibung. Deswegen nenne ich sie nur *Marginopora sp.*

Die Bestimmung der Foraminiferen geschieht nach der Anordnung der Kammern. Im vorliegenden Fall handelt es sich wohl nicht um Marginopora vertebralis, sondern um eine andere Marginopora-Art.

Schwämme

Der Badeschwamm und verwandte Arten

Die Schwämme sind mehrzellige Tiere, doch ihre Zellen sind noch sehr wenig differenziert. Deswegen kann man kaum von echten Geweben sprechen: Ein Schwamm ist praktisch nichts anderes als eine Anhäufung von Zellen. Trotzdem gibt es unter den Schwämmen mehrere Baupläne.

In der einfachsten Form sieht ein Schwamm aus wie ein Trinkglas oder ein Schlauch (A). An der Körperoberfläche sitzen die Einströmöffnungen oder Poren (1). Durch sie dringt nährstoff- und sauerstoffreiches Wasser (kleine Pfeile) ein und gelangt in einen zentralen Raum, den Gastralraum (2). Das Wasser verläßt den Schwamm schließlich durch die Ausströmöffnung (3, Osculum).

Ein Ausschnitt aus dem Schwammkörper (B) läßt besondere Zellen erkennen, die Pinakozyten (4). Sie sind auch in den Poren (5) anzutreffen. Eine viel speziellere Form haben die Kragengeißelzellen oder Choanozyten (6), die mit einer Geißel bewehrt sind. Da diese dauernd hin- und herschlägt, zieht ein stetiger Wasserstrom durch den Schwamm. Die Kragengeißelzellen sind die Pumpen dieses aktiven Filters.

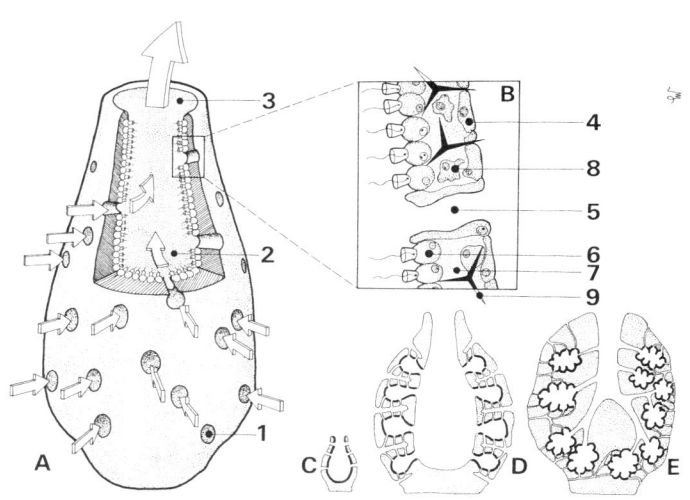

Zwischen den genannten Zellen befindet sich eine bindegewebige Mittelschicht, die Mesogloea (7), in denen sich unabhängige Wanderzellen (Amöbozyten, 8) bewegen. Sie besorgen innerhalb des gesamten Schwammkörpers den Transport der Nahrungsteilchen, die die Choanozyten eingefangen haben.

Einige spezielle Amöbozyten scheiden bei gewissen Schwammarten das Spongin aus, ein mit der Seide verwandtes Protein. Der gewöhnliche Badeschwamm des Mittelmeers besteht aus einem solchen Sponginskelett. Die Spikuloblasten sind spezialisierte Zellen, die kleine harte Skelettelemente ausscheiden. Diese mikroskopisch kleinen Nadeln (9) bestehen aus Kalziumkarbonat oder aus Kieselsäure. Ihre Form kann sich von Art zu Art beträchtlich unterscheiden und stellt somit ein wichtiges systematisches Merkmal dar. Schwämme von diesem einfachen, gerade beschriebenen Aufbau sind in der Natur ziemlich selten.

Nur einige Kalkschwämme, zum Beispiel der Gattungen *Leucosolenia* und *Clathrina* entsprechen diesem sogenannten Ascon-Typ, der schematisch in der Grafik C dargestellt ist. Die fett markierte Linie zeigt dabei die Lage der Kragengeißelzellen an. Man vergleiche mit der Zeichnung A.

Die meisten Schwämme haben einen noch komplizierteren Aufbau. Man unterscheidet zum Beispiel den Sycon-Typ (D), der eine deutlich dickere Körperwand aufweist. Die Poren führen zu Geißelkammern, die mit Kragelgeißelzellen tapeziert sind. Diese Kammern

münden in die zentrale Höhle, die nicht mehr mit Choanozyten, sondern mit Pinakozyten ausgekleidet ist. Auch dieser Schwammtyp ist keinesfalls häufig (zum Beispiel Gattung *Scypha*).

Die meisten Schwämme gehören zum Leucon-Typ (E). Die Geißelkammern sind stark verzweigt und münden in ein sehr komplexes Netz aus Kanälen. Auch die zentrale Darmhöhle kann verzweigt sein, so daß auch mehrere Ausströmöffnungen vorhanden sind. Bei den meisten Schwämmen erkennt man sie von außen als große kreisrunde Öffnungen. Die Poren hingegen sind meistens zu klein, als daß man sie noch mit nacktem Auge erkennen könnte.

Die Systematik der Schwämme beruht auf dem Skelett, das aus Kalk- oder Kieselnadeln (Spiculae) besteht, mit oder ohne Sponginfasern. Oft ist es nicht möglich, die Art an Ort und Stelle oder auf Fotografien zu erkennen. Dies erklärt, warum auch in diesem Führer bei den Schwämmen nicht die gewünschte Genauigkeit der Bestimmung herrscht.

Die äußere Form der Schwämme ist äußerst variabel, zeigt aber doch spezifische Eigenheiten. Es gibt unförmig gestaltete massive Schwämme und inkrustierende Formen, die das Substrat mit einer dünnen Schicht überziehen. Nach der äußeren Form unterscheidet man auch becher- und schlauchartige oder vasenartige Schwämme sowie verzweigte Formen.

Die Bohrschwämme sind imstande, Kalk aufzulösen. Sie stellen im Riff einen wichtigen Erosionsfaktor dar und bilden insgesamt eine Sondergruppe.

Kalkschwamm, Calcarea
Meer-Flaschenbürste (D), Goupillon de mer (F), Sea bottle-brush (GB), Zeeflessenborstel (NL), Fourshatt Quaninett Al-Bahhar (AR)

Calcarea ist die wissenschaftliche Bezeichnung für die Kalkschwämme. Es handelt sich dabei um die Bezeichnung für eine ganze Klasse, die mindestens 50 Arten umfaßt. Man weiß von dem abgebildeten Tier nur, daß es in einer Tiefe von 25 bis 30 m im Roten Meer lebt und selbst ungefähr 10 cm hoch wird. Es handelt sich ohne Zweifel um einen Kalkschwamm vom Sycontyp. Die „Haare" sind Nadeln oder Spiculae, die aus der Körperwand des röhrenförmigen Tieres hinausragen. Das Foto ist ein Beweis dafür, daß es im Meer noch Tausende neuer Arten zu entdecken gibt.

(Foto: John Neuschwander)

Ein rätselhafter Kalkschwamm neben einer kleinen Gorgonie der Gattung Acabaria. Die inkrustierenden Rotalgen im Vordergrund gehören wahrscheinlich zu Peyssonnelia.

Uteopsis argentea
Weißer Schlauchschwamm (D), Éponge tubulaire blanche (F), White tube sponge (GB), Witte buisspons (NL), Isfandj Al-Ounboub (AR)

Detailaufnahme eines Kalkschwammes, der durch ein Netz verzweigter Schläuche gekennzeichnet ist. Die großen Löcher entsprechen Ausströmöffnungen, durch die das filtrierte Wasser das Tier verläßt.

Man weiß über die Schwämme ganz allgemein bisher nur sehr wenig. Das vorliegende Tier wurde bei Sulawesi in Indonesien in einer Tiefe von 15 m fotografiert.

*Die Ausmaße, die Form und die Färbung
sind typisch für Leucetta primigenia.*

Leucetta primigenia

*Großer Kalkschwamm (D), Grande
éponge calcaire (F), Greater calcareous
sponge (GB), Grote kalkspons (NL),
Isfandj, Asfandj (AR)*

Es handelt sich um einen der größten Kalkschwämme im Roten Meer
und im Indischen Ozean. Er bildet
Massen von einigen Dutzend Zentimetern Durchmesser. Die großen
Nadeln können leicht die Haut eines
Tauchers durchstechen. Man begegnet der Art vor allem an Abhängen zwischen 10 und 30 m Tiefe.

*Die glatte Oberfläche und die zitronengelbe Farbe ermöglichen die Bestimmung
dieser Art.*

Leucetta philippinensis

*Gelber Lappenschwamm (D), Éponge
lobée jaune (F), Yellow lobe-sponge
(GB), Gele lobspons (NL), Isfandj, Asfandj (AR)*

Ein Schwamm mit glatter Oberfläche, der allerdings Nadeln enthält, Größe 5 bis 20 cm. Man begegnet ihm in Höhlen und unter
Überhängen, zwischen 10 und 30 m
Tiefe. Das vorliegende Exemplar
wurde im östlichen Teil des Indischen Ozeans fotografiert. Einigen
Autoren zufolge lebt im Roten
Meer eine sehr ähnliche Art, *Leucetta chagosensis*. Handelt es sich
tatsächlich um zwei verschiedene
Arten?

Monanchora sp. (?)

*Geäderter Roter Krustenschwamm (D),
Éponge encroûtante rouge à veines (F),
Veined red encrusting sponge (GB), Gea-
derde rode krostspons (NL), Isfandj,
Asfandj (AR)*

Es gibt mehrere inkrustierende Formen mit Adern, die einander ähneln
*(Monanchora sp., Mycale sp., Cla-
thrina sp., Crambe sp., Spirastrella
sp.),* und eine sichere Bestimmung
ist nur mit Hilfe des Mikroskops
möglich. Wir müssen uns damit begnügen, diese Formen richtig als
Schwämme anzusprechen!

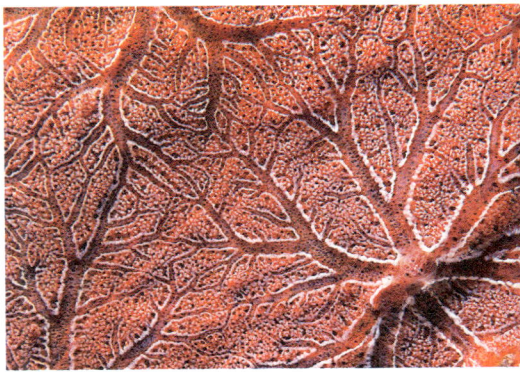

*Überall auf diesem Bild sind die Poren als kleine
dunkle Punkte zu erkennen. Die verzweigten
Wasserkanäle sehen wie die Einzugsgebiete von
Flußsystemen aus. Sie führen zu den Ausströmöffnungen.*

Mycale sp. (?)

*Geäderter Brauner Krustenschwamm
(D), Éponge encroûtante brune à veines
(F), Veined brown encrusting sponge
(GB), Geaderde bruine korstspons (NL),
Isfandj, Asfandj (AR)*

Wir können hier nur auf den Text
bei der obigen Art verweisen.

*Das Netz der Wasserkanäle ist deutlich zu erkennen.
Die kleinen weißen Kugeln sind Seescheiden aus
der Familie der Didemniden. Die grüne Oberfläche
der abgestorbenen Koralle kommt durch eine
Algenkruste zustande, und die lilafarbenen Überzüge gehen auf inkrustierende Rotalgen zurück.*

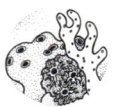

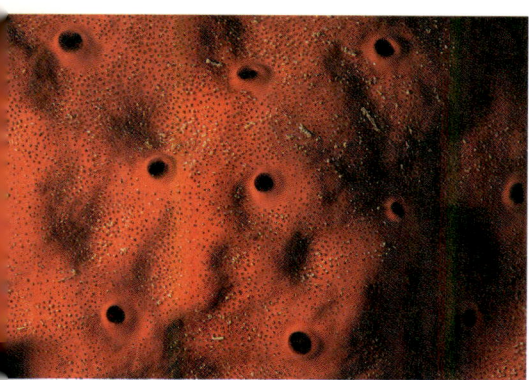

Detailansicht des Roten Bohrschwammes. Quseir (Rotes Meer), Tiefe: 20 m.

Cliona vastifica

Roter Bohrschwamm (D), Éponge perforante rouge (F), Red boring sponge (GB), Rode boorspons (NL), Isfandj, Asfandj (AR)

Der Rote Bohrschwamm bedeckt tote oder beschädigte Korallen, Muscheln und andere Kalksubstrate mit einer dünnen Schicht und löst sie durch ein saures Sekret auf. Die Dicke dieser Schicht, die bis 1 m^2 Oberfläche bedecken kann, beträgt nur einige Millimeter. Die Oberfläche bildet aber sozusagen nur die Spitze des Eisbergs. Der Schwamm zerstört schließlich das gesamte Skelett der befallenen Koralle. Dieser Bohrschwamm lebt von einigen Metern Tiefe an auf dunklen Stellen und wird mit zunehmender Tiefe immer häufiger. Man kann diese Art mit anderen inkrustierenden Schwämmen der Gattung *Spirastrella* oder mit dem Schwamm *Latrunculia magnifica* verwechseln, der eine ähnliche Oberfläche aufweist, sonst aber einen aufrechten verzweigten Wuchs zeigt.

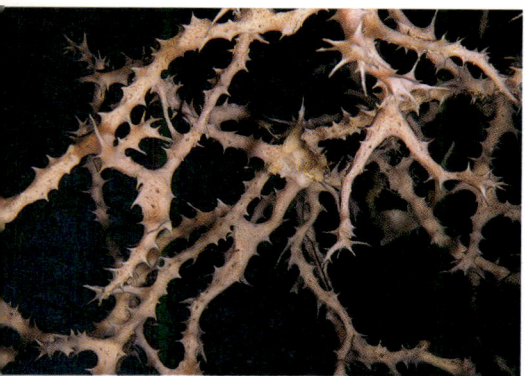

Die „Dornen" sind Nadelbündel, die die Körperwand des Schwammes ähnlich wie ein Zeltdach anheben.

Callyspongia subarmigera

Ästiger Stachelschwamm (D), Éponge épineuse ramifiée (F), Prickly branching sponge (GB), Vertakte stekelspons (NL), Isfandj, Asfandj (AR)

Man weiß über diese Art nur sehr wenig. Sie lebt mit Vorliebe unter Überhängen. Es ist eine Verwechslung mit einigen Arten der Gattung *Gelloides* möglich.

Iotrochota purpurea (?)

Brauner Strauchschwamm (D), Éponge buissonnante brune (F), Brown bushy sponge (GB), Bruine struikspons (NL), Isfandj, Asfandj (AR)

Auch in diesem Fall ist es sehr schwierig, diesen Schwamm nach einer Fotografie zu bestimmen... Man findet ihn in Tiefen von unter 10 m. Der Durchmesser der knotigen Äste beträgt einige Zentimeter.

Wie bei den Schwämmen üblich, weiß man über das Verbreitungsgebiet auch dieser Art nur wenig. Das Bild wurde im Roten Meer, südlich der Stadt Quseir aufgenommen.

Spirastrella sp. oder Petrosia sp. (?)

Spiralschwamm (D), Éponge à oscules alignés (F), Aligned osculae sponge (GB), Alles-op-een-rij-spons (NL), Isfandj, Asfandj (AR)

Ich hatte Sie schon gewarnt: Die Systematik der Schwämme ist für den Nichtspezialisten eine undankbare Sache, und der Spezialist braucht frisches Material zur Bestimmung. Das tut der Schönheit dieses Tieres keinen Abbruch. Der Schwamm wurde im Roten Meer fotografiert, in ungefähr 25 m Tiefe.

Die Ausströmöffnungen liegen auf Erhebungen des Schwammes und zeigen eine Art Sieb, das das Eindringen von Sedimenten verhindern soll.

Spheciospongia (Spirastrella) vagabunda

*Kraterschwamm (D), Éponge à oscules
groupés (F), Grouped osculae sponge (GB),
Alles-bijelkaar-spons (NL), Isfandj, Asfandj
(AR)*

*Auf dieser Detailaufnahme erkennt man die
Ausströmöffnungen, die sich im
Zentrum des Schwammkörpers befinden.*

In diesem Fall handelt es sich um ein wohlbekanntes Tier. *Spheciospongia vagabunda* beginnt wie *Cliona* damit, Korallen anzubohren, dringt dann aber nicht immer tiefer in den Kalk ein, sondern wächst nach außen. Der Schwamm kann schließlich erhebliche, elastische Massen mit einem Durchmesser von über 1 m erreichen. Die Farbe schwankt von Weiß bis Braun. Die Art ist häufig im Pazifik (Fotografie Papua-Neuguinea) und kommt wahrscheinlich auch im Indischen Ozean vor. Welcher Leser liefert mir die Bestätigung dafür?

*Die unregelmäßige Körperform, die beige-
farbene Oberfläche und die typischen Poren
erlauben hier eine unzweideutige Bestimmung.*

Crella (Grayella) cyathophora

*Wabenschwamm (D), Éponge-ruche (F),
Honeycomb-sponge (GB),
Honingraatspons (NL), Isfandj
Khaliyet Al-Asal (AR)*

Ein unregelmäßig geformter Schwamm, der selten größer wird als 25 cm. Die rauhe Oberfläche wird von warzenartigen, mit Sieben versehenen Poren und größeren Ausströmöffnungen gebildet. Sie erinnert an die des Gelben Bohrschwamms (*Cliona celata*) der französischen Atlantikküste. Die vorliegende Art ist stets hellbeige gefärbt und nur vom Roten Meer bekannt. Sie tritt von einigen wenigen Metern bis in 20 m Tiefe auf.

Phyllospongia sp.

*Fächerschwamm (D), Éponge feuillue
(F), Fan-sponge (GB), Bladspons (NL),
Isfandj Al-Marwaha (AR)*

Es gibt mehrere Fächerschwamm-
arten mit grauer, beiger oder hell-
brauner Färbung. Sie heißen *Phyllospongia papyracea, P. lamellosa,
P. foliascens*... sofern es sich nicht
um eine *Carteriospongia* (mit stärker gekörnter Oberfläche) oder um
eine *Ianthella basta* (enorme
Fächer mit einem Durchmesser von
bis zu 2 m) handelt. Diese Arten
sind allerdings bisher nur im Pazifik
nachgewiesen.

*Die platten Fächer von Phyllospongia sind sehr
weich.*

Xestospongia (Petrosia) testudinaria

*Korbschwamm (D), Éponge-barrique
(F), Barrel-sponge (GB), Tonspons (NL),
Isfandj Al-Barmiil (AR)*

Dieser Schwamm ist durch seine
harte Konsistenz und die rauhe
Oberfläche gekennzeichnet, die an
einen Bimsstein erinnert. Auf der
Außenseite stehen typische Kämme. Die Körperform ist variabel
und reicht von der eines flachen Ge-
fäßes bis zu der eines Schlauches.
Der Korbschwamm wird oft über
1 m groß. In der Karibik lebt eine
sehr ähnliche Art, *X. muta.*

*Dieses Exemplar, das in Papua-Neuguinea
aufgenommen wurde, war so groß, daß ein Taucher
zur Hälfte darin Platz gefunden hätte.*

Links vom Schwamm, der im Roten Meer aufgenommen wurde, erkennt man weiße Kolonien einer Octocorallia-Art Xenia sp.

Callyspongia sp.

Stacheliger Röhrenschwamm (D), Éponge tubulaire à épines (F), Prickly tube-sponge (GB), Stekelige buisspons (NL), Isfandj, Asfandj (AR)

Dieser ledrige, harte Schwamm bildet große Kamine. Man erkennt ihn an den Stacheln, die bis auf wenige Zentimeter unterhalb der Ausströmöffnung auf der ganzen Oberfläche vertreten sind.

Eine typische Callyspongia siphonella, aufgenommen im Roten Meer. Die rote Kruste gehört zum Bohrschwamm Cliona vastifica.

Callyspongia (Siphono-chalina) siphonella

Lila Röhrenschwamm (D), Éponge tubulaire mauve (F), Lilac tube-sponge (GB), Paarse buisspons (NL), Ougav (HE), Isfandj, Asfandj (AR)

Diese Form entsteht durch die Vergesellschaftung mehrerer weicher Röhren, die sich bisweilen verzweigen. Ihr Durchmesser liegt in der Größenordnung von 15 cm, doch können sie über 1 m lang werden. Das Skelett dieser Art besteht nur aus Spongin und enthält keine Nadeln (Spiculae). Man begegnet dieser Art ab einer Tiefe von etwa 10 m, wo das Wasser ruhiger ist. Ein Endemit des Roten Meeres.

Callyspongia schulzei

Haariger Röhrenschwamm (D), Éponge
tubulaire poilue (F), Hairy tube-sponge
(GB), Behaarde buisspons (NL), Isfandj,
Asfandj (AR)

Die weichen Röhren dieser Art sind
von langen konischen Vorsprüngen
bedeckt, die ihnen ein haariges Aussehen verleihen. Die graue Grundfarbe verändert sich von Individuum zu Individuum.

Blick auf Callyspongia schulzei aus indonesischen
Gewässern. Deutlich erkennt man die arttypischen
stacheligen Vorsprünge.

Callyspongia viridis

Grüner Schwamm (D), Éponge verte (F),
Green sponge (GB), Groene spons (NL),
Isfandj Akhdar (AR)

Trotz seines Namens in allen Sprachen ist dieser Schwamm nicht immer grün: Die Farbe hängt von der
Konzentration symbiontischer einzelliger Algen ab. Diesem Exemplar, das in 25 m Tiefe nahe der
Stadt Quseir im Roten Meer aufgenommen wurde, fehlten sie fast völlig. Deswegen ist der Schwamm
leicht lila gefärbt.

Schwämme der Gattung Callyspongia erkennt
man an ihrer schwammartigen Konsistenz und
an den Ausströmöffnungen, die regelmäßig über die
Körperoberfläche verteilt liegen.

Nessel- oder Hohltiere

Die Bezeichnung „Hohltiere" (wissenschaftlich *Coelenterata*) kennzeichnet recht gut die allgemeine Anatomie dieser primitiven Tiere. Sie treten entweder als festsitzende Polypen (A) oder als frei schwimmende Medusen (B, Quallen) auf. Für beide ist ein Mund (1) typisch, der von Tentakeln (2) umgeben ist. Die Mundöffnung führt zu einem Gastralraum (3). Unverdauliche Reste werden ebenfalls durch die Mundöffnung wieder nach außen abgegeben, so daß diese auch die Aufgabe eines Afters

übernimmt. Auf der Zeichnung erkennt man ganz deutlich, daß der Polyp nichts anderes ist als eine umgedrehte, festgeheftete Meduse: Auf diese Weise begreift man leicht den Zusammenhang zwischen einer Seeanemone und einer Qualle! Was beim Polypen der Fuß (4) ist, heißt bei der Meduse Schirm (5).
Ein Schnitt durch die Körperwand dieser Tiere (C) läßt einen dreischichtigen Aufbau erkennen: Man unterscheidet das Ektoderm (6), eine bindegewebige mittlere Schicht, die Mesogloea (7),

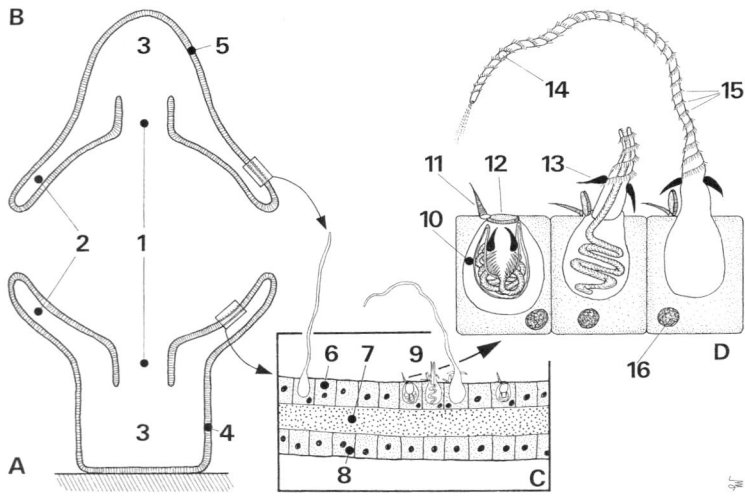

und das Entoderm (8) im Inneren. Bei den Medusen kann die Mesogloea sehr stark entwickelt sein, was ihr gallertiges Aussehen erklärt. Im Ektoderm befinden sich Nesselzellen (9), die auch Cniden oder Nematozysten heißen. Sie sind typisch für die Hohltiere, die deswegen sogar besser Nesseltiere oder Cnidaria heißen. Die Detailzeichnung (D) zeigt, wie die Nesselzellen funktionieren. Jede enthält eine Kapsel aus Chitin (10), ein Cnidocil (11) und einen Deckel (12). Der Nesselfaden (14) liegt eingerollt in der Kapsel, die mit einem Gift angefüllt ist. Wird das Cnidocil von einem Lebewesen berührt, so explodiert die Kapsel: Der Deckel öffnet sich und der Nesselfaden wird heftig nach außen geschleudert, wobei er in den Körper des Beutetiers oder Störenfrieds eindringt. Am Nesselfaden sind einige Stilette (13) sowie zahlreiche Haken (15) befestigt, die den Nesselfaden verankern, während das Gift eingespritzt wird. Am Fuß enthält jede Nesselzelle einen Zellkern (16).

Erste Hilfe

Nicht alle Nesseltiere werden dem Menschen gefährlich. Glücklicherweise! Der Kontakt mit den meisten Seeanemonen und Hydrozoen ist ungefährlich, obwohl man sich vor einigen Hydrozoen hüten muß, etwa der Feuerkoralle. Stark nesselnde Formen finden wir vor allem unter den Quallen. Zu trauriger Berühmtheit haben es hier die Seewespen und die Portugiesischen Galeeren gebracht. Ein Kontakt mit ih-

nen kann ernsthafte Probleme und sogar den Tod verursachen. Welche Maßnahmen sind zu ergreifen?

Erste Hilfe: Man nimmt Schmerzmittel wie Aspirin oder Paracetamol ein; man behandelt die verletzten Hautstellen mit Olivenöl oder einer Natriumbicarbonatlösung (Alka Seltzer). Der Patient kann das Bewußtsein verlieren, und eine künstliche Beatmung kann notwendig werden. Bei schweren Symptomen sollte man auf jeden Fall einen Arzt rufen, der im Bedarfsfall starke Schmerzmittel, Antihistaminika und herzstärkende Medikamente verabreicht.

Systematik

Man unterteilt die Nesseltiere in vier Klassen, die Hydrozoen, die Scyphozoen, die Cubozoen und die Anthozoen.

Die Hydrozoen umfassen die Hydroiden, die in diesem Buch in einem eigenen Kapitel behandelt werden, und die Siphonophoren oder Staatsquallen, die hier keine Aufnahme gefunden haben. Die Scyphozoen habe ich aus praktischen Gründen zusammen mit den Rippenquallen und den Salpen zu einer künstlichen Gruppe zusammengefaßt. Die Anthozoen oder Blumenpolypen umfassen zwei Unterklassen, die Octocorallia und die Hexacorallia. Wegen ihrer Bedeutung im Riff werden sie in jeweils eigenen Kapiteln behandelt. Viele Anthozoen beherbergen in ihren Geweben symbiontische einzellige Al-

gen, die Zooxanthellen, die ihren Wirten eine bräunliche Farbe verleihen. Diese Symbiose ist sehr eng: Das Tier profitiert von den Nährstoffen und vom Sauerstoff, den die Alge produziert, während diese Phosphate und Nitrate der Polypen aufnimmt. In diesem Buch gehen wir nicht auf die Cubozoen ein.

Die Hydroiden

Die Hydroiden kommen entweder in Form festsitzender Kolonien (A, Hydropolypen) oder in Form pelagischer Hydromedusen (B) vor. Diese beiden Formen wechseln sich innerhalb einer Art in einem regelmäßigen Zyklus (Generationswechsel) ab. Die Systematiker verwenden aber für die beiden Formen oft unterschiedliche Namen, weil die Zusammengehörigkeit nicht immer klar ist.

Die Hydropolypen bilden meistens Kolonien, deren Formen Anlaß gegeben hat zu einer Unterteilung in Familien und Gattungen. Wir erwähnen hier nur einige typische Baupläne: A umfaßt die Gattungen Bougainvillea und Eudendrium, C die Gattung Antenellopsis, D die Gattungen Aglaophenia, Lithocarpus, Halecium, Macrorhynchia, Halopteris und Plumularia.

Eine Kolonie besteht aus Stolonen (1), denen ein Rumpf (Hydrocaulus) entspringt. Die Außenschicht wird von einem Periderm (a) aus Chitin gebildet. Sie umgibt den Gastralraum (b). Die Tentakel der Freßpolypen (2) tragen Nesselkapseln (c). Diese Tentakel können ausgebreitet (2) oder zurückgezogen (3) werden. Die Hydroiden fressen Nahrungsteilchen und planktische Lebewesen.

Eine solche Kolonie vermehrt sich durch Knospung neuer Polypen (4). Doch es gibt auch eine geschlechtliche Fortpflanzung: Spezialisierte Polypen, die Gonotheken (5), entwickeln Medusen (B). Diese pflanzen sich geschlechtlich fort und geben ihre Geschlechtsprodukte ins Wasser ab. Aus der befruchteten Eizelle geht eine Planula-Larve hervor, die sich auf einem Substrat festheftet und zu einem neuen Stock (A) heranwächst. Die Arten von

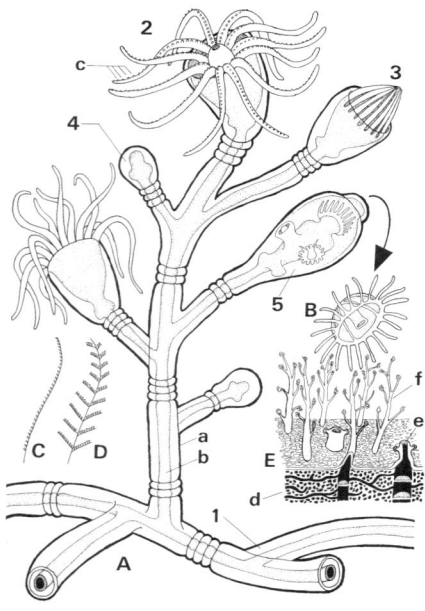

Stylaster und die Feuerkorallen der Gattung Millepora (E) bilden einen Sonderfall. In ihrem von Kanälen durchzogenen Kalkskelett (d) entspringen Freßpolypen (e), von denen jeder von einer Gruppe von Wehrpolypen (f) umgeben sind. Diese verzweigten Fäden tragen Batterien von Nesselzellen und verursachen Verbrennungen, wenn man sie berührt.

Halopteris sp.

Federpolyp (D), Plumulaire (F), Sea-fern (GB), Veerhydroïde (NL), Hydratyim (HE), Al-Khinshar (AR)

Die Kolonien dieser Hydroiden ähneln kleinen farblosen Federn. Jede einzelne Feder wird 3 bis 5 cm hoch und ungefähr 1 cm breit. Die 10 bis 20 seitlichen Verzweigungen sind wechselständig, wobei jede 3 bis 5 Polypen trägt. Die Art kommt wahrscheinlich in den ganzen Tropen vor.

Diese Makrofotografie wurde im Golf von Oman in rund 15 m Tiefe aufgenommen.

Diese Makrofotografie von Halecium sp. zeigt deren große gelbe Polypen sowie die feinen Stolonen und die winzigen weißen Polypen von Filellum serpens.

Halecium sp. und Filellum serpens

Federzweigpolyp (D), Petit sapin (F), Herring-bone hydroid (GB), Haringgraat (NL), Hydratyim (HE), Admitt Al-Ringa (AR)

Schlangenmoos (D), Hydraire-serpent (F), Serpent-hydroid (GB), Slang-hydroïde (NL), Hydratyim (HE), Admitt Al-Ringa (AR)

Das Schlangenmoos bildet sehr feine Stolonen, die sich auf dem Substrat ausbreiten. Ihm entspringen in regelmäßigen Abständen einfache, rund 5 mm große Polypen. Das Schlangenmoos ist ein Kosmopolit, der immer epibiontisch auf anderen Hydroiden, Anthozoen oder Moostierchen wächst.

Macrorhynchia philippina (Lytocarpus philippinus)

Philippinenmoos (D), Hydraire de feu des Philippines (F), Philippine stinging hydroid, White stinging sea fan (GB), Filippijnse brandhydroïde (NL), Notzatitt zaïfanitt (HE), Al Shounquob Al-Lase'eh (AR)

Die farnartigen Stöcke können eine Höhe von 15–25 cm erreichen. Sie sind federartig verzweigt. Jede Feder ist 2 bis 5 cm hoch und 1 cm breit. Die zwanzig bis fünfzig seitlichen Verzweigungen sind wechselständig, stehen aber so nahe beieinander, daß man dies praktisch nicht bemerkt. Die Art ist in den ganzen Tropen verbreitet und kommt von einem Meter Tiefe an vor. Sie nesselt sehr stark. Deswegen ist Vorsicht geboten!

Eine typische verzweigte Kolonie von Macrorhynchia philippina, aufgenommen in der Andamanensee. Im Hintergrund erkennt man einen orangefarbenen Krustenschwamm. Die roten Kugeln gehören zu Seescheiden aus der Familie Didemnidae.

Sertularella sp. (?)
Sertularella (D, GB, NL), Sertularelle (F), Zouganyim (HE), ʿOudaar Al-Shou-ʿaaʿiyyat, Adabiyyat (AR)

Es gibt mehrere Arten der Gattung Sertularella, und *Sertularella ellisi* und *S. polyzonias* sind kosmopolitisch verbreitet. Da diese Tiere oft im Bewuchs von Schiffen zu finden sind, wurden sie durch die Seefahrt verbreitet. Die Sertularellen sind durch die streng wechselständige Lage der Polypen auf den Zweigen gekennzeichnet.

Da die Kolonie wahrscheinlich von Algen überwuchert ist, kann man das Periderm nicht mehr erkennen.

Aglaophenia cupressina
Feuer-Farnmoos (D), Hydraire de feu (F), Stinging hydroid (GB), Brandhydroïde (NL), Hydratyim (HE), ʿOudaar Al-Shouʿaaʿiyyatt, Adabiyyatt (AR)

30 bis 50 cm lange farnartige Hydroide. Man begegnet ihr in den tropischen Riffen des Indopazifiks schon vom ersten Meter an. An günstigen Stellen bildet *Aglaophenia cupressina* dichte Bestände, die mehrere Quadratmeter bedecken. Die Art nesselt stark: Man braucht einen Stock nur leicht zu berühren, um einen lebhaften brennenden Schmerz ähnlich einer elektrischen Entladung zu verspüren. Der heftige Schmerz und der Juckreiz können mehrere Tage lang anhalten. Achtung: Eine unerwartete Welle kann den Schwimmer mitten in eine Gruppe solcher Nesseltiere werfen!

Die blaßgrüne Farbe und das Vorhandensein zahlreicher Gonotheken, die wie Reiskörner aussehen, sind typisch für Aglaophenia cupressina.

Diese Baumhydroide krallt sich an einem Absturz fest. Insel Bunaken (Manado, Sulawesi, Indonesien).

Sertularia sp. (?)

Baumhydroide (D), Hydraire arborescent (F), Tree-hydroid (GB), Boom-hydroïde (NL), Hydratyim (HE), Shadjarett Al-Ma^ca (AR)

Die Baumhydroiden erinnern an Äste von Bäumen, auf denen Hydroiden wachsen. Sie stellen sehr wirksame Filter für den Fang planktischer Nahrung dar.

Die Färbung dieser Kolonie ist kennzeichnend. Nur durch eine genaue Untersuchung der Polypen ist jedoch eine fundierte Abgrenzung gegenüber einer Gorgonie (Octocorallia) möglich.

Solanderia secunda

Hornkorallen-Seemoos, Fächerhydroide (D), Hydraire-éventail (F), Fan-hydroid (GB), Waaier-hydroïde (NL), Hydratyim (HE), Mawahett Al-Ma^ca (AR)

Die Farbe des Stockes reicht von Hellrosa über Dunkelrosé bis zu Braun. Die Äste verzweigen sich in einer Ebene, die senkrecht zur dominierenden Wasserströmung steht. Aus diesem Grunde ähnelt *Solanderia secunda* einer Gorgonie (siehe Seite 120). Die Polypen sind bei Solanderia sehr klein und erinnern eher an Haare. Die fächerförmigen Kolonien dieser Art erreichen einen Durchmesser zwischen 15 und 40 cm. Man begegnet ihr im gesamten Indopazifik zwischen 1 und 100 m Tiefe.

Stylaster sp.

Stylaster (D, NL), Corail-dentelle, Stylaster (F), Lace-coral (GB), Stylasteraïm (HE), ʿOudaar Al-Shouʿaaʿiyyatt, Adabiyyatt (AR)

Die kleinen verkalkten Kolonien dieser Hydroide (5–20 cm) sind äußerst zerbrechlich. Man sieht sie vor allem von den ersten Tiefenmetern an unter Überhängen. Typisch ist die Form der Verzweigung. In der Literatur werden ungefähr 50 Artnamen unterschieden, doch entsprechen sie nicht alle gültigen Arten. Deswegen begnügen wir uns hier mit der Angabe des Gattungsnamens.

In einigen Metern Tiefe haben sich zwischen inkrustierenden Kalkalgen und Schwämmen einige Stylaster-Kolonien unter einem Überhang festgeheftet.

Stylaster sp.

Stylaster (D, NL), Corail-dentelle, Stylaster (F), Lace-coral (GB), Stylasteraïm (HE), ʿOudaar Al-Shouʿaaʿiyyatt, Adabiyyatt (AR)

Lilafarbene *Stylaster* sind am häufigsten zu beobachten. Es gibt aber auch weiße und gelbliche Formen. Es ist nicht möglich zu sagen, ob es sich um Varietäten einer einzigen Art oder um verschiedene Arten handelt. Man darf *Stylaster* nicht mit *Distichopora* verwechseln, die zur selben Familie zählt. Ihre Verzweigungen sind gröber und sind am Ende deutlich abgerundet.

Eine gelbe Stylaster an einer Wand in Indonesien.

Eine Millepora dichotoma vom Roten Meer. Man erkennt alle Feuerkorallen an der lederartigen Farbe und an den Nesselzellen, die auf den Wehrpolypen sitzen.

Millepora dichotoma

Netz-Feuerkoralle (D), Corail de feu ramifié (F), Ramified fire-coral (GB), Vertakt brandkoraal (NL), Tzorvann mesouaf (HE), Mardjaan al-naar (AR)

Je nach den Strömungsbedingungen gibt es mehrere Arten oder Formen der Feuerkorallen. Sie sind nicht leicht auseinanderzuhalten. Wir unterscheiden verzweigte Formen, Arten in Form aufrecht stehender Platten und inkrustierende Formen. *Millepora dichotoma* gehört zu den erstgenannten Formen. Jede Verzweigung teilt sich erneut, so daß am Ende ein dichotomes Gebilde entsteht. Man findet diese Feuerkoralle von 0 bis 25 m Tiefe, überwiegend aber nahe der Oberfläche. Das Verbreitungsgebiet erstreckt sich vom Roten Meer bis zum Pazifik.

Man muß die Art der Verzweigung genau studieren, um zwischen Millepora tenella und M. dichotoma unterscheiden zu können.

Millepora tenella

Netz-Feuerkoralle (D), Corail de feu ramifié (F), Ramified fire-coral (GB), Vertakt brandkoraal (NL), Mardjaan al-naar (AR)

Diese Art wird oft *M. dichotoma* genannt, weil sie ihr stark ähnelt. Die Verzweigung ist weniger regelmäßig und erfolgt nicht dichotom. Wie die meisten Feuerkorallen tritt auch diese Art mit Vorliebe von der Wasseroberfläche bis in 10 m Tiefe auf, obwohl sie auch noch tiefer gehen kann. *Millepora tenella* kommt nur im Roten Meer und im Indischen Ozean vor.

Millepora cf. alcicornis

Netz-Feuerkoralle (D), Corail de feu ra-
mifié (F), Ramified fire-coral (GB), Ver-
takt brandkoraal (NL), Mardjaan al-naar
(AR)

Die zirkumtropisch verbreitete Art
Millepora alcicornis ähnelt sehr
stark den übrigen verzweigten Feuerkorallen. Sie lebt von 0 bis 25 m
Tiefe.

Auf dieser Makrofotografie erkennt man sehr
gut die Wehrpolypen, die dem Kalkskelett
entspringen. Wer sie berührt, verbrennt sich!

Millepora squarrosa (platyphylla)

Platten-Feuerkoralle (D), Corail de feu
en plaques (F), Plate fire-coral (GB),
Plaat-brandkoraal (NL), Tzorvann
haloukhoth (HE), Mardjaan al-naar (AR)

Es gibt zwei Arten plattenförmiger
Feuerkorallen. Bei der ersten Art
sind die senkrechten Platten kaum
miteinander verschmolzen und erinnern etwas an Fächer. Diese Art
bezeichnet man als *Millepora platy-*
phylla. Wenn die Platten stärker
miteinander verschmelzen und eine
Art Gehege bilden (siehe Bild),
spricht man von *M. squarrosa*. Diese zirkumtropische Art lebt zwischen 0 und 25 m Tiefe.

Ein Massiv von Millepora squarrosa auf
dem Saumriff der Brothers Islands mitten im
Roten Meer.

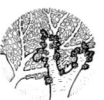

Die Octocorallia

Die Octocorallia oder Weichkorallen sind koloniebildende Anthozoen, die sich durch zwei Merkmale auszeichnen: Jeder Polyp besitzt immer acht Tentakel (was allerdings nicht immer leicht zu erkennen ist), und er enthält fast stets feine Skelettelemente im Gewebe der Mesogloea. Mit Ausnahme gewisser Arten, etwa von Dendronephthya, kann man dieses Merkmal allerdings fast nie mit bloßem Auge sehen. Man unterteilt die Octocorallia in vier Ordnungen, die sich durch ihren Bauplan unterscheiden. Die Stolonifera (A) bestehen aus Stolonen, die sich dem Substrat anschmiegen und aus denen Polypen entspringen. Die Alcyonaria oder Lederkorallen (B) bilden aufrechte Stöcke mit fleischiger Konsistenz. Sie besitzen ein Hydroskelett, das heißt sie pumpen sich mit Wasser auf. Die Gorgonaria, Gorgonien oder Seefächer (C) bilden typische Verzwei-

gungen mit einer zentralen Skelettachse, die zur Hauptsache aus einem widerstandsfähigen Protein, gelegentlich auch aus Kalk besteht. Bei einigen Arten wechseln sich verkalkte Knoten mit unverkalkten Zwischengliedern ab. Die Pennatularia oder Seefedern (D) bewohnen bewegliche Substrate und halten sich an ihnen mit einem vergrößerten Fuß fest. Die Hauptachse trägt die Polypen, sei es direkt (Veretillum), oder auf „Blättern", die zu beiden Seiten der Hauptachse entspringen (Pennatula).

Der Ausschnitt aus einem Gorgonienzweig (E) zeigt, wie die Polypen (1) dem gemeinsamen Grundgewebe (Coenenchym, 2) entspringen.

Die Seitenansicht zweier Polypen (F), wobei der eine ausgebreitet und der andere zurückgezogen ist, sowie die Aufsicht auf einen Polypen (G) zeigen einige für die Octocorallia typische Merkmale: Die acht Tentakel (a) tragen ihrerseits wieder seitliche Verzweigungen (b); die Sklerite (c) sind Skelettele-

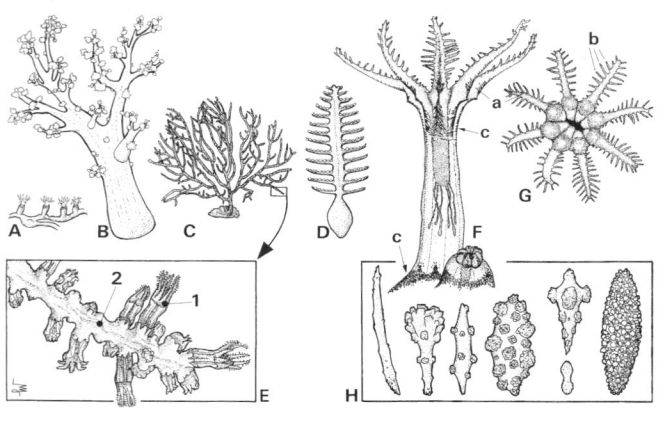

mente des Coenenchyms, können aber auch auf den Polypen auftreten. Bei der Artbestimmung stützen sich die Spezialisten vor allem auf die Form der Skleriten. In der Abbildung A sind einige typische Skleritenformen dargestellt.

Heliopora coerulea
Blaue Koralle (D), Corail bleu (F), Blue coral (GB), Blauw koraal (NL), Mourdjaan Azraq (AR)

Typische Kolonie von Heliopora coerulea, fotografiert in 5 m Tiefe in der Andamanensee.

Merkwürdigerweise eine Angehörige der Ordnung Stolonifera (Röhrenkorallen)! Unter den Octocorallia, die auch Weichkorallen genannt werden, gibt es zwei Arten mit hartem Skelett. Die eine ist die Blaue Koralle. Ihre Kolonien erinnern in Form, Farbe und sogar in ihrer Ökologie an die Feuerkoralle. Doch ihre flauschigen Polypen unterscheiden sich deutlich von den haarähnlichen Polypen der Feuerkoralle. *Heliopora* nesselt auch nicht – ebensowenig wie alle übrigen Octocorallia. Das Adjektiv „blau" geht auf das Kalkskelett zurück, in dem Eisensalze eingelagert sind. Die blaue Farbe wird aber nur an Bruchstücken oder in Geschäften deutlich, die diese Korallenart den Touristen verkaufen. Wir kaufen aber keine solchen Stücke, weil diese Art Handel zur Zerstörung der Riffe führt. Die Helioporen bildeten Riffe schon in den Meeren des Silurs, vor 400 Millionen Jahren. Verbreitung: vom Roten Meer bis zum Westpazifik.

Auf dieser Detailaufnahme erkennen wir gut die acht gefiederten Tentakel – ein Hauptmerkmal der Octocorallia.

Bei dieser Orgelkoralle ist nur ein Teil der Polypen draußen, so daß wir das rote Skelett gut erkennen.

Tubipora musica

Orgelkoralle (D), Tubipore, orgue de mer (F), Organ pipe coral (GB), Orgelpijpkoraal (NL), Ougavitt adouma (HE)

Ordnung der Stolonifera. Dies ist die zweite Weichkoralle mit einem harten Skelett. Das dunkelrote Skelett besteht aus parallelen Kalkröhren, die an Orgelpfeifen erinnern. In regelmäßigen Abständen sind sie durch quere Platten miteinander verbunden. Insgesamt entsteht eine halbkugelige Kolonie mit einem Durchmesser von 80 cm. Auch das Skelett der Orgelkoralle wird immer wieder in Souvenirläden zum Kauf angeboten. Ein Kauf lohnt sich aber nicht, denn man findet am Strand regelmäßig Bruchstücke. Die Polypen sind weiß und leicht grünlich gefärbt. Die halbkugelförmigen Orgelkorallenstöcke bleiben oft unbemerkt. Man findet *Tubipora musica* vom Riffdach bis in 25 m Tiefe. Die Verbreitung erstreckt sich vom Roten Meer bis zum Westpazifik.

Clavularia hamra

Grünrote Röhrenkoralle (D), Clavulaire vert-rouge (F), Green-red-clavularian (GB), Groenrood kruipkoraal (NL), Sheloukhann khimri (HE)

Ordnung der Stolonifera. Die dicken Stolonen sind rot, die Polypen hingegen sehr zart und hellgrün. Die Stolonen erreichen eine Länge von 15 cm und überwuchern die tote Koralle oder Gorgonie. Die Art ist ein Endemit des Roten Meeres und kommt nur ab 8 m Tiefe vor. *Clavularia hamra* beherbergt eine mimetische kleine Nacktkiemerschnecke: *Pleuroleura striata*, die sich von den Polypen dieser Röhrenkoralle ernährt.

Auf diesem Bild sind die beiden namengebenden Farben, das Rot für die Stolonen und das Hellgrün für die Polypen deutlich zu erkennen.

Sinularia spp.

Sinularia, Finger-Lederkoralle (D), Sinulaire, alcyonaire digité (F), Sinularia, finger-alcyonarian (GB), Sinularia, zacht vingerkoraal (NL), Guilditt (HE), Alsiyoun (AR)

Eine Alcyonacee oder Lederkoralle. Es gibt zahlreiche Arten der Gattung Sinularia. Die Unterscheidung ist nur Spezialisten mit Hilfe des Mikroskops möglich. An Ort und Stelle sind die Sinularien bräunliche oder graue Kolonien, die sich in einer dicken Schicht über Riffoberflächen ausbreiten. Daraus erheben sich zahlreiche senkrechte fingerförmige Fortsätze. Tagsüber sind die Polypen oft zurückgezogen.

Typische fingerförmige Kolonien von Sinularia mit zurückgezogenen Polypen.

Ein junger Sarcophyton, von oben gesehen. Deutlich erkennt man die langen Polypen, die dem schwammigen Hut entspringen. Bei dieser Aufsicht ist der Fuß nicht zu sehen.

Ein großer Stock von Sarcophyton. Charakteristisch sind der Fuß, der keine Polypen trägt, sowie die gewellten Ränder des trichterförmigen Hutes.

Sarcophyton spp.

Sarcophyton, Gestielte Lederkoralle, Pilz-Lederkoralle (D), Sarcophyton, alcyonaire pédonculé, alcyonaire-champignon (F), Sarcophyton, stalked alcyonarian (GB), Sarcophyton, zacht paddestoelkoraal, zeepaddestoel (NL), Batzkanitt (HE), Alsiyoun (AR)

Eine Alcyonacee oder Lederkoralle. Die Gattung *Sarcophyton* umfaßt viele Arten, die man an Ort und Stelle nicht unterscheiden kann. Auf der anderen Seite fällt es ziemlich leicht, Angehörige von *Sarcophyton* zu erkennen. Junge Stöcke erinnern stark an einen Pilz, weil ein Stiel eine Art halbkugelförmigen Hut trägt. Bei großen Kolonien, die bis 50 cm hoch werden, weitet sich der Hut und bildet einen Trichter mit gewellten Rändern. Der Fuß trägt keine Polypen, und auch am Hut sind sie nur auf der Oberseite vertreten. Die Polypen stehen in regelmäßigen Abständen und werden bei günstigen Licht- und Strömungsverhältnissen weit nach außen gestreckt. Die Färbung schwankt von Hellgrün bis Bräunlichgrau und geht auf symbiontische Zooxanthellen zurück. Bei diesen Tieren kann man oft die ungeschlechtliche Fortpflanzung durch Sprossung beobachten.

Am Rand des Hutes oder auf seiner Unterseite entstehen kleine neue Kolonien, die sich nach einer gewissen Zeit ablösen. Man begegnet diesen Lederkorallen vom Riffdach bis in 30 m Tiefe im gesamten Indopazifik.

Scleronephthya sp.

Runzelige Weichkoralle (D), Alcyonaire lisse (F), Smooth alcyonarian (GB), Zacht hangkoraal (NL), Tzeniritt (HE), Alsiyoun (AR)

Eine Alcyonacee oder Lederkoralle. Oberflächlich gesehen ähneln die Kolonien denen von *Dendronephthya* (siehe Seite 126–127). Eine Unterscheidung ist durch zwei Merkmale möglich. Wenn man die Polypen von *Dendronephthya* zart berührt, spürt man deutlich die Kalknadeln. Bei *Scleronephthya* hingegen sind die Polypen völlig glatt und weich anzufassen. Bei *Dendronephthya* sind die entfalteten Polypen durchscheinend. Dies ist bei *Scleronephthya* nicht der Fall, weil die Sklerite hier im Gewebe so dicht nebeneinanderliegen, daß sie einander berühren. Die Runzelige Weichkoralle liebt dunkle Lebensräume und kommt vor allem unter Überhängen ab einer Tiefe von 10 m vor. Sie kommt auch gerne auf Korallen und Fächerkorallen vor.

Einige Kolonien von Scleronephthya wachsen unterhalb einer Riesenfächerkoralle (Subergorgia hicksoni). Die Kolonien links sind kontrahiert, so daß die Polypen wie kleine, unregelmäßige, glatte Kugeln erscheinen. Bei Kolonien von Dendronephthya könnte man die stacheligen Skleriten herausragen sehen und auch spüren.

Eine große Dendronephthya aus dem Roten Meer,
wo diese Gattung besonders gut vertreten ist.
Der kleine violette Fisch im Vordergrund
(Länge 6 cm) ist ein endemischer Zwergbarsch des
Roten Meeres (Pseudochromis fridmani).

Die Prachtkorallen zeigen mitunter
prächtige Farben.

Dendronephthya spp.

Stachelige Prachtkoralle (D), Alcyonaire
épineux, alcyonaire translucide (F),
Prickly alcyonarian (GB), Doorschijnend
stekelkoraal (NL), Sasgonitt (HE), Al-
siyoun (AR)

Eine Lederkoralle. Die Stöcke verzweigen sich und bestehen aus einem Hydroskelett. Es wird von einem inneren Wasserdruck zusam-
mengehalten. Bei ausgebreiteten
Polypen sehen die Stöcke durchscheinend aus; bei der Kontraktion
verschwindet dieses Merkmal. Da
diese Lederkorallen keine Zooxanthellen enthalten, ist ihr Gewebe
praktisch farblos. Die wundervolle
Färbung stammt von großen Kalkskleriten. Sie bewirken, daß sich die
Oberfläche der Stöcke, vor allem
die der Polypen, stachelig anfühlt.
Die Höhe der Kolonien schwankt
von 10 bis 50 cm oder mehr. Man
hat sich lange gefragt, wie es die
Dendronephthya-Arten schafften,
solche gigantischen Dimensionen
zu erreichen. Sie besitzen keine
Zooxanthellen, und ihre Nesselzellen können nicht einmal kleine
Planktonlebewesen lähmen – sie
befreien sich, bevor sie gefressen
werden. Wovon leben also diese
Lederkorallen? Das Problem wurde
im Jahr 1995 von Katharina Fabri-
cius vom Zentrum für marine Tro-
penökologie in Bremen gelöst. Sie
entdeckte, daß die *Dendroneph-*
thya-Arten als einzige Korallen
Pflanzenfresser sind: Ihre Gastral-
räume sind voller Phytoplankton.
Wer die einleitende Bemerkung

über die verschiedenen Ernährungsstufen aufmerksam studiert hat, wird sofort erkennen, daß Pflanzenfressern mehr Nahrung zur Verfügung steht als fleischfressenden Filtrierern. Die verschiedenen *Dendronephthya*-Arten, wie *D. hemprichi, D. klunzingeri, D. gigantea* und *D. haberi* an Ort und Stelle zu unterscheiden, ist unmöglich. Man findet diese spektakulären Octocorallia von 10 bis über 30 m Tiefe. Sie sind vom Roten Meer bis in den Pazifik verbreitet.

Der Körper dieser Dendronephthya enthält weiße, die Polypen hingegen zeigen rote Sklerite.

Chironephthya sp.

Hand-Weichkoralle (D), Alcyonaire-main (F), Hand-alcyonarian (GB), Zacht handkoraal (NL), Alsiyoun (AR)

Eine Lederkoralle. Die *Chironephthya* unterscheiden sich von den *Dendronephtya* und den *Scleronephthya* durch die feiner verzweigten Stöcke und das Fehlen sichtbarer Sklerite. Die glatten Äste sind völlig undurchsichtig.

Siphonogorgia sp.

Verzweigte Lederkoralle (D), Alcyonaire ramifié (F), Branched alcyonarian (GB), Vertakt zacht koraal (NL), Seïfitt shevira (HE), Alsiyoun (AR)

Eine Lederkoralle. Aufgrund der starken Verzweigung erinnert diese Lederkoralle an eine Gorgonie oder

An den Zweigen dieser Hand-Weichkoralle haben sich Haarsterne festgeheftet, die wie ihr Wirt Planktonfiltrierer sind.

Trotz ihres Aussehens und ihres Namens (!) gehört diese Form nicht zu den Fächerkorallen, sondern zu den Lederkorallen. Similan-Inseln (Andamanensee), Tiefe: 25 m.

Fächerkoralle. Es fehlt aber ein Axialskelett, und die Äste sind hohl. Trotz ihrer Zugehörigkeit zu den Weich- oder Lederkorallen ist diese Form hart, weil die Gewebe mit Skleriten angefüllt sind. Ein zuverlässiges Unterscheidungsmerkmal der Gattung sind die glatten, wellenförmigen Verzweigungen. Die Stöcke werden bis 100 cm hoch, und ihre Farbe schwankt von Bräunlich bis Rot. Achtung: Betrachten Sie den Stock auf beiden Seiten, besonders an den Enden der Äste. Wenn einige unter ihnen offen sind wie Dachrinnen und wenn ihr Inneres eine kontrastierende Färbung (im allgemeinen weiß) aufweist, so handelt es sich um eine Gorgonie, die entfernt an *Siphonogorgia* erinnert. Ihr Name ist *Solenocaulon.*

Eine typische Gruppe von Lithophytum arboreum, fotografiert bei Quseir im Roten Meer.

Lithophytum (Lithophyton) arboreum

Brokkoli-Lederkoralle, Keniabäumchen (D), Alcyonaire arborescent (F), Tree-alcyonarian, broccoli soft coral (GB), Zacht boomkoraal (NL), Neftiya sikhanitt (HE), Alsiyoun (AR)

Eine Lederkoralle, die leicht zu erkennen ist. Die Stöcke enthalten Zooxanthellen. Diese symbiontischen Algen verleihen ihnen eine Farbe, die von einem blassen oder gelblichen Grün bis zu Bräunlich-grau reicht. Fuß und Stiel tragen nie Polypen; die Polypen der Verzweigungen fühlen sich bei Berührung glatt an. Höhe: bis 80 cm. Man findet diese baumartigen Lederkorallen vom ersten Meter bis in ungefähr 20 m Tiefe. Tiefer gehen sie selten, weil die Zooxanthellen genügend Licht brauchen.

Ein Felsen mit mehreren Stöcken von Xenia.

Xenia spp.

Straußenfederkoralle (D), Corail plume d'autruche (F), Ostrich feather coral (GB), Struisvogelveerkoraal (NL), Ksenia (HE), Mourdjaan Riish Al-Na'ameh (AR)

Eine Lederkoralle. Die Arten der Gattung *Xenia* sind leicht zu erkennen. Die Farbe ist im allgemeinen Weißlich, selten Grün oder Hellbraun. Große Polypen erheben sich von einem kleinen, unverzweigten Stamm. Man findet *Xenien* vom ersten Meter bis in 30 m Tiefe. Verbreitung: vom Roten Meer bis in den Pazifik.

Makrofotografie von Xenia sp. Man erkennt den kurzen Stiel, der große Polypen trägt.

Großaufnahme von Xenia umbellata. Deutlich erkennt man die Polypen in verschiedenen Phasen des Pumpens.

Xenia umbellata

Pumpende Straußenkoralle (D), Corail à polypes battants (F), Pulsing polyp coral (GB), Kloppende-poliepen koraal (NL), Ksenia Yam-Soufitt (HE), Mourdjaan Riish Al-Naʿameh (AR)

Eine Lederkoralle. *Xenia umbellata* ähnelt den übrigen Arten der Gattung *Xenia*, doch man erkennt sie an den regelmäßigen Pumpbewegungen ihrer Polypen, die bis 30mal in der Minute erfolgen können. Die Polypen öffnen und schließen sich dabei und erzeugen auf diese Weise eine Wasserströmung. Färbung weißlich. Man findet diese Art vor allem zwischen 5 und 15 m Tiefe. Eine ähnliche Art, *Heteroxenia fucescens*, unterscheidet sich von *Xenia umbellata* durch die braune Farbe ihrer Polypen und durch schnellere Pumpbewegungen (bis 40 Schläge pro Minute).

Subergorgia hicksoni

Rotmeer-Riesengorgonie, Hicksons-Riesenfächer (D), Gorgone géante de la mer Rouge, gorgone d'Hickson (F), Red Sea giant seafan, Hickson's giant seafan (GB), Rode Zee-reuzengorgoon, Hickson's reuzengorgoon (NL), Meniftann anak (HE), Marwahat Al-Baḥr Al-Aḥmar (AR)

Ein Hornkoralle (Gorgonie). Diese Riesengorgonie verdankt ihren Namen der beeindruckenden Größe ihrer Stöcke. Höhe und Spannweite können 2 m übertreffen. Die Äste verschmelzen auf charakteristische Weise miteinander und führen zur

Bildung von Fächern mit netzförmiger Struktur. Die Art kommt oft an Abstürzen vor, wo die Fächer senkrecht in die Strömung hineinwachsen. Die Farbe ist stets Hellbeige. Tagsüber bleiben die Polypen zurückgezogen. Die Riesenfächer sind beliebte Aufenthaltsorte für weitere Lebewesen, etwa für andere Gorgonien, für Lederkorallen, Muscheln oder Haarsterne... Kleine Fische und Krebse finden hier Unterschlupf. *Subergorgia hicksoni* ist ein Endemit des Roten Meeres, doch könnte es sich nur um eine Lokalform der Art *S. mollis* handeln, die vom Indischen Ozean und vom Pazifik bekannt ist.

An einem Absturz der Brothers Islands (Rotes Meer) wachsen enorme Exemplare der Riesengorgonie Subergorgia hicksoni.

Subergorgia mollis

Riesengorgonie, Riesenfächer (D),
Gorgone géante (F), Giant seafan (GB),
Reuzengorgoon (NL), Meniftann anak (HE),
Marwahaah ʿImlaqa (AR)

Eine Hornkoralle. Diese Art ist in jeder Hinsicht identisch mit *S. hicksoni,* so daß sich die Spezialisten heute fragen, ob *S. hicksoni* nicht einfach eine Lokalform von *S. mollis* ist. Doch auch wenn die artliche Trennung gerechtfertigt wäre, liegen die Dinge einfach: Riesengorgonien des Roten Meeres heißen *S. hicksoni,* die aus dem Indischen Ozean und dem Pazifik *S. mollis.*

Ein Fächer von Subergorgia mollis mit den typischen Verschmelzungen von Adern, die eine netzartige Struktur ergeben. Fotografiert im Indischen Ozean in 30 m Tiefe.

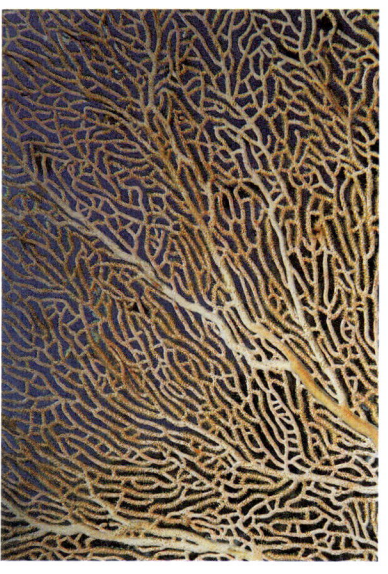

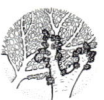

Junceella fragilis
Peitschenkoralle (D), Fouet de mer (F), Delicate sea whip (GB), Zweepkoraal (NL), Samaritt (HE), Sawt Al-Ba<u>h</u>r (AR)

Eine Gruppe von Junceella fragilis. Durch die ungeschlechtliche Fortpflanzung tritt diese Art gerne in kleinen zusammenstehenden Gruppen auf.

Eine Hornkoralle. Diese Gorgonien sind leicht zu erkennen, denn sie haben keine Verzweigungen. Es ist allerdings eine Verwechslungsmöglichkeit mit den Dörnchenkorallen oder Antipatharien gegeben. Zur Unterscheidung muß man die Polypen untersuchen. Bei den Antipatharien sind sie im allgemeinen dünn gesät, und das Skelett ist sehr steif. Bei den Fächerkorallen stehen sie dichter und sind weicher (sie stechen und nesseln nicht). Es gibt nicht viele unverzweigte Arten. Die Kolonien der abgebildeten Art sind 150 bis 200 cm hoch und haben einen Durchmesser von 1 bis 2 cm. Durch Zooxanthellen sind sie schmutzig weiß bis bräunlich gefärbt. Die Vermehrung erfolgt im wesentlichen ungeschlechtlich: Ein Ende des Stockes schnürt sich ab und beginnt ein neues Leben auf dem Meeresboden. Aus diesem Grund treten die *Junceella* oft in größeren Beständen auf. Es handelt sich dabei um Klone. *J. fragilis* ist eine Art des Pazifiks, der man allerdings auch im östlichen Teil des Indischen Ozeans begegnen kann. Im westlichen Indik und im Roten Meer lebt eine ähnliche, weiße Art, *Junceella juncea.*

Junceella rubra
Rote Peitschenkoralle (D), Fouet de mer rouge (F), Red sea whip (GB), Rood zweepkoraal (NL), Samaritt (HE), Sawt Al-Ba<u>h</u>r Al-Ahmar (AR)

Eine Hornkoralle. Die rotgefärbten Stöcke sind 80 bis 100 cm hoch. Man findet sie schon ab 10 m Tiefe an schattigen Stellen, zum Beispiel an Überhängen und in Höhleneingängen. Tagsüber sind die Polypen zurückgezogen: Man sieht nur ihre Kelche, die alle nach oben gerichtet sind (siehe Abbildung auf Seite 378). Die Polypen entfalten sich im allgemeinen nur nachts und filtrieren dann planktische Lebewesen aus dem Wasser.

Eine Gruppe von Junceella rubra mit entfalteten Polypen. Dies ist nur in seltenen Fällen tagsüber zu beobachten. Im Vordergrund links eine Lederkoralle der Gattung Dendronephthya, rechts die weiße Kolonie eines Röhrenwurms (Filograna cf. implexa). Oben in der Bildmitte ein Juwelen-Fahnenbarsch (Pseudanthias squamipinnis). Rotes Meer, Höhleneingang, Tiefe 10 m.

Ellisella sp.

Orangefarbene Besengorgonie (D), Gorgonebalai orange (F), Orange broom-gorgonian, orange whip coral (GB), Oranje bezemgorgoon (NL), Pargol (HE), Mourdjaan Al-Sawt Al-Bourtouqali (AR)

Eine Hornkoralle. Die Kolonien bestehen aus geraden Ästen, die sich nur wenig verzweigen. Man begegnet ähnlichen Formen im gesamten Indopazifik, im allgemeinen allerdings erst ab ungefähr 20 m Tiefe.

Abgesehen von der typischen Form von Ellisella sp. erkennt man auf diesem Bild auch einen Haarstern (Comanthina schlegeli?), braune inkrustierende Schwämme (Monanchora?), eine graue Schwammart und unterhalb des Haarsterns rechts eine Flügelauster (Pteria sp.). Die Verdickungen an einigen Ästen der Besengorgonie gehen auf Parasiten im Gewebe zurück.

Eine rote Melithaea mit weißen Polypen.
Man beachte das Vorhandensein von
Knoten (Nodien) und Internodien. Simi-
lan-Inseln (Andamanensee), Tiefe: 20 m.

Melithaea spp.

Knotengorgonie (D), Gorgone à noeuds (F),
Knotty gorgonian (GB), Knoopgorgoon (NL),
Gorgonaïm (HE), Mirwahatt Al-Bahr,
Ghourghounatt (AR)

Eine Hornkoralle. Die *Melithaeiden* sind
eine komplizierte Gruppe der Gorgonien, die wie viele andere Gattungen
eine systematische Revision bräuchten.
Bei der Gattung *Melithaea* besteht das Skelett nicht aus einer durchgehenden ledrigen
Achse, wie das bei den meisten übrigen
Gorgonien der Fall ist, sondern es wechseln sich ledrige Knoten (Nodien) mit
Kalkzylindern (Internodien) ab. Diese
Gliederung fällt beim lebendigen Tier sofort ins Auge und gilt als untrügliches Gat-
tungsmerkmal. Im indopazifischen Raum
kommen zahlreiche Arten vor. Die Formen
des Roten Meeres und der Malediven bleiben klein und sind auf Höhlen und große
Tiefen beschränkt. Weiter im Süden (Seychellen, Madagaskar, Südafrika) und vor
allem mit zunehmender Nähe zum Pazifik
(Andamanensee, Indonesien, Philippinen)
werden die Fächer immer größer und auffälliger. Weil die Körperachse nicht durch-
gehend aus lederartigen Proteinen besteht,
sind die Stöcke nicht weich, sondern sprö-
de und zerbrechlich: Geben Sie mit Ihren
Flossen acht! Die Färbung variiert von
Rosa über Gelb bis Orange und Rot. Oft
wirkt der Farbkontrast zwischen den Kelchen mit den zurückgezogenen Polypen
und dem umgebenden Gewebe sehr schön

Eine rosafarbene Melithaea mit gelben
Polypen. Die Nodien sind hier deutlich zu
erkennen. Similan-Inseln (Andamanensee),
Tiefe: 30 m.

(zum Beispiel gelbe Flecken auf rotem Grund). Die *Melithaeiden* gehören zu den schönsten Gorgonien der Welt und machen vor allem dem Unterwasserfotografen viel Freude.

Eine orangefarbene Melithaea mit weißen Polypen. Man beachte, daß sich bei den meisten Knoten eine Gabelung ergibt. Bali (Grenze des Indischen Ozeans), Tiefe: 25 m.

Eine gelbe Melithaea mit weißen und roten Polypen. Manado (westliche Grenze des Pazifiks), Tiefe: 30 m.

Eine orangefarbene Acabaria variabilis mit lilafarbenen Knoten. Die Form mit den gelben Nodien ist viel häufiger.

Auf diesem Bild erkennt man sehr deutlich die Netzstruktur, die durch Verschmelzung einzelner Verzweigungen entsteht.

Acabaria variabilis

Netzgorgonie, Netzfächer (D), Gorgone réticulée (F), Reticulated sea fan, net sea fan (GB), Netgorgoon (NL), Ofirann (HE), Marwahat Shabakatt Al-Bahr (AR)

Eine Hornkoralle mit dichotomer Verzweigung: Jeder Ast teilt sich in zwei weitere Äste. Äußere Äste verschmelzen aber wieder miteinander, so daß Fächer mit netzartiger Struktur entstehen. Bei jeder Verzweigung wird ein Knoten erkennbar, der anders gefärbt ist als die übrige Kolonie (roter Stock mit gelben Knoten, weißer Stock mit lilafarbenen Knoten und so weiter). Wenn es aber Knoten gibt, so muß es auch Internodien geben... Warum handelt es sich dann nicht um eine *Melithaea*? Diese Frage stellt sich in der Tat dem einzigen Spezialisten dieser Gruppe auf der Welt, Leen Van Ofwegen. Vielleicht wird man in einigen Jahren alle Gorgonien mit Knoten *Melithaea* nennen. Bis es soweit ist mit dieser Synonymie, verwenden wir die existierende Nomenklatur. *Acabaria variabilis* bildet kleine Fächer mit einem Maximaldurchmesser von 40 cm. Man sieht sie vor allem an Höhlendecken. Diese Art ist sehr häufig in den Malediven, tritt etwas seltener in den Philippinen und bei Palau auf und fehlt in den übrigen Gebieten – oder ist sie dort nur noch seltener?

Acabaria delicata (biserialis)

Weißrote Gorgonie (D), Gorgone blanc-rouge (F), White-red sea fan (GB), Wit-rot gorgoon (NL), Ofirann (HE), Marwahat Al-Bahr, Ghourghounatt (AR)

Eine Hornkoralle. Diese Art lebt an schattigen Stellen, im allgemeinen von 10 bis 20 m Tiefe an. In geringerer Tiefe ist sie nur an sehr dunklen Stellen anzutreffen. Man kennt die Art aus dem Roten Meer und von den Malediven. Weitere Fundorte sind mir unbekannt.

Die kleinen zerbrechlichen Äste von Acabaria delicata kann man mit keiner anderen Gorgonie verwechseln: Sie sind weiß und zeigen bei jeder Verzweigung rote Abschnitte.

Acabaria sp.

Spröder Netzfächer, Riffdachgorgonie (D), Gorgone fragile, gorgone du platier (F), Fragile net fan, reef crest fan (GB), Breekbare gorgoon, rifplat-gorgoon (NL), Ofirann (HE), Marwahat Al-Bahr, Ghourghounatt (AR)

Eine Hornkoralle. Die zarten *Acabaria*-Kolonien erkennt man an der dichotomen Verzweigung und an den kleinen Warzen auf den Zweigen, die von den Kelchen der Polypen gebildet werden. Man findet die zarten, gelben, organgefarbenen oder roten Kolonien an Höhlendecken und in Riffdurchbrüchen. In den Führern ist die Rede von *Acabaria splendens*, *A. pulchra* oder *A. erythraea*. In Wirklichkeit ist eine Bestimmung ohne eine mikroskopische Untersuchung der Sklerite unmöglich. Wir begnügen uns hier mit dem Gattungsnamen *Acabaria*.

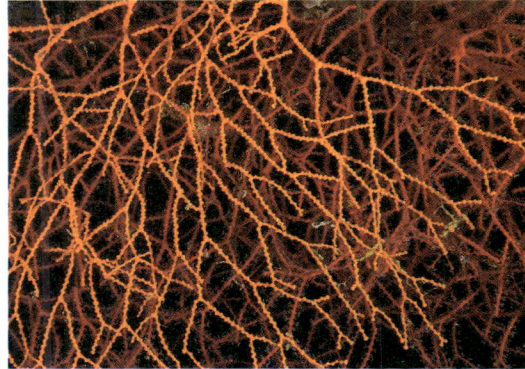

Die delikate, dichotome Verzweigung dieser Acabaria aus dem Roten Meer läßt nur eine sichere Bestimmung der Gattung zu.

*An Abstürzen des Roten Meeres
(hier: Brothers Island, Tiefe 20 m) sind
diese Fächerkorallen mit den gelben
Polypen nicht selten.*

Gorgonacea
*Fächerkorallen, Seefächer (D), Gorgones
(F), Gorgonians (GB), Gorgonen (NL),
Gorgonaïm (HE), Mirwahatt Al-Bahr,
Ghourghounatt (AR)*

Vom Roten Meer bis zum Pazifik gibt
es Gorgonien in allen Formen: peit-
schenförmige Stöcke, netz- und fächer-
förmige Kolonien in allen Farben des
Regenbogens, von Rot zu Blau, und in
allen Größen von 10 bis 200 cm. Man
findet sie in allen Tiefen und in allen
möglichen Expositionen: Von sonnigen
Stellen mit starker Strömung bis zu
dunklen Zonen, in denen praktisch kein
Wasser mehr zirkuliert. Ohne diese
Fächerkorallen wäre die Unterwasserwelt um vieles langweiliger, und unsere Tauchgänge verlören einen Teil ihrer
märchenhaften Faszination. Auf dieser
Doppelseite sind noch einige weitere
Formen abgebildet. Ich zeige sie Ihnen
einfach wegen ihrer Schönheit. Leider
ist es nicht möglich, ihnen allen einen
exakten wissenschaftlichen Namen zu
geben.

*Es ist kaum wahrscheinlich, daß Sie eines
Tages dieser seltenen Art begegnen.
Ich konnte aber nicht der Versuchung wider-
stehen, sie Ihnen zu zeigen!*

Ich habe diese Lederkoralle im Sultanat Oman zwischen 20 und 25 m Tiefe fotografiert. Die Fauna dieses Gebietes ist noch kaum bekannt. Es könnte sich hier um eine Art handeln, die der Wissenschaft bisher unbekannt geblieben ist.

Veretillum sp.
Runde Seefeder (D), Vérétille (F), Round sea-pen (GB), Ronde Zeeveer (NL), Qalam Al-Bahr Al-Moustadiir (AR)

Eine Seefeder. Wenn sich eine Kolonie mit Wasser aufgepumpt hat, kann sie eine Höhe von 15 bis 25 cm erreichen. Am Achsenstab stehen ungefähr hundert 4 bis 6 cm lange Polypen mit acht Tentakeln (Autozoiden). Dazu kommen viele hundert kleiner tentakelloser Polypen, der Siphonozoiden, die der Kolonie ein körniges Aussehen verleihen. Die runden Seefedern leben auf sandigem und schlickigem Boden, von 5 bis 10 m Tiefe an. Kontrahierte Stöcke sehen wurmförmig aus. Durch Füllen des Hydroskeletts mit Wasser werden sie prall und breiten die Polypen aus. Die Hauptachse ist in den Boden eingepfählt. Der Fuß entspricht einem vergrößerten Gründungspolypen. Die Veretillen sind im allgemeinen tagsüber kontrahiert, während sie ihre Polypen nachts ausbreiten.

Um Veretillen und alle anderen Seefedern sehen zu können, muß man nachts auf sandigem Grund tauchen. Die Veretillum-Art, die ich in den Tropen gefunden habe, ist kleiner als die, die wir von Europa kennen. Sie hat weniger Polypen und ist intensiver gefärbt.

Tagsüber gab es nichts zu sehen. Nachts erschienen aber wie durch ein Wunder überall auf der Sandoberfläche kleine durchscheinende Seefedern (ab 1 m Tiefe). Die Seefedern sind nicht selten, doch ungenügend bekannt. Der Achsenstab des abgebildeten Exemplars trägt zu beiden Seiten ungefähr 50 wechselständige Äste. Jeder Ast hat ungefähr 10 Polypen. Das 15 cm hohe und nur 3 cm breite Tier stellt somit einen Planktonfilter aus mehreren hundert Mündern dar.

Virgularia sp. oder Pennatula sp.

Seefeder (D), Virgulaire, plume de mer (F), Sea-pen (GB), Zeever (NL), Qalam Al-Ba<u>h</u>r (AR)

Eine Seefeder. Die Systematik der Octocorallia ist noch sehr unzureichend bekannt. Wir haben bereits große Probleme bei den Gorgonien und den Lederkorallen, doch bei den Stolonifera und den Seefedern stehen wir vergleichsweise noch in der Steinzeit! Seefedern wie die links abgebildete gehören im allgemeinen zur Gattung Pennatula, wenn sie ein großes, gedrungenes Aussehen aufweisen, oder zu Virgularia, wenn sie klein und höher sind. In einigen angelsächsischen Führern werden diese Tiere jedenfalls als Virgularia bezeichnet. Ich kann das hier nicht entscheiden. Die Höhe der Kolonien, die ich beobachten konnte, schwankt zwischen 5 und 20 cm.

Pteroeides spp.

Dicke Seefeder (D), Grosse plume de mer (F), Fat Sea-pen (GB), Dikke zeever (NL), Qalam Al-Ba<u>h</u>r Al-Samiin (AR)

Eine Seefeder. Die Arten der Gattung *Pteroeides* zeichnen sich durch einen viel stärker gedrungenen Körper als die Arten der Gattung Virgularia oder Pennatula aus. Es sind zwei Körperseiten ausgebildet. Auf der Bauchseite stehen die Polypen, auf der Rückenseite fehlen sie. Die Tiere werden 10 bis 25 cm lang – nicht eingerechnet der sehr lange Gründungspolyp!

Blick auf die polypenfreie Dorsalseite einer Art von Pteroeides. Der dicke zwiebelförmige Gründungspolyp ist fest im Sand verankert und hier nicht zu sehen. Diese Seefeder hat ungefähr 20 fein verästelte Verzweigungen.

Eine andere Art, von der Bauchseite gesehen. Es sind nur neun, viel weniger verzweigte Äste vorhanden. Dafür sind die Polypen sehr viel größer als bei der obigen Art.

Die Hexacorallia

Die überwiegende Zahl der Anthozoen oder Blumentiere gehört zur Unterklasse der Hexacorallia. Sie haben glatte Tentakel, entweder sechs Stück oder ein Vielfaches von sechs. Die Systematik unterscheidet vier Ordnungen. Die Actiniaria umfassen die Aktinien, Seerosen oder Seeanemonen. Die Corallimorpharia bilden eine etwas abseits stehende Gruppe; die Tentakel der Polypen sind am Ende oft verdickt wie bei den echten Korallen, doch bauen sie kein Kalkskelett auf. Die Madreporaria (Scleractiniaria) oder Steinkorallen leben einzeln oder in großen Kolonien und bilden ein festes Kalkskelett aus. Sie bauen die Korallenriffe der tropischen Meere auf. Die Zoantharia oder Krustenanemonen leben solitär oder bilden Kolonien. In einigen zoologischen Handbüchern bilden die Cerianthipatharia eine Unterklasse für sich,

zu der die in Röhren lebenden Zylinderrosen und die Dörnchenkorallen zählen. Diese bilden strauchförmige Kolonien mit einem schwarzen, hornartigen, mit Dörnchen versehenen Skeletten. Die Schwarze Koralle der tropischen Meere gehört zu diesen Dörnchenkorallen. Viele Spezialisten bezeichnen diese Klassifikation als künstlich. In diesem Buch bringe ich die Ordnungen der Ceriantharia (Zylinderrosen) und der Antipatharia (Dörnchenkorallen) bei den Hexacorallia unter. Die Zeichnung stellt die Anatomie einer Seeanemone (A) und einer solitären Steinkoralle (B) dar, die sich sehr ähnlich sehen. Die Tentakel (1) entspringen einer Mundscheibe (Peristom, 2), die den Mund umgibt. Ein Schlundrohr (Stomodaeum, 4), führt in den Gastralraum (5). Hier befinden sich mehrere radiäre Septen (6), die am Innenrand zu Mesenterialfilamenten (7) verdickt sind. Die Seeanemone hält sich mit der Fußscheibe (8) am Boden fest. Die Körperwand besteht aus drei Schichten: dem Ektoderm (a), der Mesogloea (b) und dem Entoderm (e). Bei den Steinkorallen scheidet die Basalplatte (8) ein Kalkskelett (9) aus, das wiederum die Anordnung der Septen erkennen läßt. Bei den Skeletten der Steinkorallen (C) unterscheidet man Primärsepten (d), Sekundärsepten (e) und Tertiärsepten (f) sowie die Columella (g) in der Achse des Polypen. Wenn sich die Polypen (c) durch Sprossung vermehren, ohne daß nachher eine Teilung erfolgt, so entstehen Stöcke oder Kolonien (D).

Die Indopazifischen Riffe werden zum größten Teil von Steinkorallen aufgebaut, die zu den Hexacorallia zählen.

Die am Ende verdickten und mit einem spitzen Aufsatz versehenen Tentakel sind charakteristisch für die Art. Jeder undurchsichtige Punkt auf den Tentakeln entspricht einer Batterie von Nesselzellen.

Entacmaea (Gyrostoma) quadricolor

Blasenanemone, Keulenanemone, Knubbelanemone (D), Anémone à bouts renflés (F), Bulb-tentacle sea-anemone, bottle anemone (GB), Blaas-anemoon (NL), Doritt ravgonitt (HE), Shaqaᶜeq Al-Qaniineh (AR)

Eine Seeanemone (Familie Actiniidae). Diese große Seeanemone (Durchmesser 40 bis 50 cm, Länge der Tentakel 10 bis 15 cm) heftet sich in den Spalten von Korallenriffen fest. Die jungen Anemonen leben oft gruppenweise in seichtem Wasser. In der Tiefe findet man größere, überwiegend solitäre Individuen. Die genannte Art beherbergt dreizehn Clown- oder Anemonenfische (darunter *Amphiprion bicinctus*, *A. clarkii*, *Premnas biaculeata* und *Dascyllus trimaculatus*) so-

wie die Garnele *Periclimenes longicarpus*. So lange die Seeanemone keine Kommensalen beherbergt, sind die Tentakelenden nicht verbreitert; man erkennt aber einen farbigen, oft violetten Punkt. Diese Form wurde früher als eigene Art mit der Bezeichnung *Entacmaea helianthus* betrachtet. Dann beobachtete man aber, daß die Tentakel ihre typische Keulenform annahmen, sobald man Clownfische ins Aquarium einführte. Heute weiß man, daß es sich um ein und dieselbe Form handelt. Verbreitung vom Roten Meer bis zum Pazifik.

Actinodendron cf. arboreum

Bäumchenanemone, Mangrovenanemone (D), Anémone arborescente (F), Stout hells-fire anemone (GB), Boompjesanemoon (NL), Shaqaᶜeq Nar Al-Jahiim (AR)

Eine Seeanemone (Familie Actinodendridae). Eine große Seeanemone (Durchmesser 50 cm), die wegen der enthaltenen Zooxanthellen grünlich gefärbt ist. Die dicken Tentakel zeigen kurze seitliche Verästelungen, die mit Batterien körniger Nesselzellen versehen sind. Das Tier kann Verbrennungen beim Menschen hervorrufen. Der Körper erhebt sich wie eine Vase oberhalb des Sandes, wenn sich das Tier mit Wasser vollpumpt. Bei einer Störung stößt es das Wasser in weniger als einer Sekunde aus und verschwindet vollständig im Sand. Im Sediment bleibt nur ein vage sichtbares Loch. Es hat den Anschein, als würde das Tier auch ohne Störung mit einer gewissen Regelmäßigkeit (Gezeiten?) erscheinen und wieder verschwinden. Die Art lebt zwischen 1 und 30 m Tiefe in indopazifischen Riffen und besiedelt Böden aus Sand oder Korallenschutt. Die Art beherbergt mehrere Garnelenarten, darunter *Periclimenes brevicarpalis* und *Thor amboinensis*.

Der rötliche Mund ist von einem strahlenförmigen Peristom umgeben. Die großen Tentakel tragen Haufen von Nesselzellen.

Actinodendron cf. plumosum
(Megalactis hemprichii)

Gefiederte Anemone (D), Anémone plumeuse (F), Slender hells-fire anemone (GB), Gevederde anemoon (NL), Anfanitt Hemprich (HE), Shaqa'eq Nar Al-Jahiim Al-Rafia'a (AR)

Eine Seeanemone (Familie Actinodendridae). Ein großes Tier (Durchmesser 20–25 cm), dessen grünliche Farbe auf Zooxanthellen zurückgeht. Die Tentakel und ihre seitlichen Verzweigungen sind feiner als bei der Art *A. arboreum*. Mit den Nesselzellen ist die Art imstande, einen Fisch zu lähmen. *A. plumosum* kann sich vollständig in das Sediment zurückziehen.
Die Art lebt zwischen 3 und 20 m Tiefe im Korallensand und kommt in den indopazifischen Riffen vor. Sie beherbergt die Garnele *Thor amboinensis*.

Anhand der feineren und stärker verzweigten Tentakel kann man Actinodendron plumosum von A. arboreum unterscheiden. Aufnahme aus dem Oman.

Eine halb entfaltete Prachtanemone, die ihrem Namen alle Ehre macht. Der Clownfisch ist Amphiprion akallopisos, der in Ostafrika, Madagaskar, in den Seychellen, in der Andamanensee und in der Javasee häufig vorkommt. Das Bild wurde bei den Similan-Inseln (Andamanensee) aufgenommen.

Heteractis magnifica (Radianthus ritteri)

Prachtanemone (D), Anémone magnifique (F), Magnificent sea anemone (GB), Prachtanemoon (NL), Shoshantaan erekhzero'ott (HE), Shaqa'eq Al-Bahr Al-Jamiileh (AR)

Eine Seeanemone (Familie Stichodactylidae). Ein großes Tier mit einem Durchmesser von 30 bis 50, ausnahmsweise 100 cm, Tentakel 7 bis 8 cm lang. Der Stiel der Anemone ist grün, braun, rot oder lila, während die Tentakel grün oder gelblich gefärbt sind. Sind die Tentakel ganz ausgebreitet, so sieht man den Stiel gar nicht, sondern nur die Mundscheibe mit den Tentakeln, die eine Oberfläche von 1 m² bedecken können. Bei vollständiger Kontraktion verschwinden die Tentakel im Körperinnern, und das Tier sieht wie eine große glatte Kugel aus. Die Art kommt in Korallenriffen vom Roten Meer bis zum Westpazifik vor und lebt zwischen 0,5 und 30 m Tiefe. Sie beherbergt 12 Arten an Clownfischen.

Eine kontrahierte Heteractis magnifica, die eine Gruppe von Amphiprion perideraion beherbergt. Die Fischart kommt im Osten des Indischen Ozeans und im Westpazifik vor. Das Bild wurde in Papua-Neuguinea aufgenommen.

Heteractis aurora (Radianthus koseirensis)

Glasperlenanemone, Koseir-Anemone (D), Anémone à perles (F), Beaded sea anemone (GB), Parelanemoon (NL), Shoshantaan mitkhaper (HE), Shaqaʿeq Al-Kharaz (AR)

Eine Seeanemone (Familie Stichodactylidae). Durchmesser: 30 cm, Länge der Tentakel: 4–6 cm. Der Körper der Seeanemone ist grau, grün oder braun; die Tentakel sind von weißlichen Anschwellungen bedeckt, die ihm das Aussehen eines Perlencolliers verleihen. Die Art kommt vom Roten Meer bis in den Westpazifik vor und wächst in einer Tiefe von 1 bis 5 m auf sandigem Boden, in den sie sich zurückziehen kann. Sie beherbergt sieben Arten von Clownfischen.

Die Form der Tentakel von Heteractis aurora erlaubt eine sofortige Bestimmung. Die Clownfische gehören zur Gattung Amphiprion clarkii.

Heteractis cf. crispa

Lederanemone (D), Anémone-cuir (F), Leathery sea anemone (GB), Leer-anemoon (NL), Shoshantaan (HE), Shaqaʿeq Djild Al-Baḥr (AR)

Eine Seeanemone (Familie Stichodactylidae). Durchmesser: 8–60 cm, Länge der Tentakel: bis 15 cm. Die Färbung ist sehr vielfältig und reicht von Grün über Braun bis zu Violett. Die weißlichen Streifen auf den Tentakeln erlauben eine sichere Bestimmung von *Heteractis crispa*. Die Art lebt zwischen 3 und 40 m Tiefe in sedimentgefüllten Spalten. Verbreitung: vom Roten Meer bis zum Pazifik.

Die wie bereift aussehenden Tentakel deuten auf Heteractis crispa. Sie sind hier stark kontrahiert. Normalerweise erscheinen sie viel dünner und länger. Fotografie aus dem Oman.

Stichodactyla mertensii

Mertens-Anemone, Nessellose Riesenanemone (D),
Anémone de Mertens, anémone géante (F), Mertens'
sea anemone, giant sea anemone (GB), Anemoon
van Mertens, reuze-anemoon (NL), Al-Shaqaᶜq
Al'Imlaqa (AR)

Eine Seeanemone (Familie Stichodactylidae). Der Durchmesser der Mundscheibe
kann über 1 m betragen. Man hat sogar schon
Tiere mit einer Mundscheibe von über
1,50 m gefunden, was die Bezeichnung
Riesenanemone rechtfertigt. Auf der weißlichen Unterseite sind orange- oder purpurfarbene Warzen in Reihen angeordnet. Mit diesen Warzen heftet sich die große
Mundscheibe, die ihrem Substrat
wie ein Teppich aufliegt, am Boden
fest. Die Tentakel sind kurz und regelmäßig und werden selten länger
als 1 bis 2 cm. Sie sind grau bis
grün gefärbt. Man findet diese Art
zwischen 1 und 30 m Tiefe auf harten Substraten, von der Ostküste
Afrikas bis in den Pazifik. Sie fehlt
im Roten Meer und im Arabischen
Meer. Diese Riesenanemone beherbergt zwölf *Amphiprion*-Arten. Sie
ähnelt *S. gigantea*, doch enthält
diese zahlreiche Nesselzellen; ihre
Tentakel kleben an den Fingern,
was bei *Stichodactyla mertensii*
nicht der Fall ist.

Eine nessellose Riesenanemone mit Amphiprion
sandaracinos und Dascyllus trimaculatus, aufge-
nommen bei Sulawesi (Indonesien).

Stichodactyla haddoni

Haddons-Anemone, Teppichanemone
(D), Anémone de Haddon, anémone-
tapis (F), Haddon's sea anemone,
carpet anemone (GB), Anemoon
van Haddon, tapijtanemoon (NL),
Shaqaᶜeq Al-Sidjad (AR)

Eine Seeanemone (Familie Stichodactylidae). Die Mundscheibe kann
bis 80 cm groß werden. Die kurzen,
regelmäßigen Tentakel werden nur
selten länger als 1–2 cm. Sie sind
grau, rosa oder grünlich gefärbt,
bisweilen in sich gemustert. Man
findet diese Art zwischen 4 und
40 m Tiefe auf Sandboden. Verbreitung vom Roten Meer bis zum
Westpazifik. Die Art beherbergt
sechs *Amphiprion*-Arten.

Cryptodendrum adhaesivum

*Noppenrandanemone, Wulstige Klebea-
nemone (D), Anémone collante (F),
Adhesive sea anemone, bulged sticky
anemone (GB), Gerande kleef-anemoon
(NL), Khavyanitt derika (HE),
Shaqa'eq Lazidja (AR)*

*Ausschnitt aus den Tentakeln von Stichodactyla
haddoni. Die durchsichtige Garnele ist
Periclimenes brevicarpalis. Malediven, Tiefe 10 m.*

Eine Seeanemone (Familie Thalassianthidae). Die Mundscheibe hat
einen Durchmesser von 30 cm (bis
70 cm?) und liegt bei vollständiger
Expansion flach da. Oft weist sie jedoch einen wellenförmigen Rand
auf. Die Mundscheibe ist vollständig von kurzen (5 mm), sehr klebrigen Tentakeln besetzt. Die Randtentakel erinnern an kleine Kugeln
und unterscheiden sich von denen
in der Mitte, die leicht verzweigt
sind und oft fünf Enden aufweisen.
Sie erinnern deswegen an Miniatur-
handschuhe. Im allgemeinen sind
die Randtentakel auch anders gefärbt als die zentralen Tentakel. Verbreitung vom Roten Meer bis zum
Pazifik, von der Wasseroberfläche
bis höchstens 10 m Tiefe. Die Seeanemone kann sich in die Spalte
zurückziehen, in der sie sich mit
dem Fuß festgeheftet hat.
Als Mitbewohner dieser Seeanemone beobachtete man bisher mehrere
Krebstiere und einen einzigen
Clownfisch.

*Der Rand der Mundscheibe ist wulstig und trägt
anders geformte Tentakel als das Zentrum. Dies ist ein
wichtiges Unterscheidungsmerkmal für die Art.
Im Zweifelsfall berührt man leicht die Tentakel:
Sie kleben an den Fingern fest.*

Die Detailaufnahme läßt die stark verzweigten Tentakel und die rosafarbenen Verteidigungsorgane am Rand der Mundscheibe gut erkennen.

Heterodactyla hemprichi

Hemprichs Anemone (D), Anémone d'Hemprich (F), Hemprich's anemone (GB), Hemprich's anemoon (NL), Shaqaʿeq Al-Ba<u>h</u>r (AR)

Eine Seeanemone (Familie Thalassianthidae). Die Mundscheibe hat einen Durchmesser von 15 cm und ist oft gefältelt. Tentakel extrem verzweigt, am Ende jeder Verzweigung mit ungefähr 12 fadenförmigen Verlängerungen. Am Rand der Mundscheibe stehen in regelmäßigen Abständen kleine Haufen rosafarbener oder violetter Kugeln mit gelben Spitzen. Es handelt sich um die Verteidigungsorgane voller Nesselzellen.

Eine tote Gorgonie, die von Nemanthus annamensis bedeckt ist. War sie schon vor der Besiedlung tot, oder haben die Seeanemonen den Tod der Fächerkoralle herbeigeführt?

Nemanthus (Amphianthus) cf. annamensis (nitidus)

Schmarotzer-Krustenanemone (D), Anémone envahissante (F), Colonial anemone (GB), Overgroeiende anemoon (NL), Shaqaʿeq Al-Moustaʿamarat (AR)

Eine Seerose (Familie Nemanthidae). Höhe der Polypen 4–5 cm. Die Farbe reicht von Weiß über Hellgelb bis Braunorange. Diese Seerosenart befällt die Zweige von Fächerkorallen oder Dörnchenkorallen. In einigen Führern ist sie unter dem falschen Namen *Nemanthus nitidus* aufgeführt. Es handelt sich bei dieser Form jedoch um ein Kaltwassertier des nordöstlichen Pazifiks.

Triactis producta

*Dreiaktinie, Boxerkrabben-Anemone (D),
Anémone à bulles (F), Bubble anemone
(GB), Blaasjes-anemoon (NL),
Tzorvanitt meshoulkhefett (HE),
Shaqaʿeq Al-Faqaqiʾii (AR)*

Eine Seeanemone (Familie Alici-
dae). Durchmesser: 2 cm. Die Art
ist tagsüber kontrahiert und öffnet
sich nur nachts, um Zooplankton zu
fangen. Sie lebt in Spalten von Felsen und toten Korallen in einer Tiefe von 0 bis 30 m. Die Verbreitung
erstreckt sich vom Roten Meer bis
zum Pazifik. Oft leben mehrere
Anemonen zusammen. Die Boxer-
krabbe (*Lybia leptochelis*) bedient
sich dieser Anemone zu ihrer eigenen Verteidigung: Sie packt eine
Anemone mit ihren Scheren und
schwenkt sie wie Boxerhandschu-
he.

*Zwei Individuen von Triactis producta. Rand der
Mundscheibe verästelt, Tentakel am Ende deutlich
kugelförmig verdickt.*

Boloceroides mcmurrichii

*Schwimmanemone (D), Anémone
nageuse (F), Swimming anemone (GB),
Zwemanemoon (NL), Sakhyanitt mitpa-
reketh (HE), Shaqaʿeq Sabiḥa (AR)*

Eine Seeanemone (Familie Bolo-
ceroididae). Eine ungefähr 5 cm
große Seeanemone, die leicht ihre
Tentakel abwirft. Sie lebt festsitzend, ist aber an ihrer Unterlage nur
leicht befestigt und wird von den
geringsten Turbulenzen losgelöst.
Sie treibt dann passiv mit ausgebreiteten Tentakeln im Wasser. Die
Art lebt von der Wasseroberfläche
bis in 30 m Tiefe vom Roten Meer
bis in den Pazifik. Im Golf von Eilat ist sie besonders häufig.

(Foto: John Neuschwander)

*Eine Schwimmanemone im freien Wasser.
Charakteristisch sind die hellen Querstreifen..*

Mehrere Individuen von Calliactis polypus schmücken die Schale dieses Einsiedlerkrebses (Dardanus tinctor). Nächtlicher Tauchgang, Rotes Meer.

Calliactis polypus

Schmarotzerrose (D), Anémone solitaire, anemone des ermites (F), Hermit-crab anemone, parasite anemone (GB), Heremietanemoon (NL), Shoshanann hanezirann (HE), Shaqa'eq Saratann Al-Nasek (AR)

Eine Seerose (Familie Hormatiidae). Höhe bis 10 cm bei einem Durchmesser von 4 cm. Insgesamt dreihundert bis siebenhundert dünne, kurze Tentakel. Färbung hell mit braunen oder rötlichen Längsbinden oder Längsflecken. Man findet die Art auf Sandboden oder anderen Sedimenten von der Wasseroberfläche bis in 60 m Tiefe, hauptsächlich auf Schneckenschalen, die von Einsiedlerkrebsen bewohnt werden. Die Vergesellschaftung zwischen dieser Seeanemone und dem Einsiedlerkrebs ist eine echte Symbiose, von der beide Partner profitieren. Die Seeanemone ist in der Verteidigung tätig, der Einsiedlerkrebs sucht die Nahrung.

Metarhodactis sp.

Scheibenanemone, Korallenanemone (D), Corallimorphaire (F), Corallimorpharian (GB), Schijfanemoon (NL)

Eine Corallimorpharie (Familie Actinodiscidae). Durchmesser jedes Polypen: ungefähr 10 cm. Man kann diese Art mit der solitären Koralle *Heliofungia actiniformis* verwechseln, die einen spaltenförmigen Mund mit kaum sichtbaren Mundrändern aufweist. Die Corallimorpharia nehmen eine systematische Stellung zwischen den Seeanemonen (*Actiniaria*) und den Korallen (*Scleractiniaria* oder *Madreporaria*) ein. Man begegnet drei Fortpflanzungsstrategien: der geschlechtlichen Fortpflanzung, bei der Eier und Samenzellen im freien Wasser aufeinandertreffen. Aus der befruchteten Eizelle entsteht eine Schwimmlarve, die sich schließlich auf dem Boden festheftet und zu einem neuen Individuum heranwächst. Die ungeschlechtliche Fortpflanzung erfolgt durch Sprossung, wobei sich das neue Individuum schließlich vom Muttertier ablöst, oder durch Zweiteilung der Länge nach, wobei ebenfalls zwei neue Individuen entstehen.

(Foto: Wiebe Koolstra)

Drei Corallimorpharia an einer Riffwand in den Seychellen.

Amplexidiscus fenestrafer
Elefantenohr (D), Oreille d'éléphant (F), Elephant's ear anemone (GB), Olifantsoor (NL), Shaqa'eq Outhn Al-Fiil (AR)

Eine Corallimorpharie (Familie Discosomatidae). Mundscheibe weich, tellerförmig, mit einem Durchmesser von 5–30 cm. Diese Art kann große Beutetiere fangen, zum Beispiel Fische, die sich nachts darauf niederlassen. Innerhalb weniger Sekunden schließt dabei die Mundscheibe über dem Opfer. Bei einer Störung stößt das Tier Mesenterialfäden durch die Mundöffnung aus. Die Art kommt im ganzen Indopazifik zwischen 1 und 30 m Tiefe vor.

Ein großes Exemplar von Amplexidiscus fenestrafer auf einem toten Korallenblock (daher die abfallenden Seiten der Mundscheibe). Das tentakelfreie Band am Rand der Mundscheibe ist charakteristisch für diese Art.

Die dicken, kompakten Äste dieser Kolonie von Pocillopora damicornis sind charakteristisch für das Riffdach. Oben rechts im Bild erkennt man Korallenstöcke der Gattung Porites, unten rechts inkrustierende Kalkalgen.

idae, Merulinidae, Caryophylliidae und Dendrophylliidae. Diese Familien werden in ungefähr hundert Gattungen unterteilt, wobei jede Gattung zwischen einer (beispielsweise *Australomussa*) und sechzig bis hundert Arten umfaßt (beispielsweise *Acropora*).

In seinem bemerkenswerten Werk „Corals of Australia and the Indo-Pacific" behandelt J. E. N. Veron fast vierhundertfünfzig Steinkorallenarten. Die meisten sind mit Fotografien illustriert und zeigen auch verschiedene Ökotypen, das heißt ökologisch bedingte morphologische Variationen.

Es liegt auf der Hand, daß wir in diesem Führer nicht einen derart vollständigen Überblick geben können – das gilt übrigens auch für die restlichen Tiergruppen. Wie immer versuche ich, die Hauptformen und die wichtigsten Familien und Gattungen darzustellen, ohne den Anspruch auf Vollständigkeit zu erheben.

Die Korallen

Die *Madreporaria* oder *Scleractiniaria* sind die bedeutendsten Erbauer von Riffen. In der indopazifischen Region unterscheiden die Spezialisten sechzehn Familien: Astrocoeniidae, Pocilloporidae, Acroporidae, Poritidae, Siderastreidae, Agariciidae, Fungiidae, Oculinidae, Pectiniidae, Mussidae, Meandrinidae, Trachyphylliidae, Favi-

Pocillopora damicornis
Himbeerkoralle, Warzenkoralle (D), Corail à verrues (F), Warty coral, raspberry coral (GB), Wrattenkoraal (NL), Sikhitt tzefoufa (HE), Mourdjaan Al-Toutt (AR)

Eine Steinkoralle (Familie Pocilloporidae). Höhe der Kolonie: 20–25 cm. Man erkennt alle *Pocillopora*-Arten an den charakteristischen Warzen, die die Stöcke bedecken.

Die Zweige können fein verästelt (in ruhigem, tiefem Wasser) oder eher gedrungen sein (in turbulentem, weniger tiefem Wasser). Der Querschnitt durch die Äste ist ungefähr kreisrund. Sind die Verzweigungen breit und deutlich abgeflacht, so handelt es sich um die verwandte Art *P. verrucosa*. Die Färbung schwankt von Hellbraun über Grün bis Rosa. Man trifft die Art vor allem in geringen Tiefen vom Roten Meer bis zum Pazifik an. Zwischen den Ästen der Korallenstöcke leben oft Krabben der Gattungen *Trapezia* und *Tetralia*, die ihren Wirt nie verlassen.

Die fein verzweigten Kolonien von Seriatopora hystrix sind trotz ihrer Zerbrechlichkeit eine hervorragende Zufluchtsstätte für kleine Fische wie diese Dreibinden-Preußenfische (Dascyllus aruanus).

Seriatopora hystrix (histrix)

Dornige Reihenkoralle, Nadelkoralle (D), Corail-aiguille, sériatopore pointu (F), Needle coral, prickly Seriatopora, spiny row coral (GB), Naaldkoraal, puntige Seriatopora (NL), Sikanitt (HE), Mourdjaan Al-Shoak (AR)

Eine Steinkoralle (Familie Pocilloporidae). Kolonien: bis 25 cm hoch, ästige Verzweigungen (Breite 5–8 mm), am Ende zugespitzt. Der Durchmesser dieser Verzweigungen hängt von der Wasserbewegung ab. Die Farbe schwankt vom Creme über Blau und Braun bis Grün oder Rosa. Die Polypen stehen in Längsreihen (siehe Detailaufnahme Seite 71). Man begegnet der Art vom Riffdach bis in 30 m Tiefe. Verbreitung: Rotes Meer bis Westpazifik.

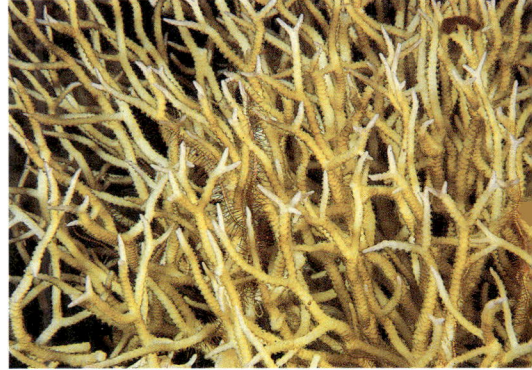

Die feinen, spitzen Verzweigungen sind typisch für S. hystrix. Einige Schlangensterne (Ophiothrix? purpurea) halten sich gerne in deren Schutz auf.

Seriatopora caliendrum ist eine typische Form des Riffdaches. Man beachte die abgerundeten Enden der Verzweigungen.

Seriatopora caliendrum

Rundästige Reihenkoralle (D), Sériatopore arrondi (F), Rounded Seriatopora (GB), Rondtoppige Seriatopora (NL), Sikanitt (HE), Mourdjaan (AR)

Eine Steinkoralle (Familie Pocilloporidae). Kolonien: bis 25 cm hoch, cremefarben oder braun. Polypen in Reihen angeordnet. Die Art ähnelt *S. hystrix*, hat aber deutlich breitere Äste (über 10 mm), die überdies an den Enden abgerundet sind. Man trifft sie häufig auf Riffdächern vom Roten Meer bis in den Pazifik.

Typisches Individuum von Stylophora pistillata auf einem Riffdach des Roten Meeres.

Stylophora pistillata

Griffelkoralle (D), Corail digitiforme (F), Finger coral (GB), Vingerkoraal (NL), Sikhan shakhiakh (HE), Mourdjaan (AR)

Eine Steinkoralle (Familie Pocilloporidae). Kolonien: bis 25 cm hoch, creme- oder rosafarben, seltener braun. In der Körperform besteht eine Ähnlichkeit zu *Seriatopora caliendrum*, doch die Äste sind dicker (1–2 cm), haben ein verbreitertes Ende, und die Polypen stehen nicht in Längsreihen. Die Art ist häufig auf Riffdächern vom Roten Meer bis in den Pazifik. Es gibt weitere ähnliche *Stylophora*-Arten.

Montipora cf. tuberculosa

Flache Montipora (D), Montipore plate (F), Flat Montipora (GB), Plaatvormige Montipora (NL), Gavshoushann (HE), Mourdjaan (AR)

Eine Steinkoralle (Familie Acroporidae). Stöcke flach mit einem Durchmesser bis oder über 1 m, braun oder grün, selten rosa. Die Polypen stehen an der Oberfläche und erinnern an eine „Gänsehaut". Bei Berührung nesseln sie. Man begegnet dieser Art ab 5 m Tiefe, wobei sie oft in größerer Tiefe lebt. Verbreitung im gesamten Indopazifik.

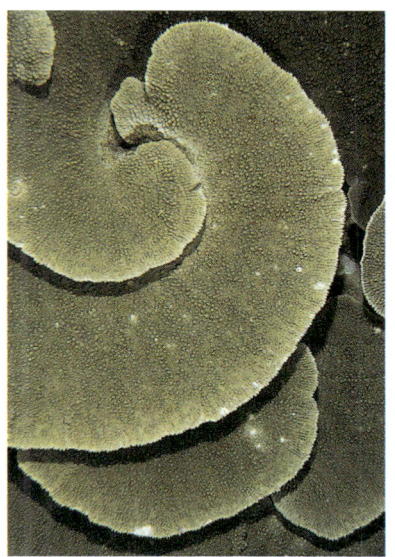

Die flachen Platten von Montipora sind nach oben gerichtet, um das Sonnenlicht für die Zooxanthellen besser einfangen zu können. Der gerillte Außenrand der Platten ist typisch.

Montipora cf. foliosa

Blatt-Montipora (D), Montipore feuillue (F), Foliaceous Montipora (GB), Bladvormende Montipora (NL), Gavshoushann (HE), Mourdjaan (AR)

Eine Steinkoralle (Familie Acroporidae). Es gibt weitere *Montipora*-Arten mit blattartigen Stöcken. Diese Art erkennt man an den feinen Graten, die senkrecht zum Rand der blattförmigen Kolonien verlaufen. Färbung creme, weiß, rosa oder braun. Verbreitung vom Roten Meer bis zum Pazifik.

Die Kolonien dieser Blatt-Montipora liegen dachziegelartig übereinander. Jede Kolonie versucht, möglichst viel Licht für ihre Zooxanthellen zu ergattern.

Die großen endständigen Polypen (hier lila) sind charakteristisch für Acropora.

Acropora cf. humilis

Kleine Tischkoralle (D), Acropore digitiforme (F), Finger-Acropora, small table-coral (GB), Vinger-Acropora (NL), Shititt (HE), Mourdjaan (AR)

Eine Steinkoralle (Familie Acroporidae). Es ist überflüssig zu sagen, daß diese Form an andere Arten erinnert... Jedenfalls handelt es sich um eine jener vielen Arten, die „Finger" ausbilden. Bei *A. humilis* sind sie kurz, breit und kreisrund. Auch die Kelche der Polypen sind abgerundet und weisen keine Rauhigkeiten auf. Die Art kommt in flacheren Bereichen des Riffes vor, vom Roten Meer bis zum Pazifik.

Die nach oben gerichteten geraden und die nach unten gerichteten verzweigten Äste gestatten eine Bestimmung der Art A. valenciennesi.

Acropora cf. valenciennesi

Verzweigte Tischkoralle (D), Corail tabulaire ramifié (F), Branching table-coral (GB), Vertakt tafelkoraal (NL), Shititt (HE), Mourdjaan (AR)

Eine Steinkoralle (Familie Acroporidae). Viele ähnliche Arten bilden tischförmige Kolonien aus miteinander verflochtenen Ästen. Vorsicht also bei der Artbestimmung: Oft empfiehlt es sich, mit dem einfachen Gattungsnamen Acropora vorlieb zu nehmen. Man begegnet dieser Art nur im östlichen Indischen Ozean (von Sri Lanka an) und im Pazifik.

Nahe der Oberfläche machen die Acropora-Arten bisweilen 90 % aller riffbildenden Korallen aus.

Ein australisches Riff mit mehreren tisch-förmigen Acropora-Arten.
Die sechs Bilder auf dieser Doppelseite sollen eine Vorstellung von der Formenvielfalt der Acroporen geben, auch im Hinblick auf Größe und Färbung.

Acropora cf. clathrata mit deutlichen Verzweigungen, Similan-Inseln (Andamanensee), Tiefe: 5 m.
Verbreitung: von Madagaskar bis in den Pazifik. Große, kompakt wirkende „Tische" gehören vor allem zur Art A. hyacynthus.

Acropora cf. valida, eine „Geweih-koralle" von Quseir, Ägypten (Rotes Meer), Tiefe: 5 m.
Verbreitung: vom Roten Meer bis zu den Küsten Mittelamerikas. Diese Art hat das größte Verbreitungsgebiet.

*Acropora cf. tenuis von Manado,
Sulawesi (Indonesien), Tiefe: 5 m.
Verbreitung: von der Insel Mauritius
bis in den Pazifik.*

*Acropora cf. polystoma von Quseir,
Ägypten (Rotes Meer), Tiefe: 10–15 m.
Verbreitung: vom Roten Meer und von
der Insel Mauritius bis in den Pazifik.*

*Acropora cf. divaricata von Walindi
(Papua-Neuguinea), Tiefe: 5 m.
Verbreitung: von den Seychellen
bis in den Pazifik.*

Typische Kolonie von Porites, wahrscheinlich P. solida. Man beachte die Seepocken, die in die Koralle eingebaut wurden. Sie bilden Warzen mit einer Öffnung, durch die die Rankenfußkrebse ihre Gliedmaßen hinausstrecken. Rotes Meer, Tiefe: 15 m.

Eine verzweigte Porites-Art von Manado (Sulawesi, Indonesien). Die Fische sind Gelbe Riffbarsche (Amblyglyphidodon aureus).

Porites cf. solida
Massive Porenkoralle, Massive Bergkoralle (D), Corail poreux massif (F), Massive pore coral, mountain coral (GB), Massief poreus koraal (NL), Kharirann (HE), Mourdjaan Djabali (AR)

Eine Steinkoralle (Familie Poritidae). Diese Art ist massiv, unregelmäßig geformt, bräunlich, grünlich oder grau. Die Polypen befinden sich in kleinen eckigen Kelchen (Durchmesser 1–2 mm) und sind von vieleckigen Wänden voneinander getrennt. Die Porenkoralle spielt beim Aufbau von Riffen eine große Rolle: Einzelne Kolonien können mehrere Quadratmeter bedecken. Sie kommt von der Wasseroberfläche bis in 20 m Tiefe vor. Verbreitung vom Roten Meer bis in den Pazifik. Man kann die Art mit *Montipora* verwechseln, obwohl sie sich bei Berührung sehr viel glatter anfühlt.

Porites cf. cylindrica
Porenkoralle, (D), Corail poreux digitiforme (F), Porous fingercoral (GB), Poreus vingerkoraal (NL), Kharirann (HE), Mourdjaan (AR)

Eine Steinkoralle (Familie Poritidae). Oberfläche glatt, fingerförmige Verzweigungen am Ende abgerundet. Farbe sehr variabel: Cremeweiß, Gelb, Grün oder Blau. Tiefe 1 bis 20 m, von Madagaskar bis in den Pazifik.

Goniopora
cf. djiboutiensis

Djibouti-Goniopora (D, GB, NL), Gonio-pore de Djibouti (F), Zerouann (HE), Mourdjaan (AR)

Eine Steinkoralle (Familie Poriti-dae). Die Gonioporen sind massive oder krustenbildende Korallen, die große Oberflächen bedecken. Die Polypen sind im allgemeinen Tag und Nacht ausgestreckt und tragen vierundzwanzig Tentakel. Sie kön-nen sehr lang (bei gewissen Arten bis 40 cm) und sehr aggressiv wer-den, so daß in ihrer Umgebung kei-ne weiteren Korallenarten mehr ge-deihen können. Auf diese Weise entstehen ganze Abhänge, die aus-schließlich von *Goniopora* bedeckt sind. Färbung auch im Innern einer Art sehr variabel. Die Gattung ent-hält fünfzehn bis dreißig Arten. *G. djoboutiensis* kommt vom Süden des Roten Meeres bis zum Pazifik vor.

Detailaufnahme von Porites cylindrica. Deutlich erkennt man die typische Anordnung der Polypen.

Für Goniopora charakteristische Polypen. Die Mundscheibe zwischen den Tentakeln ist stark erhöht und läßt an die Art G. djiboutiensis denken. Aufnahme im Golf von Oman.

Voll ausgestreckte Polypen von Goniopora cf. lobata. Safaga (Rotes Meer), Tiefe: 15 m.

Goniopora cf. lobata

Goniopora (D, GB, NL), Goniopore (F), Zerouann (HE), Mourdjaan (AR)

Eine Steinkoralle (Familie Poritidae). Diese Art ähnelt *G. djiboutiensis*, doch ragt die Mundscheibe nicht so weit nach vorne. Färbung variabel. Sehr häufige Art, vor allem in turbulentem Wasser. Man begegnet ihr an Riffabstürzen, Verbreitungsgebiet vom Roten Meer und von Ostafrika bis in den Pazifik.

Die gewundenen, an Eingeweide erinnernden Formen sind typisch für Pachyseris rugosa.

Pachyseris rugosa

Rauhe Pachyseris (D), Pachyséris rugueuse (F), Rough Pachyseris (GB), Ruwe Pachyseris (NL), Magashonn hatelamiim (HE), Mourdjaan (AR)

Eine Steinkoralle (Familie Agaricidae). Die Stöcke bestehen aus aufrechten, gewundenen Platten, die auf beiden Seiten Polypen tragen. Diese liegen in schmalen Tälern angeordnet, die von scharfen Graten mit unregelmäßigen Umrissen voneinander getrennt werden: Farbe Bläulichgrau oder Braun. Die Kolonien sind im allgemeinen klein, können an bestimmten Stellen jedoch Gebirge mit einem Durchmesser von mehreren Metern bilden. Verbreitung: vom Roten Meer bis in den Pazifik.

Pachyseris speciosa

Rinnenkoralle, Platten-Pachyseris (D),
Pachyséris lamellaire (F), Platter castle
coral, plate-Pachyseris (GB), Plaatvor-
mige Pachyseris (NL), Magashonn (HE),
Mourdjaan (AR)

Eine Steinkoralle (Familie Agaricidae). Die Kolonien bestehen aus
waagerechten Platten, die viel regelmäßiger ausfallen als bei *P. ru-*
gosa. Polypen sind nur auf einer
Seite vorhanden. Sie befinden sich
auch hier in schmalen Tälern, die
von scharfen Graten voneinander
getrennt werden. Dadurch ergeben
sich parallele Linien wie auf einer
Landkarte. Farbe: Grau oder Braun.
Die Stöcke messen im allgemeinen
weniger als 1 m, können gelegentlich aber über 2 m groß werden.
Verbreitung: vom Roten Meer bis in
den Pazifik.

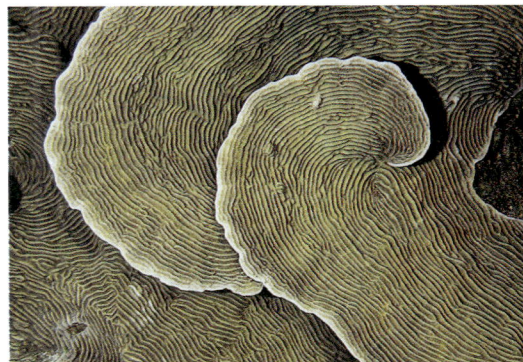

Die typischen Lamellen von Pachyseris speciosa
mit den höhenlinienarten Graten. Hurghada
(Rotes Meer).

Heliofungia actiniformis

Anemonenkoralle (D), Corail-anémone
(F), Anemone coral (GB), Anemoonko-
raal (NL), Shaqaʿeq Al-Noumann (AR)

Eine Steinkoralle (Familie Fungiidae). Tiere kreisrund oder leicht
oval. Das ausgeschiedene Kalkskelett ist flach oder leicht gewölbt und
hat einen Durchmesser von 0,5–21
cm. Das Tier zieht seine langen Tentakel nie ein, was ihm das Aussehen
einer Seeanemone verleiht. Es handelt sich hier um die größten Korallenpolypen der Welt, weil sie einen
Durchmesser von 50 cm über-
schreiten können! Die einzelnen
Tentakel mit weißem knopfförmi-

Heliofungia actiniformis besteht aus einem einzigen
Polypen, der durch seine langen, stets ausgebreite-
ten Tentakel gekennzeichnet ist.

gem Ende. Verwechslung möglich mit
Euphyllia glabrescens (siehe Seite
171). Verbreitung: von den Malediven
bis in den Pazifik.

Zwei beinahe kreisrunde Exemplare von Fungia fungites. An den violetten Zonen herrscht erhöhtes Wachstum.

Detailaufnahme der Septen von Fungia fungites. Man beachte die feine Zähnelung jeder Septe.

Fungia fungites

Pilzkoralle (D), Corail-champignon (F), Mushroom coral (GB), Paddestoelkoraal (NL), Pitra (HE), Mourdjaan Al-Fitir (AR)

Eine Steinkoralle (Familie Fungiidae). Die Fungiidae bilden eine besondere Familie. Jede Koralle besteht aus einem einzigen großen Polypen, der nicht auf dem Substrat festgeheftet ist, wenn man einmal von einem frühen Jugendstadium absieht. Die Tiere führen ein seßhaftes, aber freies Leben auf dem Boden. In einer kürzlich erschienenen Arbeit (1989) unterteilt Bert Hoeksema die Familie in elf Gattungen und vierzig Arten. *Fungia fungites* ist kreisrund oder leicht oval. Das ausgeschiedene Kalkskelett ist flach bis stark gewölbt und hat einen Durchmesser von 1–31 cm. Septen (radiäre Kämme) gerade, mit dreieckigen, spitzen Zähnen. Farbe: Braun bisweilen Grün, an den Stellen des Wachstums oder der Regeneration bisweilen Violett. Sehr häufige Art, Verbreitung vom Roten Meer bis in den Pazifik.

Ctenactis echinata

Ovale Pilzkoralle (D), Corail-champignon allongé (F), Elongate mushroom coral (GB), Langgerekt paddestoelkoraal (NL), Mourdjaan Al-Fitir (AR)

Eine Steinkoralle (Familie Fungiidae). Die Körperumrisse sind bei Jungtieren oval, bei Erwachsenen länglich. Septen mit großen Zähnen. Das Kalkskelett ist sehr dick, flach bis stark gewölbt. Länge der Mittelnaht: 20 bis 50 % der Gesamtlänge, die zwischen 2,5 und 44 cm schwankt. Das lebende Tier ist bräunlich gefärbt, bisweilen mit helleren Flecken. Verbreitung: Rotes Meer, Malediven, indonesischer Archipel, Westpazifik. Verwechslung mit *Ctenactis crassa* möglich.

Die längliche Form und die hellen Flecken sind kennzeichnend für Ctenactis echinata. Quseir (Rotes Meer).

Galaxea fascicularis

Rasenkoralle (D), Corail piquant (F), Prickly coral, grass coral (GB), Stekeltjeskoraal (NL), Mourdjaan (AR)

Eine Steinkoralle (Familie Oculinidae). Die Kolonien bestehen aus miteinander verbundenen Röhren, wobei größere Gebilde entstehen können. Die Form der Kolonien hängt vom Alter und lokalen Bedingungen ab und reicht von der Halbkugel bis zur Säule. Große Stöcke können mehrere Quadratmeter bedecken. Die einzelnen Korallenskelette sind durch einen mittleren Durchmesser von 6 bis 15 mm und durch zugespitzte Verlängerungen der Septen gekennzeichnet, die insgesamt ein stachliges Aussehen verleiht. Färbung varia-

Typischer Aspekt von Galaxea fascicularis: Die weißen und braunen Spitzen bestehen aus hartem Kalk und sind von einer Krone weicher, grüner Tentakel umgeben.

bel: braun, grün, rot. Von 3 m Tiefe an. Verbreitung: Rotes Meer bis Pazifik.

Spiralförmig eingerollte Platten von Echinophyllia aspera – ein typischer Aspekt dieser Art.

Echinophyllia aspera

Falsche Echinopora (D), Échinophylle rugueuse (F), Rough Echinophyllia (GB), Ruwe Echinophyllia (NL), Mourdjaan (AR)

Eine Steinkoralle (Familie Pectiniidae). Die Form besteht aus krustenbildenden Platten, die sich leicht vom Substrat erheben und horizontale Tafeln oder spiralig eingerollte Trichter bilden. Bis 80 cm. Färbung braun, grün oder rot. Die Mundscheiben der Polypen zeigen oft eine abweichende Färbung, grün oder rot. An schattigen Stellen auch in geringer Tiefe, sonst bis in mehrere Dutzend Meter Tiefe. Verbreitung: vom Roten Meer bis zum Pazifik.

Die hohen Kämme, die unregelmäßige Täler umschließen, sind ein typisches Kennzeichen von Pectinia lactuca.

Pectinia lactuca

Salatkoralle (D), Corail laitue (F), Lettuce-coral (GB), Kropsla-koraal (NL), Khas Al-Bahr (AR)

Eine Steinkoralle (Familie Pectiniidae). Die jungen Kolonien sind scheibenförmig, während ausgewachsene Stöcke mit einem Durchmesser von 1 m oder mehr eine weniger regelmäßige Form aufweisen. In jedem Fall ist die Oberfläche durch unregelmäßige Täler mit vertikalen, stets gleich dicken Kämmen gekennzeichnet. Färbung: grün, grau oder braun. Verbreitung: vom Süden des Roten Meeres und von Madagaskar bis in den Pazifik.

Mycedium elephantotus
Elefantenhautkoralle, Elefantenohrkoral-
le (D), Corail peau d'éléphant (F),
Elephant-skin coral, fluorescent peacock
coral (GB), Olifantshuidkoraal (NL),
Jild Al-Fiil (AR)

Eine Steinkoralle (Familie Pectiniidae). Platten blattartig, bisweilen
gewunden, grau, braun, grün oder
rosa gefärbt, bis 2 m breit. Die Rip-
pen bilden radiäre Linien auf der
Korallenoberfläche. Verbreitung:
von 10 bis 15 m Tiefe an, vom Roten Meer bis in den Pazifik. Es ist
eine Verwechslung mit *Echinophyllia aspera* möglich, doch zeigt diese Art auf der gesamten Oberfläche
eine feine Zähnelung.

Favia cf. favus
Knopfkoralle (D), Favia (F, NL), Groved
mosaic coral (GB), Almougann (HE),
Mourdjaan (AR)
Eine Steinkoralle (Familie Faviidae). Die *Favia*-Arten sind als strikt
nachtaktive Filtrierer in den ganzen
Tropen verbreitet. *F. favus* hat große
Polypen mit einem Durchmesser
von 12–20 mm. Die Färbung
schwankt von dunkelgrün bis braun
und grau. Die Kelche der Polypen
sind oft heller. Verbreitung: vom
Roten Meer bis in den Pazifik. Es ist
eine Verwechslung mit anderen Arten der Gattung *Favia* und mit gewissen *Favites* möglich.

Die radiäre Streifung und die dem Rand
der Platten zugewandten Polypen erlau-
ben die Bestimmung der Elefantenhaut-
koralle. Quseir (Rotes Meer).

Die Faviiden sind schwer zu bestimmen,
weil sich ihr Aussehen mit dem Grad der
Kontraktion stark verändert.

Platygyra lamellina
Hirnkoralle (D), Corail-cerveau (F), Brain coral (GB), Hersenkoraal (NL), Mokhann (HE), Mourdjaan (AR)

Die hellen Täler bestehen aus zahlreichen, dicht nebeneinander liegenden Polypen.

Eine Steinkoralle (Familie Faviidae). Es gibt mehrere Formen, die man wegen ihrer mäandrierenden Oberfläche Hirnkorallen nennt, weil sie an Hirnwindungen erinnern. Die Kolonien dieser Art sind massiv und bilden Kugeln bis 1 m Durchmesser. Die Kämme sind braun und trennen grüne oder graue Täler ab. Verbreitung: vom Roten Meer bis in den Pazifik, vom Riffdach bis in 30 m Tiefe. Es ist eine Verwechslung mit der häufigeren *Platygyra daedalea* und mit *Leptoria phrygia* möglich, deren Kolonien allerdings nicht kugelförmig sind, sondern eine unregelmäßigere Form aufweisen.

Diploastrea heliopora
Strahlenkoralle (D), Corail étoilé (F), Star-coral, radiant coral (GB), Sterkoraal (NL), Mourdjaan (AR)

Eine Steinkoralle (Familie Faviidae). Es handelt sich hier um eine der Korallen, die am leichtesten zu erkennen sind. Die Kolonien bilden glatte Kuppeln, die bei einem Durchmesser von 7 m eine Höhe von 2 m erreichen können. Das Skelett ist sehr dicht; die Polypen sind alle gleich groß und sehr regelmäßig über die Oberfläche verteilt. Die Art ist nur nachts aktiv. Farbe normalerweise cremeweiß, braun oder grau, bisweilen grün. Von 0 bis 20 m Tiefe, vom Süden des Roten Meeres, von den Seychellen und von Madagaskar bis in den Pazifik verbreitet.

Detailaufnahme der Polypen mit ihrer typischen Form.

Faviidae
Faviide (D, NL), Faviidé (F),
Faviid (GB), Mourdjaan (AR)

Eine Steinkoralle (Familie Faviidae). Selbst eine detaillierte Aufnahme wie im Bild rechts erlaubt
nicht immer eine genaue Bestimmung. Es handelt sich ohne Zweifel
um einen Vertreter der Familie Faviidae. Es könnte sich um *Plesiast-*
rea versipora (Rotes Meer bis Pazifik), um *Favia stelligera* oder vielleicht um eine andere Art handeln.
Eine der konsultierten Expertinnen,
Frau Dr. Maya Borel Best, meint, es
könne sich eher um die erstgenann-
te Art handeln. Folgen wir ihrem
Beispiel und bleiben wir beschei-
den: Es ist nicht immer leicht, eine
Koralle zu bestimmen.

Unregelmäßige, ungefähr 6 mm messende einzelne
Korallenskelette, wahrscheinlich der Art Plesiastrea
versipora. Quseir (Rotes Meer).

Euphyllia glabrescens
Langtentakelkoralle (D), Corail à longs
tentacules (F), Long-tentacled coral
(GB), Langtentakel-koraal (NL), Mourd-
jaan (AR)

Eine Steinkoralle (Familie Caryophylliidae). Die Spezialisten bestimmen praktisch alle Korallen
nach Merkmalen ihres Kalkskeletts.
Bei der Gattung *Euphyllia* ist das
nicht notwendig: Sie zeigen ihre
charakteristischen Tentakel Tag und
Nacht. Man kann *E. glabrescens*
nur mit *Heliofungia actiniformis*
(siehe Seite 165) verwechseln, weil
sie ähnliche Tentakel hat. Diese Art
ist im Unterschied zu *Euphyllia*
aber nicht am Boden festgeheftet.
Verbreitung: vom Süden des Roten
Meeres bis in den Pazifik.

Die langen Tentakel erlauben eine sofortige
Bestimmung von Euphyllia glabrescens...
sofern die Koralle am Boden festgeheftet ist.

Ein einziger Blick reicht zur Bestimmung von Euphyllia ancora... Warum sind nicht alle Korallenarten so leicht zu bestimmen?

Euphyllia ancora

Sicheltentakelkoralle (D), Corail à croissants (F), Crescent-tentacled coral (GB), Sikkeltentakel-koraal (NL), Ḥilal Al-Baḥr (AR)

Eine Steinkoralle (Familie Caryophylliidae). Keine andere Korallenart hat so merkwürdige Tentakel: Sie enden mit der Form eines Ankers oder einfach eines großen T. Färbung: bläulichgrau bis orange. Verbreitung: Wenig bekannt, weil das Kalkskelett dem anderer Arten ähnelt. Es hat den Anschein, als konzentriere sich die Art um Indonesien, die Philippinen und Australien. Möglicherweise fehlt sie im westlichen und zentralen Teil des Indischen Ozeans.

Die durchsichtigen Blasen sind charakteristisch für Plerogyra sinuosa. Bedingt durch diese Durchsichtigkeit kann man die starken Kalksklerite sehen.

Plerogyra sinuosa

Blasenkoralle, Opalfarbene Blasenkoralle (D), Corail à bulles (F), Bubble-coral, grape-coral, opal bubble coral (GB), Blaaskoraal (NL), Sakinitt ḥabouott (HE), Mourdjaan Al-Enab (AR)

Eine Steinkoralle (Familie Caryophylliidae). Tagsüber schützt sich diese Koralle mit großen Blasen (Durchmesser 1–3 cm), die an graue oder grünliche Trauben erinnern. Es sind keine Tentakel, denn diese sind nur nachts zu sehen und wirken auf den Menschen nesselnd. Die Blasen reagieren auf Berührung praktisch nicht. Die Kolonien bilden unregelmäßige Kugeln mit einem Durchmesser von mehreren Dutzend Zentimetern. Auf dem Golf von Eilat werden sie bis zu 2 m groß. Man begegnet dieser Art vor allem an Abstürzen und unter Überhängen. Verbreitung: ab 3 m Tiefe, vom Roten Meer bis in den Pazifik. Zwischen den Blasen kann man die Garnele *Vir philippensis* (siehe Seite 292) beobachten, die hier Zuflucht sucht. Auf der Oberfläche der Blasen lebt die Putzergarnele *Periclimenes longicarpus* (siehe Seite 295) und Plattwürmer der Gattung *Waminoa* (siehe Seite 255).

Physogyra lichtensteini
Blasenkoralle (D), Corail à bulles (F), Bubble-coral, grape-coral (GB), Blaaskoraal (NL), Mourdjaan Al-Enab (AR)

Ungestörte Kolonie: Man erkennt deutlich die Blasen, die den Windungen des Skeletts folgen und die der Verteidigung dienen.

Eine Steinkoralle (Familie Caryophylliidae). Die Oberfläche dieser Koralle ähnelt einer Miniaturausgabe von *Plerogyra sinuosa*: Die prallen Blasen sind kleiner (Durchmesser 5–10 mm) und ziehen sich bei einer Störung zurück. Dann erkennt man die Windungen des Skeletts, dessen Kämme aus braunen Linsen zu bestehen scheinen. Die Farbe des lebenden Gewebes schwankt von grau bis grün. Verbreitung: vom Roten Meer bis in den Westpazifik. Garnelen der Gattung *Periclimenes* leben oft vergesellschaftet mit dieser Koralle.

Gestörte Kolonie: Das Tier zieht seine Blasen ein, so daß das gewundene Skelett deutlich wird.

Farbe und Textur dieser Art sind typisch für Turbinaria mesenterina. Die Spiralform tritt nicht selten auf.

Turbinaria cf. mesenterina

Graue Turbinaria, Gewundene Salatko-ralle (D), Turbinaire grise (F), Grey Turbinaria, serpentine salad coral (GB), Grijze Turbinaria (NL), Mourdjaan (AR)

Eine Steinkoralle (Familie Dendro-phylliidae). Die Kolonie besteht aus Blättern, die nur auf einer Seite Polypen tragen und die je nach Umwelt ganz unterschiedliche Formen annehmen: Sie sind in seichtem Wasser extrem gewunden und werden mit zunehmender Tiefe regelmäßiger. Dimensionen des Stockes: Im allgemeinen in der Größenordnung von 1 m, bisweilen auch darüber. Kelche der Polypen 1–2 mm. Farbe: Grau bis Bräunlichgrau. Verbreitung: vom Roten Meer bis in den Pazifik.

In turbulentem Wasser zeigt Turbinaria reniformis aufrechte, stark gewundene Platten. Die Polypen wachsen nur auf einer Seite. Bei dem Fisch handelt es sich um einen Schwalbenschwanz (Chromis dimidiata).

Turbinaria reniformis

Gelbe Turbinaria (D), Turbinaire jaune, corail feuille (F), Yellow Turbinaria (GB), Gele Turbinaria (NL), Mourdjaan (AR)

Eine Steinkoralle (Familie Dendro-phylliidae). Die Kolonien ähneln denen der *T. mesenterina* mit Ausnahme der Farbe, die von Gelb bis Grünlichgelb schwankt. Von 10 m Tiefe an. Verbreitung: vom Roten Meer bis in den Pazifik.

*In tieferem und ruhigerem Wasser
bildet die gelbe Turbinaria horizontale,
bisweilen leicht eingerollte Platten.
Die Seite mit den Polypen
ist nach oben gerichtet.*

Tubastrea (Dendrophyllia) micrantha

*Grüne Zäpfchenkoralle (D), Tubastrée
arborescente (F), Arborescent Tubastrea
(GB), Boom-Tubastrea (NL), Ghelilann
shakhor (HE), Mourdjaan (AR)*

Eine Steinkoralle (Familie Dendro-
phylliidae). Die Art ist im Wasser
leicht zu erkennen. Sie bildet große
baumartige Strukturen mit dicken,
festen Zweigen und kann besonders
an Stellen, wo sie der Strömung
ausgesetzt ist, eine Höhe von 1,50 m
übertreffen. Farbe gelblich, bräunlich oder grünlich; im Wasser erscheinen die Kolonien immer grün
oder schwarz. Ab 10–15 m Tiefe.
Die großen, isoliert stehenden Polypen sind tagsüber oft zurückgezogen.

*Detailaufnahme einer typischen Kolonie von
Tubastrea micrantha, Bandos, Malediven.*

Eine Kolonie von Tubastrea, aufgenommen unter einem Überhang bei der berühmten Insel Bunaken vor Manado, Sulawesi (Indonesien).

Tubastrea sp.

Zäpfchenkoralle (D), Corail-arbuscule, corail doré (F), Tree-coral (GB), Boompjeskoraal (NL), Ghelilann (HE), Mourdjaan (AR)

Eine Steinkoralle (Familie Dendrophylliidae). Alles, was weiter oben über *Dendrophyllia* gesagt wurde, gilt für die meisten Vertreter dieser Gattung: *Tubastrea coccinea, T. faulkneri* und *T. aurea.* Alle drei sind gelb bis orange gefärbt: An Ort und Stelle kann man sie nicht auseinanderhalten.

Nur nachts breiten sich die Polypen von Tubastrea ganz aus und sind voll aktiv, hier an der Decke einer Höhle in den Brothers Islands im Roten Meer.

Dendrophyllia sp.

Zäpfchenkoralle (D), Corail-arbuscule (F), Tree-coral, cave coral (GB), Boompjeskoraal (NL), Mourdjaan (AR)

Eine Steinkoralle (Familie Dendrophylliidae), die keine Riffe baut. Die verschiedenen *Dendrophyllia*-Arten, die keine Zooxanthellen enthalten, verdanken ihre bisweilen sehr lebhaften Farben eigenen Pigmenten. Deswegen findet man sie an dunklen Stellen, etwa in Höhlen oder unter Überhängen. Das Skelett besteht aus fünf bis fünfzig Röhren (Durchmesser 1 cm, Länge: bis 8 cm), die insgesamt wie ein Strauch aussehen. Im allgemeinen sind die Tentakel tagsüber (siehe Fotografie) kontrahiert und öffnen sich nur nachts. *Dendrophyllia* erbeutet planktische Lebewesen, Man richtet den Strahl der Taucherlampe auf die Tentakel und zieht dadurch planktische Tiere an. Diese werden sofort von den Nesselzellen gelähmt und von den Tentakeln dem Mund zugeführt. Tiefe: von 1 bis 40 m oder mehr. Verbreitung in den ganzen Tropen, einige Arten sind Kosmopoliten.

Palythoa cf. tuberculosa
Ledrige Krustenanemone, Korallen-Krusten-anemone, Große Indopazifische Krustenane-mone (D), Anémone de cuir encroûtante, zoanthaire indien (F), Coral zoanthid, Indian zoanthid, leathery colonial anemone (GB), Leerachtige korstanemoon, Indische korstanemoon (NL), Pirkhanitt khivérett (HE)

Eine Krustenanemone. Die Polypen sind durch eine gemeinsame Masse untereinander verbunden. Der Durchmesser der Polypen dieser krustenbildenden Seeanemone schwankt von 1 bis 2 cm. Tentakel kurz. Färbung von hellbraun bis grün, von Zooxanthellen verursacht. Diese Krustenanemone kann größere Bereiche des Riffs überziehen. Sie lebt von der Oberfläche bis in 15 m Tiefe, vom Roten Meer bis in den Pazifik. Sie hat praktisch keine Feinde, weil sie Palytoxin enthält, das zum Tod eines jeden Fisches führt, der von dieser Krustenanemone frißt.

Diese rosafarbene Dendrophyllia-Art ist häufig unter Überhängen. Ohne Untersuchung des Skeletts ist eine Artbestimmung unmöglich. Manado, Sulawesi (Indonesien).

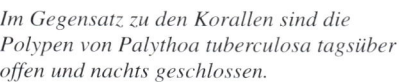

Im Gegensatz zu den Korallen sind die Polypen von Palythoa tuberculosa tagsüber offen und nachts geschlossen.

Eine Population von Palythoa cf. vestitus, aufgenommen bei den Malediven.

Man kann gerade noch einige Äste der Hydrozoe sehen. Der Rest ist von der Krustenanemone überwuchert.

Palythoa cf. vestitus

Scheiben-Krustenanemone (D), Anémone disque encroûtante (F), Colonial disc-anemone (GB), Schijf-korstanemoon (NL), Pirkhanitt (HE)

Eine Krustenanemone. Die Polypen sind an der Basis untereinander verbunden, erscheinen aber unabhängig. Höhe der Polypen: bis 6 cm, Durchmesser: ungefähr 1 cm. Die Kolonie erreicht insgesamt eine Breite von 25 cm oder darüber. Stellenweise bedeckt die Art größere Flächen auf Korallensand, vor allem in geringer Tiefe. Färbung braun bis grün, durch Zooxanthellen bewirkt. Man hat die Art zwischen 0 und 30 m Tiefe im Roten Meer, bei den Malediven und in Papua-Neuguinea gefunden; wahrscheinlich ist sie aber im ganzen indopazifischen Raum verbreitet. Es gibt eine ähnliche Art, *Palythoa heideri*, mit größeren Polypen (Durchmesser bis 4,5 cm).

Parazoanthus sp.

Krustenanemone (D), Anémone encroûtante (F), Encrusting anemone (GB), Korstanemoon (NL)

Eine Krustenanemone. *Parazoanthus* ist ein koloniebildendes Tier, dessen Gewebe wie eine Manschette die Zweige von Hydrozoen umgibt. Nach Ansicht einiger Autoren beschleunigt *Parazoanthus* das Wachstum seines Wirtes. Das Verhältnis zwischen dem Wirt und seinem Gast kommt nahe an den Parasitismus heran.

Cerianthus sp. oder Pachycerianthus sp.

Zylinderrose (D), Cérianthe (F), Cylin-der-anemone (GB), Viltkokeranemoon (NL), Tzeriantt adiinn-zero'ott (HE)

Man erkennt hier deutlich den Unterschied zwischen Mundtentakeln und Randtentakeln. Die Färbung ist bei den Zylinderrosen sehr variabel und kann bei der Artbestimmung nicht verwendet werden.

Eine Zylinderrose. Die Zylinderrosen kann man als eine Art Seerosen mit wurmförmigem Körper beschreiben. Sie leben in einer weichen Röhre, die zunächst aus entladenen Nessenzellen besteht (und nicht aus Schleim und Sandkörnern, wie man oft liest). Die Zylinderrosen haben eine doppelte Tentakelkrone: lange randständige Tentakel und kurze Tentakel in der Mundnähe. Die langen Tentakel fangen Beutetiere und reichen sie an die Mundtentakel weiter. In gewissen Führern werden Artnamen angegeben, doch das ist Aufschneiderei! Es ist nämlich unmöglich, eine Zylinderrose ohne mikroskopische Untersuchung zu bestimmen. Man kann nicht einmal zwischen den Gattungen *Cerianthus* und *Pachycerianthus* unterscheiden. Es gibt noch andere Gattungen, etwa *Arachnanthus,* mit sehr langen „gekräuselten" Randtentakeln. Die Zylinderrosen bewohnen bewegliche Substrate (Sand und Schlick), die man in allen Tiefen finden kann, vom Roten Meer bis in den Pazifik.

Auf dieser Aufnahme erkennt man gut die Röhre, in die sich die Zylinderrose bei der geringsten Störung zurückziehen kann. Man muß sich diesen Tieren sehr vorsichtig nähern, indem man zum Beispiel den Atem anhält.

Durch ihre Spiralenform ist diese Dörnchen-koralle leicht zu erkennen. Färbung variabel: weiß, gelb, orange..., doch handelt es sich immer um dieselbe Art?

Cirripathes cf. spiralis

Spiralen-Drahtkoralle (D), Corail fil-de-fer spiralé (F), Spiral wire coral (GB), Spiraalvormig ijzerdraadkoraal (NL), Til mesoulsol (HE), Mourdjaan Aswad (AR)

Eine Dörnchenkoralle. Das Skelett dieser Tiere ist hornartig, und die Gewebe enthalten keine Sklerite wie bei den Seefächern oder Gorgonien, zu denen gelegentlich eine gewisse Ähnlichkeit besteht. Die Systematik der Dörnchenkorallen ist sehr unsicher: Seit dem Beginn unseres Jahrhunderts hat sich niemand mehr ernsthaft mit diesen Korallen beschäftigt, obwohl sie sehr spektakuläre Formen umfassen. Länge: 100 cm oder mehr. Ab 5 m Tiefe, vom Roten Meer bis in den Pazifik.

Auf dieser Detailaufnahme erkennt man die Polypen. Sie umgeben die gesamte Kolonie, so daß diese einer Flaschenbürste ähnlich sieht.

Cirripathes cf. anguina

Gewundene-Drahtkoralle (D), Corail fil-de-fer tordu (F), Coiled wire coral (GB), Kronkelig ijzerdraadkoraal (NL), Til me-soulsol (HE), Mourdjaan Aswad (AR)

Eine Dörnchenkoralle. Im Gegensatz zur vorhergehenden Art sind die Kolonien nicht spiral- oder schraubenförmig, sondern unregelmäßig gewunden. Diese Art erreicht eine Länge von 150 cm oder mehr. Man begegnet ihr ab 5 m Tiefe vom Roten Meer bis in den Pazifik.

Antipathes sp.
Schwarze Koralle (D), Corail noir (F),
Black coral (GB), Zwart koraal (NL),
Oukhmann sikhani (HE), Mourdjaan As-
wad (AR)

Eine Dörnchenkoralle. Wenn man diese großen, bis 3 m hohen Kolonien sieht, weiß wie vom Rauhreif überzogene Fichten (aber auch gelb oder orange), so hat man Mühe, den deutschen Namen „Schwarze Koralle" zu verstehen. Tatsächlich bezieht er sich auf ihr Skelett, das in der Schmuckherstellung verwendet wird. Im Prinzip begegnet man diesen Tieren ab ungefähr 10 m Tiefe. Leider wurden diese Tiere im gesamten indopazifischen Raum jedoch aus Gewinnsucht stark dezimiert. Sie werden immer seltener, sofern man nicht in Tiefen bis über 50 m vordringt, wovon ich Ihnen abraten möchte. Ebenso abzuraten ist vom Kauf von Schmuckobjekten aus Schwarzer Koralle – aus Liebe zur Unterwasserwelt. Schwarze Korallen kommen vom Roten Meer bis hin zum Pazifik vor.

Eine große Kolonie der Schwarzen Koralle erlaubt das Wachstum zahlreicher Epibionten und bietet vielen kleinen Fischen Unterschlupf. Es steht nicht fest, ob es sich hier um die Art Antipathes dichotoma handelt. Deswegen habe ich mich auf den Gattungsnamen beschränkt.

Detailaufnahme eines Zweiges von Antipathes sp. Die Polypen unterscheiden sich sehr deutlich von jenen der Gorgonien, zu denen eine gewisse oberflächliche Ähnlichkeit besteht.

Quallen, Rippenquallen und Salpen

In diesem Kapitel werden zoologisch sehr unterschiedliche Tiergruppen behandelt. Sie haben eines gemeinsam: Es sind durchscheinende, große Planktonorganismen.

Die Hydromedusen gehören zur Ordnung der Hydroiden. Es handelt sich um das Quallen- oder Medusenstadium einer Art, von der es im Prinzip auch ein Polypenstadium gibt, obwohl dieses gelegentlich nicht bekannt ist. Die allgemeine Körperform ist oft die einer kleinen Glocke oder einer Scheibe (Durchmesser 2–100 mm). In diesem Buch sind von diesen Tieren keine Abbildungen enthalten.

Die Siphonophoren oder Staatsquallen bilden eine Ordnung, die wie die Hydroiden zur Klasse der Hydrozoen zählen. Es handelt sich um Kolonien mehrerer miteinander verbundener Individuen. Die einen sind in Quallen oder Schwimmglocken differenziert, die anderen bleiben Polypen. So können mehrere Meter lange Ketten entstehen, die mit einem Luftbehälter (Pneumatophor) verbunden sind (zum Beispiel bei der Portugiesischen Galeere, *Physalia physalis*). Andere Staatsquallen bilden kleine Glocken oder „Flöße" mit einigen Zentimetern Durchmesser. Bisweilen erkennt man an der Wasseroberfläche eine Art Segel wie etwa bei der Segelqualle (*Velella velella*). Auch zu dieser Gruppe sind keine Abbildungen vorhanden.

Die Scyphozoen bilden eine eigene Klasse innerhalb der Nesseltiere. Hier finden wir die eigentlichen schirmförmigen Quallen mit Tentakeln am Rand des Schirmes.

Die Rippenquallen (*Ctenophora*) stellen einen eigenen Stamm dar. Sie gehören nicht zu den Nesseltieren und haben auch keine Nesselzellen, auch wenn sie diesen sonst sehr ähnlich sehen. Sie haben eine zweiseitige und keine radiäre Symmetrie wie die Nesseltiere. Sie sind schwer zu sehen: Meistens fallen dem Beobachter nur die acht Reihen sich bewegender Wimperplättchen auf, weil sich in ihnen das Licht bricht und Farbreflexe erzeugt. Die Rippenquallen ähneln oft einem Rubgyball in Miniaturformat. Bisweilen haben sie zwei „Flügel" oder lange, verzweigte und zurückziehbare Fäden. Am spektakulärsten ist der Venusgürtel (*Cestus veneris*), ein gallertiges Band mit einer Länge von über einem Meter. Der Venusgürtel ist so durchsichtig, daß man ihn kaum sehen kann. So kommt es, daß meine Fotografien dieses Tieres... nur noch Wasser zeigen!

Die Salpen schließlich stehen dem Menschen viel näher als den Quallen. Sie gehören wie die Seescheiden zur hochentwickelten Gruppe der Manteltiere oder *Tunicata*.

Im Frühjahr entwickelt sich das Plankton im Roten Meer geradezu explosiv. Wo man auch hinsieht, überall erkennt man pulsierende Glocken, kristallklare Scheiben und andere durchsichtige Lebewesen.

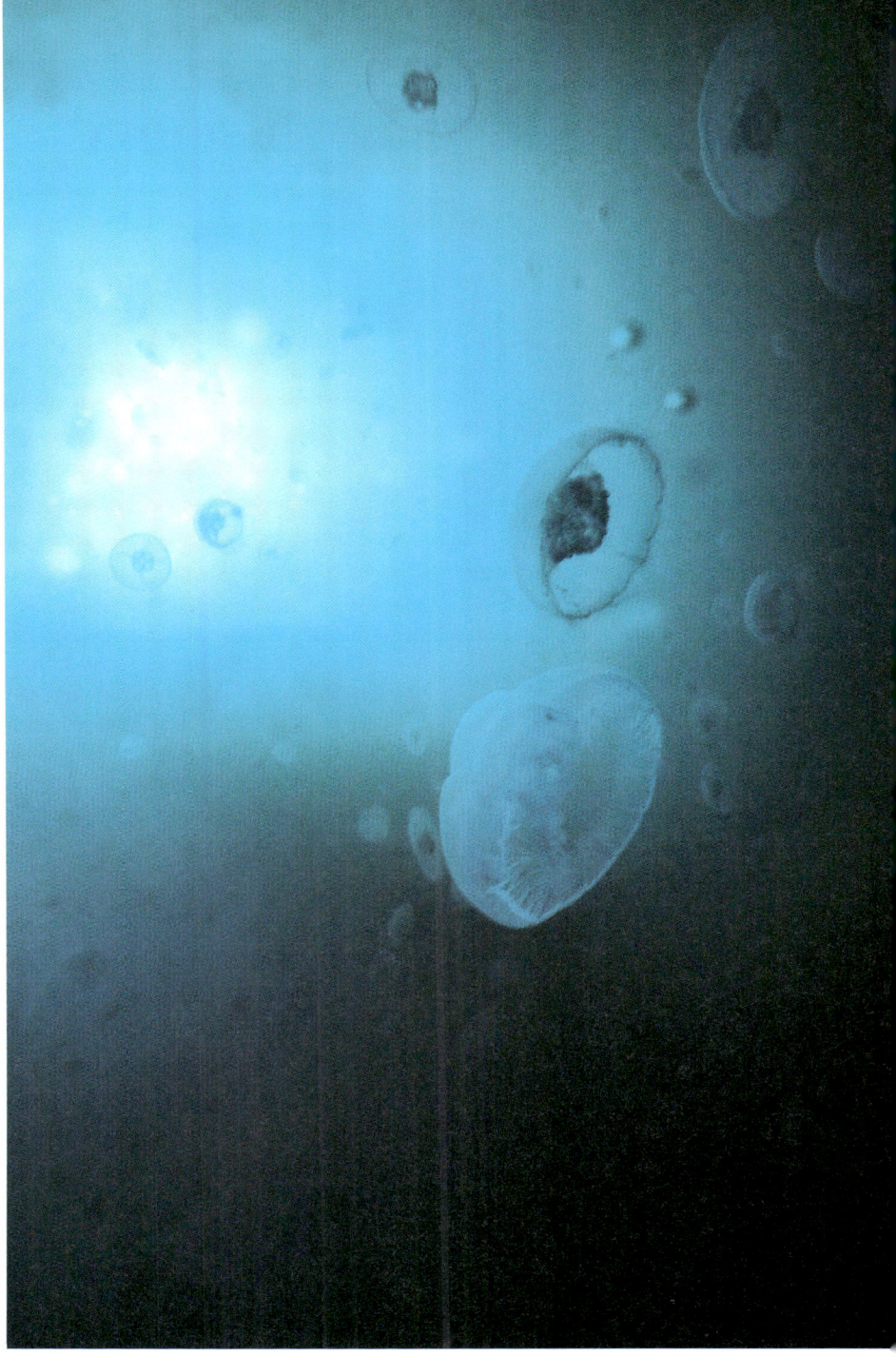

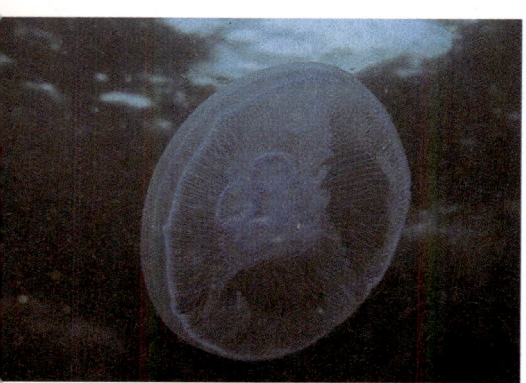

Die vier „Ohren" und die fransenförmigen Tentakel am Schirmrand erlauben eine sichere Bestimmung dieser eher harmlosen Qualle. Foto aufgenommen bei Hurghada im Roten Meer.

Aurelia aurita

Ohrenqualle (D), Aurélie (F), Moon jellyfish, common jellyfish (GB), Oorkwal (NL), Qindil Al-Ba_h_r (AR)

Eine Scyphozoe. Der Durchmesser des Schirms kann 40 cm erreichen. Auf dem durchsichtigen Schirm wird die opake Zeichnung von vier hufeisenförmigen „Ohren" deutlich, die in Wirklichkeit nichts anderes sind als Geschlechtsorgane (weiß bis orange bei den Männchen, violett bei den Weibchen). Die Ohrenqualle hat vier Mundtentakel und eine Reihe zahlloser kleiner Tentakel am Schirmrand. Es handelt sich um eine pelagische Form, die manchmal sehr häufig auftritt. Man kann ihr an den Küsten, in Lagunen und Häfen begegnen. Die Ohrenqualle ist kosmopolitisch verbreitet und lebt in allen Meeren dieser Welt. Sie zeigt schulbuchmäßig den Generationswechsel zwischen einer planktischen und einer festsitzenden Form. Die getrenntgeschlechtlichen Medusen oder Quallen geben ihre Geschlechtsprodukte in das Wasser ab. Aus einer befruchteten Eizelle entwickelt sich eine pelagische Planula-Larve, die sich schließlich an einem Substrat festheftet und zu einem Scyphopolypen wird. Dieser bildet durch aufeinanderfolgende Abschnürung (Strobilation) zahlreiche scheibenförmige Segmente, die sich schließlich ablösen und zu erwachsenen Scyphomedusen heranwachsen. Damit schließt sich der Generationswechsel.

Cassiopea andromeda

Mangrovenqualle (D), Cassiopée (F),
Upside-down jellyfish (GB), Mangrove
kwal (NL), Qindil Al-Bah̠r, Ri'att
Al-Bah̠r, Madouss (AR)

Eine Scyphozoe. Die jungen Medusen (bis 4 cm) führen ein pelagisches Leben. Die erwachsenen Tiere, die einen Durchmesser bis 25 cm
erreichen, haben die Tendenz, auf
den Boden abzusinken. Sie richten
dabei den Schirm nach unten und
die Tentakel nach oben. Man begegnet ihnen in geringer Tiefe (Maximum 15 m) auf Sand und Schlick,
zwischen Korallen, auf Seegraswiesen und in Mangroven. Die Farbe
schwankt von schmutzigweiß bis
gelblichgrün, bräunlich oder blau.
Die Färbung geht auf Zooxanthellen zurück, und die Quallen leben
zum größten Teil auf deren Kosten.
Bei den benthischen erwachsenen
Tieren beobachtet man jedoch regelmäßige Schwimmbewegungen
des Schirms. Dadurch werden sie
am Boden festgehalten, erzeugen
aber gleichzeitig eine Wasserströmung, die planktische Lebewesen
heranführt. Die Tentakel nesseln
übrigens stark.

(Foto: Peter Verhoog)

Eine kleine Mangrovenqualle beim
Schwimmen im freien Wasser.

Eine erwachsene Mangrovenqualle in der
typischen Haltung auf dem Boden, den Schirm
nach unten gewandt.

Ein länglicher Körper, acht Reihen mit Wimperplättchen, bisweilen flügelartige Auswüchse und einige feine Tentakel – das sind die wichtigsten Merkmale einer Rippenqualle.

Leucathea sp. (?)

Rippenqualle (D), Cténophore (F), Comb jelly (GB), Ribkwal (NL), Mesarkhaniim (HE)

Eine Rippenqualle. Der Taucher begegnet dieser Form mit Sicherheit beim Aufsteigen oder während eines Dekompressionsstopps. Zu gewissen Zeiten, die je nach Ort verschieden sind, schwimmen plötzlich Tausende solcher Quallen in den ersten Metern. Es gibt ungefähr achtzig Arten, die aber schwer zu unterscheiden sind. Wenn Sie das Tier als Rippenqualle identifiziert haben, wissen Sie auch gleichzeitig, daß es sich nicht um eine echte Qualle handelt, und daß keine Gefahr besteht, in die Nesseln zu geraten.

Auf dieser Makrofotografie sind die acht Reihen von Wimperplättchen deutlich zu erkennen. Das gelbliche Innere sind gefangene Planktonlebewesen. Unter ihnen erkennt man einen 3 mm langen Ruderfußkrebs.

Pleurobrachia sp.

Seestachelbeere (D), Groseille de mer (F), Sea-gooseberry (GB), Zeedruif (NL), Mesarkhaniim (HE), Thaᶜlab Al-Baḥr (AR)

Eine Rippenqualle. Der kreisrunde, ovale Körper des Tieres mißt 2–4 cm. Die Wimperplättchen sind zu acht Reihen angeordnet. Durch Interferenzen entstehen in ihnen bei der Bewegung der Wimperplättchen alle Farben des Regenbogens. Pleurobrachia fängt mit Hilfe ihrer beiden 10 cm langen verzweigten Tentakel kleine planktische Lebewesen.

Thalia democratica
Salpe (D, F), Salp (GB, NL)

Eine Salpe (Klasse Thaliacea). Die Salpen bilden kettenförmige Kolonien, die eine Länge von mehreren Metern erreichen können. Sie haben die Tendenz, sich spiralförmig einzurollen (siehe Seite 82). Die einzelnen Tiere (Blastozoide) sind dabei 2–18 mm lang. *Thalia democratica* ist eine pelagische Art, die in allen gemäßigten und warmen Meeren der Erde vorkommt. Stellenweise kann sie in großer Zahl auftreten. Es gibt viele weitere Arten, die allerdings nur ein Spezialist bestimmen kann.

Detailaufnahme einer doppelten Salpenkette, die durch ungeschlechtliche Fortpflanzung entstanden ist. Man kann die Einzeltiere (Blastozoiden) als eine Art pelagische Seescheide betrachten.

Würmer

Würmer gibt es überall, doch sieht man sie nur selten. Sie leben im Sand, halten sich in Löchern auf, bauen weiche oder steife Röhren, parasitieren in Seeigeln, Krabben und Fischen...

Im allgemeinen Sprachgebrauch wird ein langes, weiches Tier als Wurm bezeichnet. Doch wenn die Dinge nur so einfach lägen... Für die Zoologen jedenfalls bestehen die „Würmer" aus vielen verschiedenen Tierstämmen, die oft keinerlei Verwandtschaft aufweisen.

Klarheit schaffen!

Die Zoologen unterscheiden bei den „Würmern" acht verschiedene Tierstämme: die Plattwürmer, die Schnurwürmer, die Rundwürmer, die Priapwürmer, die Quappwürmer, die Spritzwürmer, die Ringelwürmer und die Hemichordaten.

Die Plattwürmer oder *Plathelminthes* umfassen die freilebenden Strudelwürmer sowie parasitische Formen wie die Bandwürmer. Sie werden in einem eigenen Kapitel behandelt.

Die Schnurwürmer (*Nemertini*) sind sehr langgezogene weiche Tiere mit kreisrundem oder flachem Querschnitt.

Die Rundwürmer (*Aschelminthes, Nemathelminthes*) umfassen sehr unterschiedliche, aber sehr kleine Formen

(normalerweise 0,1–5 mm). Nur Spezialisten können die Tiere identifizieren. Wir lassen sie beiseite.

Die Priapwürmer (*Priapulida*) sind robuste, muskulöse Tiere mit einer Länge bis 20 cm. Sie leben in schlammigem Boden, wo sie allerdings keineswegs häufig auftreten. Es wird von ihnen nicht mehr weiter die Rede sein.

Die Igelwürmer (*Echiurida*) umfassen nur einige wenige Formen, darunter die bemerkenswerte Bonellia.

Die Spritzwürmer (*Sipunculida*) sind kräftige, 1–40 cm lange Tiere, die sich in Felsspalten, zwischen Kalkalgen und im Sand verbergen. Der Taucher wird ihnen kaum begegnen, und deswegen werden sie hier nicht behandelt.

Die Ringelwürmer (*Annelida*) bestehen aus zahlreichen ringförmigen Segmenten. Zu dieser Gruppe gehören die Regenwürmer und der Blutegel. Die meisten Würmer, denen der Taucher begegnet, zählen zu den Ringelwürmern, besonders zur Klasse der Vielborster oder Polychäten. Sie tragen auf jedem Segment deutliche, sehr harte Borsten. Man unterscheidet die freilebenden Vielborster (*Errantia*) und die festsitzenden *Sedentaria*, die in Röhren leben. Es werden hier vor allem Arten aus dieser Gruppe illustriert.

Die *Hemichordaten* schließlich, für die es keine deutsche Bezeichnung gibt, umfassen vor allem die Eichelwürmer (Enteropneusta). Ihre Eichel ist ein

Bohrorgan, das anschwellen kann und mit dessen Hilfe sie sich im Sediment fortbewegen. Ebenfalls zu den Hemichordaten gehören die Bartwürmer (*Pogonophora*).

Es sind Tiefseetiere, die vor allem in der Nähe heißer Quellen mittelozeanischer Rücken in selbstgebauten Röhren leben.

Zwei Exemplare von Bispira tricyclia, in einer Seegraswiese bei Donggala, Sulawesi (Indonesien), in 2 m Tiefe. Die Blätter stammen von Thalassia hemprichii.

Bispira (Sabella, Spirographis) tricyclia

Schraubensabelle (D), Spirographe (F), Spiral tube-worm (GB), Spiraalkokerworm (NL), Doudett Mou'anbatt (AR)

Ein Vielborster (Familie Sabellidae). Die Gattung *Bispira* ist normalerweise durch eine doppelte Tentakelkrone gekennzeichnet. Nach Auskunft der Spezialisten handelt es sich hier um eine *Bispira* mit nur einer Tentakelkrone. Ich beuge mich dem Urteil der Kenner... Die Art ist vom indonesischen Archipel und von Papua-Neuguinea bekannt. Lebt sie auch weiter im Westen? Die Leser sind aufgefordert, mir mit einem Foto zu beweisen, daß sie auch in den Malediven, den Seychellen oder im Roten Meer verbreitet ist.

Die Farbvielfalt im Innern ein und derselben Population von Spirobranchus corniculatus ist außergewöhnlich. Die Koralle ist Porites cf. solida.

Detailaufnahme der Tentakelkrone von S. corniculatus.

Spirobranchus corniculatus (giganteus)

Bunter Spiralröhrenwurm, Christbaumwurm (D), Ver-arbre de Noël (F), Christmas-tree worm, feathered Christmas-tree worm (GB), Kerstboomworm (NL), Selilonitt anak (HE), Doudett Shadjrett Al-Milad (AR)

Ein Vielborster (Familie Serpulidae). Wenn doch nur alles etwas einfacher wäre! In allen Unterwasserführern der ganzen Welt findet man den Namen *Spirobranchus giganteus* neben diesen hübschen farbigen Röhrenwürmern, die jeder Tourist mit Maske und Schnorchel vom ersten Meter an beobachten kann. Sie sind mit ihrer doppelten, konischen und bunt gefärbten Tentakelkrone leicht zu erkennen. Ich habe den Spezialisten für diese Tiergruppe, Dr. Harry ten Hove, um seine Meinung gebeten: Alle diese schönen Röhrenwürmer, die sich so sehr ähneln, gehören in Wirklichkeit zu mehreren verschiedenen Arten, die schwer zu unterscheiden sind. Man muß dazu Einzelheiten des Operculums studieren, jenes kleinen Deckels, mit dem der Wurm seine Röhre verschließt, nachdem er sich bei einer Störung blitzschnell darin zurückgezogen hat. Der Deckel befindet sich in der Koralle, die sich der Wurm als Substrat ausgesucht hat (oft *Porites* oder *Millepora*), und wird auch teilweise von ihr bedeckt. Dr. ten Hove spricht vom „corniculatus-Komplex" und bezeichnet damit die Gesamtheit der indopazifischen Arten. Wir verwenden deswegen den Artnamen *corniculatus* anstelle von *giganteus*. Übrigens sind diese Würmer keineswegs Giganten: Der Christbaumwurm mißt höchstens 4 cm. Man begegnet den Arten in wenig tiefen Bereichen aller indopazifischen Riffe.

Sabellastarte sanctijosephi (japonica)

Federwurm (D), Ver tubicole à éventail (F), Fan tube worm (GB), Waaierkokerworm (NL), Nartikanitt haditt (HE), Doukhnouss (AR)

Ein Vielborster (Familie Sabellidae). Die Sabelliden sind festsitzende Würmer mit weicher Röhre. Die Tentakelkrone ist hier in eine Reihe von Fiedern aufgelöst. Im Hinblick auf die Arten der Gattung *Sabellastarte* herrscht eine gewisse Verwirrung. Einige Nichtspezialisten vertreten die Meinung, zur Differenzierung von *S. sanctijosephi* und *S. japonica* reiche eine einfache beziehungsweise doppelte Tentakelkrone aus. Doch die Spezialistin für diese Tiere, Frau Dr. Phyllis Knight-Jones, bestätigt, daß die Dinge nicht so einfach liegen... Alle Sabelliden haben eine einfache Tentakelkrone, doch oft kann die Fiederung der Tentakel den Eindruck einer doppelten Krone erwecken. Bei *S. sanctijosephi* durchdringen diese Tentakel sich nicht gegenseitig. Durchmesser der Krone: 6–10 cm.

Ein Exemplar von Sabellastarte sanctijosephi aus dem Golf von Oman. Deutlich erkennt man, daß die Tentakel fein gefiedert sind. Die gesamte Krone bildet einen effizienten Filter zur Aufnahme von Planktonlebewesen und von Sauerstoff.

Die Farbvielfalt bei Sabellastarte und anderen Röhrenwürmern ist erstaunlich! Bei einer Störung (beispielsweise durch Luftblasen) zieht sich das Tier blitzschnell in seine Röhre zurück.

*Eine Sabellastarte indica mit übereinander-
liegenden Tentakeln, die den Eindruck erwecken,
es handle sich um eine doppelte Tentakelkrone.*

*Detailaufnahme einer Sabellastarte-Art
aus Indonesien, wahrscheinlich S. indica.*

Sabellastarte indica (japonica, magnifica?)

*Indischer Federwurm (D), Ver à éventail
indien (F), Indian featherworm (GB), Indische waaierkokerworm (NL), Nartikanitt haditt (HE), Doukhnouss (AR)*

Ein Vielborster (Familie Sabellidae). Wenn sich die Tentakel gegenseitig überlagern (wie es bei dem
hier abgebildeten gelben Individuum der Fall ist), so handelt es sich
nicht um *S. sanctijosephi*, sondern
um eine andere Art, wahrscheinlich
S. indica. Es könnte sich allerdings
um die *Sabellastarte*-Art der Kari-
bischen See handeln, wobei dann
deren Name, *S. magnifica*, die Prio-
rität hätte. Definitive Aussagen sind
noch nicht möglich... Durchmesser
der Tentakel ohne Krone: 6–10 cm.

Protula bispiralis (magnifica)

*Prachtröhrenwurm (D), Ver tubicole à
éventail (F), Fan tube worm (GB), Waaierkokerworm (NL), Doukhnouss (AR)*

Ein Vielborster (Familie Serpulidae). Die Serpuliden haben eine
harte Kalkröhre. Im Indopazifik
gibt es zwei *Protula*-Arten. Die eine
Art mit der Bezeichnung *P. spiralis*
hat eine spiralförmige Tentakelkrone mit drei bis acht Windungen und
eine bis 2 cm dicke Röhre. Bei der
anderen Art umfaßt die Tentakelkrone weniger als eine Umdrehung,

und der Röhrendurchmesser beträgt nur einige Millimeter. Die systematische Stellung dieser zweiten Art ist aber noch nicht klar. Bei *P. bispiralis* hat die Tentakelkrone einen Durchmesser von 5–6 cm. Man findet sie in allen Tiefenbereichen, die dem Taucher offenstehen, vom Roten Meer bis in den Indopazifik.

Die dicke Röhre und die zahlreichen Windungen der Tentakelkrone erlauben eine sofortige Bestimmung von Protula bispiralis.

Filogranella elatensis
Verflochtener Kalkröhrenwurm (D), Ver tubicole colonial, salmacine (F), Tangled tube worm, salmacina (GB), Kolonievormende kalkkokerworm (NL), Doudett Mou'anbatt (AR)

Ein Vielborster (Familie Serpulidae). Die Kolonien dieser Ringelwürmer bestehen aus weißen, sehr dünnen (Durchmesser 1 mm) Kalkröhren, die sich zu Büscheln vereinigen. Die Kolonien können einen Durchmesser von über 30 cm erreichen. Diese Bauten sind aber äußerst zerbrechlich: Vorsicht mit den Flossen! Die kleinen Tentakelkronen dieser Würmer sind am Mund rot. Es handelt sich um eine Art, die in den ganzen Tropen verbreitet ist. Sie lebt an geschützten Stellen, vor allem unter Überhängen und in Höhleneingängen. Eine Verwechslung ist mit *Filograna* und *Salmacina* möglich.

Eine kleine Kolonie von Filogranella elatensis zwischen Dendronephthya beim Eingang einer untermeerischen Höhle im Roten Meer.

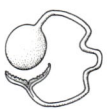

Eine Überraschung bei einem nächtlichen Tauchgang: Ein 1 cm breiter und 2 m langer Wurm mit einem gestreiften Pyjama kriecht über den Korallensand von Manado. Und das schnell! Zu Hause erfahre ich aus der Literatur den Namen dieses Tieres, aber sonst nichts... Die grünen Blätter gehören zu Halophila ovalis.

Baseodiscus quinquelineata

Fünflinien-Schnurwurm (D), Némertien à cinq lignes (F), Five-lined ribbon worm (GB), Vijflijn-snoerworm (NL)

Ein Schnurwurm. Diese Tiere haben einen Rüssel, einen Darm, der den gesamten Körper durchzieht und in einem After mündet. In der Stammesgeschichte sind die Schnurwürmer die ersten, bei denen der Darm eine Einbahnstraße darstellt: Sie haben einen Darmeingang und einen -ausgang! Der Körper ist von Wimpern bedeckt. Die Körperlänge reicht je nach Art von 1 cm bis 2,5 m. Die Tiere verbergen sich im Sand, in groben Sedimenten oder Steinen. Und sie verstecken sich gut! Man hat große Mühe, sie aufzuspüren. Sie sind auch äußerst zerbrechlich, und jedes Bruchstück regeneriert zu einem neuen Wurm.

Bonellia sp.
Bonellia (D, GB, NL), Bonellie (F), Al-Doudeh Al-Sharitiya (AR)

Ein Igelwurm. Der ovale, dunkelgrüne Körper mißt 7–15 cm. Der zurückziehbare Rüssel erreicht allerdings eine Länge von bis zu 150 cm. Das Tier lebt in Löchern und Spalten, im allgemeinen in der Nähe sandiger oder schlammiger Sedimente in geringer Tiefe (5–20 m). *Bonellia* ist im ganzen indopazifischen Raum verbreitet. Die Tiere, die man sieht, sind alles Weibchen. Die winzigen, 1–2 mm langen Männchen leben nämlich als Parasiten auf dem Körper der Weibchen. Sie sind auf ein paar Hoden reduziert und dienen nur noch der Fortpflanzung. Das Geschlecht der Larven ist nicht genetisch fixiert. Fällt eine Larve auf den Boden, so entwickelt sich daraus eine weibliche *Bonellia*. Fällt sie hingegen auf den Rüssel eines Weibchens, so bewirken die weiblichen Hormone, daß sich die Larve zu einem Männchen entwickelt.

Die Bonellia sucht mit ihrem gespaltenen Rüssel Nahrung auf dem Sand. Wimpern transportieren sie zum Mund hin. Der eigentliche ovale Körper des Wurms bleibt unsichtbar und befindet sich in einer Spalte des Riffes.

Moostierchen

Die Moostierchen oder Bryozoa bilden Kolonien aus zahlreichen Einzeltieren, den Zoiden. Die Kolonien sind einige Millimeter bis einige Dutzend Zentimeter groß. Die Einzeltiere bleiben im allgemeinen aber unter 1 mm: Man sieht sie nur mit Hilfe einer Lupe.

Jedes Zoid (A) besteht aus einem lebenden Teil (Polypid) in einer Art Kammer. Jedes Individuum filtriert aktiv mit Hilfe einer Tentakelkrone, dem Lophophor (1). Die bewimperten Tentakel transportieren kleine planktische Lebewesen zum Mund (2). Ein Pharynx führt zum Magen (3). Der After (4) be-

findet sich außerhalb der Tentakelkrone. Die Kammer (Zystid, 5) besteht aus einer chitin- oder kalkhaltigen Wand. Ein Muskel (6) zieht den Polypiden ins Innere des Zystiden zurück.

Die Kolonien entstehen durch Anlagerung zahlreicher Zoiden, meist in sehr regelmäßigen Reihen. Man erkennt die Wand der Zystiden (5), den Lophophor (1) und das Operculum (7), das die Öffnung des Zystiden verschließt, wenn sich der Polypid zurückgezogen hat. Abgesehen von den hier beschriebenen Autozoiden gibt es noch weitere Formen von Einzeltieren ohne Lophophor

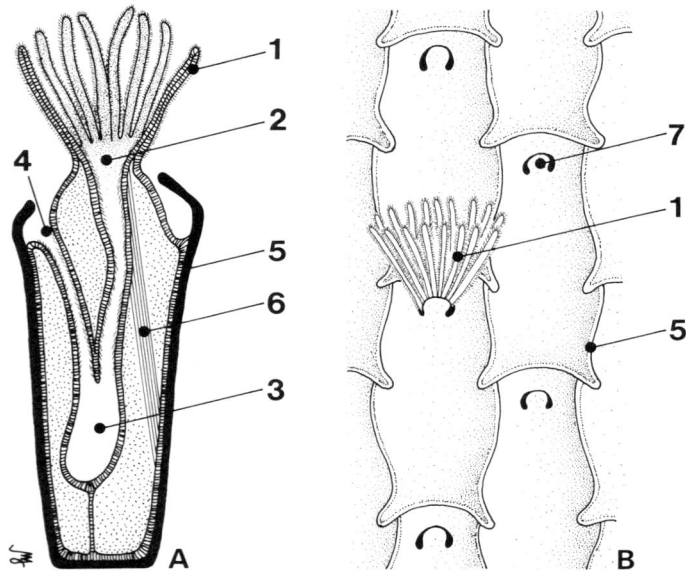

und Verdauungssystem. Man unterscheidet zum Beispiel fortpflanzungsfähige Individuen (Gonozoiden), schnabelförmige Zoiden zum Packen und Festhalten von Beutetieren (Avicularien) und kugelförmige Ovicellen oder Brutkammern, in denen sich die Larven entwickeln. Die Avicularien verteidigen oder putzen die Kolonie, können aber auch größere Planktonlebewesen festhalten. Wenn diese schließlich sterben und zerfallen, dienen sie den benachbarten Autozoiden als Nahrung.

Wenn sich eine Bryozoenlarve auf einem Substrat festsetzt, verwandelt sie sich in das erste Tier einer Kolonie (Ancestrula). Alle weiteren Individuen entstehen durch Sprossung. Die Individuen derselben Kolonie stehen über Poren in den Wänden der Zystiden miteinander in Verbindung.

Zu den Feinden der Moostierchen gehören Nacktkiemerschnecken, Seeigel und einige Kleinkrebse wie die Caprelliden und die Asselspinnen. Gefährdet sind die Moostierchen vor allem von Algen, die sie einfach ersticken. Aus diesem Grund lieben die meisten Arten den Schatten.

Triphyllozoon cf. trifoliatum

Neptunschleier (D), Dentelle de Neptune (F), Neptune's lace (GB), Neptunuskant (NL), H̲ayawaan 'oushna (AR)

Ein Moostierchen (Unterordnung Cheilostomata, Familie Phidoloporidae). Zerbrechliche Kalkkolonien mit einem Durchmesser von 5 bis 15 cm. Man findet sie an geschützten Stellen (Höhlen, Spalten, unter Überhängen) von 5 bis 10 m Tiefe an. Das Verbreitungsgebiet dieser Art ist nur wenig bekannt. Man begegnet ihr im indonesischen Archipel und bei Papua-Neuguinea. Lebt sie aber auch weiter im Westen? Beobachtungen und Nachweise sind hochwillkommen!

Die Zoiden dieser Kolonie sind ganz entfaltet, und ihre Lophophoren sind die kleinen weißen Punkte, die an den Umrissen des Tieres zur erkennen sind. Achtung! Die Löcher entsprechen nicht den Zystiden: Diese sind viel kleiner und befinden sich auf dem Kalkskelett.

Dieses schwarze, inkrustierende Moostierchen hat eine tote Koralle und einige Seepocken (Mundöffnungen) überwuchert.
Die weißen fadenförmigen Polypen eines symbiontischen Hydroiden ziehen sich bei Berührung sofort zurück.

Celleporaria sibogae
Schwarzes steinartiges Moostierchen (D), Bryozoaire encroûtant noir, celléporaire pierreux (F), Black stony bryozoan (GB), Zwart steenachtig mosdiertje (NL), Hayawaan 'oushna (AR)

Ein Moostierchen (Unterordnung Cheilostomata, Familie Cabereidae). Die harten schwarzen Krusten, die mehrere Dutzend Zentimeter Substrat überdecken können, gehören zu einem Moostierchen. Bei genauem Hinsehen erkennt man die Zoiden, die aus ihren Kammern heraustreten. Man darf sie aber nicht mit den hier auffälligen, weißen, aber viel längeren Fäden verwechseln: Diese sind Polypen eines symbiontischen Hydroiden! Verbreitung: Indonesien, Philippinen, Papua-Neuguinea. Man findet diese Art an Abstürzen und unter Überhängen, von 10 bis 15 m Tiefe.

Die weichen verzweigten Kolonien erinnern eher an eine Pflanze als an ein Tier.
Hier ist die Bezeichnung „Moostierchen" absolut gerechtfertigt.

Caberea sp.
Scrupocellaria (D, GB, NL), Scrupocellaire (F), Hayawaan 'oushna (AR)

Ein Moostierchen (Unterordnung Cheilostomata, Familie Cabereidae). Kleine Kolonien in der Größenordnung von 4 bis 8 cm. Bei genauem Hinsehen entdeckt man Doppelreihen von Kalkkammern, in denen die Zoiden leben. Ich habe diese *Caberea*-Art in Indonesien unter Überhängen in 10 bis 15 m Tiefe gefunden. Eine Artbestimmung ist unmöglich. Deswegen lassen sich auch keine weiteren Aussagen über die Verbreitung machen.

Catenicella sp. (?)

Catenicella (D, GB, NL), Caténicelle (F),
Hawayaan 'oushna (AR)

Ein Moostierchen (Unterordnung
Cheilostomata, Familie Catenicelli-
dae). Kleine Kolonien in der Größenordnung von 3 bis 5 cm, gold-
gelb, sehr zart bei Berührung, doch
teilweise verkalkt (wird beim Knei-
fen deutlich). Ich habe diese *Ca-*
tenicella in Indonesien unter Überhängen in 20 m Tiefe gefunden.
Wahrscheinlich ist sie häufig, wird
aber oft nicht beachtet.

Ein weiteres typisches Moostierchen, das seinen
Namen voll verdient.

Cyclostomata

Cyclostome (D, F, GB), Cyclostoom
(NL), Hawayaan 'oushna (AR)

Die *Cyclostomata* bilden eine Ordnung der Moostierchen – ähnlich
wie alle zuvor behandelten Arten
zur Ordnung der Cheilostomata
zählen. Es gibt noch eine weitere
Ordnung, die nicht verkalkten Cte-
nostomata. Die *Cyclostomata* sind
im Unterschied zu den *Cheilosto-*
mata vollständig verkalkt. Möglicherweise handelt es sich bei dem
hier abgebildeten Tier um einen
Vertreter der Familie Crisiidae.

Diese kleinen Moostierchen kommen an geschützten
Stellen vor. Aufnahme aus Indonesien, unter
einem Überhang, zwischen 10 und 15 m Tiefe.

Seescheiden

Die Seescheiden (Ascidiae) gehören zu den Manteltieren (Tunicata). Seescheiden leben einzeln, gruppenweise oder bilden Kolonien. Wir machen uns eine Vorstellung von der Anatomie und der Funktionsweise eines Individuums mit Hilfe eines Längsschnitts (A) und eines Querschnitts (B). Der Körper (1) ist von einem Mantel aus Zellulose (2) umgeben. Am oberen Ende befindet sich der Mund (3), der Wasser ansaugt. Das Wasser wird von einem Kiemendarm (4) mit winzigen Spalten (siehe Detailzeichnung C) filtriert und gelangt in ein Atrium (5), bevor es den Körper über eine Kloake (6) wieder verläßt. Eine große einzeln lebende Seescheide mit einer Höhe von 8 cm kann in 24 Stunden bis zu 100 Liter Wasser filtrieren! Die Nahrungsteilchen werden vom Kiemendarm zurückbehalten und in den Magen (7) transportiert. Unverdauliche Reste gelangen durch den After (8) in die Kloake und werden nach außen abgegeben. Dieser einfache Bauplan ist auch in der Zeichnung D schematisch dargestellt. Hier wird vor allem der große Fuß deutlich, mit dem sich das Tier am Substrat festhält (Beispiel: *Rhopalaea, Phallusia, Polycarpa*). Es gibt auch gestielte solitäre Individuen (E, beispielsweise *Clavelina*) und in Gruppen (F) oder Kolonien (beispielsweise *Diazona*) lebende Tiere. Schließlich gibt es richtige koloniebildende Seescheiden oder *Synascidien* (G). Die Mundöffnungen der einzelnen Tiere (a) stehen regelmäßig um eine gemeinsame Kloake (b). Dies ist zum Beispiel bei *Botryllus* und den *Didemniden* der Fall. Die zuletzt genannte Gruppe enthält in ihren Geweben typische Sklerite (c), die in H vergrößert dargestellt sind. Die Seescheiden mögen uns primitiv erscheinen. Sie gelten aber als die am weitesten entwickelten wirbellosen Tiere, auf höherer Stufe stehend als die Krebstiere und sogar die Tintenfische! Deutlich wird das im Larvenstadium (i), wenn das Tier noch mit Hilfe seines Schwanzes frei schwimmt. Es besitzt dann nämlich noch eine Rückensaite (Chorda dorsalis), die Vorläuferin der Wirbelsäule. Wenn man diese Schwimmlarve mit ihrem Mund (d), ihrem After (e), ihrer Rückensaite (f) und dem muskulösen Schwanz (g) betrachtet, so fehlt eigentlich nur noch ein Auge, um daraus einen primitiven Fisch und damit den Vorfahr aller Wirbeltiere zu machen. Auf die weitere Systematik der Seescheiden wird auf Seite 212–213 eingegangen.

Herdmania momus

Braune Seescheide (D), Ascidie brune (F),
Brown sea-squirt (GB), Bruine zakpijp (NL),
Ha'ascidaim (HE), Zaqiyyatt, Qourbiyyatt
(AR)

Eine Seescheide aus der Ordnung Stolidobranchiata (Familie Pyuridae). Es
handelt sich um große (10 cm) solitäre
Seescheiden, die stellenweise allerdings dichte Populationen bilden können. Sie gehören auch zum Aufwuchs
(„Fouling") der Schiffe. Die Braune
Seescheide ist ein Pionier, der neue
Substrate besiedelt: Hafeneinrichtun-
gen, Schiffsrümpfe und so weiter. Die
Seescheiden der Gattungen *Herdmania*
oder *Pyura* ihrerseits bilden wieder ein
willkommenes Substrat für eine reiche
Epifauna, unter der man sie oft nicht
mehr richtig erkennt.

Zwei Exemplare von Herdmania momus
wachsen auf einem Schwamm. Das große
Individuum ist von Algen bedeckt. Oben eine
kleine Blaue Seescheide (Rhopalaea sp.)
und Korallen der Gattung Dendrophyllia.

Phallusia julinea

Gelbe Seescheide (D), Ascidie jaune (F), Yel-
low sea-squirt (GB), Gele zakpijp (NL),Ha'as
cidaïm (HE), Zaqiyyatt, Qourbiyyatt (AR)

Eine Seescheide aus der Ordnung
Phlebobranchiata (Familie Ascidi-
idae). Eine große Seescheide (10–30
cm) mit typisch gelber Farbe, die auf
pigmentierte Blutzellen zurückgeht.
Die Mundöffnung hat einen eingekerb-
ten Rand, und der Mantel ist von kleinen Unebenheiten bedeckt. Obwohl die
Oberflächenbeschaffenheit einen Aufwuchs begünstigt, sind auf dem Mantel
nie Epibionten vorhanden, wahrscheinlich weil die Seescheide ihr eigenes
„Antifouling" betreibt.

Der eingekerbte Mundrand und die lebhaft
gelbe Färbung sind charakteristisch für
Phallusia julinea.

Polycarpa aurata

Tintenklecks-Seescheide (D), Ascidie tache d'encre (F), Inkspot sea-squirt (GB), Inkt-vlek-zakpijp (NL), <u>H</u>a'ascidaïm (HE), Zaqiyyatt, Qourbiyyatt (AR)

Die weiße und gelbe Färbung des Mantels und vor allem die violetten Tintenflecken erlauben die Identifikation von Polycarpa aurata.

Eine Seescheide aus der Ordnung Stolidobranchiata (Familie Styelidae). Diese große Seescheide (5–15 cm) ist leicht an ihrer weißen und gelben Färbung mit den unregelmäßigen violetten Flecken zu erkennen. Sie sieht tatsächlich so aus, als hätte sie jemand mit Tinte bespritzt. Auf dem Mantel leben nie Epibionten, was auf die Ausscheidung eines chemischen Stoffes schließen läßt, der als „Antifouling" wirkt. Die Art tritt ab einigen Metern Tiefe auf und ist im Pazifik sehr häufig. Meines Wissens nach erstreckt sich das Verbreitungsgebiet aber nur in geringem Umfang in den Indischen Ozean. Die Art wurde bisher noch nie in den Malediven, in den Seychellen und im Roten Meer gefunden – aber haben Sie ein wachsames Auge und melden Sie mir eventuelle Funde!

Clavelina (Podoclavella) moluccensis

Blaupunkt-Seescheide (D), Claveline à points bleus (F), Blue-point sea-squirt (GB), Blauwpunt zakpijp (NL), <u>H</u>a'ascidaïm (HE), Zaqiyyatt, Qourbiyyatt (AR)

Eine Seescheide aus der Ordnung der Aplousobranchia (Familie Polycitoridae). Kleine (5–10 mm), gesellig lebende Seescheiden, die jeweils zu zehn bis fünfzig Individuen zusammenleben. Die Art ist verhältnismäßig häufig, wird aber oft übersehen. Sie kommt von den ersten Tiefenmetern an vor.

Einige Blaupunkt-Seescheiden und zwei Individuen von Didemnum molle, aufgenommen in 5 m Tiefe bei Donggala, Sulawesi (Indonesien).

Clavelina robusta

Blaßmündige Seescheide, Singende Seescheide (D), Claveline à bouche claire, claveline chanteuse (F), Pale-mouth seasquirt, singing sea-squirt (GB), Bleekmond-zakpijp, zingende zakpijp (NL), Ha'ascidaïm (HE), Zaqiyyatt, Qourbiyyatt (AR)

Eine Seescheide aus der Ordnung der Aplousobranchia (Familie Polycitoridae). Die kleinen (10–15 mm) geselligen Seescheiden bilden Gruppen von zehn bis fünfzig Individuen. Die Grundfarbe ist Dunkelgrün, und die Ein- und Ausströmöffnungen sind weiß oder hellgelb gerandet. Die Art kommt vom östlichen Teil des Indischen Ozeans bis in den Pazifik häufig vor und man begegnet ihr von null bis mindestens 30 m Tiefe. Die Systematik der Seescheiden ist zur Zeit in voller Entwicklung begriffen. Man findet regelmäßig neue Arten. Die hier abgebildete wurde erst 1990 beschrieben.

Detailaufnahme einer Clavelina robusta. Jedes Tier mißt nur ungefähr 1 cm.

Clavelina detorta

Gestielte Clavelina (D), Claveline pédonculée (F), Stalked Clavelina (GB), Gesteelde Clavelina (NL), Ha'ascidaïm (HE), Zaqiyyatt, Qourbiyyatt (AR)

Eine Seescheide aus der Ordnung Aplousobranchia (Familie Polycitoridae). Alle Clavelinen sind gestielt, doch *C. detorta* gehört zu jenen wenigen Arten, bei denen man das trotz der geringen Größe von 5–15 mm sofort erkennt. Die Tiere bilden Gruppen von mehreren Dutzend Individuen.

Die gelben Stiele und Därme, die gelb und grün gerandeten Mundöffnungen sind charakteristisch für diese wunderschöne Seescheide.

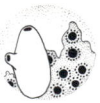

Eine hellblaue, fast durchsichtige Variante von Rhopalaea sp.

Eine tief dunkelblaue und fast undurchsichtige Variante von Rhopalaea sp. Man beachte die beiden hellen Kugeln mit den grün gerandeten Löchern. Es handelt sich um eine weitere Seescheidenart (Didemnum molle). Auf der Blauen Seescheide in der Bildmitte läuft eine winzige Krabbe.

Rhopalaea spp.

Blaue Durchscheinende Seescheide (D), Ascidie translucide bleue (F), Blue translucent sea-squirt (GB), Blauwe doorschijnende zakpijp (NL), Ḥa'ascidaïm (HE), Zaqiyyatt, Qourbiyyatt (AR)

Eine Seescheide aus der Ordnung Phlebobranchia (Familie Cionidae). Kleine durchscheinende Seescheiden (3–5 cm). Man begegnet ihnen auf allen Rifftypen, vor allem an Abstürzen, von 1 bis mindestens 30 m Tiefe. Es gibt mehrere, nicht sehr gut definierte Arten. Man sollte sie nicht *Rhopalaea crassa* nennen, wie das viele Bestimmungsbücher tun, weil die Artunterscheidung bei allen Blauen Seescheiden noch sehr unsicher ist.

Ecteinascidia spp.

Gelbe Clavelina (D), Claveline jaune (F), Yellow Clavelina (GB), Gele Clavelina (NL), Ha'ascidaim (HE), Zaqiyyatt, Qourbiyyatt (AR)

Eine Seescheide aus der Ordnung der Phlebobranchia (Familie Pero-phoridae). Auch wenn es sich hier um eine Gattung handelt, die keine direkte Verwandtschaft mit der Gattung *Clavelina* besitzt, so besteht doch eine große Ähnlichkeit, die auch in den volkstümlichen Namen ihren Niederschlag gefunden hat. Die kleinen (5–10 mm) blasenför-migen Seescheiden können Gruppen von Hunderten, ja Tausenden von Individuen bilden und dabei größere Flächen im Riff über-decken.

Eine charakteristische Gruppe von Ecteinascidia.

Detailaufnahme einiger Ecteinascidia sp. Es handelt sich wahrscheinlich um eine andere Art als im obigen Bild, weil hier die Ein- und Aus-strömöffnungen weiß gerandet sind.

Eine Masse von Sigillina signifera. Die Art ist leicht an den durchsichtigen Einzeltieren mit der grünen Zeichnung zu erkennen.

Sigillina signifera

Flaschen-Seescheide (D), Ascidie-bouteille (F), Bottle-ascidian (GB), Flessenzakpijp (NL), <u>Ha</u>'ascidaïm (HE), Zaqiyyatt, Qour-biyyatt (AR)

Eine Seescheide aus der Ordnung der Aplousobranchia (Familie Polycitoridae). Die kleinen (1 cm) gallertigen, durchsichtigen Seescheiden zeigen flaschengrüne Linien. Die Tiere bilden stellenweise große Aggregate und bedecken größere Oberflächen, wobei sie möglicherweise imstande sind, lebende Korallen abzutöten.

Eusynstyela latericius

Aufsitzer-Seescheide (D), Ascidie encroûtante (F), Encrusting sea-squirt (GB), Korstzakpijp (NL), <u>Ha</u>'ascidaïm (HE), Zaqiyyatt, Qour-biyyatt (AR)

Eine Seescheide aus der Ordnung Stolidobranchia (Familie Styelidae). Die Individuen sind zwischen 5 und 10 mm groß, berühren sich gegenseitig und bilden eine dicke inkrustierende Schicht. Die Färbung der Individuen ist sehr variabel und reicht von orangegelb bis violettrot, bisweilen mit einem silberfarbenen „Gürtel". Das Aussehen der Kolonie ändert sich deutlich, je nachdem wie stark die Individuen aufgebläht sind. Die Art ist im ganzen Indopazifik häufig.

Eine große Seescheide (Polycarpa sp.), von der man nur noch die Ein- und Ausströmöffnung sieht, ist vollständig von Eusynstyela latericius überzogen. Deren Individuen haben geöffnete Münder und aufgeblähte Körper (Sulawesi, Indonesien), 10 m.

Diazona formosa

Gestreifte Diazona (D), Diazone striée (F), Striated Diazone (GB), Gestreepte Diazone (NL), Ha'ascidaïm (HE), Zaqiyyatt, Qourbiyyatt (AR)

Eine Seescheide aus der Ordnung Phlebobranchia (Familie Cionidae). Die Art wurde erst 1997 von den beiden Spezialisten Claude und Françoise Monniot entdeckt und in einem Artikel als Gestreifte Diazona nebst weiteren Arten beschrieben und auch benannt. Dieses Tier ist bisher nur von Indonesien bekannt.

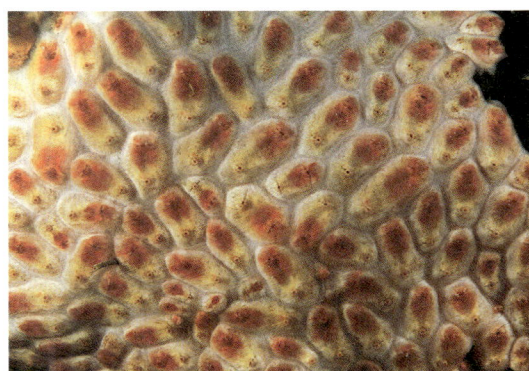

Eine Kolonie von Eusynstyela latericius im Ruhezustand. Die Münder sind geschlossen, die Körper abgeflacht. Quseir (Rotes Meer), 20 m.

Die Gestreifte Diazona bildet halbkugelige Kolonien. Sie besteht aus durchsichtigen Individuen mit feinen weißen Strichen.

Eine Gruppe Grüner Stielsynascidien auf dem Riff von Donggala, Sulawesi (Indonesien). Die weißen Kolonien gehören zu Didemnum molle.

Nephtheis (Oxycorynia) fascicularis

Grüne Stielsynascidie (D), Synascidie pédonculée verte (F), Green pendunculate synascidian (GB), Groene Steelzakpijp (NL), Ḥa'ascidaïm (HE), Zaqiyyatt, Qourbiyyatt (AR)

Eine Seescheide aus der Ordnung Aplousobranchia (Familie Polycitoridae). Die Kolonien bestehen aus kugeligen oder ovoidalen Aggregaten mit kleinen Durchscheinenden Grünen Seescheiden. Jede Kugel steht am Ende eines fleischigen Stieles, der ebenfalls grün gefärbt ist. Die Gesamthöhe schwankt von 5 bis 12 cm. Bei einer genauen Untersuchung erkennt man die einzelnen Individuen, die ungefähr 5 mm messen. Man begegnet der Art im östlichen Indischen Ozean und im Westpazifik. Sie tritt in geringer Tiefe stellenweise häufig auf.

Nicht näher identifizierte Art (?)

Graue Stielsynascidie (D), Synascidie pédonculée grise (F), Grey pendunculate synascidian (GB), Grijze Steelzakpijp (NL), Ḥa'ascidaïm (HE), Zaqiyyatt, Qourbiyyatt (AR)

Ein Fragezeichen wie dieses hat etwas Hübsches... Es bringt zum Ausdruck, daß wir nur wenig wissen. Die konsultierten Spezialisten bezeichneten meine Fotografie als „*Nephtheis fascicularis*". Nach meinem Dafürhalten sind aber zu viele Unterschiede zur vorigen Art vorhanden:

1. Färbung: Grundfarbe grau, Mundöffnungen braun gerandet; bei *N. fascicularis* ist die Grundfarbe grün und die Mundöffnung ist weiß.

2. Die Individuen sind kaum mehr gegeneinander abgegrenzt, sondern von einer gemeinsamen Körpermasse umgeben; nur die Ein- und Ausströmöffnungen treten hervor. Bei *N. fascicularis* sind die Einzeltiere nur an der Basis miteinander verschmolzen.

3. Eine etwas knorpelige Konsistenz dieser Art, während *N. fascicularis* deutlich weicher ist.

4. Ökologie: Eine Art der Steilhänge, ungefähr 25 m Tiefe, während *N. fascicularis* eher auf dem Riffdach lebt.

Ich schließe daraus, daß es sich um eine neue Art handelt. Die Zukunft wird weisen, ob ich damit Recht behalte.

Man erkennt gut, daß es sich um eine echt koloniebildende Seescheide handelt (Länge 6–8 cm). Der Stiel, der die ganze Kolonie am Substrat befestigt, ist auf diesem Bild nicht zu erkennen.

Botryllus sp.
Schwarz-Weißer Botryllus (D), Botrylle noir et blanc (F), Black-and-white Botryllus (GB), Zwart-wit Botryllus (NL), H̲a'ascidaïm (HE), Zaqiyyatt, Qourbiyyatt (AR)

Eine Seescheide aus der Ordnung Stolidobranchia (Familie Styelidae). Die kissenförmige Kolonie besteht aus mehreren Individuen, die durch Sprossung hervorgegangen sind und somit Klone darstellen. Die Kolonie ist einige Zentimeter lang.

Diese wundervolle kleine Synascidie ist selten und stellt wahrscheinlich eine noch unbeschriebene Art dar. Sulawesi (Indonesien), Tiefe 10 m.

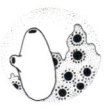

Diese Gruppe von drei Didemnum molle zeigt die normale Färbung und die Anordnung der Mundöffnungen der Einzeltiere. Die Gewebe werden durch die einzellige Alge Prochloron grünlich gefärbt, doch wird diese Farbe teilweise von den Kalkskleriten maskiert. Nur um die Mundöffnungen herum wird die Algenfarbe deutlich, weil hier praktisch keine Sklerite vorhanden sind.

Diese Didemnum molle zeigen eine seltenere Färbungsvariante, die auf arteigenen Pigmenten beruht.

Didemnum molle

Urnensynascidie, Grüne Riffseescheide (D), Synascidie-urne (F), Urn-synascidian (GB), Koloniale urnzakpijp (NL), Keroumitt (HE), Zaqiyyatt, Qourbiyyatt (AR)

Eine Seescheide aus der Ordnung Aplousobranchia (Familie Didemnidae). Kleine weiche, hohle, urnenförmige Kugeln, 1–5, ausnahmsweise bis 10 cm lang. Die zahlreichen Poren entsprechen Mundöffnungen der Einzeltiere. Ihre Ränder sind fein gezähnt – ein Merkmal der Didemniden. Am oberen Ende der Kolonie befindet sich die große gemeinsame Ausströmöffnung. Färbung: im allgemeinen grünlichgrau aufgrund einzelliger symbiontischer Algen der Gattung *Prochloron*. Diese mikroskopischen Algen (30 μm) sind einzigartige Prokaryoten. Sie wurden 1975 entdeckt und besitzen Chlorophyll a und b. Man findet diese Seescheidenart von den ersten Metern an im gesamten Indopazifik – bisher allerdings nicht im Roten Meer.

Didemnidae
Didemniden (D, NL), Didemnidés (F),
Didemnids (GB), Ha 'kroumityim (HE),
Zaqiyyatt, Qourbiyyatt (AR)

Seescheiden aus der Ordnung Aplousobranchia. Die Mehrzahl der Didemniden bilden weiche Krusten, die je nach der Menge der Sklerite auch einmal härter werden können. Diese koloniebildenden Seescheiden inkrustieren harte Substrate wie Felsoberflächen, tote und bisweilen auch lebende Korallen, große Manteltiere, Muscheln und so weiter. Um eine Verwechslung mit Schwämmen zu vermeiden, die ebenfalls große Ausströmöffnungen besitzen, sollte man die beiden folgenden Fotografien genau betrachten. Beiden gemeinsam sind die runden Mundöffnungen, die man immer mit bloßem Auge entdeckt (was bei den Schwämmen nicht der Fall ist). Davon abgesehen zeigt die Farbpalette eine schier unglaubliche Vielfalt...

Die schöne dunkelgrüne Didemnide
Leptodinides reticulatus. Es handelt sich um eine
neue Art, die 1997 von Françoise und Claude Monniot
beschrieben wurde. Auch die rosafarbene Kruste
auf dem Bild gehört zu den Didemniden. Manado
(Indonesien), 20 m.

Lissoclinum badium wurde ebenfalls erst 1997
beschrieben.

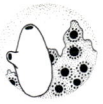

(Foto: John Neuschwander)

Die Kolonien der Synascidien entstehen durch Knospung der einzelnen Individuen. Die Kolonien selbst können aber ihrerseits neue Kolonien hervorbringen, indem sich zum Beispiel ein Stück ablöst und ein unabhängiges Leben aufnimmt.

Lissoclinum bistratum

Scheiben-Synascidie (D), Synascidie-disque (F), disk-synascidian (GB), Koloniale schijfzakpijp (NL), Ḥa'ascidaïm (HE), Zaqiyyatt, Qourbiyyatt (AR)

Eine Seescheide aus der Ordnung Aplousobranchia (Familie Didemnidae). Kleine unregelmäßige, durch die Alge Prochloron hellgrün gefärbte Scheiben. Diese Art ist viel weniger häufig als *Didemnum molle*. Verbreitung: vom Roten Meer bis in den Pazifik.

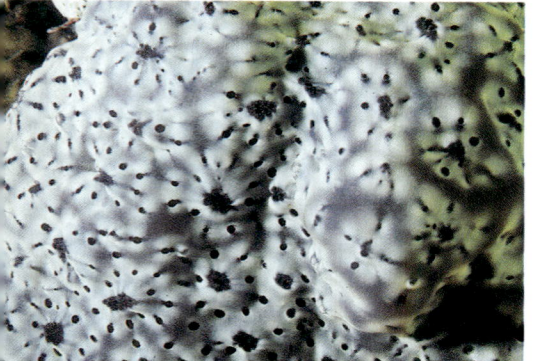

Bei dieser Art, wahrscheinlich Eudistoma gilboviride, sind die Einzeltiere kreisförmig um eine gemeinsame Kloake herum angeordnet.

Polycitoridae

Polycitoriden (D, NL), Polycitoridés (F), Polycitorids (GB), Ḥa'ascidaïm (HE), Zaqiyyatt, Qourbiyyatt (AR)

Eine Seescheide der Ordnung Aplousobranchia. Wenn Sie es als Leser im Kapitel über die Seescheiden bis hierher gebracht haben, so interessieren Sie sich wirklich für die Biologie dieser wirbellosen Tiere! Das nehmen wir zum Anlaß, um etwas ausführlicher auf die Systematik dieser Gruppe einzugehen. Die Klasse der Seescheiden (Ascidiae, Ascidiacea) wird in drei Ordnungen unterteilt, deren Namen Sie bei den einzelnen Artbeschreibungen schon begegnet sind. Als Kriterien für die Einteilung dienen anatomische Merkmale, die an Ort und Stelle im Wasser nicht wahrzunehmen sind. Deswegen bin ich einer anderen Ordnung gefolgt: solitäre, einzeln lebende Ascidien, in Gruppen lebende Ascidien und Synascidien. Diese praktische Einteilung entspricht nicht der wissenschaftlichen Klassifikation. Die Spezialisten unterteilen die Seescheiden nach der Form des Kiemendarms. Aplousobranchia: Kiemendarm ohne Längsfalten und ohne innere Längsgefäße. Phlebobranchia: Kiemendarm meist mit inneren Längsgefäßen, aber ohne durchlaufende Längsfalten. Stolidobranchia: Kiemendarm mit inneren Längsgefäßen und meist durchlaufenden Längsfalten. Um genau zu wissen, was damit gemeint ist, muß man diese anatomischen Merkmale einmal gesehen haben. Von den dreiundzwanzig Familien dieser drei Ordnungen sind wir nur sieben begegnet, drei davon bei den Aplousobranchia (Polycitoridae, Didemnidae und Diaconidae), zwei bei den Phlebobranchia (Asciidae, Perophoridae) und zwei bei den Stolidobranchia (Styelidae, Pyoridae). Die gesamte Systematik ist noch im Fluß. Im Jahr 1991 brachte ein Spezialist die Gattung *Diazona* in der Familie Cionidae (Phlebobranchia) unter. Zwei Jahre darauf stellte sie ein anderer zu den Aplousobranchia, und 1995 erschien sie plötzlich bei den Phlebobranchia. Wir Amateure sollten hier nicht päpstlicher sein als der Papst...

Eine völlig unbekannte Eudistoma (?), die dieselbe Organisation wie Lissoclinum bistratum zeigt.

Bei dieser gelben und roten Polycitoride (oder handelt es sich um eine Polyclinide?) bilden einzelne Tiere getrennte kleine Büschel. Im Bild oben rechts eine gelbe Didemnide. Man beachte, daß beim inkrustierenden orangefarbenen Schwamm unten keine Einströmöffnungen zu erkennen sind – im Gegensatz zu den Didemniden.

Stachelhäuter

Die Stachelhäuter – wissenschaftlich *Echinodermata* – sind durch eine fünfstrahlige Symmetrie und ein kräftiges Kalkskelett gekennzeichnet, das unter der Außenhaut (Ektoderm) liegt. Obwohl in unserem Buch mehrere Stachelhäuterklassen behandelt werden, beschränken wir uns beim anatomischen Aufbau auf den Vergleich zwischen einem Seeigel und einem Seestern.

Der typische Seestern (A) hat fünf Arme, wobei hier aber von Natur aus oder durch Regeneration durchaus Abweichungen möglich sind. An der Oberseite erkennt man einen After (1) und eine Siebplatte (2). Die Zeichnung (B) zeigt die komplizierte Anordnung des Wassergefäßsystems. Das Wasser dringt durch die Siebplatte (2) ein, der die Funktion eines Filters hat und Sandkörnchen zurückhält. Der Steinkanal (3) führt zum Ringkanal (4). Von ihm führen Radiärkanäle (5) in die einzelnen Arme. Zu beiden Seiten der Kanäle befindet sich eine Reihe von Ambulakralfüßchen, von denen jedes aus einer Ampulle (6) und einem Saugnapf (7)

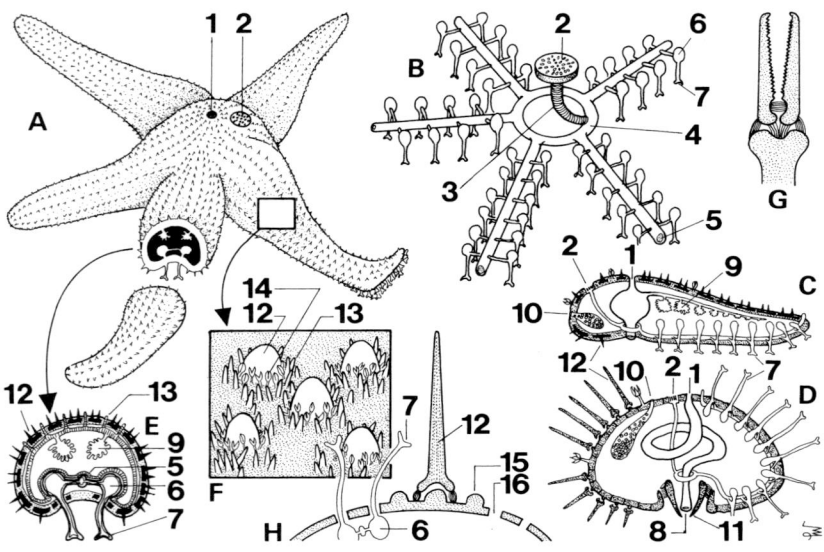

besteht. Diese Wassergefäße bilden ein komplexes hydraulisches System, das es dem Seestern ermöglicht, sich zu bewegen und beträchtliche Kräfte zu entwickeln, wenn es zum Beispiel darum geht, die beiden Schalen einer Muschel zu öffnen.

Vergleichen wir die Schnittzeichnungen eines Seesterns (C) und eines Seeigels (D): Beide haben oben einen After (1) und eine Siebplatte (2), ferner Ambulakralfüßchen (7), einen ventralen Mund (8, nur beim Seeigel eingezeichnet), Geschlechtsdrüsen oder Gonaden (10) und Kalkstacheln (12). Die Seesterne haben sogenannte Magendivertikel (9), die in die einzelnen Arme reichen, während für den Seeigel ein Kauapparat typisch ist, die berühmte „Laterne des Aristoteles (11)".

Der Querschnitt durch den Arm eines Seesterns (E) zeigt einmal mehr die Anordnung des Radiärkanals (5), der Ampullen (6) und der Ambulakralfüßchen mit den Saugnäpfen (7). Deutlich zu erkennen sind auch die Magendivertikel (9) und die Kalkstacheln (12). Über

kleine Öffnungen stehen häutige Strukturen, die sogenannten Papulae (13), mit der Außenwelt in Verbindung. Sie dienen unter anderem der Atmung. Eine Detailzeichnung von der Oberfläche eines Seesterns zeigt dicke Kalkstacheln (12), die von Papulae (13) und Pedizellarien (14) umgeben sind. Die Pedizellarien sind kleine Greiforgane, die der Verteidigung und der Reinigung der Stacheln dienen. Man findet sie auch bei den Seeigeln. Auf der Zeichnung (G) ist eine solche Pedizellarie mit ihren Muskeln abgebildet.

Im schematischen Schnitt durch die Schale eines Seeigels (H) erkennen wir die Ampullen (6) und die Saugnäpfe (7). Sie werden durch Poren (16) im Kalkskelett nach außen gestreckt. Die Kalkstacheln (12) werden von Muskeln an der Basis bewegt. Zur Verankerung dient ein Skeletthöcker (15).

Auf die einzelnen Gruppen der Stachelhäuter werden wir im folgenden getrennt eingehen: Seelilien, Seesterne, Schlangensterne, Seeigel und Seegurken.

Seelilien, Haarsterne

Seelilien treten sehr häufig in den warmen Meeren auf und leben dort als Filtrierer. Die ersten Vertreter dieser Gruppe lebten schon vor 350 Millionen Jahren. Am zentralen Körper, dem Kelch, sind die fünf Arme befestigt, die sich allerdings mehrmals gabeln können. So reicht ihre Zahl je nach Art bis 200. Die Arme tragen wiederum seitliche Zweige, die Pinnulae. Am Kelch befindet sich der zentrale Mund auf der Oberseite. Hier münden die Nahrungsrinnen oder Ambulakralfurchen der Arme. Ebenfalls auf der Oberseite befindet sich auf einer kegelförmigen Erhebung der exzentrische After. Die meisten Seelilien heften sich mit Cirren am Meeresboden fest. Einige können mit Hilfe ihrer Arme schwimmen. Die Systematik der Seelilien beruht zu einem großen Teil auf der detaillierten Anatomie der Pinnulae. Man unterscheidet heute ungefähr 600 Arten! Man findet sich hier nur zurecht, wenn man eine Sammlung anlegt. Aus diesem Grund stehen hinter manchen Namen Fragezeichen.

Die fünf gegabelten Arme, die Färbung und die Lebensweise sind ziemlich sichere Erkennungszeichen für diese Art.

Gegenüberliegende Seite:
Stachelhäuter sind ausgesprochen dekorative Tiere wie diese Goldhaarsterne an einem Steilabfall der Similian Inseln in der Andamanensee. Die roten Korallen sind Dendronephthya-Arten, die Fische sind Junker-Arten.

Antedon parviflora
Zehnarm-Haarstern (D), Comatule à dix bras (F), Ten-armed feather star (GB), Tienarmige haarster (NL), Al-Nidjmah Al-Moudjanaḫa (AR)

Familie Antedonidae. Jeder der fünf Arme gabelt sich in Kelchnähe einmal. Farbe: Gelb bis Rosa; Durchmesser: 10–15 cm. Diese eher nachtaktive Art lebt oft auf Lederkorallen, auf Gorgonien oder Dornkorallen. Wenn man diesen Haarstern stört, kann er seine Unterlage verlassen und mit Hilfe seiner Arme wegschwimmen. Es gibt weitere Seelilienarten mit zehn Armen, doch sind sie im allgemeinen anders gefärbt. Verbreitung: vom Roten Meer bis in den Pazifik. Dies ist die einzige tropische Art, die den Haarsternen unserer europäischen Küsten ähnlich sieht.

Ein schönes gelbes Exemplar von Oxycomanthus bennetti, das sich mit seinen mächtigen Cirren an einem Schwamm (Xestospongia sp.) festkrallt.

Oxycomanthus bennetti

Goldhaarstern, Bennetts Haarstern (D), Comatule de Bennett (F), Bennett's feather star (GB), Bennett's haarster (NL), Nidjmatt Al-Riish (AR)

Familie Comasteridae. Eine große strauchförmige Art (bis 25 cm), mit siebzig bis einhundertzwanzig Armen. Sie tritt in zahlreichen Farbtönen von Weiß bis Schwarz auf, doch ist fast immer eine gelbe Komponente dabei. Dieser Haarstern heftet sich mit seinen zahlreichen kräftigen Cirren fest und breitet seine Arme kreisförmig aus. Tag- und nachtaktiv. Verbreitung: von den Malediven bis in den Pazifik, vielleicht auch weiter westlich?

Die insgesamt kugelige Form und die Färbung erinnern an Comanthina schlegeli. Ohne Garantie...

Comanthina schlegeli (?)

Schlegels Prachthaarstern, Variabler Prachthaarstern (D), Comatule de Schlegel, crinoide variable (F), Schlegel's feather star, variable crinoid (GB), Schlegel's haarster, gevariëerde haarster (NL), Nidjmatt Al-Riish (AR)

Familie Comasteridae. Eine große strauchförmige Art. Durchmesser: 20 cm oder mehr, bis 200 Arme. Diese Art hat keine Cirren und hält sich mit Hilfe von Armen an Ort und Stelle fest. Färbung sehr variabel, von Gelb bis Schwarz, oft buntscheckig. Dieser Haarstern lebt zwischen 5 und 50 m Tiefe. Verbreitung: vom Roten Meer bis in den Pazifik.

Pontiometra andersoni
Krallen-Haarstern, Andersons Haarstern (D), Comatule d'Anderson (F), Anderson's feather star (GB), Anderson's haarster (NL), Nidjmatt Al-Riish (AR)

Familie Colobometridae. Eine große Art (20 cm) mit bis zu einhundertzwanzig Armen, ähnlich *Catoptometra magnifica*. Cirren stark verlängert, bis 8 cm. Färbung variabel, wobei ein Braunrot (Abbildung) bisweilen mit Weiß oder Gelb dominiert. Dieser Haarstern krümmt seine Arme ein, wenn keine Strömung vorhanden ist. Bei Wasserbewegung entfaltet er sie zu parabolischer Form. Die Art lebt auf unterschiedlichen Substraten zwischen 10 und 40 m Tiefe, von den Andamanen bis in den Pazifik.

Färbung und Form der weißen Arme und der braunroten Pinnulae sind ziemlich typisch für Pontiometra andersoni, die ihre Arme nur in Ausnahmefällen entrollt.

Cenometra bella (?)
Gorgonien-Haarstern (D), Comatule des gorgones (F), Gorgonian feather-star (GB), Gorgonen-haarster (NL), Nidjmatt Al-Riish (AR)

Familie Colobometridae. Diese Art hat zwanzig bis vierzig Arme mit einer Länge von bis zu 14 cm. Färbung variabel: Arme schwarz, braun oder weiß, Pinnulae weiß, grau oder schwarz – oder eine Mischung dieser Farben. Dieser Haarstern heftet sich mit Vorliebe an Gorgonien oder fadenförmigen Dörnchenkorallen fest. Man begegnet ihm ab 15 m Tiefe, vom östlichsten Ende des Indischen Ozeans bis in den Pazifik.

Dieser Cenometra bella hält sich mit seinen Cirren an einer binsenförmigen Gorgonie der Gattung Junceella fest und entfaltet seine filtrierenden Arme.

Diese Art bleibt unbestimmbar. Möglicherweise handelt es sich um Lamprometra klunzingeri, denn diese Nachtaufnahme stammt aus dem Roten Meer, wo die Art häufig auftritt.

Dichrometra flagellata oder Lamprometra klunzingeri oder L. palmata

Malediven-Haarstern, Gemeiner Haarstern (D), Comatule des Maldives, comatule commune (F), Maldivian crinoid, common crinoid (GB), Malediven-haarster, gewone haarster (NL), Khavatzelett-yam rav-gonitt (HE), Nidjmatt Al-Riish (AR)

Familie Mariametridae. Die im Titel genannten drei Arten sehen sich sehr ähnlich, sowohl was die Größe (Durchmesser: ungefähr 25 cm), die Anzahl der Arme (20 bis 30), die Färbung (Wechsel von hellen und dunklen Bändern in orangefarbenen bis dunkelbraunen Tönen), ihre Ökologie (zwischen 1 und 15 m Tiefe) und ihr Verhalten (nachtaktiv, tagsüber versteckt) anbelangt. Dazu kommt, daß diese drei Arten im westlichen Teil des Indischen Ozeans und im Roten Meer extrem häufig auftreten. Nur wer mit einer Lupe taucht und die Skelettelemente an den Cirren und an der Basis der Arme zählt, kann die drei Arten an Ort und Stelle unterscheiden.

Blick auf den Kelch, an dem die ungefähr zwanzig Arme befestigt sind. Es empfiehlt sich immer, den Kelch dieser Tiere zu untersuchen, weil sich hier dauernd Krabben, Garnelen und hervorragend getarnte Fische aufhalten.

Nicht näher identifizierte Arten

Von dieser wunderschönen Seelilie steht nicht einmal die Familienzugehörigkeit fest. Ich gebe Ihnen hier eine alphabetische Liste der Seelilien oder Haarsterne des Indopazifiks, denen man bei einem Tauchgang begegnen kann. Die Liste will Ihnen noch einmal vor Augen führen, daß eine Bestimmung nur durch einen Spezialisten im Museum möglich ist: *Antedon parviflora, Basilometra boschmai, Capillaster multiradiatus, Cataptometra magnifica, Cenometra bella, Colobometra perspinosa, Comantheria briareus, Comanthina audax, C. nobilis, C. schlegeli, Comanthus alternans, C. gracilis, C. mirabilis, C. parvicirrus, C. samoanus, C. suavia, Comaster distinctus, C. multibrachiatus, C. multifidus, Comatella maculata, C. nigra, C. stelligera, Comatula pectinata, Comissia hartmeyeri, C. pectinifera, Decametra chadwicki, D. mollis, Dichrometra flagellata, Dorometra aegyptica, Heterometra atra, H. savignyi, Himerometra bartschi, H. robustipinna, Lamprometra klunzingeri, L. parmata, Liparometra regalis, Oligometra cirripinna, O. serripinna, Oxycomanthus bennetti, Oxymetra erinacea, Petasometra clarae, Pontiometra andersoni, Reometra mariae, Stephanometra echinus, S. indica, S. oxyacantha, S. spicata, Tropiometra afra, T. carinata.* Das wärs!

Selbst wenn man nicht weiß, um welche Art es sich handelt, so muß man doch die Schönheit dieses Tieres bewundern, das sich bei Bali an einer Gorgonie der Gattung Melithaea festgeheftet hat.

Nächtlicher Tauchgang bei Quseir (Rotes Meer). Auf dem Riff bewegt im Licht der Lampen ein Haarstern seine Arme. Handelt es sich um Heterometra savignyi?

Seesterne

Sternförmige Tiere, typischerweise mit fünf Armen, die an einer zentralen Scheibe befestigt sind. Es gibt auch abweichende Armzahlen, etwa bei *Acanthaster planci* (bis achtzehn). Die Seesterne haben eine hohe Regenerationsfähigkeit. Die Ambulakralfüßchen befinden sich auf der Bauchseite.

Choriaster granulatus

Walzenstern, Gekörnter Kissenstern (D), Étoile-coussin granuleuse (F), Granular starfish (GB), Korrelige kussenzeester (NL), Garguirann megoucham (HE), Saliib Al-Bahr, Nadjm Al-Bahr (AR)

Familie Oreasteridae. Ein massives Tier mit fünf sehr dicken Armen. Erwachsene Tiere erreichen einen Durchmesser von 20 cm. Färbung rosa, die Bereiche der blasenförmigen Kiemen (Papulae) dunkel, von orangerosa bis braun. Die Färbung der Populationen an den Küsten Afrikas ist kontrastreicher als die der Malediven und des indonesischen Archipels. Die Art ernährt sich von Detritus und von tierischen Kadavern, bisweilen von Korallen, und bewegt sich nur sehr langsam fort. Auf der Oberfläche des Tieres entdeckt man fast immer einige kleine Garnelen der Art *Periclimenes soror*. Im Innern des Seesterns hält sich bisweilen ein parasitischer Fisch der Gattung *Carapus* auf. Man findet die Art im allgemeinen am Fuß der Riffe, zwischen 5 und 40 m, auf Korallensand oder anderen Sedimenten. Verbreitung: vom Roten Meer bis in den Pazifik.

Auch wenn die Färbung sich leicht von Region zu Region unterscheidet, erkennt man Choriaster granulatus doch sofort an seinen dicken Armen.

Culcita novaeguineae und Culcita schmideliana

Kissenstern (D), Étoile-coussin (F),
Cushion-star (GB), Kussen-zeester (NL),
Garguirann pitmati (HE), Nadjmatt
Al-Wisadah (AR)

Familie Oreasteridae. Ein massives, fünfeckiges Tier. Die Arme sind kaum entwickelt, und *Culcita* erinnert an einen dicken Seeigel ohne Stacheln. Der Durchmesser kann bei einer Höhe von 10 bis 15 cm immerhin 30 cm betragen. Färbung äußerst variabel: beige, braun, rot, grün; besonders auf der dem Boden zugewandten Mundseite stehen Platten und Stacheln mit kontrastierender Färbung: rot, schwarz, blau... Die Färbung taugt also nicht als Bestimmungsmerkmal. Auf der Oberfläche dieser Seesterne leben fast immer Garnelen der Art *Periclimenes soror*. Im Körperinnern hält sich bisweilen ein parasitischer Fisch (*Carapus*) auf. *Culcita* ernährt sich von Abfällen, von inkrustierenden Lebewesen und greift auch Korallen der Gattungen *Acropora* und *Porites* an. Man begegnet dem Seestern zwischen 1 und 30 m Tiefe am Fuß der Riffe. Geographische Verbreitung: Die Spezialisten unterscheiden zwei Schwesterarten: *C. novaeguineae* vom Westpazifik und *C. schmideliana* vom Indischen Ozean. Damit kann man ohne Problem ein Tier aus dem Roten Meer oder von den Malediven oder von Neukaledonien bestimmen, während man in Indonesien nie so recht weiß, in welchem Ozean man sich befindet...

Eine Culcita novaeguineae aus Indonesien.
Der Blick von oben zeigt den leicht fünfeckigen
Grundriß.

Eine Culcita schmideliana von den Similan-Inseln.
Man darf bei der Artbestimmung nicht auf die
Färbung vertrauen! Sie ist extrem variabel, selbst
im Innern ein und derselben Population. So lange
Sie im Roten Meer und im Indischen Ozean tauchen, begegnen Sie stets der Art C. schmideliana.

Man begegnet Astropecten polyacanthus vor allem nachts, wenn die Art auf Jagd geht. Sie bewegt sich schnell fort und gräbt sich bei einer Störung in den Sand ein.

Astropecten polyacanthus

Kammstern, Braungepunkteter Kammstern, Dorniger Kammstern (D), Étoilepeigne (F), Comb-star, brown spotted comb star, sand star (GB), Kamster (NL), Darbani nav-kotzim (HE), Nidjmett Al-Ramel (AR)

Familie Astropectinidae. Fünf Arme mit kräftigen seitlichen Stacheln („Kamm"). Durchmesser: 10 bis 17 cm. Färbung variabel: grau, gelb, beige, braun, bisweilen mit kleinen rötlichen Flecken. Die Art lebt zwischen 5 und 60 m Tiefe auf Sand und kommt vom Roten Meer bis in den Pazifik vor. Es handelt sich um einen nachtaktiven Räuber, der sich vor allem von Muscheln ernährt.

Gomophya egyptiaca (aegyptiaca)

Ägypter-Seestern (D), Étoile de mer égyptienne (F), Egyptian starfish (GB), Egyptische zeester (NL), Shevitit mitzritt (HE), Al-Nidjmeh Al-Masriyeh (AR)

Familie Ophidiasteridae. Durchmesser: 10 bis 15 cm. Färbung creme bis hellbraun mit hellen Skelettplatten, die von rötlichen Kreisen umgeben sind. Charakteristisch sind die großen konischen Stacheln. Bei den Exemplaren aus dem Roten Meer erscheinen sie weiß. Bei Tieren aus dem Indischen Ozean und dem Pazifik variiert ihre Färbung von rotbraun bis blau. Eine nachtaktive Art, der man zwischen 5 und 50 m begegnet. Trotz ihres Namens kommt sie bis in den Pazifik vor.

Ein Exemplar von Gomophya egyptiaca auf einer Lederkoralle der Gattung Cheironephthya.

Echinaster callosus

*Knotiger Seestern (D), Étoile verruqueu-
se (F), Warty starfish (GB), Wratten-zee-
ster (NL), Saliib Al-Bahr, Nadjm Al-Bahr
(AR)*

Familie Echinasteridae. Die fünf
konischen Arme sind von rundli-
chen Warzen bedeckt. Durchmesser: ungefähr 25 cm. Färbung beige
mit dunkleren Flecken. Die
nachtaktive Art frißt Algen und
kleine festsitzende Wirbellose. Die
Art ist ziemlich selten und tritt in
geschützten Gewässern wie Lagunen in 5 bis 20 m Tiefe auf. Verbreitung: gesamter Indopazifik.

*Ein charakteristisches Exemplar von
Echinaster callosus auf der Lederkoralle
Lithophytum arboreum.*

Asterina burtoni

*Fünfeckstern (D), Astérine (F),
Starlet (GB), Vijfhoekige zeester (NL),
Kokhavonn ghamadi (HE), Saliib
Al-Bahr, Nadjm Al-Bahr (AR)*

Familie Asterinidae. Ein kleiner
Seestern (Durchmesser 3 cm) mit
ziemlich charakteristischer Form.
Er ist nachtaktiv und verbirgt sich
tagsüber unter Korallenblöcken
oder in Spalten des Riffes. Die Art
ist in der Regel rot gefärbt. Unsere
Fotografie zeigt, daß aber auch andere Färbungen möglich sind. Sehr
häufige Art im gesamten Indopazifik.

*Beim Umdrehen von toten Korallenblöcken bin ich
auf diesen Fünfeckstern zwischen abgestorbenen
Seepockengehäusen gestoßen. Golf von Oman,
Tiefe 10 m.*

Protoreaster nodosus
Warzenseestern (D), Étoile à cornes, étoile à bosses (F), Horned sea-star (GB), Hoornzeester (NL), Al-Madjmatt Thatt Al-Qarn (AR)

Ein Exemplar von Protoreaster nodosus, fotografiert in einer Seegraswiese mit Thalassia hemprichii.

Eine Fromia monilis aus Hurghada (nördliches Meer). Der zentrale Fleck ist hier nur sehr klein und unregelmäßig geformt; Enden der Arme nicht rot.

Familie Oreasteridae. Ein großer Seestern, dessen Durchmesser 30 – 40 cm betragen kann. Das Tier ist ziemlich hoch, hat eine harte Konsistenz, obwohl sich dessen Oberfläche glatt wie Korken anfaßt. Auf den fünf Armen und der Mundscheibe stehen große warzige, mehr oder minder zugespitzte Fortsätze. Die Grundfarbe schwankt von creme bis orange, die Höcker sind blau, grün oder rot. Der Warzenseestern wird gelegentlich von der Nacktschneckenart *Thyca astericola* befallen. Er tritt häufig auf sandigen Riffflächen und in Seegraswiesen zwischen 1 und 5 m Tiefe auf. Seltener geht er bis 30 m Tiefe. Die Art ist im Westpazifik und im östlichen Teil des Indischen Ozeans häufig. Im westlichen Teil des Indischen Ozeans ist sie sehr viel seltener.

Fromia monilis
Roter Maschenseestern (D), Étoile à mailles rouges (F), Red mesh starfish (GB), Roodgemaasde zeester (NL), Al-Nidjmeh Al-Ḥamra (AR)

Familie Ophidiasteridae. Ein kleiner Seestern (Durchmesser höchstens 8 cm), ziemlich abgeflacht, mit stark verjüngten, dreieckigen Armen. Kalkplatten cremefarben bis gelb, deutlich zu erkennen, von einer roten Felderung umgeben. In der Mitte der Scheibe ist auf der aboralen Oberseite ein mehr oder minder großer roter Fleck vorhanden. Er kann die Form eines fünfstrahligen Sterns annehmen. Auch die Färbung der Armenden unterliegt möglicherweise einer gesetzmäßigen Variation von West nach Ost (siehe Fotos). Ein Thema für Spezialisten! Die Leser sind aufgefordert, Form und Größe des zentralen Flecks von *Fromia monilis* durch eine Fotografie oder eine Skizze festzuhalten. Schreiben Sie mir! Die Art lebt zwischen 3 und 35 m Tiefe im gesamten Indopazifik. Eine Verwechslung ist möglich mit *Celerina heffernani*, die nur im Pazifik, aber nicht im Indischen Ozean vorkommt, sowie mit *Fromia indica*, die eine unterschiedliche Färbung aufweist (von den Malediven bis nach Polynesien).

Ein Exemplar von Sulawesi (Indonesien). Zentralfleck mit fünf Strahlen, Enden der Arme rot.

Fromia ghardaqana
Hurghada-Stern (D), Étoile d'Hurghada (F), Hurghada star (GB), Hurghadazeester (NL), Shevititt eynounitt (HE), Nadjm Al-Ba<u>h</u>r (AR)

Diese endemische Art des Roten Meeres zeigt eine charakteristische Färbung.

Familie Ophidiasteridae. Eine rote *Fromia* mit weißen oder hellblauen Punkten. Durchmesser bis 7 cm. Die jungen Tiere sind männlich und verwandeln sich mit zunehmendem Wachstum in Weibchen. Durch ihre geringe Größe und die verborgene Lebensweise fällt diese Art kaum auf. Man kann sie schon im Riffdach finden. Es handelt sich um einen Endemiten des Roten Meeres, dessen Name von „El Ghardaqa" stammt, dem arabischen Namen von Hurghada.

Die Bestimmung ist einfach: Linckia laevigata ist der einzige blaue Seestern auf der Welt! Das Exemplar liegt auf der Auster Lopha frons, die man an der zickzackförmigen und doch abgerundeten Spalte zwischen den Schalenhälften erkennt.

Ein atypisch gefärbtes Exemplar von Linckia guildingi. Die Farbe ist in der Regel einheitlich gelbgrün. Die Koralle ist Mycedium elephantotus.

Linckia laevigata

Blauer Rundarmstern (D), Étoile de mer bleue (F), Blue sea-star (GB), Blauwe zeester (NL), Shevititt (HE), Al-Nidjmeh Al-Zarka (AR)

Familie Ophidiasteridae. Ein großer Seestern (Durchmesser 20–30 cm) mit zylindrischen, einheitlich blauen Armen. Die Färbung schwankt individuell von hellblau über grau bis intensiv blau, manchmal mit einem violetten Stich. Die Art ernährt sich von Detritus und inkrustierenden Lebewesen sowie von jungen Korallen. Auf der Oralseite (Unterseite) begegnet man häufig in den Ambulakralfurchen Garnelen der Art *Periclimenes soror* sowie Ruderfußkrebsen. Beide Gäste haben sich dabei farblich ihrem Wirt angepaßt. Das Tier wird auch von Muscheln der Gattungen *Tyca* und *Stylifer* befallen. Es lebt zwischen 0 und 25 m Tiefe, vor allem auf dem Riffdach. Man begegnet dieser Art im ganzen Indischen Ozean (mit Ausnahme des Roten Meeres?) sowie im Westpazifik.

Linckia cf. guildingi

Gelber Rundarmstern (D), Étoile de mer jaune (F), Yellow starfish (GB), Gele zeester (NL), Shevititt (HE), Al-Nidjmeh Al-Safra (AR)

Familie Ophidiasteridae. In der Form der vorigen Art ähnlich, doch einheitlich grünlichgelb oder bräunlichcreme gefärbt mit dunkleren Flecken, die den Bereichen der Papulae entsprechen. Die Art hat normalerweise fünf, selten sechs Arme. Durchmesser: 20–40 cm. Sie beherbergt mimetische Garnelen der Art *Periclimenes soror* und kommt zwischen 10 und 40 m Tiefe vor. In den gesamten Tropen verbreitet.

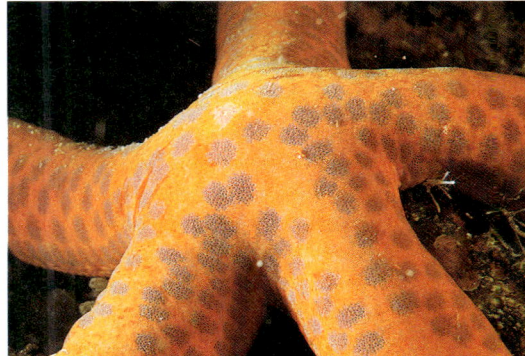

Detailaufnahme von Linckia multiflora mit eher atypischer, fast einheitlicher Färbung.

Linckia multiflora
Kometenseestern (D), Comète de mer (F), Comet starfish (GB), Komeet-zeester (NL), Shevitit ketana (HE), Al-Nidjmeh Al-Mouthanabeh (AR)

Familie Ophidiasteridae. Typische *Linckia*-Form mit glatten, zylindrischen Armen. Die Art ist kleiner als die beiden bereits behandelten, denn ihr Durchmesser beträgt nicht über 12 cm. Färbung äußerst variabel: cremefarben, rosa, orange, braun oder rot, oft mit dunkleren Flecken. In der Regel (aber nicht immer) mit fünf Armen, diese oft nicht gleich lang. Dieser Seestern pflanzt sich ungeschlechtlich fort, indem er einen Arm abwirft. Dieser regeneriert zu einem ganzen Seestern und durchläuft dabei ein Stadium mit einem großen und vier kleinen Armen („Kometenstadium"). Man findet diese Seesternart in allen Lebensräumen von der Wasseroberfläche bis in 40 m Tiefe, im gesamten Indopazifik.

Typische Fleckenzeichnung und Körperform des Kometenseesterns. Die Hirnkoralle ist Leptoria phrygia.

Ein großer Seestern, der nachts auf dem Riffdach von Quseir (Rotes Meer) in 5 m Tiefe auf Nahrungssuche ging. Es handelt sich wahrscheinlich um Ophidiaster hemprichi.

Ophidiaster hemprichi (?)

Gefleckter Ophidiaster (D), Ophidiaster tacheté (F), Mottled Ophidiaster (GB), Gevlekte Ophidiaster (NL), Shevititt (HE), Saliib Al-Ba<u>h</u>r, Nadjm Al-Ba<u>h</u>r (AR)

Familie Ophidiasteridae. Ein Seestern mit langen zylindrischen, fast glatten Armen, die von deutlich erkennbaren Kalkplatten bedeckt sind. Dieses Merkmal erlaubt zusammen mit der erheblichen Größe (Durchmesser 15–30 cm) die Unterscheidung gegenüber *Linckia multiflora*. Die beiden Arten sind gleich gefärbt, doch sieht man bei *L. multiflora* kleine, fast runde Flecken auf hellem Grund, während sie bei *O. hemprichi* groß und sehr unregelmäßig ausfallen oder völlig fehlen (man vergleiche die Fotografien der beiden Arten). Eine nachtaktive Art, relativ häufig auf dem Riffdach und auf seichteren Riffen (0–15 m) des Roten Meeres, bis in den Pazifik verbreitet.

Leiaster speciosus (?)

Dunkelroter Seestern (D), Étoile rouge foncé (F), Dark-red seastar (GB), Donkerrode zeester (NL), Shevititt (HE), Al-Nidjmeh Al-Khamryeh (AR)

Familie Ophidiasteridae. Nur anhand der Fotos fällt die Unterscheidung zwischen *Leiaster* und *Ophidiaster* sehr schwer. Doch die Bestimmung ist fast sicher. Ein großes Tier mit einem Durchmesser von bis zu 60 cm. Arme glatt, im Querschnitt rund. Färbung: dunkelrot auf dem ganzen Körper. Der Dunkelrote Seestern lebt zwischen 10 und 30 m Tiefe. Die Art ist vom Pazifik bekannt, doch das abgebildete Exemplar stammt aus dem Golf von Oman in 10 m Tiefe.

Nardoa galatheae (?)

Brauner Maschenseestern (D), Étoile réticulée brune (F), Brown mesh starfish (GB), Bruingemaasde zeester (NL), Shevititt (HE), Saliib Al-Ba<u>h</u>r, Nadjm Al-Ba<u>h</u>r (AR)

Ein großes Exemplar von Leiaster speciosus neben einer Korallenkolonie der Gattung Goniopora.

Familie Ophidiasteridae. Es wird Ihnen eines Tages wohl auch so gehen wie mir: Im „Unterwasserführer Malediven: Niedere Tiere" von Helmut Göthel finde ich ein Foto, das meinem ähnlich sieht, und hier wird das Tier als *Nardoa galatheae* bezeichnet. Im Guide des invertébrés du Pacifique (Patrick Colin & Charles Arneson) finde ich denselben Namen. Ich bitte Prof. Michel Jangoux um Hilfe, den Spezialisten für Seesterne, doch dieser braucht das konservierte Tier für eine Entscheidung. Wissenschaftlich gesprochen habe ich das Falsche getan, weil ich nur über eine Fotografie verfüge. Doch mir ist das so lieber. Es steht jedenfalls fest, daß es sich um einen Angehörigen der Familie Ophidiasteridae handelt. Wenn alle Bestimmungen zutreffen, so umfaßt das Verbreitungsgebiet mindestens die Malediven, die Philippinen und Indonesien.

Ein schöner Seestern aus der Familie Ophidiasteridae, wahrscheinlich Nardoa galatheae, fotografiert bei Donggala, Sulawesi (Indonesien), Wassertiefe 10 m.

Acanthaster planci

Dornenkronen-Seestern (D), Couronne du Christ (F), Crown-of-thorns starfish (GB), Doornenkroon-zeester (NL), Kokhvann kotzani (HE), Saliib Al-Bahr Bil-cAshwaak (AR)

Familie Acanthasteridae. Ein sehr großer Seestern mit einem Durchmesser von 35, ja 50 cm. Die Zahl der Arme schwankt von neun bis dreiundzwanzig je nach Individuum. Das ganze Tier ist von zahlreichen Stacheln bedeckt. Achtung! Die Stacheln sind von einem giftigen Schleim bedeckt, so daß der Stich äußerst schmerzhaft wirkt und sogar zu einer Erkrankung führen kann. Färbung sehr variabel, doch die äußere Form und die Dimensionen reichen aus, um das Tier auf den ersten Blick zu bestimmen. Verbreitung: vom Roten Meer bis in den Pazifik. Diese Seesternart ernährt sich von Korallen. Sie stülpt den Magen über der Korallenkolonie aus, auf der sie sitzt, und verdaut die

Polypen. Danach saugt sie alles ein. In einer Nacht kann dieser Räuber alle Polypen einer fünfzigjährigen Korallenkolonie fressen. Ein einziges Tier tritt als Feind dieses Seesterns auf, das Tritonshorn, eine große Meeresschnecke. Sie ist unempfindlich gegenüber den Stacheln, dreht den Seestern auf den Rücken und frißt ihn von unten her auf.

Das erste Mal hörte ich von *Acanthaster planci* im Jahr 1969. Ich hatte erfahren, daß eine Art Epidemie die Riffe des Pazifiks befällt: Eine Armee von Seesternen rückte unaufhaltsam vor und fraß alle Korallen auf der Durchreise. Sie hatten sich 1960 vom Großen Barriereriff von Australien aus aufgemacht, 500 km australische Riffe kahlgefressen und waren dann 4000 km nordwärts und 9000 km ostwärts gewandert. Sie griffen nun die Riffe Malaysias und Borneos, Tahitis und des Tuamotu-Archipels an. Die Berichte aus jener Zeit erinnerten an die Nachrichten der amerikanischen Truppen im Pazifikkrieg 1944: Guam, Palau, Truk... Vor dieser beunruhigenden Ausbreitung war die Dornenkrone eine zurückhaltende, diskrete Bewohnerin der Korallenriffe gewesen. Tagsüber versteckte sie sich in Spalten und machte sich erst nachts auf die Suche nach einigen Korallenpolypen. Während der sechziger Jahre wuchs die Population jedoch explosionsartig. Ganze Horden zogen tags wie nachts durch die Riffe und legten auf ihrem Zer-

Ein bunter Acanthaster aus Hurghada (Rotes Meer), umgeben von kleinen weißen Büscheln von Xenia sp.

störungsweg pro Woche 1 km zurück. Die toten Korallen wurden sofort von Algen und Schwämmen zugedeckt. Damit begann die Erosion. *Acanthaster* stellte eine wirkliche Bedrohung für Tausende von Kilometern Riff dar. Hier pflanzten sich Myriaden von Fischen fort, die den Polynesiern als Nahrung dienten. Dazu kommt, daß lebende Riffe die Küste vor den zerstörerischen Kräften des Ozeans schützen. Die Expansion dieses Seesterns stellte eine wahre ökologische Katastrophe dar... Doch wie sollte man sie erklären? Es gab dazu ganz unterschiedliche, alles plausible Hypothesen, doch für keine gab es einen Beweis. Für einige Experten war dies ein periodisch auftretendes natürliches Phänomen. Die meisten vertraten jedoch die Ansicht, der menschliche Einfluß spiele hier die Hauptrolle. Die Tritonshörner seien die natürlichen Feinde von *Acanthaster.* Da man sie aber auf der ganzen Welt zu Hunderttausenden gesammelt hatte, um ihre Schalen den Touristen zu verkaufen, sei ein wichtiger Faktor zur Begrenzung der Population ausgefallen. Nein, erwiderten andere, die Korallen selbst seien die größten Feinde der Dornenkrone: Ihre Polypen würden Myriaden von Seesternlarven fressen, während sich diese über die Riffe ausbreiten. Da der Mensch aber den Tod gewiß ganzer Riffe durch Umweltverschmutzung und Sprengstoffischerei auf dem Gewissen habe, konnte sich *Acanthaster*

explosiv ausbreiten. Wie dem auch sei, das Phänomen, das seit dem Beginn der achtziger Jahre zurückgegangen ist, zeigte einmal mehr, wie verwundbar ein ökologisches Gleichgewicht sein kann.

Ein sehr schönes Exemplar mit prächtiger Färbung auf einem Riff des Golfs von Oman.

Die Kolonie von Acropora unter dieser schwarzpurpurnen und blauen Dornenkrone ist schon tot. Der riesige Stachelhäuter hat alle lebenden Gewebe aufgefressen. Golf von Oman, 1995.

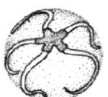

Schlangensterne

An einer zentralen Scheibe sind fünf bewegliche, schlangenförmige, teilweise mit Stacheln bewehrte Arme befestigt. Im allgemeinen verzweigen sich die Arme nicht – die einzige Ausnahme gilt für die Gorgonenhäupter (Gorgonocephalidae). Schlangensterne sind sehr beweglich und die schnellsten aller Stachelhäuter. Im geographischen Gebiet, das uns hier interessiert, umfassen sie ungefähr zwei Dutzend Gattungen und rund 300 Arten. Vollständigkeit können wir hier also nicht erreichen. Für den Nichtkenner ähneln sich viele Arten übrigens sehr stark.

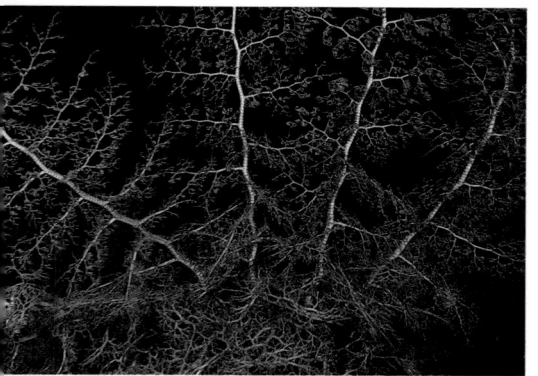

Bei nächtlichen Tauchgängen kann man Gorgonenhäupter mit ihren mächtigen Armen beobachten. Sie reagieren sofort auf das Licht der Taucherlampen und bewegen ihre Arme oder rollen sie ein. Dieses ist eines der merkwürdigsten Schauspiele der Unterwasserwelt.

Astroboa nuda

Gorgonenhaupt (D), Gorgonocéphale, tête de Méduse (F), Basket star, Gorgon's head (GB), Medusa-hoofd (NL), Nakhshonak sikhani (HE), Dhanab Al-Hayyatt, 'Oufyour (AR)

Familie Gorgonocephalidae. An der fünfeckigen zentralen Scheibe, die einen Durchmesser von 9 cm erreicht, sind zehn Hauptarme befestigt, die bis 130 cm lang werden. Sie sind stark verzweigt und bilden viele Nebenäste. Färbung stets weißlich bis hellbeige. Tagsüber verbirgt sich das Tier in Spalten und Ritzen des Riffs, wo es seine Arme einrollt und nur sehr wenig Platz beansprucht. Nachts klettert es aktiv auf das Riffdach und auf Gorgonien, wo es seine Arme entfaltet und ein beeindruckendes Netz mit einem Maximaldurchmesser von 250 cm bildet. Es fängt damit planktische Lebewesen. Diese Art ist die häufigste aller Gorgonenhäupter. Man findet sie zwischen 0 und 120 m Tiefe, vom Roten Meer bis in den Pazifik. Eine ähnliche, jedoch braune Art, *A. granulatus*, tritt viel seltener auf. Es gibt auch mehrere kleinere Arten, etwa *Euryale aspera* (braun, gelblich oder rötlich, Durchmesser: 40 cm) oder *Astroglymma sculptum* (Scheibe braun, Arme weiß).

Euryale aspera

Braunes Gorgonenhaupt (D), Gorgono-
céphale brun (F), Brown Basket star
(GB), Bruin Medusa-hoofd (NL), Nakhs-
honak (HE), Dhanab Al-Hayyatt,
Oufyour (AR)

Familie Gorgonocephalidae. Zentrale Scheibe: 4 cm, Länge der
Arme: ungefähr 20 cm. Scheibe und
Arme rot bis braun gefärbt. Die
Arme werden zur Spitze hin immer
heller, von hellbraun über beige bis
zu weiß. Diese Art lebt auf Sandboden und auf Korallen in kräftiger
Strömung zwischen 2 und 60 m Tiefe. Sie ist von Madagaskar und vom
östlichen Teil des Indischen Ozeans
bis hinein in den Pazifik bekannt.

Die zunehmende Entfärbung der mit deutlichen
Höckern versehenen Arme ist ein Kennzeichen
dieser Art. Unten rechts im Bild erkennt man die
fünfeckige Scheibe.

Ophiothela danae

Gorgonien-Haarstern, Zwerg-Schlangen-
stern (D), Ophiure des gorgones (F),
Gorgonian brittle star, pigmy brittle
star (GB), Gorgonen-brokkelster (NL),
Nakhshonn-yam (HE), Dhanab
Al-Hayyatt, Oufyour (AR))

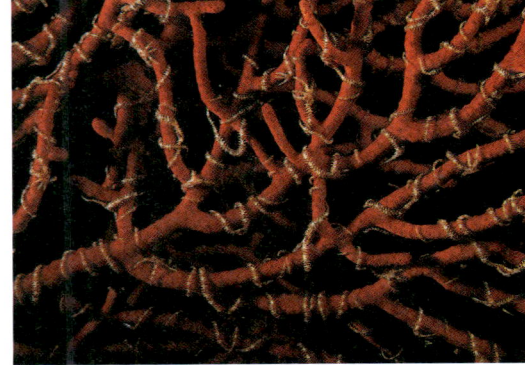

Familie Ophiotricidae. Ein winziges Tier. Durchmesser der Scheibe:
3 mm, Länge der Arme: höchstens
15 mm. Dennoch ist dieser Schlangenstern leicht zu sehen, weil er oft
Populationen aus Hunderten von
Individuen bildet. Sie umschlingen
die Arme von Gorgonien, von
Weichkorallen, Hornkorallen und
Schwämmen. Färbung sehr variabel: gelb, orange, rot oder blau.
Sehr häufige Art. Zwischen 10 und
50 m Tiefe, im ganzen Indopazifik.

Ophiothela danae auf einer Gorgonie.

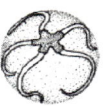

In nur wenigen Zentimetern Tiefe, direkt vor dem Strand, geht dieser Schlangenstern auf Nahrungssuche.

Ophiocoma scolopendrina

Lagunen-Haarstern, Riffdach-Schlangenstern (D), Ophiure des lagons, ophiure du platier (F), Lagoon-brittle star, reefcrest brittle star (GB), Lagune-brokkelster, rifplat-haarster (NL), Keritanitt metzouyérett (HE), Dhanab Al-Hayyatt, Oufyour (AR)

Familie Ophiocomidae. Zentrale Scheibe: ungefähr 10 mm, Länge der Arme: 50–60 mm, diese mit langen feinen Stacheln bedeckt. Färbung dunkel, schwarz bis braun, bisweilen mit einigen helleren Ringen auf den Armen oder einer hellen Zeichnung auf der zentralen Scheibe. Man sieht diesen Schlangenstern oft in seichtem Wasser von nur wenigen Zentimetern Tiefe, wie er mit seinen behaarten Armen treibenden organischen Abfall von der Wasseroberfläche abseiht. Die häufigste Art in geringer Tiefe, vom Roten Meer bis in den Pazifik verbreitet. Sehr ähnlich ist *Ophiomastix variabilis*.

Ophiarachna incrassata

Grüner Haarstern (D), Ophiure verte (F), Green brittle star (GB), Groene brokkelster (NL), Nakhshonn-yam (HE), Dhanab Al-Hayyatt, Oufyour (AR)

Familie Ophiodermatidae. Ein großes robustes Tier. Durchmesser der zentralen Scheibe: bis 5 cm, Länge der Arme: 15–20 cm. Die Färbung schwankt von zitronengelb bis flaschengrün. Auf der Scheibe liegen kleine helle Punkte verstreut, die von einem dunklen Kreis umgeben sind. Die Art tritt vom Riffdach bis ungefähr 30 m Tiefe häufig auf, verbirgt sich aber tagsüber und geht nur nachts auf Nahrungssuche. Möglicherweise ist sie imstande, Fische zu fangen. Dieser Schlangenstern ist sehr aktiv und flieht vor dem Licht einer Taucherlampe mit großer Geschwindigkeit. Verbreitung im gesamten Indopazifik, doch scheint die Art im westlichen Teil des Indischen Ozeans seltener zu sein als im östlichen.

Form, Färbung und Größe (Durchmesser 30–40 cm) sind kennzeichnend für diesen nacht-aktiven Schlangenstern.

Ophiolepis superba

Purpurgeringelter Schlangenstern (D), Ophiure à annelures pourpres (F), Pur-ple-ringed brittle star (GB), Purpurge-ringde slangster (NL), Nakhshonn-me-koushatt (HE), Dhanab Al-Hayyatt, Oufyour (AR)

Familie Ophiuridae. Arme glatt, schlangenförmig, ohne lange Stacheln. Scheibe: ungefähr 3 cm. Die verhältnismäßig kurzen Arme messen 10–12 cm. Charakteristisch ist die Färbung: auf beige-orangefarbenem Grund heben sich purpurfarbene Ringe auf den Armen sowie eine fünfeckige strahlenförmige Zeichnung auf der Körperscheibe ab. In der Mitte befindet sich ein helles Zentrum. Man begegnet diesem Schlangenstern von der Wasseroberfläche bis 50 m Tiefe. Häufig im gesamten Indopazifik.

Diese drei Ophiolepis superba aus dem Roten Meer zeigen sehr gut die charakteristische Färbung dieser Art.

Seeigel

Bei den Seeigeln bilden die Skelettplatten eine hohle, kugelförmige Struktur, die Schale. Auf den Interambulakralzonen sind bewegliche Stacheln, auf den Ambulakralzonen Füßchen mit Saugnäpfen befestigt. Fünf Ambulakralzonen mit kleinen Poren wechseln mit fünf Interambulakralzonen ab, auf denen halbkugelförmige Tuberkel stehen. Wenn die Schale kugelförmig ist, der Wechsel zwischen Ambulakral- und Interambulakralzonen regelmäßig erfolgt, und wenn der Mund auf dem Bauch, der After auf dem Rücken liegt, so spricht man von einem regulären Seeigel. Hierher gehören vor allem die Formen des Riffs und der Felsküste.

Bei den irregulären Seeigeln ist der Körper nur noch bilateral symmetrisch. Der Mund befindet sich vorne am Körper, der After hinten. Hierher zählen die meisten Seeigel des Sandes.

Ein Clypeaster. Die braune blütenförmige Zeichnung entspricht den Ambulakralzonen. Der Körper ist von sehr kurzen Stacheln bedeckt.

Clypeaster humilis

Sanddollar (D, GB), Dollar de sable (F), Zanddollar (NL), Matbeonn khavouï (HE), 'Akhinouss, Toutiya, Qounfoudh Al-Ba<u>h</u>r (AR)

Familie Clypeasteridae. Dieser irreguläre und extrem abgeflachte Seeigel ist in der Regel rund 6 cm groß. Er kann allerdings 9 cm breit und 11 cm lang werden. Wie bei vielen anderen sandbewohnenden Seeigeln sind die Stacheln sehr fein und kurz und bedecken das Tier wie ein Zweitagebart. Es lebt an der Sandoberfläche und ist oft leicht eingegraben. Dort ernährt es sich von Detritus. Mund und After liegen auf der Bauchseite. Vom Strand bis in 200 m Tiefe. Sehr häufig im Roten Meer, nicht selten im gesamten Indopazifik. Es gibt ähnliche Arten, unter ihnen Echinodiscus bisperforatus, die im scheibenförmigen Körper zwei Durchbrechungen (Lunulae) aufweisen.

Echinostrephus aciculatus

Bohrender Riffseeigel (D), Oursin perfo-
rant (F), Burrowing sea-urchin (GB), Bo-
rende zee-egel (NL), Khipod-yam (HE),
'Akhinouss, Toutiya, Qounfoudh Al-Bahr
(AR)

Familie Echinometridae. Ein kleiner Seeigel mit 3–4 cm großer
Schale und 3–7 cm langen Stacheln.
Die Färbung reicht von Weiß über
Lavendel bis Purpur und Braun. Mit
Hilfe seines Kauapparates (Laterne
des Aristoteles) bohrt das Tier ein
Loch in das Riff, wo es sich dauernd
aufhält. Es ernährt sich von Parti-
keln, die im Wasser treiben. Es hält
sie mit seinen Stacheln und Ambulakralfüßchen fest. Verbreitung:
von der Wasseroberfläche bis in
50 m Tiefe, besonders in den ersten
10 m Tiefe, vom Roten Meer bis in
den Pazifik.

Der Körper von Echinostrephus aciculatus bleibt in
einem Loch des Riffs verborgen. Es schauen nur die
Stacheln heraus, mit denen das Tier seine planktische
Nahrung fängt.

Microcyphus rousseaui

Zickzack-Seeigel (D), Oursin zigzag (F),
Zigzag sea-urchin (GB), Zigzag-zee-egel
(NL), Kipodonn hadour (HE), 'Akhi-
nouss, Toutiya, Qounfoudh Al-Bahr (AR)

Familie Temnopleuridae. Dieser
Seeigel, der bis 5 cm groß wird, ist
leicht am zickzackförmigen Motiv
seiner Interambulakralzonen zu erkennen, auf denen keine Stacheln
stecken. Die Stacheln sind wie die
Ambulakralfüßchen braun mit
weißer Spitze. Die Interambulakralzonen sind in der Mitte weiß und
werden gegen den Rand zu dun-
kelpurpur. Eine strandbewohnende
Art, die nur vom westlichen Indischen Ozean bekannt ist: Rotes
Meer, afrikanische Küsten und Madagaskar.

(Foto: Stefan Kraan)

Der Zickzack-Seeigel ist leicht zu erkennen.
Er tritt verhältnismäßig selten auf.

Heterocentrotus mammillatus

Griffelseeigel (D), Oursin-crayon (F), Slate pencil urchin, pencil-fish (GB), Griffelzee-egel (NL), Efronann hapetattnott (HE), Tou-tiya Al-Kalam (AR)

Familie Echinometridae. Der Körper mißt bis 8 cm. Stacheln sehr unter-schiedlich lang, bis 10 cm, glatt, im Querschnitt dreieckig, braunrot mit ei-nigen weißen Querbinden. Abgesehen von diesen primären Stacheln stehen auf der Schale zahlreiche sehr kurze, nagelförmige, weiße oder dunkelbrau-ne sekundäre Stacheln. Der Griffelsee-igel lebt eingezwängt in einem Loch im Riff, vor allem in den ersten 10 m. Er kann allerdings auch bis 25 m Tiefe ge-hen. Seinen Wohnort verläßt er nur nachts, um auf Nahrungssuche zu ge-hen. Früher verwendete man die Sta-cheln tatsächlich als Griffel auf Schie-fertafeln. Verbreitung vom Roten Meer bis in den Pazifik.

Dieser Griffelseeigel mit dem typischen Stachelkleid weidete nachts den Algenbelag eines Riffes ab.

(Foto: Jan van der Kuur)

Phyllacanthus imperialis

Lanzenseeigel (D), Oursin-lance (F), Lance-urchin (GB), Lans-zee-egel (NL), Tzidar khasouf kotziim (HE), Toutiya (AR)

Familie Cidaridae. Ein großer See-igel mit einem Schalendurchmesser von 3–8 cm. Die großen Stacheln sind bis 10 cm lang. Ein Teil der Stacheln hat einen kreisrunden Querschnitt und ist im allgemeinen von inkrustierenden Lebewesen be-deckt. Der Grund für diesen Be-wuchs liegt in den Streifen, die längs über die Stacheln verlaufen und die eine Möglichkeit zum Fest-halten bieten. Übrigens habe ich be-merkt, daß diese Längsstreifung bei Exemplaren aus dem Roten Meer deutlicher ausgeprägt (und mit bloßem Auge sichtbar) ist als bei in-donesischen Tieren. Ob hier artspe-zifische Unterschiede zum Aus-druck kommen? Ein sehr häufiges Tier, das sich tagsüber in Riffspal-ten verbirgt und nur nachts unter-wegs ist. Man begegnet ihm von der Meeresküste bis in 70 m Tiefe. Ver-breitung vom Roten Meer und von Madagaskar bis in den Pazifik. Man darf diese Art nicht mit der vorigen verwechseln, deren große Stacheln im Querschnitt dreieckig sind.

Prionocidaris baculosa

Dornstachel-Seeigel (D), Oursin à piquants épineux (F), Thorny-spine urchin (GB), Doornstekel-zee-egel (NL), Khipodyam (HE), Toutiya Shawkiyeh (AR)

Familie Cidaridae. Diese Art erreicht einen Durchmesser von 8 cm. Typisch sind die Stacheln: zylindrisch oder spindelförmig, selbst mit kleinen Dornen bedeckt und mit einem erweiterten Ende, etwa so wie bei einer Blüte. Alte Stacheln tragen oft einen Aufwuchs inkrustierender Lebewesen (Kalkalgen, Foraminiferen usw.). Die jungen Stacheln sind purpurbraun gefärbt. Man findet diese Art von der Küstenlinie bis in 200 m Tiefe im gesamten Indopazifik. Es gibt weitere Seeigelarten mit dornenbesetzten Stacheln (*Chondrocidaris spp.*); sie sind aber ganz anders geformt, treten selten und fast nur im Pazifik auf.

Den Lanzenseeigel erkennt man an der Färbung der Stacheln (hellbraun mit weißen Bändern), an der Färbung der Schale (dunkelbraun) und an der Form der Stacheln (stumpfes Ende, Querschnitt rund).

Form und Färbung dieses Exemplars von Prionocidaris baculosa aus dem Roten Meer sind charakteristisch, vor allem die kleinen purpurfarbenen Flecken auf gelbem Grund an der Basis jedes Stachels. Diesem Seeigel fehlen einige Stacheln auf dem Rücken, denn vor dem Fotografen hatte ihn ein Drückerfisch besucht.

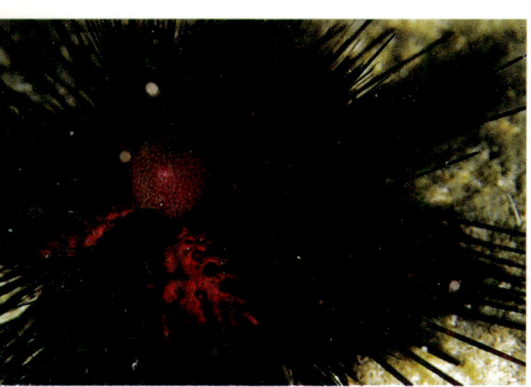

Die Färbung dieses Seeigels ist typisch, doch erkennt man auf diesem Bild weder die Zeichnung, die an ein Malteserkreuz erinnert, noch die intensiv blauen Punkte, die normalerweise die Interambulakralzonen begrenzen.

Astropyga radiata

Roter Seeigel (D), Oursin rouge (F), Red sea-urchin (GB), Rode zee-egel (NL), Khipod-yam, Toutiya Al-Ba<u>h</u>r El-Ahmar (AR)

Familie Diadematidae. Durchmesser der Schale: bis 20 cm. Länge der Stacheln: 3–4 cm. Färbung sehr variabel, von fast schwarz bis fast weiß, stets jedoch mit roten Tönen. Stacheln geringelt, vor allem bei jungen Individuen. Von oben gesehen erscheinen die fünf Interambulakralzonen hellrot, umgekehrt V-förmig wie ein fünfarmiges Malteserkreuz. Jede dieser roten Zonen ist von kleinen intensiv blauen Punkten umgeben. Ein nachtaktives Tier, das sich tagsüber verbirgt. Wenn man sich ihm mit der Taucherlampe nähert, reagiert der Seeigel darauf, indem er seine Stacheln zu konischen Büscheln anordnet. Bisweilen suchen kleine Fische Zuflucht zwischen den Stacheln. Der Rote Seeigel tritt von der Strandzone bis in 30 m Tiefe oder mehr, oft in größeren Populationen auf. Im ganzen Indopazifik sehr häufig.

Diadema setosum

Diademseeigel (D), Oursin-diadème (F),
Diadem urchin (GB), Diadema-zee-egel
(NL), Nitzritt aroukatt-kotziim (HE),
Toutiya Al-Ba<u>h</u>r, Akhinouss, Qounfoudh
Al-Ba<u>h</u>r (AR)

Dieser schöne Diademseeigel hat schwarze und
lilafarbene Stacheln. Die vergrößerte Analpapille
erscheint wie ein Auge oben am Tier. Golf von Oman,
Tiefe: 2 m.

Familie Diadematidae. Durchmesser der Schale bis 9 cm, Stacheln bis 30 cm lang. Dies ist die häufigste Seeigelart. Sie kommt in der gesamten Strandzone vor und ist an den sehr langen, normalerweise schwarzen Stacheln zu erkennen. Färbung variabel: weiße Punkte und Linien, blaue Punkte, roter Ring um den After, Stacheln weiß oder geringelt (besonders bei jungen Tieren). Die Individuen bilden oft größere Gruppen. Bei drohender Gefahr, etwa beim Herannahen eines Tauchers, richtet das Tier seine hochbeweglichen Stacheln gegen den Eindringling. Einige Fische finden zwischen ihnen Zuflucht, vor allem Kardinalfische (*Apogonidae*). Ein Stich ist sehr schmerzhaft und absolut zu vermeiden! Diademseeigel kommen von 0–70 m Tiefe vor und sind im ganzen Indopazifik verbreitet.

Eine der zahlreichen Farbvarianten von
Diadema setosum. Rotes Meer, Tiefe: 5 m.

Ein typisches Exemplar von Asthenosoma varium. Man beachte die etwas abgeflachte Körperform und die nackten Zonen, die die rechteckigen Stachelpakete umgeben. Aufgenommen bei Donggala, Sulawesi (Indonesien), Tiefe: 10 m.

Detailaufnahme der Stacheln von Asthenosoma varium. Die länglichen Giftdrüsen sind bisweilen violett gefärbt.

Asthenosoma varium (intermedium)

Feuer-Seeigel (D), Oursin-feu (F); Fire-urchin (GB), Brand-zee-egel (NL), Shalpoukhikhann arsi (HE), Toutiya Al-Naar (AR)

Familie Echinothuriidae. Schale halbkugelförmig: 25 cm. Fünf Kämme mit kurzen, geringelten Stacheln ziehen vom After bis zur Oralseite des Tieres. Dazwischen liegen mehr oder minder rechteckige Bereiche mit kleinen, sehr dicht stehenden Stacheln. Jede Gruppe ist dabei von einer stachelfreien Zone umgeben. Viele Stacheln enthalten eine blaue oder violette Giftdrüse, die ein sehr wirksames Gift produziert. An der Basis umgibt eine Krone aus langen, feinen, weichen, gelblichen oder grünlichen Stacheln das gesamte Tier. Die Art wurde 1868 durch Grube erstmals von Indonesien (Amboina) beschrieben. Weitere Forscher haben dieselbe Art im östlichen Teil des Indischen Ozeans oder im Westpazifik zwischen 5 und 70 m Tiefe angetroffen. Bisher wurde sie noch nie im Westpazifik oder im Roten Meer angetroffen. In den jüngsten Veröffentlichungen verwenden die Autoren für diese Art die Bezeichnung *Astenosoma intermedium.* Dieses Tier wurde bisher nur einmal am Großen Barriereriff in Australien beobachtet. Es gibt noch weitere *Astenosoma*-Arten: *A. ijimai* (Japan bis Indonesien) und *A. dilatatum* (Philippinen).

Asthenosoma n. sp. (varium)

Neue Art (D), Espèce nouvelle (F), New species (GB), Nieuwe soort (NL)

Für die Arbeit an diesem Buch habe ich ungefähr fünfzig Bücher und noch weitaus mehr wissenschaftliche Artikel zu Rate gezogen. In sechs Büchern und mehreren Beiträgen ist von *„Asthenosoma varium"* im Roten Meer die Rede. Die Abbildungen entsprechen aber nicht dieser Art. Es handelt sich vielmehr um kleinere, stärker kugelförmige Tiere mit rötlicher Farbe und ohne nackte Bereiche um die einheitlich verteilten Stacheln herum. Die Giftdrüsen sind groß, weiß und kugelig... Wenn das hier abgebildete Tier aber nicht *A. varium* ist, wie lautet dann sein richtiger Name? Es gibt noch keinen, weil es noch nicht wissenschaftlich beschrieben ist. So habe ich eine Spezialistin, Frau Dr. Chantal De Ridder von der Universität Brüssel, gebeten, sich dieses Problems anzunehmen. Da die neue Art ein Endemit zu sein scheint, wäre eine Bezeichnung wie „Asthenosoma des Roten Meeres" auf Lateinisch angebracht, doch darüber entscheidet einzig und allein der beschreibende Wissenschaftler.

Die neue, noch unbeschriebene Seeigelart vom Roten Meer hat eine weiche Schale wie A. varium, wie man auf dieser Aufnahme gut erkennen kann. Es fehlen ihr aber die Stachelpakete, die von nackten Bereichen umgeben sind. Die Koralle links davon ist Favites cf. flexuosa, die rechts davon Porites cf. solida. Safaga (Rotes Meer)

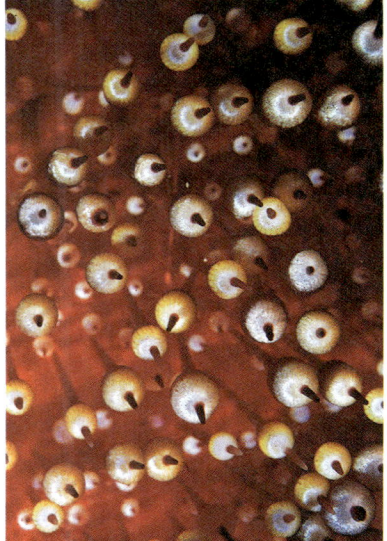

Detailaufnahme der Stacheln und der Giftdrüsen der bisher noch unbeschriebenen Art. Form, Farbe und Anordnung der Stacheln sind deutlich anders als bei A. varium. Diese neue Art stammt von Hurghada (Rotes Meer).

Ein typisches Exemplar von Toxopneustes pileolus, aufgenommen im Golf von Oman, in 10 m Tiefe. Die großen Pedizellarien sind in dauernder Bewegung.

Toxopneustes pileolus

Giftiger Seeigel (D), Oursin toxique (F), Poisonous sea-urchin (GB), Giftige zee-egel (NL), Khipod-yam (HE), 'Akhinouss, Toutiya, Qounfoudh Al-Ba<u>h</u>r (AR)

Familie Toxopneustidae. Durchmesser: 12–14 cm. Man erkennt diesen Seeigel sofort an den großen, dauernd geöffneten, kugelförmigen Pedizellarien. Sie bedecken die gesamte Oberfläche des Tieres wie ein beigefarbener Blütenteppich. Die dunkleren Stacheln bleiben verborgen und sind kaum zu sehen. Die Art deckt sich gerne mit Korallenfragmenten, Algen und so weiter zu. Dieser Seeigel ist gefährlich. Das Gift der Pedizellarien kann Muskel-, Atem- und Sehstörungen verursachen. In seltenen Fällen führt der Stich zum Tod. Die Art tritt zwischen 0 und 90 m Tiefe auf. Sie ist vom gesamten Indopazifik bekannt, allerdings noch nicht vom Roten Meer und von Australien.

Detailaufnahme des Giftigen Seeigels. Man erkennt hier die Stacheln mit ihren weißen Spitzen, die Ambulakralfüßchen mit dem kleinen Saugnapf an der Spitze, die kleinen und die großen, geöffneten Pedizellarien, die dem Tier das typische Aussehen verleihen.

Tripneustes gratilla

Pfaffenhutseeigel (D), Oursin bonnet de prêtre (F), Parson's hat urchin (GB), Kardinaalsmuts-zee-egel (NL), Ketifann ketzar-kotziim (HE), 'Akhinouss, Toutiya, Qounfoudh Al-Ba<u>h</u>r (AR)

Die wichtigsten Merkmale von Tripneustes gratilla sind: fünf doppelte Reihen sehr langer Ambulakralfüßchen; die Stacheln schauen in alle Richtungen; fast die gesamte Oberfläche von Pedizellarien ist mit Giftdrüsen bedeckt.

Familie Toxopneustidae. Durchmesser: 10–14 cm. Von oben gesehen erscheint der Seeigel nicht kreisrund, sondern leicht fünfeckig. Man erkennt sofort fünf dunkle doppelte Bänder aus sehr langen Ambulakralfüßchen, die weit hinausragen. Das restliche Tier ist von kurzen Stacheln, die in alle Richtungen schauen, und von weißlichen Pedizellarien mit Giftdrüsen bedeckt. Allgemeine Färbung sehr variabel: von Weiß über Rosa, Orange, Lila und Rot bis zu Schwarz. Man findet die Art auf dem Riffdach, auf Sand und in Seegraswiesen. Sie lieben es, sich mit Muscheln, Korallenbruchstücken, Algen und Blättern zuzudecken. Keinesfalls berühren, denn die Pedizellarien sind stark giftig! Eine häufige Art, bis in 75 m Tiefe, vom Roten Meer bis in den Pazifik verbreitet.

Echinothrix calamaris

Doppelstachel-Seeigel (D), Oursin à doubles piquants, faux diadème (F), Double spined urchin (GB), Dubbelgestekelde zee-egel (NL), Shekhorann shoné-kotziim (HE), 'Akhinouss, Toutiya, Qounfoudh Al-Bahr (AR)

Familie Diadematidae. Bei *Echinothrix calamaris* kann man mit bloßem Auge zwei Arten der Stacheln unterscheiden. Die Ambulakralstacheln sind lang und sehr dünn und erinnern an die Schnurrbarthaare einer Katze. Ihr Stich ist sehr schmerzhaft! Die dicken Interambulakralstacheln zeigen eine große Farbenvielfalt, von weiß bis schwarz, oft weiß oder rötlichbraun oder grünlich geringelt. Das Tier ist nachtaktiv und verbirgt sich tagsüber. Man begegnet dieser Art von der Strandzone bis in 70 m Tiefe. Verbreitung vom Roten Meer bis in den Pazifik.

Ein schönes Exemplar von Echinothrix calamaris: Man sieht deutlich den Wechsel zwischen den feinen Ambulakralstacheln und den dicken Interambulakralstacheln.

Seegurken, Seewalzen, Holothurien

Wurstförmige Tiere, deren Oberfläche oft an die Konsistenz von Leder erinnert. Der Mund ist von zurückziehbaren Tentakeln umgeben und liegt an einem Körperende, die Kloake mit dem After am anderen Ende. Die Ambulakralfüßchen sind im allgemeinen in drei ventralen und drei dorsalen Reihen angeordnet. Die Haut trägt zahlreiche Papillen, die bei einigen Arten zu großen konischen oder warzenartigen Strukturen heranwachsen können. Das Skelett reduziert sich auf kleine Kalkplatten (Sklerite), die in der Haut verstreut liegen.
Bei einigen Arten befinden sich am Darmende Fortsätze, die Wasserlungen oder die Cuvierschen Schläuche. Körpergröße sehr variabel, von 2 mm bis 200 cm. Die Seegurken haben zahlreiche Parasiten, darunter die Schnecke *Entoconcha mirabilis* und den Fisch *Carapus (Fierasfer) acus,* der in den Wasserlungen gewisser großer Seegurken lebt. Die meisten Seegurken leben auf beweglichen Substraten am Fuß von Riffen oder in Seegraswiesen. Einige Arten klettern auch auf Korallen und auf Schwämme. Die meisten Seegurken fressen organischen Detritus im Sediment: Sie nehmen den Sand oder den Schlick auf, verdauen dessen organische Anteile und geben den unverdaulichen Rest in zylindrischer Form wieder ab.

Andere Arten gehören zu den Filtrierern.

Auf der Haut aller Arten findet man symbiontische Tiere, etwa Garnelen, Borstenwürmer und Weichtiere.

In den ersten 20 Metern des Indopazifiks kommen bereits dreihundert Arten vor, was einem Viertel aller Kolonien entspricht. Ich kann hier deswegen nur eine kleine Auswahl der häufigsten Arten bringen.

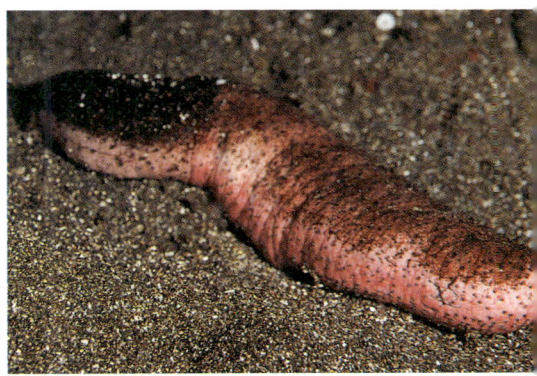

Die Rosafärbung auf dem Bauch ist ein unfehlbares Merkmal zur Bestimmung von Holothuria edulis. Die Bezeichnung „Holothurie" bedeutet „ganz schamlos". Aristoteles verlieh sie diesen Tieren wegen des phallusähnlichen Aussehens.

Holothuria edulis

*Rosafarbene Seegurke (D), Holothurie rose (F), Pink sea-cucumber (GB), Roze zeekomkommer (NL), Galilann (HE), Qath'iyyatt Za*h*riya (AR)*

Familie Holothuriidae. Länge: 20–30 cm, Breite: 4–5 cm. Das Tier ist rosafarben, teilweise mit schokoladebraunem Rücken. Die Bezeichnung „edulis" („eßbar") bezieht sich auf die Tatsache, daß in China und auf den Philippinen dieses Tier zusammen mit anderen Arten gesammelt, gekocht, getrocknet und schließlich geräuchert wird, um als Zutat für Suppen zu dienen. Dieses Lebensmittel wird Trepang genannt. Die Rosafarbene Seegurke tritt vom Küstenbereich bis in 25 m Tiefe (Maximum: 45 m) auf. Sie ist vom ganzen Indopazifik bekannt.

An der Form, der Farbe und der Beweglichkeit erkennt man Holothuria hilla.

Holothuria hilla

Schrumpf-Seegurke (D), Holothurie contractile (F), Contractile sea-cucumber (GB), Krimp-zeekomkommer (NL), Galilann (HE), Qath'iyyatt Al-Ba<u>h</u>r, Qithaa' Al Ba<u>h</u>r (AR)

Familie Holothuriidae. Eine weiche, bewegliche und sehr dünne Art (Breite 5 cm, Länge 60 cm), hellbraun mit großen gelben, konischen Papillen. Die Art ist vor allem nachts aktiv. Wenn sie vom Licht der Lampen gestört wird, kontrahiert sie sich schnell unter dem Riff oder in einer Korallenspalte, wo das eine Körperende vergraben liegt. Die Art ist im ganzen Indopazifik bekannt, wo sie zwischen 1 und 30 m lebt.

Diese Seegurke erscheint wie eine Mischung von S. variegatus und S. horrens. Handelt es sich um eine neue Art?

Stichopus spp.

Noppen-Seegurke (D), Holothurie à nœuds (F), Burled sea-cucumber (GB), Noppenzeekomkommer (NL), Ghedilann (HE), Qath'iyyatt Al-Ba<u>h</u>r, Qithaa' Al Bahr (AR)

Familie Stichopodidae. Im Querschnitt mehr oder minder viereckige, große Tiere. Der deutsche Name bezieht sich auf die großen zweifarbigen, konischen Papillen; auf dem Rücken sind sie ziemlich kurz und werden zur Basis des Tieres hin länger. Lederartige Konsistenz. Man begegnet oft der Art *S. horrens* (schmutzigweiß bis bräunlich, mit hellen und dunklen Knoten, Breite 12 cm, Länge 50 cm) und der Art *S. variegatus* (weißlich, gelblich oder grünlich mit dunklen Knoten, wie gefleckt erscheinend, Maße 15 cm auf 90 cm).

Stichopus cf. pseudhorrens

Dornen-Seegurke (D), Holothurie épineuse (F), Thorny sea-cucumber (GB), Gedoornde zeekomkommer (NL), Ghedilann seïfiim (HE), Qath'iyyatt Shawkiyyeh (AR)

Familie Stichopodidae. Ein großes Tier, 15 cm breit und 50 cm lang, viereckig wirkend, Querschnitt trapezförmig. Papillen sehr lang, am Ende abgerundet, charakteristisch geformt. Färbung von braun bis weißlich, Papillen stets braun. Nachtaktive Art. Vom Roten Meer bis in den Pazifik verbreitet, 8 bis 60 m. Die Grüne Seegurke *(Stichopus chloronotus)* ist dunkelgrün.

Diese Seegurke aus dem Roten Meer ähnelt Stichopus pseudhorrens, doch nur durch mikroskopisches Studium der Sklerite ließe sich die Identität beweisen.

Bohadschia argus

Leoparden-Seegurke (D), Holothurie léopard (F), Leopard sea-cucumber (GB), Luipaard zeekomkommer (NL), Melafefon-yam (HE), Qath'iyyatt El-Fahd (AR)

Familie Holothuriidae. Eine große glatte Seegurke, 10–15 cm breit, 50–70 cm lang. Färbung charakteristisch: Auf einem beigefarbenen oder hellgrauen Hintergrund zeichnen sich gelbe oder braune Augenflecken ab, die in der Mitte und am Rand dunkler sind. In den Körperhöhlen dieser Tiere leben parasitische Fische. Auf ihrer Haut findet man Garnelen, Würmer und Schnecken. Zwischen 2 und 40 m Tiefe, Sri Lanka, Seychellen und Madagaskar bis zum Pazifik. Wurde bisher weder im Roten Meer noch bei den Malediven gefunden.

Diese Bohadschia argus fühlt sich gestört und stößt in einem Akt der Selbstverteidigung ihre dicken, klebrigen Cuvierschen Schläuche aus.

Die Färbung dieses Exemplares ist typisch für die Art. Die schwarzen, weißgeränderten Mundtentakel sind rechts im Bild zu erkennen.

Pearsonathuria (Bohadschia) graeffei

Strichel-Seegurke (D), Holothurie rayée (F), Striated sea-cucumber (GB), Gestreepte zeekomkommer (NL), Melafefonn-yam (HE), Qath'iyyatt Al-Ba<u>h</u>r (AR)

Familie Holothuriidae. Breite: 8 cm, Länge: 35 cm. Färbung: Creme oder Beige mit großen braunen unregelmäßigen Flecken. Dazu kommen kleine schwarze Punkte sowie feine schwarze Querstriche. Papillen auf dem Rücken weiß. Die Jungtiere ahmen die Färbung einer Nacktkiemerschnecke nach! Die Art lebt zwischen 5 und 30 m Tiefe. Verbreitung vom Roten Meer bis in den Pazifik.

Thelenota anax

Riesen-Seegurke (D), Holothurie géante (F), Giant bêche-de-mer, amberfish (GB), Reuzen-zeekomkommer (NL), Melafefonn-yam (HE), Qath'iyyatt Al-Ba<u>h</u>r (AR)

Familie Stichopodidae. Ein großes massives Tier mit eckigen Formen, Breite über 14 cm, Länge über 100 cm. Färbung einheitlich cremefarben oder grau, bisweilen mit einigen braunen Flecken. 5 bis 30 m Tiefe, Malediven, Madagaskar und weiter ostwärts bis in den Pazifik verbreitet. Bisher noch nicht von den Seychellen oder vom Roten Meer gemeldet.

Der trapezförmige Querschnitt, die gänsehautartigen Tuberkel und die schwammige Konsistenz sind wichtige Bestimmungsmerkmale für die Riesenseegurke.

Thelenota ananas

Ananas-Seegurke (D), Holothurie ananas (F), Pineapple sea cucumber, prickly sea cucumber (GB), Ananas-zeekomkommer (NL), Melafefonn-yam (HE), Qath'iyyatt El-Ananass (AR)

Familie Stichopodidae. Eine große Seegurke, größte Breite: 15 cm, größte Länge: 80 cm. Färbung variabel, von einfarbig rotbraun bis hellbraun mit dunkleren Punkten und feinen schwarzen Linien. Die dorsalen Papillen sind groß, zugespitzt und verzweigt. Man findet dieses Tier, das nicht sehr häufig auftritt, zwischen 2 und 30 m Tiefe, vom Roten Meer bis in den Pazifik.

Thelenota ananas ist eine sehr charakteristische Art und eine der wenigen schönen Seegurken.

Thelenota rubralineata

Rotgestreifte Seegurke (D), Holothurie à lignes rouges (F), Red-striped sea-cucumber (GB), Roodgestreepte zeekomkommer (NL), Melafefonn-yam (HE), Qath'iyyatt Al-Ba<u>h</u>r (AR)

Familie Stichopodidae. Länge: 20–40 cm. Die Färbung überrascht: Grundfarbe Weiß mit feinen roten Linien, Spitze der Papillen gelb oder hellgrün. Trotzdem wurde die Art erst 1991 von Claude Massin beschrieben (von Madang, Papua-Neuguinea). Seither wurde sie mehrfach wiedergefunden, zum Beispiel in Flores (Indonesien) und in Sulawesi (Indonesien). Das Verbreitungsgebiet nähert sich dem Indischen Ozean! Wenn Sie dem Tier begegnen, so teilen Sie mir bitte dessen Fundort mit, und ich werde die Angaben dem Entdecker weiterleiten.

Thelenota rubralineata ist bisher nur von der Westgrenze des Pazifiks bekannt. Wer findet sie als erster im Indischen Ozean?

Die Färbung, die große Länge und die ausgestülpten Mundtentakel des aktiven Tieres erlauben die Bestimmung von Euapta godeffroyi.

Euapta godeffroyi

Klebrige Schlangenseegurke (D), Holothurie-serpent collante (F), Sticky snake sea-cucumber (GB), Plakkerige slangzeekomkommer (NL), Sinapta berouda (HE), Qath'iyyatt Al-Ba<u>h</u>r (AR)

Familie Synaptidae. Indopazifik, 1 bis 12 m Tiefe. Diese große schlangenförmige Seegurke wird 7 cm lang und 150 cm breit. Vorne trägt sie fünfzehn lange, fingerförmige Tentakel. Färbung: Weiß mit braunen Flecken oder Ringen, fünf doppelte gelbe Längsbänder. Ein harmloses Tier, dessen krumme Sklerite die Haut durchstoßen, so daß das Tier bei Berührung unangenehm klebrig wirkt. Die Art ist nachtaktiv.

Synaptula-Arten bilden bisweilen dichte, umfangreiche Populationen auf großen Schwämmen, vor allem Xestospongia spp.

Synaptula sp.

Zwerg-Schlangenseegurke (D), Holothurie-serpent miniature (F), Pigmy snake sea-cucumber (GB), Dwerg-slangzeekomkommer (NL), Qath'iyyatt El-<u>H</u>ayyeh (AR)

Familie Synaptidae. Kleine schlangenförmige Seegurken (Länge: 3–10 cm) mit sehr variabler Färbung: gelblichweiß, einfarbig oder mit Längsstreifen. Die Sklerite lassen die Haut klebrig erscheinen. Im Rahmen der Gattung *Synaptula* wurden dreißig Arten beschrieben, die man an Ort und Stelle nicht auseinanderhalten kann. Trauen Sie keinem Führer, der zum Beispiel von *S. media* oder *S. lamperti* spricht... reiner Bluff! Verbreitung zwischen 5 und 30 m Tiefe, von den Malediven bis in den Pazifik.

Plattwürmer

Plathelminthen

Die Plattwürmer oder Plathelminthen sind extrem abgeflacht und haben im allgemeinen keinen After, weil sie unverdauliche Stoffe in ihrem Körper speichern. Die Tiergruppe umfaßt zahlreiche parasitische Formen, zum Beispiel alle Saugwürmer, Darm- und Leberegel sowie die Bandwürmer. Daneben gibt es aber noch spektakuläre freilebende Formen aus der Gruppe der Strudelwürmer (*Turbellaria*) und besonders der Ordnung der Polykladen (*Polycladida*). Sie sind lebhaft gefärbt, und man kann sie gelegentlich mit Nacktkiemerschnecken verwechseln. Tatsächlich ahmen einige Plattwürmer die Färbung dieser Weichtiere nach. Der Strudelwurm *Pseudoceros imitatus* ist zum Beispiel einer *Phyllidia* zum Verwechseln ähnlich. Die Nacktkiemerschnecken hingegen haben stets einen massiven Körper, während die Plattwürmer höchstens einige Millimeter dick werden.

Waminoa sp. (?)
Seerosen-Plattwurm (D), Plathelminthe-feuille de nénuphar (F), Water-lily flatworm (GB), Waterlelie-platworm (NL), Doudatt Al-Zanbaqa (AR)

Diese kleinen Strudelwürmer (Länge ungefähr 3 mm) gehören zur Ordnung Acoela. Die senfgelbe bis dunkelrote Farbe geht auf symbiontische Algen zurück. Diese Plattwürmer halten sich fast unbeweglich auf Steinkorallen auf, besonders auf den Blasen von *Plerogyra sinuosa*. Man begegnet ihnen allerdings auch auf Lederkorallen, Schwämmen oder toten Korallenstöcken. Sie kommen in einigen Metern Tiefe vor, Verbreitung vom Roten Meer bis in den Pazifik.

Kleine Plattwürmer, vielleicht aus der Gattung Waminoa, leben in großer Zahl auf den Blasen der Korallen Plerogyra sinuosa. Sie parasitieren hier aber nicht. Typisch für diese Würmer ist die Körperform, die an ein Seerosenblatt erinnert.

Typische Färbung von Pseudoceros lindae. Auf dem Bild erkennt man oben Hydroiden, ferner kleine Seescheiden (Didemnum molle, grüne Kugeln) und die großen Polypen von Acrozoanthus australiae.

Pseudoceros lindae

Lindas Plattwurm (D), Ver plat de Linda (F), Linda's flatworm (GB), Linda's platworm (NL), Doudatt Linda (AR)

Eine Polyklade. Größe: 25–45 mm. Färbung typisch, aber variabel, mit gelben Flecken auf purpurfarbenem oder violettem Hintergrund; Körperseiten und „Ohren" hell. Diese lebhafte Färbung stellt eine Warnung an mögliche Räuber dar und ahmt vielleicht auch die Tracht einer ungenießbaren Nacktkiemerschnecke nach. Ziemlich dicke Körperform, so daß eine Verwechslung mit einer Nacktkiemerschnecke möglich ist; es fehlen allerdings die verzweigten Kiemen und die Fortsätze auf dem Rücken. Dieser Plattwurm ernährt sich von koloniebildenden Seescheiden, besonders unter Überhängen, zwischen 6 und 20 m Tiefe. Man kennt die Art vom Großen Barriereriff in Australien und von Indonesien (Fotografien). Möglicherweise findet man sie auch anderswo.

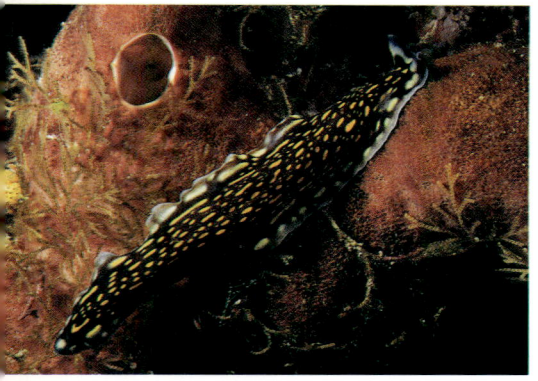

Ein weiterer Färbungstyp derselben Art. Das Tier kriecht hier auf einem Schwamm mit Moostierchenbewuchs. Die beiden Exemplare wurden bei der Insel Bunaken (Sulawesi, Indonesien) fotografiert.

Pseudoceros bifurcus
Orangegestreifter Plattwurm (D), Ver plat à ligne orange (F), Orange-band flatworm (GB), Oranjegestreepte platworm (NL), Doudatt Al-Bourtouqal (AR)

Eine Polyklade. Größe: 20–60 mm. Färbung typisch: Blauviolett mit orangefarbener bis weißer Mittelbinde, die zum Körperende hin von zwei schwarzen Linien eingefaßt wird. Die Art ernährt sich wie die meisten Plattwürmer von koloniebildenden Seescheiden und ist unter Überhängen in 3 bis 40 m Tiefe anzutreffen. Die Art wurde bei den Komoren (Madagaskar) entdeckt, kommt aber auch in Australien und Indonesien (Fotografie) vor.

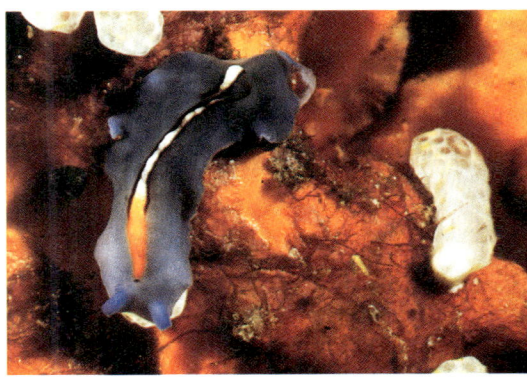

Um das Verbreitungsgebiet einer Art genau kennenzulernen, ist die Wissenschaft auf die Mitarbeit der Amateure und Liebhaber angewiesen.

Pseudobiceros sp.
Unbestimmter Plattwurm (D), Ver nondé terminé (F), Unidentified platworm (GB), Ongedetermineerde platworm (NL)

Eine Polyklade. Größe: 50–60 mm. Die allgemeine Körperform ist die der Gattung *Pseudobiceros*, die *Pseudoceros* sehr nahe steht. Im Jahr 1994 gelang es, die spektakuläre Paarung dieser Würmer zu beobachten. Jedes Tier ist ein Zwitter. Der Penis trägt Stilette und ist eine richtige Waffe. Während der Paarung versetzen sich die Partner gegenseitig Stöße mit ihrem Penis und schlagen sich dabei manchmal beeindruckende Wunden.

Eine noch unbekannte Art von Pseudobiceros, fotografiert bei den Malediven.

Weichtiere

Die Weichtiere oder Mollusken haben tatsächlich einen weichen Körper, den sie allerdings oft mit einer harten Schale schützen. Diese Schalen sind von einzigartiger Schönheit und unvergleichlicher Vielfalt. Man kann sie gut konservieren und damit sammeln. So kommt es, daß Weichtierschalen beliebte Sammlerobjekte sind. Deswegen gibt es schon zahlreiche hervorragende Werke über die Muscheln und Schnecken tropischer Meere. Wir beschäftigen uns hier vor allem mit den „weichen" Weichtieren, die in den Fachbüchern der Conchyliologie keine Aufnahme finden. Es sind die Weichtiere ohne Schalen, zum Beispiel die Nacktkiemerschnecken und die Tintenfische. Trotzdem habe ich in dieses Buch einige Weichtiere mit Schalen aufgenommen, um einen Überblick über die Formenvielfalt zu bieten. Trotz ihrer ungeheuren äußerlichen Vielfalt sind die Weichtiere nach einem einheitlichen Bauplan konstruiert, weil sie alle auf einen gemeinsamen Vorfahr zurückgehen, den die Zoologen liebevoll *Archimollusk* (A) bezeichnen. Dieses Tier besaß einen Mantel (punktiert) und einen muskulösen Fuß (schraffiert). Ein Verdauungskanal zog durch den Mantel. Vorne lag der Mund, in der Mitte der Magen und hinten der After. Kiemen vergrößerten die sauerstoffaufnehmende Oberfläche des Tieres. Schließlich war der *Archimollusk* von einer konischen Schale (schwarz) geschützt. Diesem Bauplan begegnet man mit einigen Variationen bei allen Klassen der Weichtiere. Bei den Käferschnecken (*Polyplacophora*, B) besteht die Schale aus acht Kalkplatten, die dachziegelartig übereinander liegen. Die Kiemen bilden einen Saum um den Mantel. Bei den Schnecken (C) hat der Mantel eine Drehung durchgemacht, so daß der After und die Kiemenhöhlen nach vorne gerichtet sind. Die Schale ist durch die Torsion oft spiralig. Diese Beschreibung gilt für die Vorderkiemerschnecken (*Prosobranchia*). Bei

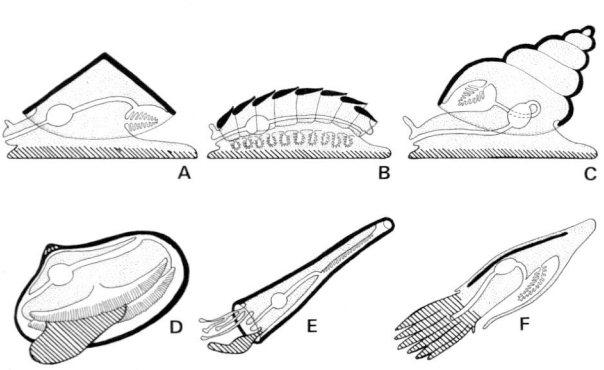

A   B   C

D   E   F

den Hinterkiemerschnecken (*Opistho-branchia*) befinden sich die Kiemen am Hinterende. Die meisten Angehörigen dieser Gruppe sind dadurch gekennzeichnet, daß ihnen eine Schale fehlt: Es sind die bunten Nacktkiemerschnecken. Die Schalen der Muscheln (D) setzen sich aus zwei Hälften zusammen. Sie sind miteinander über ein Scharnier und ein elastisches Band verbunden. Mit kräftigen Muskeln schließt die Muschel ihre Schale. Die Kiemen sind bei den Muscheln stark entwickelt, während der Fuß reduziert ist und nicht mehr der Fortbewegung dient. Einige Arten bohren damit noch im Sand. Die Kahnfüßer oder *Scaphopoda* (E) haben eine röhrenförmige Schale, die dem Stoßzahn eines Elefanten ähnlich sieht und die einige Zentimeter lang wird. Man findet diese Tiere am Strand und auf sandigem oder schlickigem Untergrund. Die Kopffüßer oder Tintenfische (F) sind die am höchsten entwickelten Weichtiere. Ihr Fuß ist in Tentakel mit Saugnäpfen umgewandelt. Die zehnarmigen Tintenfische haben acht kurze Fangarme und zwei lange Arme. Zu ihnen gehören die Kalmare und die Sepien, die im Körperinneren noch einen Schalenrest aufweisen. Zu den achtarmigen Tintenfischen gehören die Kraken; ihnen fehlt jegliche Schale.

Käferschnecken

Die Zeichnung unten vergleicht die Anatomie einer Käferschnecke (A) mit der einer Vorderkiemerschnecke (B). Beide tragen eine Schale (1), Käferschnecken eine aus acht Kalkplatten, die Schnecken oft einen spiralig eingerollten Kegel und bewegen sich mit Hilfe eines muskulösen Fußes (2) fort. Das Verdauungssystem umfaßt Mund (3), Magen (4), Darm (5), After (6). Im Mund liegt ein Raspelapparat (Radula, 7) mit kleinen harten Chitinzähnen (Detailzeichnung C). Dazu kommen Speicheldrüse (8), Mitteldarmdrüse („Leber", 9). Die kleinen Kiemen (10) weisen dank ihrem lamellenartigen Aufbau eine große Oberfläche für den Gasaustausch auf. Es ist auch ein Nervensystem (11) vorhanden. Einige Vorderkiemerschnecken haben einen Deckel (Operculum, 12), mit dem sie die Öffnung ihrer Schale verschließen können.

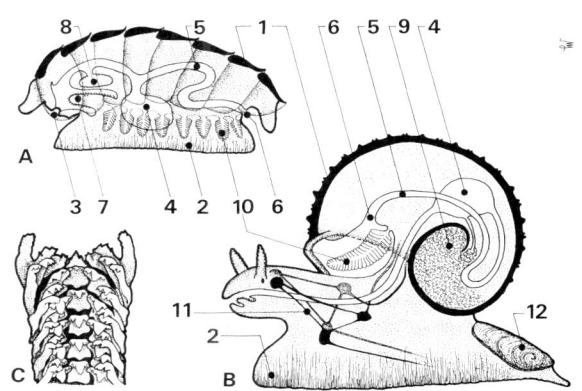

Eine Riesenkäferschnecke weidet Algenrasen an der Uferzone ab. Die lilafarbenen Flecken sind Kalkalgen aus der Gruppe Rotalgen.

Acanthopleura vaillantii (haddoni)

Riesenkäferschnecke, Stachelkranz-Käferschnecke (D), Chiton géant (F), Giant chiton, spiny chiton (GB), Reuzen-keverslak (NL), Kitonn anak (HE)

Familie Chitonidae. Diese Käferschnecke kann 10 cm lang werden. Sie ernährt sich von kleinen Algen, die sie mit Hilfe ihrer Radula von den Felsen der Brandungszone abweidet. Im Roten Meer und im Indischen Ozean kann die Art sehr häufig auftreten und dichte Populationen bilden. Weitere häufige Arten sind *Ischnochiton yerburi*, *Chiton (Rhyssoplax) affinis* und *Tonicia (Lucilina) sueziensis*.

Vorderkiemer-schnecken

Die Schale dieser Napfschnecke zeigt eine feine Skulptur. Man begegnet ihr auf Küstenfelsen.

Zellana rota

Napfschnecke (D), Patelle (F), Limpet (GB), Schaalhoren (NL), Tsalakhitt eyla-titt (HE), Batiiness (AR)

Familie Patellidae. Der Durchmesser der Schale kann 45 mm betragen. Wie die meisten Napfschnecken ernährt sich auch diese Art vom Algenbewuchs der Felsküste. Verbreitung: Indischer Ozean.

Thais savignyi

Felsenpurpurschnecke (D), Thais, pour-pre des rochers (F), Purple rockshell (GB), Rotspurperslak (NL), Arghemanitt armonitt (HE), Bouq Sakhri (AR)

Familie Muricidae. Schale 3 bis 5 cm lang, mit deutlicher Skulptur. Räuberische Purpurschnecke, lebt an Felsküsten des Litorals, wo sie Jagd macht auf weitere Schnecken, auf Muscheln und Seepocken. Sie bohrt mit Hilfe ihrer Radula und sauren Sekreten die Schale ihres Opfers auf, streckt dann ihren Rüssel hinein, verdaut die Nahrung außerhalb ihres Körpers und saugt den nährstoffreichen Saft ein. Die Art ist häufig im Roten Meer und im ganzen Pazifik.

Man findet diese Schnecke nicht selten im Feislitoral, etwa hier bei den Brothers Islands im Roten Meer.

Tectus (Trochus) dentatus

Gezähnte Kreiselschnecke, Gezähnter Spitzkegel (D), Troque denté (F), Toothed top shell (GB), Getande tolhoren (NL), Galghilann meshounann (HE), Ma'i-diyyat Al-Ardjoul, Batniyyatt Al-Aqdam (AR)

Familie Trochidae. Gehäuse konisch, 8 bis 10 cm lang. Die Art unterscheidet sich von den übrigen Kegel- oder Kreiselschnecken durch die kräftigen Zähne. Eine Algenschicht verhilft zu einer guten Tarnung. Wenn man die Schnecke umdreht, erkennt man das perlmuttfarbene Innere des Gehäuses, aus dem man früher Knöpfe herstellte, und das türkisfarbene Zentrum. Die Art weidet Pflanzen auf dem Korallensand ab. Häufig vom Roten Meer bis zum Pazifik, von 0 bis 10 m.

Diese Kreiselschnecke ist von Kalkalgen bedeckt und läßt nicht erkennen, daß das Schaleninnere von schönem Perlmutt überzogen ist.

Der schwarze Mantel bedeckt fast vollständig das Gehäuse der weißen Eischnecke. Sie weidet in geringer Tiefe Schwämme ab.

Ovula ovum

Eischnecke (D), Porcelaine blanche, ovule commun (F), Egg cowrie, egg shell (GB), Eischelp, eislak, ei-kaurie (NL), Maharett Al-Baydah (AR)

Familie Ovulidae. Das 7 bis 8 cm lange Gehäuse ist glatt und vollständig weiß. Mantel schwarz mit kleinen weißen Punkten. Die Art kommt im gesamten Indopazifik häufig und in geringer Tiefe vor; ernährt sich von Schwämmen oder von Octocorallia der Gattung *Sarcophyton*. Auf diese legt sie auch ihre Eier ab.

Unter dem durchscheinenden mit Papillen besetzten Mantel erkennt man das Gehäuse mit den charakteristischen Flecken.

Cypraea tigris

Tigerschnecke, Leopard-Kaurischnecke (D), Porcelaine-tigre (F), Tiger cowry (GB), Tijgerslak, tijgerkauri (NL), Maharett Al-Nimer (AR)

Familie Cypraeidae. Das bis 10 cm lange Gehäuse ist weiß und hellbraun mit schwarzen runden Flecken. Mantel durchscheinend, mit feinen dunkleren Streifen und Papillen, die an der Spitze weiß gefärbt sind. Tagsüber verbirgt sich das Tier unter Korallen. Es ist nur nachts aktiv. Die Tigerschnecke ist eine Allesfresserin, die sich aber vor allem von Algen ernährt. Sie ist eßbar und kommt bis in 15 m Tiefe im ganzen Indopazifik vor. Eine endemische Art des Roten Meeres, *Cypraea pantherina* (Pantherschnecke), sieht ihr sehr ähnlich.

Oliva tricolor

Olivenschnecke (D), Olive tricolore (F),
Three-coloured olive, tricolor olive shell
(GB), Driekleurige olijfhoren (NL),
Maharatt Al-Zaytoun (AR)

Familie Olividae. Das längliche,
glänzende Gehäuse wird bis zu
55 mm lang und ist grün, orange
und blau gefärbt – daher der wissenschaftliche Name tricolor – die
„Dreifarbige". Die Flecken verleihen dem Tier insgesamt ein bräun-
liches Aussehen. Die Art ist häufig
im gesamten Indopazifik und lebt
tagsüber in geringer Tiefe im Sand
eingegraben. Nur nachts kommt sie
an die Oberfläche.

Die Olivenschnecken verlassen nur nachts den Sand.
Man beachte den Rüssel an der linken Körperseite.

Conus textile

Textil-Kegelschnecke (D), Cône textile
(F), Textile cone (GB), Tentconus (NL),
Kharouss arsi (HE), Ma'idyyatt Al-Ard-
joul, Batniyyatt Al-Aqdam (AR)

Familie Conidae. Gehäuse 7 bis 13
cm lang. Die Art lebt im gesamten
Indopazifik in geringer Tiefe auf
den Riffen. Sie ernährt sich von anderen Weichtieren, von Würmern
und kleinen Fischen. Tagsüber hält
sie sich verborgen und verläßt nur
nachts ihren Schlupfwinkel. Wie
alle Kegelschnecken greift sie ihre
Beutetiere mit Giftpfeilen an und
spritzt ihnen mit Hilfe ihres Rüssels
Neurotoxine in den Körper. Der
Stich kann auch für Menschen tödlich sein! Die Giftpfeile sind modifizierte Zähne der Radula, die stän-
dig erneuert werden. Es gibt sehr
ähnliche Kegelschneckenarten, darunter die kleinere *C. pennaceus*.

Eine Conus textile f. neovicarius jagt nachts auf dem
Riffdach, das von kleinen Algen bedeckt ist. Rechts
ist der Rüssel zu sehen, mit dem das Tier seine Opfer
sticht.

Wie viele andere Meeresschnecken verläßt auch diese Art der Gattung Murex den Sand nur nachts.

Murex tribulus

Stachelschnecke (D), Murex épineux (F), Caltrop Murex, comb shell (GB), Gedoornde purperslak (NL), Argamonn kotzani (HE), Ma'idyyatt Al-Ardjoul, Batniyyatt Al-Aqdam (AR)

Familie Muricidae. Das charakteristisch geformte Gehäuse wird bis 10 cm lang. Diese indopazifische Art lebt im allgemeinen zwischen 30 und 250 m Tiefe, obwohl sie zur Eiablage in seichte Gewässer aufsteigt. Sie geht nachts auf Jagd. Es gibt mehrere verwandte Arten, darunter den wunderschönen Venuskamm (*Murex pecten*).

Erst wenn man das Tier umdreht, erkennt man die weiße Perlmuttfarbe des Gehäuses. Die hellbraune Oberseite ist oft von Algen bewachsen, die zur Tarnung beitragen. Man beachte den sichelförmigen Gehäusedeckel (Operculum). Er schützt das Tier, das sich ganz in das Gehäuse zurückgezogen hat.

Lambis truncata

Spinnenschnecke (D), Lambis-araignée, ptérocère sept-doigts (F), Giant spider conch, finger conch, spider shell (GB), Afgeknotte spinslak (NL), Shivann (HE), Maharatt Al-Ankaboutt (AR)

Familie Strombidae. Das Gehäuse kann mit seinen charakteristischen Fortsätzen bis 35 cm messen. Die Art lebt auf Sandboden und ist im gesamten Indopazifik häufig. Sie lebt von Pflanzen, und ihr Eigelege erinnert an Spaghetti. Die Spezialisten unterscheiden zwei Unterarten: *L. t. truncata* und *L. t. seba*. Die Gattung *Lambis* umfaßt weitere zehn Arten.

Terebra cf. affinis

Turmschnecke (D), Térèbre (F), Auger shell (GB), Schroefslak (NL), Makdekha berouda (HE), Maʿidyyatt Al-Ardjoul, Batniyyatt Al-Aqdam (AR)

Familie Terebridae. Die Schale mißt bis 7 cm. Es handelt sich um einen nachtaktiven Räuber, der sich von Würmern ernährt. Die Art lebt auf den Korallensanden des Indopazifiks bis in 10 m Tiefe.

Obwohl man das Tier auf dem Bild nicht sieht, erkennt man doch deutlich das Gehäuse und die furchenartige Spur, die die Schnecke auf einem Strand im Roten Meer hinterlassen hat.

Cymbiola (Aulica) vespertilio

Fledermausschnecke (D), Volute (F), Bat volute, volute shell (GB), Vleermuis voluta (NL), Maʿidyyatt Al-Ardjoul, Batniyyatt Al-Aqdam (AR)

Familie Volutidae. Das Gehäuse mißt bis 10 cm. In alten Sammlungen begegnet man noch Exemplaren bis 14 cm. Wo sind diese Riesen geblieben? Da es sich um eine eßbare Art handelt, ist wohl die Überfischung daran schuld. Die Art lebt im östlichen Indischen Ozean und im Westpazifik (Indonesien, Philippinen, Australien). Man findet sie auf allen Sedimenttypen bis in 35 m Tiefe.

Ein umfangreicher Fuß und ein enormer Rüssel (rechts) sind charakteristisch für dieses nachtaktive Tier, das auf dem Vulkansand einer indonesischen Insel überrascht wurde.

Auf diesem Bild erkennt man nur einen kleinen Teil des Gehäuses und des Deckels (unten rechts). Dafür erkennt man das Eigelege, das von einem Korallenstock herabhängt.

Chicoreus ramosus

Riesenstachelschnecke (D), Murex géant, murex rameux (F), Ramose murex, giant murex, branched murex (GB), Vertakte stekelhoren, reuzenstekelhoren (NL), Argamonn mesouaf (HE), Ma'idyyatt Al-Ardjoul, Batniyyatt Al-Aqdam (AR)

Familie Muricidae. Es handelt sich hier um die größte Vertreterin der Familie Muricidae: Das Gehäuse wird bis 30 cm lang. Die Art lebt in geringer Tiefe auf Riffen des Indopazifiks.

Dendropoma maxima

Horndeckel-Wurmschnecke (D), Vermet (F), Worm-shell, horny worm-snail (GB), Wormslak (NL), Shalsholann ḥashonitt (HE), Ma'idyyatt Al-Ardjoul, Batniyyatt Al-Aqdam (AR)

Die Röhren dieser Wurmschnecke liegen vollständig im Innern von Korallen, hier von Porites cf. solida.

Familie Vermetidae. Das röhrenförmige Kalkgehäuse erinnert an die Wohnungen der Röhrenwürmer (*Serpulidae*). Die Art lebt bis in 5 m Tiefe im Indopazifik, eingewachsen in Korallen und bildet stellenweise dichte Populationen mit 25 Individuen pro Quadratmeter. Der Durchmesser der Öffnung erreicht 1 bis 2 cm. Die Schnecke kann sich ganz in ihre Röhre zurückziehen und sie mit einem Deckel verschließen. Sie ernährt sich von Plankton, das sie mit Speichelfäden einfängt. Diese zieht sie etwa alle Viertelstunde wieder ein. Eine weitere große Wurmschnecke, *Serpulorbis imbricatus*, hat keinen Deckel und lebt auch nicht im Inneren von Korallenstöcken.

Hinterkiemerschnecken (Opisthobranchia)

In allen Meeren leben die meist wundervoll gefärbten und auffallend geformten Hinterkiemerschnecken. Sie zeigen eine deutliche Tendenz zur Verkleinerung des Gehäuses, so daß die meisten unter ihnen auch als Meeresnacktschnecken bezeichnet werden können. Die größte Gruppe bilden die Nacktkiemerschnecken. Man unterscheidet bei den Hinterkiemern drei morphologische Typen: den Aplysia-Typ (A), den Aeolidia-Typ (B) und den Doris-Typ (C). Die vorderen Fühler (1) und die hinteren Fühler (2) dienen dem Tastsinn, die Rhinophoren (3) dem Geruchssinn. Mit dem muskulösen Fuß (4) bewegt sich das Tier fort. Der After (5) liegt auf der Rückenseite – bei den Aeolidiern leicht seitlich verschoben. Der Mantel (6) wird besonders beim Doris-Typ deutlich, während der Aplysia-Typ durch seitliche Parapodien (7) gekennzeichnet ist, die bisweilen zum Schwimmen befähigen. Alle Hinterkiemerschnecken sind Zwitter und haben eine weibliche (8) und eine männliche Geschlechtsöffnung (10). Eine Rinne kann als Samenleiter (9) dienen. Die Aeolidier erkennt man vor allem an den zahlreichen Fortsätzen auf dem Rücken (11). Die Doridier, die zu den Nacktkiemerschnecken zählen, haben fadenförmige Kiemen (12) in der Aftergegend. Die Augen (13) sind primitiv, und die Fühlerfortsätze (14) fehlen bisweilen ganz.

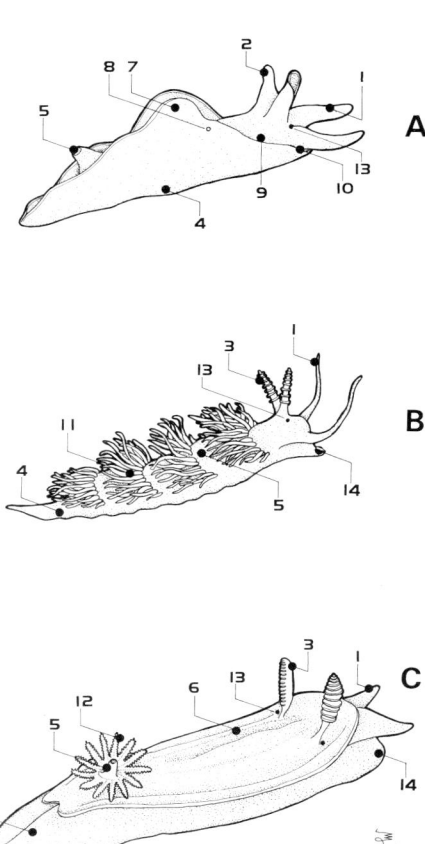

Eine Phyllidia arabica auf einer Koralle (Malediven).

Phyllidia arabica (varicosa)

Dreifarbige Warzenschnecke, Blaue Pralinenschnecke (D), Phyllidie verruqueuse, phyllidie tricolore (F), Three colored Phyllidia, yellow-warted Phyllidia, blue candy nudibranch (GB), Driekleurige wrattenslak (NL), Khasoufitt (HE), Bouzzak (AR)

Familie Phyllidiidae. Eine schwarze Nacktkiemerschnecke vom Doris-Typ mit weißen Längsleisten und Erhebungen sowie mit gelben Warzen. Länge 7 bis 10 cm. Achtung! Es gibt weitere sehr ähnliche Arten: *Phyllidia coelestis* („weiße" Körperteile hellblau), *P. tula* (keine Längsleisten, nur weiße Erhebungen) und so weiter. Alle diese Arten ernähren sich von Schwämmen. Die Art *P. arabica* ist vom Roten Meer bis in den Pazifik am häufigsten. Sie ist von 5 m Tiefe an anzutreffen.

Nahaufnahme einer eleganten Phyllidia in einem Riff des Roten Meeres. Es gibt mehrere Arten, die rosafarbene Warzen auf schwarzem Grund aufweisen.

Phyllidia elegans

Netz-Warzenschnecke (D), Phyllidie élégante (F), Graceful Phyllidia (GB), Sierlijke Phyllidia (NL), Khasoufitt (HE), Bouzzak, Halqiyyatt Al-Khayshoum (AR)

Familie Phyllidiidae. Eine schwarze Nacktkiemerschnecke vom Doris-Typ mit rosafarbenen, besonders geformten Warzen, 3 bis 8 cm lang. Diese schwammfressende Art kommt nur von 10 bis 15 m Tiefe an vor. Zu den bevorzugten Beutetieren gehört *Siphonochalina siphonella*. Es gibt weitere *Phyllidier*-Arten mit ähnlicher Färbung, darunter *P. pustulosa*.

Phyllidia pustulosa
Warzen-Phyllidia (D), Phyllidie pustu-leuse (F), Pustular Phyllidia (GB), Puist-Phyllidia (NL), Khasoufitt (HE), Bou-zzak, Halqiyyatt Al-Khayshoum (AR)

Familie Phyllidiidae. Eine Nackt-kiemerschnecke vom Doris-Typ, 3 bis 4 cm, vom Indischen Ozean und vom Pazifik bekannt. Die Art ist ähnlich *P. elegans*.

Eine Gruppe von Warzen-Phyllidien, wahr-scheinlich bei der Nahrungssuche. Man weiß aber nicht genau, was die Tiere fressen.

Phyllidiopsis sp.
Phyllidiopsis (D, GB, NL), Phyllidiopse (F), Khasoufitt (HE), Bouzzak, Hal-qiyyatt Al-Khayshoum (AR)

Familie Phyllidiidae. Eine Nackt-kiemerschnecke vom Doris-Typ, 4 bis 6 cm lang. Es gibt mehrere Ar-ten der Gattung *Phyllidiopsis*, die sich zum Teil untereinander sehr ähnlich sehen.

Eine indonesische Art, die ich bisher noch nicht bestimmen konnte. Das nimmt ihr aber nichts von ihrer Schönheit!

Ein schönes Exemplar von Nembrotha kubaryana auf der Seescheide Polycarpa aurata.

Eine wunderschöne bunte Nacktkiemerschnecke auf Kalk- und Mikroalgen im Roten Meer.

(Foto: Peter Vorhoog)

Nembrotha kubaryana

*Schwarzgrüne Nacktschnecke (D), Lima-
ce noir et vert (F), Black-and-green sea
slug (GB), Zwart-en-groen naaktslak
(NL), Khasoufitt (HE), Bouzzak Aswad,
Boutaynatt Khadra'a (AR)*

Familie Polyceridae. Eine Hinterkiemerschnecke vom Doris-Typ, 3
bis 6 cm lang. Körper schwarz mit
grünen Flecken und Längslinien.
Rhinophoren und Fühler rosa bis
orange, ebenso der Rand des Fußes
und die äußersten Spitzen der Kiemen. Das Tier ernährt sich von Seescheiden. Es gibt weitere schwarz
und grün gefärbte Hinterkiemer,
etwa *Nembrotha cristata*, die allerdings keine orangefarbenen Körperteile aufweist. *N. kubaryana* ist
vor allem vom Westpazifik bekannt, doch ihr Auftreten in Indonesien läßt vermuten, daß sie auch im
Indischen Ozean vorkommt. Bis
wohin? Ich bitte um Nachricht!

Nembrotha affinis (?)

*Buntkiemen-Nacktschnecke (D), Nudi-
branche à branchies multicolores (F),
Multicoloured nudibranch (GB), Bonte
kieuw-naaktslak (NL), Khasoufitt shek-
houma (HE), Bouzzak (AR)*

Familie Polyceridae. Eine Hinterkiemerschnecke vom Doris-Typ, 4
bis 8 cm lang. Trotz ihrer bunten
Färbung sind manche Nacktkiemerschnecken schwer zu bestimmen. In
einem Handbuch wird dieses Tier in
die Gattung *Tambja* gesetzt, in einem anderen wird es als *Nembrotha
affinis* bezeichnet...

Chromodoris quadricolor

Pyjamaschnecke (D), Doris à quatre couleurs (F), Four colour nudibranch (GB), Vierkleuren-naaktslak (NL), Khasoufitt passiim (HE), Bouzzak (AR)

Familie Chromodorididae. Eine häufige Nacktkiemerschnecke vom Doris-Typ, 4 cm lang. Von einigen Metern Tiefe an vom Roten Meer bis in den Pazifik verbreitet. Sie ernährt sich von Schwämmen, besonders von der roten Form *Latrunculia magnifica.*

Chromodoris quadricolor kommt verhältnismäßig häufig im Roten Meer vor. Man erkennt sie leicht an ihrer charakteristischen Färbung.

Chromodoris godeffroyana

Orangeflecken-Nacktschnecke (D), Doris à pointes jaunes (F), Yellow-dotted sea slug (GB), Geelgevlekte naaktslak (NL), Khasoufitt (HE), Bouzzak Asfar, Boutaynatt Safra'a (AR)

Familie Chromodorididae. Eine Nacktkiemerschnecke vom Doris-Typ, 4 bis 6 cm lang, im östlichen Indischen Ozean und im Pazifik verbreitet.

(Foto: John Neuschwander)

Nacktkiemerschnecken gehören mit ihren lebhaften Farben und Mustern zu den schönsten Meerestieren. Diese Art wurde bei Sri Lanka fotografiert.

Mit ihrer überraschenden Färbung warnen die Nacktkiemerschnecken mögliche Räuber davor, sich an ihnen zu vergreifen, denn sie sind ungenießbar. Man spricht dabei von einer Warntracht.

Chromodoris kuniei

Gepunktete Prachtsternschnecke, Porzellan-Chromodoris (D), Doris à bord mauve (F), Paarsgerande naaktslak (NL), Khasoufitt zehouvatt-ketamiim (HE), Bouzzak Laïlaki (AR)

Familie Chromodorididae. Eine Nacktkiemerschnecke vom Doris-Typ, 5 bis 6 cm lang, bekannt vom Westpazifik und von Indonesien. Die Bestätigung steht noch aus, daß sie auch im Indischen Ozean vorkommt. Diese schwammfressende Art ähnelt auch *C. geminus* und *C. tertianus*.

Ein Pärchen von Chromodoris annae. Alle Hinterkiemerschnecken sind Zwitter: Bei der Paarung stellen sie sich umgekehrt nebeneinander und besamen sich gegenseitig.

Chromodoris annae

Anna's Doris (D, GB, NL), Doris d'Anne (F), Khasoufitt (HE), Bouzzak Anna (AR)

Familie Chromodorididae. Eine Nacktkiemerschnecke vom Doris-Typ, ungefähr 3 cm lang. Die Art wurde von den Philippinen beschrieben, aber mehrere Male in Indonesien beobachtet. Auch von dieser Art ist die Verbreitung noch nicht richtig bekannt.

Chromodoris cf. lochi

Schwarzstreifen-Doris (D), Doris à rayures noires (F), Black-lined Doris (GB), Zwartgestreepte Doris (NL), Khasoufitt (HE), Bouzzak, Halqiyyatt Al-Khayshoum (AR)

Familie Chromodorididae. Eine Nacktkiemerschnecke vom Doris-Typ, 9 cm lang. Weitere Informationen über diese Art liegen mir nicht vor.

Diese Chromodoris-Art wurde in Indonesien aufgenommen, während sie auf Polypen des Oktokoralliers Briareum sp. umherkroch. Ob sie sich auch davon ernährt?

Glossodoris hikuerensis

Graugerandete Prachtsternschnecke (D), Doris à bord gris (F), Grey-edged sea slug (GB), Grijsgerande Doris (NL), Khasoufitt (HE), Bouzzak Ramadi (AR)

Familie Chromodorididae. Eine Hinterkiemerschnecke vom Doris-Typ, 7 bis 10 cm lang. Die seltene Art wurde vom Roten Meer, von Kenia, den Malediven und vom Westpazifik gemeldet. Es existiert eine ähnliche Art, *G. cinctus (Casella cincta)* mit hellblau und schwarz gerandetem Mantel.

Diese große Nacktschnecke des Roten Meeres tritt verhältnismäßig selten auf. Die wohlentwickelten Kiemen bilden ein strauchförmiges Büschel.

Diese Nacktkiemerschnecke ist leicht an der dunklen Linie zu erkennen, die am Mantelrand entlangzieht. Typisch sind auch die braunschwarzen Kiemen und Rhinophoren.

Glossodoris atromarginata

Schwarzgerandete Prachtsternschnecke (D), Doris à bord noir (F), Black-edged sea slug (GB), Zwartgerande Doris (NL), Khasoufitt (HE), Bouzzak Aswad (AR)

Familie Chromodorididae. Man weiß nur wenig über diese Hinterkiemerschnecke vom Doris-Typ, die ungefähr 5 cm lang wird. Man hat sie im östlichen Indischen Ozean und im Westpazifik gefunden. Neue Beobachtungen über das Verbreitungsgebiet dieser Art sind herzlich willkommen.

Die schwarze oder dunkelbraune Zeichnung auf hellem Grund erinnert irgendwie an Todesanzeigen. Daher stammt wohl auch der lateinische Name funebris, der sich auf ein Begräbnis bezieht.

Jorunna (Doris, Kentrodoris) funebris

Indopazifische Leopardenschnecke (D), Doris funèbre (F), Indopacific leopard sea slug (GB), Luipaardslak (NL); Khasoufitt (HE), Bouzzak Al-Fahed (AR)

Familie Kentrodoridae. Nacktkiemerschnecke vom Doris-Typ, 5 bis 7 cm lang, mit rauher Oberfläche. Die Art wurde von Sri Lanka beschrieben, tritt aber auch an anderen Stellen des Indischen Ozeans und des Westpazifiks auf. Angeblich ernährt sie sich von Schwämmen der Gattung *Haliclona*.

Halgerda aurantiomaculata

Netz-Nacktschnecke (D), Limace réti-culée (F), Reticulated sea slug (GB), Net-naaktslak (NL), Khasoufitt (HE), Bou-zzak, Halqiyyatt Al-Khayshoum (AR)

Familie Asteronotidae. Eine Hinterkiemerschnecke vom Doris-Typ, ungefähr 6 cm lang. Färbung: Auf weißem Grund erscheint eine netzartige, feine, gelborange Zeichnung. Dieselbe Farbe ist auch an der Spitze der Erhebungen auf dem Rücken vorhanden. Fühler und Kiemen dunkelbraun gefleckt.

(Foto: John Neuschwander)

Ein Exemplar von Halgerda aurantiomaculata auf einer Korallenkolonie. Ernährt sie sich von diesen Tieren?

Pleurobranchus cf. forskali

Sofakissenschnecke (D), Pleurobranche (F), Pleurobranch (GB), Schildpad-naaktslak (NL), Khasoufitt (HE), Bouzzak, Halqiyyatt Al-Khayshoum (AR)

Familie Pleurobranchidae. Eine Nacktkiemerschnecke vom Doris-Typ, 10 bis 25 cm lang. Färbung entweder gelbbraun mit dunkler sechseckiger Zeichnung auf dem Rücken oder dunkelrot mit hellen Sechsecken. Jede Variante erscheint wie das Negativ einer anderen. Die Gattung *Pleurobranchus* umfaßt noch weitere Arten: *P. grandis* ist weißlich mit großen Sechsecken auf dem Rücken und mit unregelmäßigen dunkelroten Flecken; *P. peroni* erscheint rötlich mit körniger Haut.

Trotz ihrer variablen Färbung erkennt man diese Nacktkiemerschnecke an der wabenartigen Zeichnung auf dem Rücken.

Diese Schnecke kann schwimmen, wenn man sie hochhebt und mitten im Wasser losläßt. Dann sieht man ihren roten, weiß gerandeten „Rock", der tatsächlich an das Gewand einer Flamencotänzerin erinnert. Die natürliche Fortbewegungsweise ist allerdings hier auf dem Bild zu sehen: Die Tänzerin tanzt nicht, sie kriecht!

Hexabranchus sanguineus

Spanische Tänzerin (D), Danseuse espagnole (F), Spanish dancer (GB), Spaanse danseres (NL), Khasoufitt anak (HE), Al-Raqess Al-Ispani (AR)

Familie Hexabranchidae. Diese Nacktschnecke wird zwischen 15 und 30 cm lang und kann über 2 kg wiegen. Die Färbung reicht von einfarbig Rot bis Weiß mit roten Flecken. Der Mantelrand ist weiß, doch man sieht ihn erst, wenn man das Tier stört. Die Spanische Tänzerin kommt von einer Tiefe von 5 m an häufig vom Roten Meer bis in den Pazifik vor. Sie ernährt sich von Schwämmen und Seescheiden. Zwischen ihren Kiemen findet man oft ein bis zwei Individuen der wunderschönen kommensalistischen Garnele *Periclimenes imperator*.

Das Eigelege der Spanischen Tänzerin ist ebenso schön wie das Tier selbst: Ein gelatineartiges Band, das Tausende winziger roter Eier enthält.

Flabellina cd. exoptata

*Flabellina (D, GB, NL), Flabelline (F),
Khasoufitt (HE), Bouzzak, Halqiyyatt Al-
Khayshoum (AR)*

Familie Flabellinidae. Eine Hinterkiemerschnecke vom Aeolidia-Typ,
ungefähr 3 cm lang.

*Diese Flabellina wurde auf dem berühmten Wrack
von Tulamben (Bali) aufgenommen. Sie scheint sich
hier von Korallenpolypen und nicht, wie ihre nächsten Verwandten, von Hydrozoen zu ernähren.*

Pteraeolidia cf. ianthina

*Schlangenfadenschnecke (D), Limace
à franges (F), Snake aeolidien (GB),
Franjenaaktslak (NL), Khasoufitt (HE),
Tho'oubann (AR)*

Familie Glaucidae. Eine Hinterkiemerschnecke vom Aeolidia-Typ, 12
bis 15 cm lang. Diese Nacktschnecke ernährt sich von Hydrozoen, besonders von *Halocordyle
disticha*. Wie wiele verwandte Arten speichert sie die Nematozysten
ihrer Beute in den Fortsätzen auf
dem Rücken und setzt sie zu Vertei-
digungszwecken ein. Die Tiere dieser Art enthalten überdies Zooxanthellen, die für ihre Farbvielfalt verantwortlich sind. Man begegnet dieser Art vom Roten Meer bis in den
Pazifik, von der Oberfläche bis in
30 m Tiefe.

*Diese Nacktschnecke von den Similan-Inseln
kriecht zwischen Grünalgen und roten Kalkalgen
(Vordergrund) und erinnert insgesamt an eine
Raupe.*

Die massiven Schalen sind oft von Schwämmen und von Stylaster bewachsen.

Muscheln

In dieses Buch haben wir nur ein halbes Dutzend Muschelarten des Indopazifiks aufgenommen. Hier gilt dasselbe wie bei den Schnecken: Wer sich besonders für die Schalen dieser Tiere interessiert, sollte ein spezialisiertes Werk zu Rate ziehen.

Spondylus varius

Stachelauster (D), Spondyle, huître à charnière (F), Thorny oyster (GB), Stekeloester (NL), Tzidpa (HE), Mouhaar Shawki (AR)

Familie Spondylidae. Größe: 15–25 cm. Das Gehäuse besteht aus zwei gewölbten Schalen. Am Rand des Mantels befinden sich kleine kugelige blaue Augen. Indopazifik, oft unter Überhängen, zwischen 5 und 25 m Tiefe. Die Art reagiert sehr stark auf Erschütterungen. Wenn man sich ihr nicht ganz vorsichtig nähert, schließt sie ihre Schalen – eben wie eine Auster!

Pedum spondyloideum (spondylium)

Irisierende Kammuschel (D), Huître corallicole (F), Coral clam, pedum oyster, iridescent clam (GB), Koraaloester (NL), Sitkitt ḥa'almougiim (HE), Dhawatt Al-Misra'ayn (AR)

Familie Pectinidae. Diese Muschel, die bis 6 cm lang wird, lebt fest eingewachsen in Korallen. Verbreitung: Rotes Meer bis Pazifik.

Diese Muschel ist allseits von Korallen umschlossen und zeigt am Mantelrand kleine rote Augen.

Pinctada margaritifera
Seeperlmuschel (D), Huître perlière (F),
Pearl oyster, black-lipped pearl oyster
(GB), Zwartlip pareloester (NL), Peninitt
*amititt (HE), Ma*h*aar, Ma*h*aaratt (AR)*

Familie Pteriidae. Eine große, 15
bis 20 cm lange Muschel, im
ganzen Indopazifik verbreitet. Die
Art lebt zwischen 4 und 30 m Tiefe
und liefert den größten Teil aller
Perlen. Eine weitere Perlenlieferan-
tin ist *Pinctada maxima*. Man kulti-
viert diese Muscheln unter anderem
im Sudan, in Indonesien und in Polynesien.

Diese Perlenmuschel hat sich an der Koralle
Favia stelligera festgeheftet und trägt ihrerseits
wieder Seepocken.

Pteria aegyptiaca
Ägyptische Flügelauster, Flügelperlmu-
schel (D), Avicule (F), Winged oyster,
Egyptian wing oyster (GB), Vleugeloe-
ster (NL), Penititt mourarekhett (HE),
Mahaar Misri Moudjanah (AR)

Familie Pteriidae. Die Muschel
wird bis 10 cm lang und hängt oft an
Gorgonien und Schwarzen Korallen. Die Form der Schalen ist sehr
typisch. Im Indopazifik leben mehrere verwandte Arten, unter ihnen
Pteria pinguin, die größte unter allen (bis 20 cm).

Eine Gruppe von Flügelaustern lebt im Roten
Meer an den Zweigen einer Schwarzen Koralle
(Antipathes sp.) festgeheftet. Jede Schale trägt
einen zusätzlichen Bewuchs: Kalkalgen, Schwäm-
me, Seescheiden der Familie Didemnidae.

Die beiden Individuen von Tridacna maxima aus dem Roten Meer sind dicht von den Korallen Favia stelligera und Pocillopora verrucosa umwachsen. Die Muscheln geben uns eine Vorstellung von der Farbvielfalt selbst innerhalb einer einzigen Art.

Tridacna crocea ist eine kleine Art, die nur in geringer Tiefe (Riffdach) vorkommt. Ihre Schalenhälften sind vollständig von Korallen umwachsen.

Tridacna maxima, T. squamosa, T. crocea

Eingewachsene Mördermuschel, Riesenmuschel (D), Bénitier (F), Burrowing clam, giat clam, elongate clam (GB), Doopvontschelp (NL), Tzidpatt-anak (HE), Djourniyyatt (AR)

Familie Tridacnidae. Die dicke, schwere Schale von *T. maxima* mißt 30, höchstens 40 cm. Es handelt sich hier um die häufigste Riesenmuschel: Man begegnet ihr in geringer Tiefe in allen Riffen des Indopazifiks. Alle Riesenmuscheln leben nahe der Oberfläche bis in 15 m Tiefe, um vom Licht zu profitieren. Dieses wird von den symbiontischen Algen benötigt, die den Muscheln ihre lebhaften Farben verleihen. *T. maxima* ähnelt sehr stark den Arten *T. squamosa* und *T. crocea*, zwängt sich aber nicht so tief in die Korallenstöcke ein, so daß die großen, nahe nebeneinanderliegenden Schuppen des Schalenäußeren noch deutlich zu erkennen sind. An Ort und Stelle fällt es schwer, *T. maxima* von ähnlichen Arten zu unterscheiden: *T. squamosa* (Maximalgröße 50 cm, Schuppen weiter voneinander entfernt als bei *T. maxima*, im allgemeinen nicht in die Korallenstöcke eingelassen), *T. crocea* (Maximallänge: 15 cm, oft vollständig von Korallen umwachsen, vor allem im Eulitoral anzutreffen, Mantel mit lebhaften Farben), *T. gigas, T. derasa* und *Hippopus hippopus* (diese Art nur im Pazifik).

Tridacna gigas

Mördermuschel, Riesenmuschel (D), Bénitier géant (F), Giant clam (GB), Reuzendoopvontschelp (NL), Tzidpatt-anak (HE), Djourniyyatt (AR)

Familie Tridacnidae. Es handelt sich hier um die größte Muschel der Welt: Die Schalen können bis 150 cm lang und bis 250 kg schwer werden. Man begegnet dieser Art auf und in der Nähe aller Riffe im Indopazifik zwischen 2 und 20 m Tiefe. Die Muschel ist eßbar, und der Schließmuskel wird in ganz Asien hoch geschätzt, vor allem in Japan. Wie alle Tridacniden ist auch diese Art geschützt (CITES), und man darf mit ihr weder Handel treiben noch sie kaufen. Auch der Export ist verboten. Trotzdem durchstöbern japanische, taiwanesische und koreanische Fischer alle Riffe der Region, töten oft über hundertjährige Exemplare, entnehmen ihnen den Schließmuskel und werfen den Rest weg... Seit kurzem versucht man, diese Riesenmuschel zu züchten.

Diese Tridacna squamosa unterscheidet sich durch die verhältnismäßig weit voneinander entfernt stehenden Schuppen und durch die Tatsache, daß sie nicht von Korallen umwachsen ist. In keinem Fall dient die Färbung des Mantels als Merkmal zur Artunterscheidung.

Der bunte Mantel dieser Riesenmuschel umgibt die gewellten Ränder der Schalen. Es handelt sich um die größte Muschel der Welt.

Lopha cristagalli

Hahnenkammauster, Riffzackenauster (D), Huître zigzag, huître crête de coq (F), Zig-zag clam, cock's-comb oyster (GB), Hanenkamoester (NL), Tzidpa (HE), Mouhaar (AR)

Familie Ostreidae. Schale 10 bis 30 cm lang. Die Art ist im ganzen Indopazifik verbreitet und kommt von 5 bis ungefähr 20 m Tiefe vor. Sie zieht dabei Überhänge vor und lebt gerne auf Gorgonien. Die beiden Schalen legen sich längs einer Zickzacklinie fest aufeinander. Es gibt weitere ähnliche Arten, etwa *Lopha frons, L. folium* und *Hyotissa hyotis*.

Diese Hahnenkammauster hat sich auf dem Ast einer Gorgonie oder einer Schwarzen Koralle festgeheftet und wird ihrerseits vollständig von einem krustenbildenden Schwamm (Microciona sp.) überwachsen, dessen Einströmöffnungen deutlich zu erkennen sind.

Tintenfische

Im Indopazifik leben Dutzende von Arten. Hier werden nur jene Formen behandelt, denen man bei Tauchgängen regelmäßig begegnet.

Sepia sp.

Sepia (D), Seiche (F), Cuttlefish (GB), Sepia, zeekat (NL), Deyonoun (HE), Sibyaa (AR)

Familie Sepiidae. Es gibt zahlreiche Arten der Gattung Sepia. Die meisten kann man nur mit Hilfe des Schulps bestimmen, eines harten Skelettelements im Innern des Körpers.

Die kleine Sepia versucht, sich zwischen einem Schwamm und einer Koralle zu verstecken.

Riesenmuscheln sind die größten Muscheln der Welt.

Wie alle Sepien zeigt auch Sepia latimanus eine extrem variable Färbung. Oft ist ihr Auge von gelber Farbe umgeben.

Sepia latimanus

Breite Tentakelsepia (D), Seiche à tentacules larges (F), Broadclub cuttlefish (GB), Breedarm-zeekat, sepia (NL), Deyonoun (HE), Sibyaa, Habbar (AR)

Familie Sepiidae. Es handelt sich hier um die größte Sepienart der Welt: Ihr Mantel kann 50 cm lang werden, die Gesamtlänge bei einem Gewicht von 10 kg 150 cm betragen. Im allgemeinen sind die Tiere 25 bis 40 cm lang. Man begegnet dieser Sepienart in allen Riffen des Indopazifiks. *S. latimanus* jagt wie alle ihre Verwandten Krebstiere und Fische.

Ein Sepienpaar beim Liebesspiel im Golf von Oman. Das Männchen liebkost das Weibchen, bis es zur Paarung bereit ist.

Sepia pharaonis (pharaonensis)

Pharaonensepia (D), Seiche des pharaons (F), Pharaoh cuttlefish (GB), Farao-zeekat, sepia (NL), Deyonoun yam-soufi (HE), Habbar Pharoun, Alhabbar Al-qai'ey Alkabir (AR)

Familie Sepiidae. Eine große Sepia, deren Gesamtlänge bei einem Gewicht von 5 kg über 1 m betragen kann. Die indopazifische Art (Tiefenverbreitung 20–110 m) wird im Norden des Indischen Ozeans stark gefischt. Dort steigen die Tiere im Frühjahr für die Fortpflanzung an die Oberfläche. In dieser Zeit kann auch der Taucher diese Sepien beobachten, die sonst eher als scheue Einzelgänger leben.

Sepiotheuthis lessoniana
Grünaugensepia, Lessons Kalmar (D),
Calmar de récif (F), Bigfin reef squid,
Palk bay squid, Lesson's squid (GB),
Lesson's piglintuis (NL), Loligo eylathi
(HE), Habbaar, Habbaaratt (AR)

Familie Teuthoidae. Länge: 20–45
cm, Gewicht 1,8 kg. Der durchscheinende Körper ist bläulich mit
grünem Schimmer. Diese Kalmare
schwimmen und jagen in Gruppen,
wobei sie ihre Beutetiere (Krebse,
kleine Fische) umzingeln. Verbreitung vom Roten Meer bis in den Pazifik, in seichten, küstennahen Gewässern. Man sieht die Tiere knapp
unter der Oberfläche. Wie alle Tintenfische wird auch diese Art gefangen und gegessen.

*Diese Sepioteuthis lessoniana hat ihre Tentakel nach
vorne gestreckt. Mit ihrem Farbspiel erinnert sie an
einen Opal.*

Octopus cyanea (cyaneus)
*Gemeiner Riffkrake (D), Poulpe, pieuvre
(F), Common reef octopus (GB), Gewone
rif-octopus (NL), Temanounn eynouni
(HE), Akhtaboutt, Oukhtouboutt (AR)*

Familie Octopodidae. Ein dunkel-
brauner bis schwarzer, ungefähr
40 cm langer Krake. Es handelt sich
hier um die häufigste Krakenart.
Daneben treten noch weitere auf:
Octopus macropus (lange, rötliche
Arme mit regelmäßig angeordneten
weißen Flecken), *O. aegina* (grau,
unterhalb von 30 m Tiefe), *O. lutea*
(gelblich) und *Hapalochlaena lun-
ulata*, der blaugeringelte kleine
Krake mit dem tödlichen Biß, dem
man aber eher an den Küsten des
Pazifiks begegnet.

*Dieser Krake versteckt sich zwischen Korallen.
Man beachte die waagerechte Pupille und die Ausströmöffnung (Sipho).*

Krebstiere

Die Krebstiere bilden eine sehr komplexe Gruppe! Sie umfassen die Langusten, die Garnelen, die merkwürdigen, an Felsen festsitzenden Seepocken, die Einsiedlerkrebse in ihren fremden Gehäusen, parasitische Ruderfußkrebse, die eher Würmern oder Larven ähneln, sowie die allseits bekannten Krabben!

Die Anatomie der Zehnfußkrebse wird am Beispiel einer Garnele (A) dargestellt. Man unterscheidet den Carapax oder Cephalothorax (1) und den Hinterleib (2), der aus ringförmigen Segmenten besteht. Die Tiere haben Schreitbeine und Fangbeine (3) sowie Schwimmfüße (4). Die Augen sind gestielt und wie bei den Insekten zusammengesetzt (5). Die erste Antenne (6) dient dem Geruchssinn, die zweite Antenne (7) dem Tastsinn. Der Querschnitt durch ein Segment (B) zeigt das Außenskelett mit einer festen Kutikula (10) und einer elastischen Kutikula (11), die eine Bewegung der Beine ermöglicht.

Die Füße sind in sich gegliedert (C). An ihnen sind Kiemen (12) befestigt. Auch die Beine haben ein Außenskelett (D). Die Muskeln (15) müssen deswegen im Inneren liegen. Sie sind an der harten Kutikula (13) festgeheftet. Ein elastisches Gelenk (14) ermöglicht die Bewegung. Bei der Rückenansicht (E) einer Krabbe erkennt man nur den gepanzerten Carapax (8). Die Bauchseite (E') läßt noch den rudimentären Hinterleib (9) erkennen, der unter dem Carapax getragen wird.

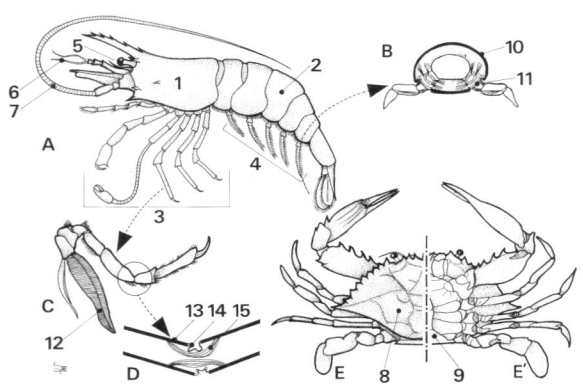

Rankenfüßer

Bei den Rankenfüßern handelt es sich um hochmodifizierte Krebstiere. Ihr Jugendstadium, die *Cypris*-Larve, schwimmt noch frei herum und ähnelt einem normalen Krebstier mit einer zweiklappigen Schale, sechs Beinpaaren und den üblichen Antennen. Doch dann setzen sich diese Larven mit dem Rücken auf einer harten Unterlage fest. Die Antennen entwickeln sich bei den Entenmuscheln zum Stiel und bei den Seepocken zur Basis. Die zweiklappige Schale verwandelt sich in einen Panzer aus Kalkplatten. Die Schwimmfüße entwickeln sich zu Rankenfüßen, mit denen die Tiere mit rhythmischen Bewegungen planktische Lebewesen einfangen und die aus einem Mantelschlitz herausgestreckt werden. Bei einer Störung wird der Mantel zugeklappt und geschlossen.

Lepas anatifera
Entenmuschel (D), Anatife (F), Goose barnacle, gooseneck barnacle (GB), Eendenmossel (NL), <u>H</u>adbiyyatt, <u>H</u>adaabiyatt Al-Ardjoul (AR)

Ein Rankenfüßer aus der Familie Lepadidae. Kopfteil mit der Schale (Capitulum) 4–5 cm lang, Stiel schwarz oder dunkelrot, 4–85 (!) cm lang. Die Schale besteht in der Regel aus fünf glatten, durchscheinenden, weißen Platten, die über ein schwarzes Integument miteinander verbunden sind. Die Entenmuschel kommt auf der ganzen Welt vor und heftet sich an Treibgut fest, zum Beispiel an Schiffsrümpfen, Bojen und Holzstücken. Im Mittelalter glaubte man, aus den Entenmuscheln würden schließlich Enten und Gänse hervorgehen. Aus diesem Grund glaubte man berechtigt zu sein, diese Vögel während der Fastenzeit zu verzehren.

Diese Entenmuscheln wachsen auf dem Rumpf eines Schiffes. Mit ihren Rankenfüßen filtern sie das Wasser nach planktischen Organismen durch. Die Rankenfüße sind modifizierte Schreitbeine.

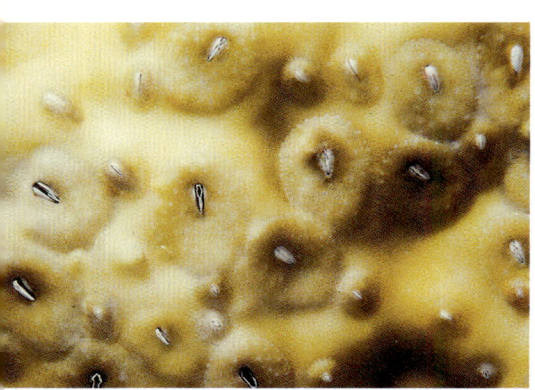

Man kann hier unmöglich sagen, ob es sich um Savignium oder Megabalanus handelt, da nur die Öffnungen zu erkennen sind.

Savignium milleporae und/oder Megabalanus stultus

Korallenseepocke (D), Balane corallicole (F), Coral barnacle (GB), Koraalzeepok (NL), Baloutann (HE), Balloutt Al-Ba$\underline{h}$r (AR)

Eine Seepocke der Familie Balanidae. Diese Tiere sind vollständig von Feuerkorallen umschlossen, die ihnen Unterschlupf und Schutz bieten. Andere Arten führen ein ähnliches Leben in Steinkorallen.

Die Riesenseepocke tritt in mächtigen Populationen an Felsküsten vor allem in der Brandungszone auf. Sie ist eine typische Art des Litorals.

Tetraclita squamosa

Riesenseepocke, Große Seepocke (D), Balane géante (F), Acorn barnacle, giant barnacle (GB), Reuzenzeepok (NL), Baloutann anak (HE), Balloutt Al-Ba$\underline{h}$r (AR)

Familie Tetraclitidae. Größe: bis 3 cm. Die Schale besteht aus vier gestreiften, porösen Platten; sie schützen das Tier bei Ebbe vor der Hitze im oberen Litoral. Wenn die Seepocke nicht von Wasser bedeckt ist, verschließt sie die Öffnung hermetisch mit Kalkplatten.

Odontodactylus scyllarus

Bunter Fangschreckenkrebs (D), Squille multicolore (F), Coloured mantis shrimp (GB), Bonte bidsprinkhaankreeft (NL), Kraidiss Moulawwann (AR)

Ein primitiver Krebs aus der Gruppe der Stomatopoda (Hoplocarida) und der Familie Odontodactylidae. Länge: 12–16 cm. Man findet die Art von der Oberfläche bis in 30 m Tiefe. Sie lebt in Gängen im Riff oder in Tunnels, die sie sich im Sand selbst gräbt und die sie mit Korallenstückchen befestigt. Die Fang- oder Heuschreckenkrebse haben Fangbeine mit einschlagbaren Klauen, mit denen sie den Carapax oder das Gehäuse ihrer Beutetiere zertrümmern. Die Arten der Gattung *Lysiosquilla* spießen ihre Beutetiere mit diesen Fangbeinen auf.

Ein Bunter Fangschreckenkrebs vor einem der Eingänge zu seinem unterirdischen Tunnel.

Alpheus spp.

Pistolenkrebs, Knallkrebs (D), Crevette à pistolet (F), Snapping shrimp, pistol shrimp (GB), Pistoolgarnaal (NL), Nakshann haalmougiim, nakshann shitoufann (HE), Kiraïdiss Khattaf (AR)

Ein Zehnfußkrebs aus der Familie Alpheidae. Länge: 3 cm. Mit seinen großen Scheren erzeugt der Krebs ein knallendes Geräusch, mit dem er einen Eindringling vertreiben oder ein Beutetier lähmen kann. Die meisten Krebse leben in Symbiose mit Grundeln. Die Garnele unterhält die gemeinsame Wohnung, während der Fisch Wache steht. Im Roten Meer leben fünfzig *Alpheus*-Arten.

Eine Grundel der Art Ctenogobiops pomastictus mit ihrer kommensalistischen Garnele (Alpheus cf. djeddensis oder A. cd. djiboutiensis). Dieser Pistolenkrebs ist praktisch blind und hält mit Hilfe eines Fühlers dauernd Kontakt mit dem Fisch.

Lysmata amboinensis

Weißband-Putzergarnele (D), Crevette nettoyeuse (F), White banded cleaner shrimp (GB), Witstreeppoetsgarnaal (NL), Nakyann hamorenott (HE), Arroubyann Kiraïdiss, Barghoutt Al-Bahr (AR)

Eine Putzergarnele auf einem Schwamm in Erwartung eines Klienten.

Ein Zehnfußkrebs aus der Familie Hippolytidae. Größe: 3–5 cm. Diese Garnelen, die vom Roten Meer bis in den Pazifik vorkommen, halten sich stets in der Nähe ihrer Putzerstationen auf, wo sich die Fische von Parasiten reinigen lassen. Von diesen ernähren sich die Garnelen. Die Garnelen sind Zwitter und leben oft paarweise. In der Karibik kommt eine Zwillingsart vor, *Lysmata grabhami*. Die beiden Arten bezeugen die Existenz der Tethys, eines Urmeers, das den Biogeographen lieb und teuer ist.

Thor amboinensis

Thor-Garnele, Holzkreuzgarnele (D), Crevette Thor (F), Thor shrimp, Amboin shrimp (GB), Thor-garnaal (NL), Nakyann hashoshaniim (HE), Arroubyann, Kiraïdiss, Barghoutt Al-Bahr (AR)

Ein Zehnfußkrebs aus der Familie Hippolytidae. Länge: 1–2 cm. Typische Färbung: perlmuttweiße Flecken auf gelbem oder grünlichem Grund. Man begegnet diesen Garnelen von 0 bis 10 m Tiefe in der Nähe von Korallen und Seeanemonen, wo sie zwischen den nesselnden Tentakeln Schutz suchen. Oft sieht man mehrere Exemplare auf einer einzelnen Seeanemone. Zirkumtropische Verbreitung: eine Art des alten Tethys-Meeres.

Die Thor-Garnele erkennt man an den perlmuttfarbenen Flecken auf grünlich-grauem Grund.

Urocaridella antonbruunii (Leandrites cyrtorhynchus)

Putzergarnele (D), Crevette nettoyeuse (F), Cleaner shrimp (GB), Poetsgarnaal (NL), Arroubyann, Barghoutt Al-Ba<u>hr</u>, Kiraïdiss (AR)

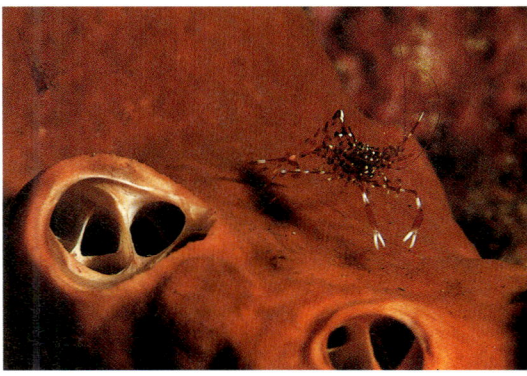

Ein Zehnfußkrebs aus der Familie Palaemonidae. Länge: 3 cm. Man begegnet dieser Putzergarnele in einer Tiefe von 0 bis 30 m vom Roten Meer bis in den Pazifik. In derselben Gattung gibt es weitere, ähnliche Arten. Die Bezeichnung *Leandrites cyrtorhynchus*, die man in den meisten Führern findet, ist aus nomenklatorischen Gründen nicht mehr gültig.

Zwischen den Ausströmöffnungen eines großen Schwammes erkennt man die kleine Putzergarnele mit ihrem typisch eckig geformten Hinterleib. Sie wartet auf einen Fisch, der von seinen Parasiten befreit werden will.

Rhynchocinetes durbanensis

Tanzgarnele, Rosengarnele (D), Crevette à long rostre, crevette danseuse (F), Hingebeak shrimp (GB), Dansgarnaal (NL), Arroubyann, Barghoutt Al-Ba<u>hr</u>, Kiraïdiss (AR)

Ein Zehnfußkrebs der Familie Rhynchocinetidae. Länge: 4–5 cm. Typisch für die Gattung ist der sehr lange Kopffortsatz (Rostrum). Es gibt aber noch eine ähnliche Art: *R. uritai*. Die abgebildete Art hält sich mit Vorliebe in Tunneln oder unter Überhängen zwischen 2 und 40 m Tiefe auf. Man findet oft Gruppen aus mehreren, bisweilen bis hundert Tieren – wahrscheinlich ein Männchen mit seinem Harem. Diese Garnelen (Putzergarnelen?) sind sehr mobil und scheinen auf ihrer Unterlage zu tanzen.

Ein Paar von Rhynchocinetes auf einer krustenbildenden Seescheide (Synascidie, Didemnidae?).

Die kleine Garnele Vir findet zwischen den Blasen der Koralle Plerogyra sinuosa Unterschlupf. Man erkennt sie an den violettgeränderten Beinen.

Vir philippinensis

Blasenkorallengarnele (D), Crevette Vir (F), Bubble-coral shrimp (GB), Blaaskoraalgarnaal (NL), Arroubyann, Kiraïdiss, Barghoutt Al-Bahr (AR)

Ein Zehnfußkrebs der Unterfamilie Pontoniinae. Länge: 2 cm. Man begegnet der Art im Zentrum des Indopazifiks (Andamanensee, Chinesisches Meer, Australien). Sie lebt in 5 bis 20 m Tiefe zusammen mit Steinkorallen der Gattung *Plerogyra*. Es gibt noch eine sehr ähnliche Art mit der Bezeichnung *Vir orientalis*.

Ein großes, altes Individuum von Periclimenes brevicarpalis hält sich zwischen den nesselnden Tentakeln der großen Seeanemone Actinodendron cf. arboreum versteckt.

Periclimenes brevicarpalis

Pfauenaugen-Partnergarnele, Gedrungene Anemonengarnele (D), Crevette queue de paon (F), Peacock-tail anemone shrimp (GB), Pauwstaartgarnaal (NL), Dayaritt (HE), Arroubyann, Kiraïdiss, Barghoutt Al-Bahr (AR)

Ein Zehnfußkrebs der Unterfamilie Pontoniinae. Länge: 2–4 cm. Die Art lebt zwischen den Tentakeln nesselnder Seeanemonen, etwa der Gattungen *Actinodendron*, *Stichodactyla*, *Heteractis*, *Entacmaea* oder *Cryptodendrum*. Man erkennt *Periclimenes brevicarpalis* an den braunen, violettgerandeten Flecken auf dem Schwanzfächer (Telson). Bei den Jungtieren ist der Körper schlanker, und die weißen Flecken sind dort weniger stark entwickelt als bei erwachsenen Individuen. Weibchen größer als die Männchen.

Periclimenes soror

Variable Partnergarnele, Seestern-Part-
nergarnele (D), Crevette des astérides
(F), Starfish shrimp (GB), Zeester-
garnaal (NL), Dayaritt (HE), Kiraïdiss
Al-Nidjma (AR)

Ein Zehnfußkrebs der Unterfamilie
Pontoniinae. Die kleinen Garnelen
messen nur 10 bis 19 mm, sind aber
leicht zu finden, weil man sie regelmäßig auf Seesternen (*Protoreaster,*
Choriaster, Culcita, Acanthaster,
Linckia und anderen) findet, denen
sie sich in der Farbe anpassen. Die
Art kommt bis in 30 m Tiefe häufig
vom Roten Meer bis in den Pazifik
vor.

Ein kleines Individuum von Periclimenes soror
auf der Unterseite eines Armes des Blauen See-
sterns Linckia laevigata. Die beiden weißen
Flecken links von der Garnele sind Eisäckchen
eines winzigen Ruderfußkrebses, der wegen sei-
ner Durchsichtigkeit selbst nicht zu sehen ist.

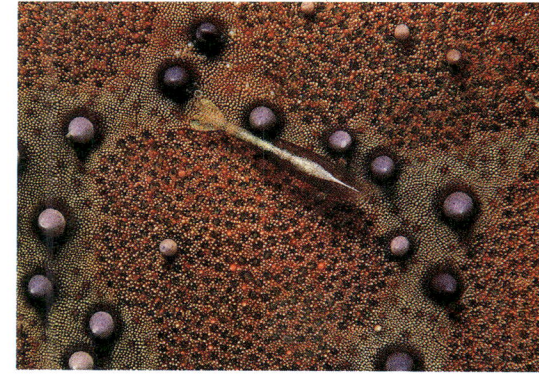

Periclimenes soror zwischen den Sta-
cheln von Culcita novaeguineae. Auch
dieses Individuum zeigt, wie das im Bild
oben, einen weißen Rückenstrich. Das ist
aber nicht immer der Fall: Die meisten
Individuen sind einfarbig und damit we-
niger leicht zu sehen (und auch weniger
fotogen!).

Eine Imperator-Partnergarnele tarnt sich zwischen den Flecken der Großen Seegurke Bohadschia argus.

Periclimenes imperator

Imperator-Partnergarnele (D), Crevette impériale (F), Emperor shrimp, imperial shrimp (GB), Keizersgarnaal (NL), Dayaritt ̲hadoura (HE), Kiraïdiss Al-Em-barator (AR)

Ein Zehnfußkrebs der Unterfamilie Pontoniinae. Länge: 2–3 cm. Man findet diese Art auf Seegurken und großen Nacktkiemerschnecken. Dort ernähren sie sich von organischen Abfällen, die auf der Schleimhaut ihrer Wirte hängenbleiben. Anscheinend erkennen diese Garnelen ihren Wirt an seinem Geruch. *Periclimenes imperator* ist vom Roten Meer bis in den Pazifik verbreitet und kommt bis in 30 m Tiefe vor.

Eine Garnele der Art Periclimenes imperator auf dem Rücken einer Spanischen Tänzerin (Hexabranchus sanguineus). Man beachte den Färbungsunterschied zum Individuum auf dem oberen Bild. Gleich sind nur die orangefarbenen Scheren mit den lila Enden.

Periclimenes longicarpus

Rotmeer-Anemonengarnele (D), Crevette à longues pattes (F), Red sea anemone shrimp (GB), Rode Zee-anemoongarnaal (NL), Dayaritt aroukatt-raglaim (HE), Kiraïdiss Al-Bahr Al-Ahmar (AR)

Ein Zehnfußkrebs der Unterfamilie Pontoniinae. Länge: 3–4 cm. Man erkennt diese Art an der charakteristischen Zeichnung: weiße Linie zwischen den beiden Augen, weiße Rückenlinie, V-förmige Zeichnung auf dem Rücken, Schwanzflecken, die einen Kopf mit Augen imitieren, erstes Beinpaar mit violetten Streifen. Die Garnele lebt auf Seeanemonen (*Entacmaea, Heteractis, Megalactis*), auf der Koralle *Plerogyra* und bisweilen auf Lederkorallen. Sie kommt als Endemit nur im Roten Meer vor.

Das Individuum von Periclimenes longicarpus hält sich auf der Blasenkoralle Plerogyra sinuosa auf und ist an der charakteristischen Zeichnung zu erkennen.

Periclimenes n. sp.

Rotaugen-Anemonengarnele (D), Crevette à yeux rouges (F), Red-eye anemone shrimp (GB), Roodoog-anemoongarnaal (NL), Dayaritt (HE), Kiraïdiss Al-Ain Al-Hamra (AR)

Ein Zehnfußkrebs aus der Unterfamilie Pontoniinae. Länge: 2–3 cm. Die Art lebt mit Steinkorallen vergesellschaftet, deren Tentakel (Blasen) tagsüber eingezogen werden. Sie ist neu für die Wissenschaft. Man findet sie im gesamten Indopazifik bis in 30 m Tiefe und kann sie leicht mit einer nah verwandten Art verwechseln, *P. holtuisi*.

Ein Paar von Periclimenes n. sp. auf einer Kolonie der Blasenkoralle Plerogyra sinuosa. Wenn die Flecken und die Augen nicht wären, würde man diese durchsichtigen Garnelen kaum erkennen.

Nur mit Schwierigkeiten erkennt man die gelben Augen, das rötliche Band an der Körperseite und die orangefarbene Rückenlinie dieser hervorragend getarnten und sonst durchsichtigen Garnele.

Periclimenes tenuis

Haarsterngarnele (D), Crevette des comatules (F), Crinoid shrimp (GB), Haarstergarnaal (NL), Dayaritt h̲akhavatzalott (HE), Arroubyann, Kiraïdiss, Barghoutt Al-Ba̲hr (AR)

Ein Zehnfußkrebs der Unterfamilie Pontoniinae. Länge: 15–20 mm. Auf Haarsternen leben mehrere Garnelen auch aus anderen Familien. Alle sind in ihrer Färbung vollkommen dem Wirt angepaßt. Wahrscheinlich ernähren sich diese Tiere vom Schleim, den die Haarsterne produzieren und mit dem sie Nahrungspartikel einfangen.

Diese Periclimenes-Art konnte nicht bis zur Art bestimmt werden. Sie hielt sich bei Bali in den Zweigen einer Schwarzen Koralle auf. Man beachte die wundervolle Zeichnung (weiß mit rötlichen Flecken) der Scheren.

Periclimenes sp.

Langscherengarnele (D), Périclimènès à grandes pinces (F), Long-pincer shrimp (GB), Langschaargarnaal (NL), Dayaritt (HE), Arroubyann (AR)

Ein Zehnfußkrebs der Unterfamilie Pontoniinae. Länge: 40–50 mm. Leider sind keine weiteren Angaben über diese Garnelenart möglich.

Stenopus hispidus
Rotweiße Scherengarnele (D), Grande crevette nettoyeuse (F), Banded cleaner shrimp, banded coral shrimp (GB), Roodwitte poetsgarnaal (NL), Mekhoshann nakaï (HE), Arroubyann, Kiraïdiss, Barghoutt Al-Ba<u>hr</u> (AR)

Ein Zehnfußkrebs der Familie Stenopodidae. Länge: 5–9 cm. Das Tier besitzt ein großes und ein kleines Paar Scheren. Die Putzergarnele lockt ihre Klienten heran, indem sie mit ihren langen weißen Fühlern winkt. Beim Putzerdienst entfernt sie Parasiten, alte Schuppen und Hautfetzen. Die Art lebt oft paarweise zusammen, wobei das Männchen kleiner ist als das Weibchen. Im allgemeinen halten sie sich in einer Höhlung auf, aus der nur die großen Antennen herausragen. Eine zirkumtropisch verbreitete Art und damit eine weitere Zeugin für die Tethys!

Die rot-weiße Bänderung und die langen weißen Antennen sind charakteristisch für Stenopus hispidus. Das vorliegende Individuum hat seine linke große Schere verloren und sie durch eine viel kleinere Ausführung regeneriert. Normalerweise sind die beiden Scheren gleich groß.

Auf dieser Rückenansicht erkennt man das Hauptmerkmal von Panulirus longipes: den mit weißen Punkten übersäten Carapax.

Panulirus longipes (femoristriga)

Braune Languste, Weißgepunktete Languste (D), Langouste mouchetée (F), Blue-spot rock lobster, White spotted spiny lobster (GB), Witgestippelde langoest (NL), Mekhoshatann kotzani (HE), Sharkhatt Assoukhour, Karakand Azraq (AR)

Ein Zehnfußkrebs der Familie Palinuridae. Maximallänge: 35–40 cm. Die Art ist vom Indischen Ozean (von Ostafrika) bis in den Pazifik verbreitet, kommt aber im Roten Meer nicht vor. Ähnlich ist *Panulirus versicolor* mit rosafarbener Antennenbasis. Diese Tiere halten sich tagsüber in einem Loch oder in einer Spalte des Riffes auf und verlassen ihren Unterschlupf nur nachts, um auf Nahrungssuche zu gehen. Sie fressen Aas, aber auch lebende Krabben und Weichtiere.

Panulirus versicolor

Vielfarbige Languste, Schmucklanguste (D), Langouste tachetée (F), Painted rock lobster, spiny lobster (GB), Gevlekte langoest (NL), Mekhoshatann mefouspass (HE), Asharkha almoulawana (AR)

Diese Langustenart zeigt schwarze Bänder mit weißer Zeichnung auf beigefarbenem Grund. Anhand dieser Zeichnung ist eine Artbestimmung möglich.

Ein Zehnfußkrebs der Familie Palinuridae. Länge: 35–60 cm. Vom Roten Meer bis in den Pazifik verbreitet. Nicht zu verwechseln mit der sehr ähnlichen Art *P. longipes*, die ebenfalls eine rosafarbene Antennenbasis aufweist. Der Carapax von *P. longipes* ist aber weißgefleckt und zeigt nicht die großen charakteristischen Flecken von *P. versicolor*.

Parribacus antarcticus
Bärenkrebs (D), Cigale de mer (F),
Sculptured slipper lobster (GB),
Beerkreeft (NL), Kapann hatzedafott
(HE), Oumirroubyann (AR)

Ein Zehnfußkrebs aus der Familie
Scyllaridae. Die Bärenkrebse sind
Langusten, die sich vor allem durch
ihr zweites Antennenpaar auszeichnen: Sie bilden eine Art Schild oder
„Scheuklappen" zu beiden Kopfsei-
ten.

Dieser Bärenkrebs, der an einer Höhlendecke
hängt, zeigt deutlich die verbreiterten zweiten
Antennen.

Coenobita brevimanus
Landeinsiedlerkrebs (D), Ermite terrestre
(F), Land hermit crab (GB), Landhere-
mietkreeft (NL), Perishitt yabashitt (HE),
Saratann Ramli (AR)

Ein Zehnfußkrebs aus der Familie
Coenobitidae. Das große Tier wird
bis 10 cm lang. Wie fast alle Einsiedlerkrebse lebt es in einem
Schneckengehäuse, um seinen weichen Hinterleib zu schützen. Die
landbewohnenden Einsiedlerkrebse, von denen noch weitere Arten (*C. rugosus, C. perlatus*) bekannt sind, halten sich auf dem Erd-
boden, auf Felsen und sogar Bäumen auf. Sie ernähren sich von Ab-
fallstoffen und können im Wasser
nicht überleben. Nur zur Eiablage
kehren sie für kurze Zeit dorthin
zurück. Der Palmendieb (*Birgus la-
tro*) ist ein naher, riesengroßer Ver-
wandter (25 cm), der ohne
Schneckengehäuse auskommt.

Dieser landbewohnende Einsiedlerkrebs ist auf
der Kokosnuß genauso zu Hause wie seine meeres-
bewohnenden Verwandten auf Korallenstöcken.

Das Schneckengehäuse, in dem der Einsiedler-krebs steckt, trägt mehrere große Individuen der kommensalistischen Seeanemone Calliactis polypus. Die Aufnahme wurde im Roten Meer gemacht.

Dardanus tinctor (pedunculatus)

Schmarotzerrosen-Einsiedlerkrebs (D), Ermite à yeux verts (F), Green-eyed hermit crab, anemone hermit crab (GB), Groenoog-heremiet (NL), Nezirann has-hoshaniim (HE), Sarataan Al-Aïn Al-Khadraʿa (AR)

Ein Zehnfußkrebs aus der Familie Diogenidae. Länge: bis 10 cm. Der Augenstiel ist rot und weiß querge-streift, das Auge selbst grün. Der Einsiedlerkrebs lebt in Symbiose mit der Seeanemone *Calliactis polypus* (und nicht *parasitica*). Die Partnerin liefert durch ihre Nessel-zellen Schutz und profitiert dafür von jeder Mahlzeit des Krebses.

Das Gehäuse dieses Einsiedlerkrebses ist von mehreren Algen bewachsen. Die gelbe Kruste ist wahrscheinlich eine Peyssonnelia.

Dardanus lagopodes

Riff-Einsiedlerkrebs (D), Ermite aux yeux tricolores (F), Reef hermit crab (GB), Driekleur-oog heremiet (NL), Nezirann (HE), Sarataan Al-Shiʿab (AR)

Ein Zehnfußkrebs aus der Familie Diogenidae. Größe: 6–8 cm. Man erkennt diese Art an den schmalen Scheren, den behaarten Beinen und der Färbung der Augen: Der lange Stiel ist weiß, das eigentliche Auge schwarz, und dazwischen liegt ein gelber Ring. Das Tier ernährt sich von Algen und organischen Abfäl-len und lebt vor allem in geringer Tiefe. Verbreitung vom Roten Meer bis in den Pazifik.

Dardanus sp.

Blauaugen-Einsiedlerkrebs (D), Ermite à yeux bleus (F), Blue-eye hermit crab (GB), Blauwoog heremiet (NL), Nezirann (HE), Sarataan Al-Aïn Al-Zarqa (AR)

Ein Zehnfußkrebs aus der Familie Diogenidae. Tier rötlich, behaart. Augenstiel oben gelb, unten weiß, das eigentliche Auge blau. Es gibt zahlreiche weitere, zum Teil spektakulär gefärbte Arten von Einsiedlerkrebsen, zum Beispiel den weißgefleckten *Dardanus megistos*, der 10 bis 20 cm groß wird, und den gelbgestreiften *Trizopagurus strigatus*. Dieser wird nicht länger als 6 cm und hat einen abgeflachten Körper, mit dem es ihm gelingt, Kegelschnecken aufzubrechen.

Die Bestimmung der Einsiedlerkrebse ist nicht immer einfach. Vom Roten Meer bis in den Pazifik leben ungefähr achtzig verschiedene Arten!

Aniculus sp.

Schuppen-Einsiedlerkrebs (D), Ermite à écailles (F), Scaly hermit crab (GB), Geschubde heremiet (NL), Sarataan, Salta'oun (AR)

Ein Zehnfußkrebs der Familie Diogenidae. Das wichtigste Unterscheidungsmerkmal zwischen den Gattungen *Aniculus* und *Dardanus* findet man in den Scheren. Sind beide gleich groß, so handelt es sich um eine Art der Gattung *Aniculus*. Bei *Dardanus* ist die linke Schere sehr viel stärker entwickelt als die rechte. Überdies zeigen die Scheren von *Aniculus* eine bunte Querstreifung.

Anhand der beiden gleich großen Scheren und der Querstreifung der Beine erkennt man, daß man einen Einsiedlerkrebs der Gattung Aniculus vor sich hat.

Die linke Schere ist deutlich größer als die rechte.
Typisch für die Gattung ist die porzellanartige
Oberflächenbeschaffenheit.

Calcinus sp.
*Glatter Einsiedlerkrebs (D), Ermite
lisse (F), Smooth hermit crab (GB),
Gladde heremiet (NL), Al-Sarataan
Al-Na'em (AR)*

Ein Zehnfußkrebs aus der Familie
Diogenidae. Die Arten der Gattung
Calcinus zeichnen sich durch eine
verhältnismäßig glatte Oberfläche
und ungleich große Scheren aus.

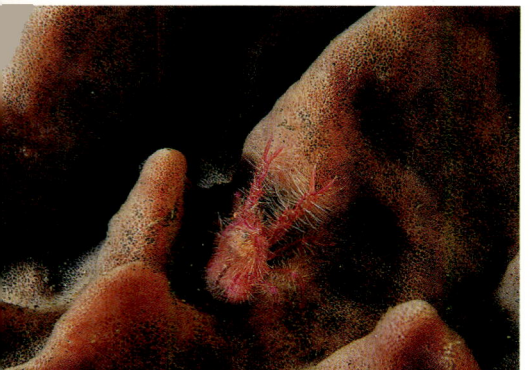

Der legendäre Wally Siagian selbst hat mir
„seinen" kleinen Krebs auf einem Schwamm bei
Tulamben (Bali) in 30 m Tiefe gezeigt.

Lauriea siagiani
*Wally's Springkrebs (D), Galathée de
Wally (F), Pink squat lobster (GB),
Wally's Galathea (NL), Galatayitt (HE),
Karakand Wardi (AR)*

Ein Zehnfußkrebs aus der Familie
Galatheidae. Länge: 1–3 cm. Die
vorliegende Art wurde erst 1994
von Baba beschrieben. Sie trägt den
Namen ihres Entdeckers: Wally
Siagian, einem außergewöhnlichen
Tauchlehrer von Bali, der seinen
Schülern die Augen zu öffnen ver-
steht! Der kleine behaarte Krebs
lebt auf Schwämmen der Gattung
Xestospongia.

Allogalathea elegans

Haarstern-Springkrebs, Federstern-Springkrebs (D), Galathée des comatules (F), Elegant squat lobster (GB), Haarster-Galathea (NL), Galatayitt ḥakha-vatzalott (HE), Karakand (AR)

Ein Zehnfußkrebs der Familie Galatheidae. Die kleine Krabbe mißt nur 1 bis 3 cm. In der Färbung paßt sie sich vollständig ihrem Haarstern an. Sie ernährt sich wahrscheinlich von Plankton, das ihr Wirt aus dem Wasser gefiltert hat.

Die Galatheiden zeigen wie viele epibiontisch lebende Krebstiere ein außergewöhnliches Anpassungsvermögen im Hinblick auf die Färbung. Der Rote Springkrebs von den Malediven ist auf seinem Wirt, einem Haarstern, nicht zu erkennen.

Auch diese Galatheide, diesmal aus Indonesien, hat die Färbung ihres Wirts angenommen. Der Mechanismus der Farbanpassung ist in diesen Fällen noch nicht erforscht: Kann der Krebs beispielsweise seine Farbe anpassen oder sucht er sich einen Wirt, der zur eigenen Färbung paßt?

Zwischen den Tentakeln einer Seeanemone breitet diese Krabbe ihre langbeborsteten Mundteile aus, um Planktonlebewesen aus dem Wasser herauszufiltern.

Neopetrolisthes maculatus
Anemonenporzellankrebs (D), Porcelaine des anémones (F), Porcelain crab (GB), Anemoon-porceleinkrabbetje (NL), Avnitt dakatt-tzervatott (HE), Siini, Sarataan (AR)

Ein Zehnfußkrebs der Familie Porcellanidae. Breite: 2–3 cm. Diese Krabbe lebt stets im Schutz der Tentakel von Seeanemonen, besonders der Gattungen *Stichodactyla, Heteractis, Stoichactis...* Man kann den Krebs mit *Neopetrolisthes ohshimai* verwechseln. Die Tiere dieser Gattung brauchen ihre Scheren nicht für den Beutefang: Sie sind vielmehr Planktonfresser, die Nahrungsteilchen mit besonders geformten, fächerartigen Mundteilen herausfiltern.

Anhand der ovalen Form des Carapax und der feinen grünlich marmorierten Linien kann man diese Strandkrabbe leicht erkennen. Sie läßt aber kaum jemanden in ihre Nähe!

Grapsus albolineatus
Weißgebänderte Springkrabbe (D), Grapse, crabe coureur (F), Shore crab, swift-footed crab, Sally lightfood (GB), Renkrab (NL), Ḥa'shaïshann ḥa'eylati (HE), Sarataan alardjoul alkhafifa (AR)

Ein Zehnfußkrebs aus der Familie Grapsidae. Breite des Carapax: 5 cm. Breite mit den Beinen: bis 15 cm. Scherenspitze weiß, bei der verwandten Art *Grapsus tenuicristatus* rötlich braun. Die Art lebt auf den Felsen des Litorals und ernährt sich von Algen.

Calappa calappa

Schamkrabbe (D), Calappe (F),
Box crab, Calico crab (GB), Schaamkrab
(NL), Baïshann yam-soufi (HE),
Sarataan Assandouq (AR)

Ein Zehnfußkrebs der Familie Calappidae. Ungefähr 10 cm lang, Carapax gewölbt mit charakteristischen Scheren. Die Krabbe hält sie sich vor den Kopf, so daß es aussieht, als würde sie sich schämen. Die Schamkrabbe lebt am Boden und gräbt sich oft ein. Sie ernährt sich räuberisch von Weichtieren, besonders von Schnecken.

Die beiden Schamkrabben wurden nachts bei der Paarung auf Sandboden überrascht.

Carpilius convexus

Rote Korallenkrabbe (D), Crabe bombé
(F), Red coral crab, reef crab (GB),
Rode koraalkrab (NL), Salanitt kemoura
(HE), Sarataan Alshiab Almourjania Al
Omani, Al-Sarataan Al-A<u>h</u>mar (AR)

Ein Zehnfußkrebs aus der Familie Xanthidae. Größe: 8–15 cm. Färbung variabel, doch oft mit deutlich rotem Ton. Man findet die Art ab 5 m Tiefe vom Roten Meer bis in den Pazifik. Die Rote Korallenkrabbe ist nachtaktiv und flieht, wenn man sie mit einer Lampe anstrahlt.

(Foto: John Neuschwander)

Dieses Individuum von Carpilius convexus hält sich an einer kleinen Koralle der Gattung Porites fest. Man erkennt die Art am gewölbten Carapax und der charakteristischen Färbung.

(Foto: Wiebe Kooistra)

Zwischen den Zweigen von Weichkorallen finden mehrere Seespinnenarten Unterschlupf. Handelt es sich um Achaeus spinosus, oder um eine Hyastenus-Art? Da die Bestimmung nicht möglich ist, wurde nur der Familienname angegeben.

Majidae
Weichkorallen-Seespinne (D), Araignée des alcyons (F), Soft coral spider crab (GB), Octocoral-spinkrab (NL), Anka boutt Al-Ba<u>h</u>r (AR)

Ein Zehnfußkrebs der Familie Majidae. Es gibt mehrere Arten von Seespinnen, die auf Weichkorallen leben. Sie ernähren sich dort von hängengebliebenen Nahrungsteilchen. Eine Bestimmung während des Tauchgangs oder von einer Fotografie ist unmöglich. Nur die Zugehörigkeit zur Familie Majidae läßt sich mit Sicherheit angeben.

Wenn diese Krabbe innehält, ist sie praktisch nicht zu erkennen, denn sie deckt sich selbst mit wirbellosen Tieren und Algen zu. Die kleine Skizze unten zeigt ihre Umrisse.

Camposcia retusa
Seespinne (D), Araignée de mer (F), Decorator crab (GB), Spinkrab (NL), Maswann arikh-reghel (HE), Ankaboutt Al-Ba<u>h</u>r (AR)

Ein Zehnfußkrebs der Familie Majidae. Diese Krabben sind Meister in der Kunst der aktiven Tarnung: Sie verpflanzen auf ihren Carapax kleine Stücke von Schwämmen, Algen, Hydrozoen und Seescheiden. Dadurch werden sie zu wahren wandelnden Gärten, die man praktisch nicht erkennen kann, sofern sie sich nicht bewegen.

Dotilla sp.

Erbsenkrabbe (D), Dotille (F), Bubbler
crab, sand bubbler (GB), Pillendraaier-
krab (NL), Sartanonn mekhafrer (HE),
Sarataan, Salta' oun (AR)

Ein Zehnfußkrebs aus der Familie
Ocypodidae. Länge: 1 cm. Es gibt
mehrere *Dotilla*-Arten, darunter
Dotilla fenestrata und *D. sulcata*.
Die Tiere leben auf Sandboden am
Rand der Gezeitenzone und graben
hier Gänge.

Die kleinen Erbsenkrabben kann man am kugel-
runden Körper und den hoch aufgereckten Augen
erkennen. Sie treten auf gewissen Stränden sehr
häufig auf und legen Sandkügelchen in konzentri-
schen Kreisen ab (siehe Seite 37).

Ocypode ceratophthalma

Reiterkrabbe (D), Crabe fantôme (F),
Stalk-eyed ghost crab (GB), Spookkrab
(NL), Kholonn Yam-souf (HE), Sarataan
Ashbah (AR)

Ein Zehnfußkrebs der Familie Ocypodidae. Größe: 4–10 cm. Charakteristisch sind der eckige Carapax
und der spitze Fortsatz über den Augen. Im Roten Meer lebt eine verwandte endemische Art, *O. saratan*,
der diese Hörnchen über den Augen
fehlen. Färbung am häufigsten
schmutzigweiß; auf Stränden aus
vulkanischen Sanden sind die Tiere
deutlich dunkler. Die Krabben leben in tiefen Löchern, die sie selbst
im Sand graben (siehe Seite 37). Sie
gehen nachts auf die Jagd, zum Beispiel nach frisch geschlüpften
Schildkröten, nehmen aber auch
gerne Aas.

Die Periskopaugen mit ihren spitzen Fortsätzen
sind typisch für die Reiterkrabbe, die auf manchen
Stränden sehr häufig auftritt.

Das Winkerkrabbenmännchen bewegt seine überdimensionale Schere und zieht damit die Aufmerksamkeit der Weibchen auf sich. Hier ist ein Individuum der Unterart Uca lactea perplexa abgebildet.

Der türkisfarbene Carapax und die orangefarbene Schere dieser Winkerkrabbe fallen auf dem schwarzen Schlamm der Mangrovenwälder auf.

Uca lactea

Winkerkrabbe (D), Crabe violiniste (F), Fiddler crab (GB), Wenkkrab (NL), Atatt Khiver (HE), Sarataan, Saltaʿoun (AR)

Ein Zehnfußkrebs der Familie Ocypodidae. Länge: ungefähr 3 cm. Die Färbung schwankt selbst im Laufe eines Tages und reicht von weiß bis hellblau mit braunen Marmorierungen und einer großen orangefarbenen Schere. Die Männchen ziehen mit ihrer Schere Weibchen an und sichern sich mit ihrer Hilfe einen Platz in der Hierarchie. Der gesamte Tagesablauf wird von den Gezeiten gesteuert: Das Verlassen der Gänge im Schlammboden, die Nahrungssuche, das ritualisierte Winken mit den großen Scheren, die Paarung und das erneute Verschwinden in den Löchern. Man findet diese Art auf schlammigem Sand in der Nähe von Mangroven. Im Indopazifik ist sie die häufigste Art.

Uca vocans (vomerus)

Winkerkrabbe (D), Crabe violiniste (F), Fiddler crab (GB), Wenkkrab (NL), Atatt tzivoni (HE), Sarataan, Saltaʿoun (AR)

Ein Zehnfußkrebs der Familie Ocypodidae. Größe: bis 5 oder 6 cm. Die Art lebt in Mangroven. Am Ufer des Roten Meeres und des Indischen Ozeans gibt es noch weitere Winkerkrabben: *Uca urvillei* (Carapax blau), *U. inversa*, *U. tetragonon.*

Wirbeltiere

Die Wirbeltiere bilden einen sehr kleinen Tierstamm... Sie umfassen nur 43 000 Arten, nämlich die Fische, die Amphibien, die Reptilien, die Vögel und die Säuger. Diese entsprechen nur 4 % aller Tierarten der Erde. Und trotzdem widmen ihnen die Lexika und Enzyklopädien im allgemeinen sehr viel mehr Platz als den Wirbellosen oder gar den Pflanzen. Der Grund liegt darin, daß wir uns leichter mit einem Schaf oder einer Möwe identifizieren als mit einer Miesmuschel oder einer Fliege. Schließlich gehören auch wir selbst zu den Wirbeltieren! Im geographischen Gebiet, das uns hier interessiert, schätzt man die Zahl der Fischarten auf ungefähr 2200. In den Fischbüchern, die in der Bibliografie am Ende des Buches aufgezählt sind, schwankt die Zahl der indopazifischen Arten zwischen 700 und 1700. In diesem Werk konnte ich aus Platzgründen nur 150 Arten aufnehmen. Diese Beschränkung hat den Vorteil, daß man die häufigsten Arten schnell findet, und den Nachteil, daß verwandte Arten keine Aufnahme finden konnten. Für den durchschnittlichen Taucher reicht unsere Auswahl bei weitem aus. Der ernsthafte Unterwasserfotograf, der seine Diapositive auch richtig beschriften will, wird nicht darum herumkommen, eines oder mehrere der Bücher zu Rate zu ziehen, die auf Seite 403/404 aufgeführt sind (Nr. 3, 5, 6, 8, 12, 13, 15). Im Meer sind die Fische die häufigsten Wirbeltiere. Es handelt sich um hochentwickelte Tiere mit einer ungeheuren Formen- und Farbenvielfalt. Jede Art ist hervorragend an ihre spezielle Lebensweise angepaßt. Die Biologen unterscheiden zwei Klassen von Fischen: Die Knorpelfische (Chondrichthyes), die in ihrem Skelett noch keine echten Knochen enthalten, sowie die Knochenfische (Osteichthyes). Diese umfassen die bekanntesten Fischformen (A), während zu den Knorpelfischen nur die Haie (D) und die Rochen (C) zählen. Sehr viele Fische zeigen eine Stromlinienform und schwimmen durch schlängelnde Bewegungen, bei denen die Schwanzflosse (c) eine große Rolle spielt. Die übrigen Flossen dienen der Stabilisierung und Richtungsänderung. Man unterscheidet Rückenflosse (d), Brustflossen (t), Bauchflossen (v) und Afterflosse (a). Die Rückenflosse ist oft zweigeteilt (d1 und d2). Bei den Rochen sind die Brustflossen zu Flügeln weiterentwickelt. Die Fische verfügen über eine ganze Reihe von Sinnesorganen. Abgesehen von den oft großen Augen unterscheidet man die Nasenlöcher (1), die mit einem hochentwickelten Geruchssinn in Verbindung stehen, ferner Sinnesporen (2) auf dem Kopf und der Seitenlinie (3), die vor allem Druck- und Strömungsveränderungen wahrnehmen können.

Die Atmung geschieht über dünne Hautlamellen, die Kiemen; durch ihre vergrößerte Oberfläche erleichtern sie den Gasaustausch zwischen dem Blut und dem Wasser. Bei den Knochenfischen liegen die knöchernen Kiemenbögen hinter einem gemeinsamen Kiemendeckel (4). Bei den Knorpelfischen liegt jede Kieme hinter einer Kiemenspalte (6). Die vorderste Kiemenöffnung ist bei ihnen als Spritzloch (5) ausgebildet. Bei der Fortpflanzung zeigen die Fische große Unterschiede. Einige Arten, besonders der Knorpelfische, sind vivipar (lebendgebärend) oder ovovivipar. Bei den Knochenfischen ist die Fortpflanzung über Eier (Oviparie) die Regel. Am häufigsten geben sie ihre Eier ins freie Wasser ab, wo sie passiv umhertreiben. Manchmal sinken die Eier auch auf den Grund oder werden an Pflanzen oder Steine festgeheftet. Es gibt bei den allermeisten Arten zwei Geschlechter, doch findet oft eine Geschlechtsumwandlung statt. Man unterscheidet protogyne Zwitter (erst Weibchen, dann Männchen) und protandrische Zwitter (erst Männchen, dann Weibchen). Auch echte, synchrone Zwitter kommen vor. Die Befruchtung erfolgt in den meisten Fällen äußerlich: Das Weibchen legt Eier ab, die das Männchen im Wasser besamt. Bei der inneren Befruchtung der Haie spielen die Pterygopodien (7) als Begattungsorgane eine Rolle. Sie befinden sich bei den Bauchflossen und bilden eine Rinne, in der die Samenflüssigkeit in die Geschlechtsöffnung der Weibchen übertragen wird. Die meisten Fische tragen ein Schuppenkleid (D). Unter Vergrößerung erkennt man konzentrische Wachstumsstreifen. Bei den Knorpelfischen sehen die Schuppen ähnlich wie Zähne aus. Die Abbildung (E) zeigt einen Haizahn und einen Ausschnitt aus seiner Haut, die von Plakoidschuppen oder Hautzähnen bedeckt ist. Bei den Rochen sind einige dieser Hautzähne zu Stacheln (8) vergrößert.

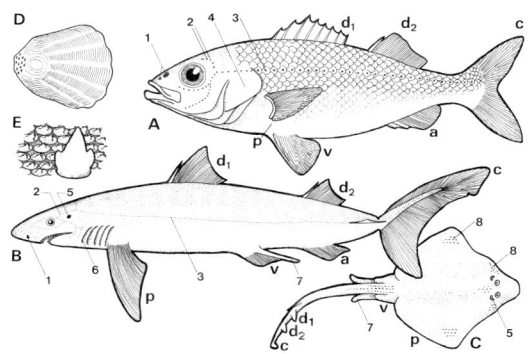

Knorpelfische (Chondrichthyes)

(Foto: Gérard Soury)

Der Walhai filtert das Plankton mit seinem großen Mund aus dem Wasser. Man erkennt ihn an den hellen Punkten auf dunklem Grund.

Rhincodon typus

Walhai (D), Requin-baleine (F),
Whale shark (GB), Walvishaai (NL),
Karesh livyetani (HE), Al-Qersh (AR)

Familie Rhincodontidae.
Dieser Hai hat vom Wal nur die Ausmaße. Mit einer Länge von 12 bis 14 m handelt es sich um den größten Fisch der Welt. Begegnungen mit dieser Hochseeart sind selten, aber nicht außergewöhnlich. Trotz seiner beeindruckenden Größe ist dieser zahnlose Hai völlig harmlos. Er findet sich gelegentlich dort in Gruppen ein, wo sich das Plankton massiv vermehrt. Zirkumtropische Verbreitung. Von der Oberfläche bis in 130 m Tiefe.

(Foto: John Neuschwander)

Der Ammenhai hat kleine Augen und einen sehr langen Schwanz.

Nebrius ferrugineus

Gewöhnlicher Ammenhai (D), Requin dormeur, requin-nourrice fauve (F), Common nurse shark (GB), Gewone verpleegsterhaai (NL), Zenaftana khadghoni (HE), Al-Qersh Abou El-Noom, Al-Qersh Al-Mourde'e (AR)

Familie Ginglymostomatidae.
320 cm. Der Ammenhai lebt auf dem Boden und geht nur nachts auf Jagd. Er fängt kleine Fische, Krebstiere, Tintenfische und Seeigel, indem er Spalten danach absucht. Dabei helfen ihm die Barten in der Mundgegend. Der Ammenhai ist harmlos, solange man ihn nicht stört. Vom Roten Meer bis in den Pazifik verbreitet, von 1 bis 70 m Tiefe.

Carcharhinus albimarginatus

Silberspitzenhai (D), Requin à pointes blanches, aileron blanc (F), Silvertip shark (GB), Zilverpunthaai (NL), Karish lévann-senapiriim (HE), Jarjour, Al-Qersh Al-Fiddi (AR)

Familie Carcharhinidae. 300 cm. Eine potentiell gefährliche Art, der Prototyp des echten Hais! Dieser pelagische Jäger taucht regelmäßig in der Nähe von Korallenriffen zwischen 10 und 400 m Tiefe auf. Er lebt vom Roten Meer bis in den Pazifik und bevorzugt Inselgebiete. Man darf ihn nicht mit dem Weißspitzen-Hochseehai (*C. longimanus*) verwechseln, dessen Flossenspitzen weiß gefärbt sind.

(Foto: Jean-Luc Joly)

Die Art Carcharhinus albimarginatus erkennt man an den weißen Rändern der Rücken- und der Brustflossen.

Carcharhinus amblyrhynchos

Grauer Riffhai (D), Requin gris, requin de récif, requin dagsit (F), Grey reef shark (GB), Grijze rifhaai (NL), Karish shekhor hazanav (HE), Jarjour, Al-Qersh Al-She°eab (AR), Vah boa miyarou (MAL)

Familie Carcharhinidae. 180–230 cm. Dieser neugierige Hai nähert sich gerne Tauchern. Man begegnet ihm deshalb häufig, besonders in Durchgängen zwischen Riffen. Er kann aggressiv werden, was er durch eine übertriebene Krümmung des Körpers anzeigt. Man darf ihn nicht provozieren und sollte ihn nur ruhig beobachten. Er jagt oft in Gruppen. Man sieht die Art vom Roten Meer bis in den Pazifik von 10 bis 275 m Tiefe.

(Foto: Jean-Philippe Mattei)

Der schwarze Rand der Schwanzflosse ist das kennzeichnende Merkmal des Grauen Riffhais.

Der Seidenhai fällt durch seinen sehr spitzen Kopf auf. Man beachte den weißen Halterfisch (Remorina albescens), der sich am Bauch des Haies festgeheftet hat (Verwechslungsgefahr mit Echineis naucrates).

Carcharhinus falciformis

Seidenhai (D), Requin soyeux (F), Silky-shark (GB), Zijdehaai (NL), Karish (HE), Jarjour, Al-Qersh Al-H̲ariri (AR)

Familie Carcharhinidae. 330 cm. Der glänzende Rücken ist leicht gelblich gefärbt, Schwanzflosse sehr lang, Kopf stark zugespitzt. Spitze der Brustflossen auf der Unterseite schwarz. Ein Hochseehai, dem man aber trotzdem im Roten Meer begegnet. Er lebt dort, ferner im Norden des Indischen Ozeans (bis nach Mozambique) und im Pazifik bis in 500 m Tiefe.

Carcharhinus melanopterus

Schwarzspitzen-Riffhai (D), Requin à pointes noires (F), Blacktip reef shark (GB), Zwartpunt rifhaai (NL), Karish shekhor-senapiriim (HE), Al-Qersh Al-Aswad, Jarjour (AR)

Familie Carcharhinidae. 180 cm. Diese Art ähnelt stark dem Silberspitzenhai, ist aber an den dunklen Spitzen der Flossen sofort zu erkennen. Er besucht gerne das Riffdach, und oft ragt die Rückenflosse über die Wasseroberfläche hinaus. Obwohl man sie insgesamt als scheu einstufen muß, hat die Art doch gelegentlich in nur wenigen Dezimeter Wassertiefe schon Fischer und Badende in die Beine gebissen... Aus reiner Neugierde! Man begegnet dem Schwarzspitzen-Riffhai vom Roten Meer bis in den Pazifik, in Tiefen bis 75 m.

(Foto: Jean-Luc Joly)

Dieser Schwarzspitzen-Riffhai kreuzt vor einem Riff.

Triaenodon obesus

Weißspitzen-Riffhai (D), Requin à pointes blanches, aileron blanc du lagon, requin-corail (F), Whitetip reef shark (GB), Witpunt rifhaai (NL), Karishhounitt livnatt-ketzavott (HE), Jarjour, Al-Qersh Al-Abyad (AR), Miyarou (MAL)

Familie Carcharhinidae. 220 cm. Diese Art jagt nachts oder in der Morgendämmerung. Den Tag verbringt er in Höhlen oder zwischen Klippen. Vom Roten Meer bis in den Pazifik, von 1 bis 120 m Tiefe. Man darf diese Art nicht mit dem Silberspitzenhai und dem Weißspitzen-Hochseehai verwechseln. Die Färbung ist zwar ähnlich, doch ist diese Art gedrungener, plumper und wird größer (270 cm); überdies ist die Rückenflosse am Ende gerundet.

(Foto: Gérard Soury)

Triaenodon obesus zeigt eine stark langgezogene Silhouette.

Sphyrna lewini

Bogenstirn-Hammerhai (D), Requin-marteau à festons, requin-marteau halicorne (F), Scalloped hammerhead shark (GB), Lewin's hamerhaai (NL), Patishann kad-khartom (HE), Al-Qersh Abou Matraqa, Abou Al-Qarn (AR)

Familie Sphyrnidae. 420 cm. Typisch sind die seitlichen Auswüchse am Kopf, die die Augen tragen. Der Kopf selbst zeigt vorn in der Mitte eine Einbuchtung. Dieser Hammerhai macht Jagd auf große Fische und greift den Menschen nicht an. Zirkumtropische Verbreitung, von 3 bis 275 m Tiefe. Dies ist die häufigste Hammerhaiart. Die beiden anderen heißen *Sphyrna mokarran* (6 m) und *S. zygaena* (4 m).

(Foto: Helmut Debelius/IKAN)

Die bizarre Kopfform des Hammerhais wirkt nicht gerade vertrauenerweckend.

Der Blaupunktrochen zeigt eine spektakuläre Färbung. Mit den Spritzlöchern hinter den Augen saugt er das Wasser an, das von den Kiemenspalten auf der Bauchseite wieder nach außen abgegeben wird.

Taeniura lymna

Blaupunktrochen (D), Raie à taches bleues, pastenague à taches bleues (F), Bluespotted ribbontail stingray (GB), Blauwgespikkelde pijlstaartrog (NL), Makhbetann ḥasapiriim (HE), Baqara, Loukhmah, Al-Tabbaq Almounaqat Bil Azraq, Shifniin Mounaqatt (AR)

Familie Dasyatidae. 200–240 cm. Eine häufige, auffällige Art, der man in einer Tiefe von 2 bis 25 m vom Roten Meer bis in den Pazifik begegnet. Sie macht Jagd auf Garnelen, Krabben und Würmer. Diese Rochenart gräbt sich nicht in den Sand ein, sondern versteckt sich gern unter tischförmigen Korallen.

Die Zitterrochen haben einen charakteristischen Körperumriß. Die elektrischen Organe befinden sich direkt hinter den Augen.

Torpedo panthera

Zitterrochen (D), Raie-torpille de mer Rouge (F), Panther torpedo ray, scalloped torpedo ray (GB), Panter sidderrog (NL), Khashmalann parsi (HE), Foukl, Fattara, Loukhma, Al-Raᶜash (AR)

Familie Torpedinidae. 45–100 cm. Die Art lebt auf Sandböden am Fuß von Riffen zwischen 1 und 55 m Tiefe. Sie lähmt ihre Beute mit einem kräftigen elektrischen Schlag. Verbreitung: vom Roten Meer bis nach Nordostafrika. Färbung variabel, weißer bis gelber Hintergrund mit Flecken. Ähnliche Arten: *Torpedo fuscomaculata* (3–500 m, südlich der Linie Sri Lanka – Seychellen), *T. sinuspersici* (2–200 m, vom Persischen Golf bis nach Indien).

Manta birostris

Mantarochen, Teufelsrochen (D), Raie manta, diable de mer (F), Manta ray, devil ray (GB), Manta, duivelsrog (NL), Manta (HE), Mella, Firs, Tabbaq Arabi, Al-Shifniin Al-Shaytann (AR), Enn madi (MAL)

Familie Mobulidae. Spannweite: bis 670 cm; Gewicht: bis 1400 kg. Die Art ist zirkumtropisch verbreitet und kommt in oberflächennahen Schichten (maximal 40 m Tiefe) vor. Die Tiere leben in der Hochsee und ernähren sich von Plankton. Sie besuchen aber gerne Riffe, um sich dort in Putzerstationen von Parasiten befreien zu lassen. Ähnlich sind die Arten der Gattung *Mobula* mit längerem Schwanz und weniger stark entwickelten Hörnern am Kopf.

Der Mantarochen hat eine beeindruckende Silhouette, ist aber völlig harmlos. Er ernährt sich von Plankton, das er aus dem Wasser herausfiltert. Die beiden Kopfhörner kanalisieren den Planktonstrom zum Mund.

Aetobatus narinari

Gefleckter Adlerrochen (D), Raie-léopard, raie-aigle, aigle de mer (F), Spotted eagle ray (GB), Adelaarsrog (NL), Tekhann nakod (HE), Thais, Ghourabi, Nisr Al-Biḥar (AR), Vaïfiya madi (MAL)

Familie Myliobatidae. Spannweite: bis 250 cm oder mehr; Gewicht: 230 kg. Schwanz extrem lang, Färbung typisch mit weißen Flecken und Ringen auf schwarzem Grund. Die Art lebt bis in 80 m Tiefe und ist zirkumtropisch verbreitet.
Sie ernährt sich von Weichtieren und Krebsen auf Sandboden und in Seegraswiesen am Fuß von Riffen. Der Adlerrochen tritt gelegentlich gruppenweise auf.

Der Adlerrochen schwimmt elegant und ist an seinen weißen Flecken und am Schwanz leicht zu erkennen. Das Kopfprofil erinnert an einen Delphin.

Die Knochenfische (Osteichthyes)

Die Riesenmuräne ist friedlich, wenn man sie in Ruhe läßt und sie nicht füttert. Bei einem Angriff kann sie allerdings schwere Wunden zufügen.

Gymnothorax (Lycodontis) javanicus

Riesenmuräne (D), Murène géante, murène javanaise (F), Giant moray (GB), Reuzenmurene (NL), Mourani anak (HE), Nadjouj, Mousaf, Nashoutt, Haaggà, Hanash Al-Bahr, Marina Shalaq Imlaq, Ounqliiss (AR), Kalou venn (MAL)

Familie Muraenidae. 230–300 cm. Diese Riesenform ist die häufigste Muräne des gesamten Indopazifiks. Sie lebt bis in 50 m Tiefe und ernährt sich von Fischen und Krebsen. An gewissen Stellen werden diese Tiere künstlich gefüttert, doch davon ist abzuraten. Bei Hurghada wurde ich von einer Riesenmuräne angegriffen und verfolgt, weil ich ihr keinen Hot-dog mitgebracht hatte!

Das abgebildete Tier ist noch im jugendlichen Alter. Erwachsene Tiere wirken gedrungener.

Gymnothorax favagineus

Große Netzmuräne (D), Murène-léopard, murène réticulée (F), Honeycomb moray, black-blotched moray (GB), Grote netmurene (NL), Mourani (HE), Ounqliiss Al-Asal, Nashoutt, Nadjouj, Mousaf, Haaggà, Hanash Al-Bahr, Marina (AR), Venn (MAL)

Familie Muraenidae. 200–300 cm. Die wabenartige Zeichnung dieser großen Muränenart setzt sich sogar im Mundinneren fort. Ziemlich häufig von Ostafrika und vom Persischen Golf bis in den Pazifik, seltener im Roten Meer, zwischen 5 und 45 m Tiefe. Die Art frißt Fische und Tintenfische und lebt gerne mit Langusten zusammen.

Gymnothorax meleagris
Weißmaulmuräne (D), Murène perlée,
murène ponctuée (F), Whitemouth
moray, white-spotted moray (GB),
Parelmurene (NL), Mourani (HE),
Shalaq Al-Fam, Al-Abyad, Nadjouj,
Mousaf, Nashoutt, Haaggà, Hanash
Al-Bahr, Marina (AR), Venn (MAL)

Familie Muraenidae. 120 cm. Diese Riffmuräne lebt zwischen 1 und 35 m Tiefe vom Roten Meer bis in den Pazifik. Sie ernährt sich von Fischen und gelegentlich von Krebsen. Die hellen Punkte können auch größer ausfallen.

Der weiße Mund ist das kennzeichnende Merkmal dieser Art. Bei manchen Individuen sind die Flecken auf dem Körper viel größer.

Gymnothorax nudivomer
Gelbmaulmuräne (D), Murène à gueule
jaune (F), Yellowmouth moray (GB),
Geelbekmurene (NL), Mourani (HE),
Shalaq Al-Fam, Al-Asfar, Nadjouj,
Mousaf, Nashoutt, Haaggà, Hanash Al-
Bahr, Marina (AR), Venn (MAL)

Familie Muraenidae. 180 cm. Die Art lebt in einer Tiefe von 4 bis 165 m vom Roten Meer bis in den Pazifik. Sie bewohnt allein oder zu zweit ein Loch, das sie aber selbst tagsüber gerne verläßt. Bei einer Störung droht sie mit weit geöffnetem Maul und zeigt dabei die auffällig gelbe Färbung. Die Haut ist von einem giftigen Schleim bedeckt.

Diese Gelbmaulmuräne bahnt sich einen Weg durch die Weichkorallen und zeigt ein weiteres typisches Merkmal: Die weißen Flecken werden zum Körperende hin immer größer.

Diese Muränenart ist durch ihre Marmorzeichnung und die gelbe Stirn gekennzeichnet.

Gymnothorax (Lycodonthis) undulatus

Marmormuräne (D), Murène ondulante, murène marbrée (F), Undulated moray (GB), Gemarmerde murene (NL), Nivann menoumar (HE), Nadjouj Almarqat, Mouzaf A'raqtaa (AR), Maajehi venn (MAL)

Familie Muraenidae. 100–180 cm. Verbreitung vom Roten Meer bis in den Pazifik, bis in 30 m Tiefe. Man begegnet dieser wenig scheuen Art zwischen Klippen und größeren Blöcken, wo sie sich tagsüber verbirgt. Sie macht nur nachts Jagd auf Fische, Kraken und Krebse. Bisweilen begegnet man Jungtieren in Spritztümpeln an der Küste.

Die schwarzen Punkte auf dem hellgrauen Kopf erlauben sofort die Bestimmung dieser kleinen Muränenart.

Siderea grisea

Graue Muräne (D), Murène grise, murène tatouée (F), Peppered moray, geometric moray (GB), Grijze murene (NL), Nekoudann afor (HE), Ounqliiss, Nashoutt, Nadjouj, Mousaf Haaggà, Hanash Al-Bahr, Marina (AR), Venn (MAL)

Familie Muraenidae. Eine kleine Art, 40 bis 85 cm. Sehr häufig im Roten Meer, ebenso im westlichen Indischen Ozean vom Golf von Oman bis nach Südafrika vertreten in 1 bis 40 m Tiefe. Die Jungtiere leben oft in Gruppen bis zu zehn Exemplaren in einem Loch. Die Art macht nachts Jagd auf Fische und Krebse.

Myrichthys colubrinus
Ringelschlangenaal (D), Anguille-serpent annelée, anguille-serpent à bandes (F), Banded snake eel, ringed snake eel (GB), Geringde slangaal (NL), Tzlofkha (HE), Thou'abaan Al-Ba<u>h</u>r, Howein Al Mourabata (AR)

Familie Ophichthyidae. 90 cm. Diese Aalart ist vom Roten Meer bis in den Pazifik verbreitet (bis 25 m Tiefe) und zeigt eine große Ähnlichkeit mit der Gelblippen-Seeschlange. Es handelt sich aber um einen harmlosen Fisch, der mit seinem hervorragenden Geruchssinn auf Sandboden Fische und Krebse aufspürt. Eine verwandte Art ist die cremefarbene *Myrichthys maculosus* mit runden schwarzen Flecken.

Dieser Ringelschlangenaal sucht Krebstiere, die sich im Sand verborgen haben.

Heteroconger hassi
Ohrfleck-Röhrenaal (D), Hétérocongre tacheté, anguille de jardin (F), Spotted garden eel (EN), Gevlekte buisaal (NL), Ganounn zakouf (HE), Thou'abann Mouraqatt, Nadjoutt, <u>H</u>aaggà, <u>H</u>anash Al-Ba<u>h</u>r, Marina (AR)

Familie Heterocongridae. 40 cm. Die Art ist von Ostafrika bis zu den Malediven und bis nach Indonesien verbreitet und kommt zwischen 3 und 25 m Tiefe vor. Im Roten Meer begegnet man einer endemischen Art, *Gorgasia sillneri*. *Heteroconger hassi* lebt bisweilen mit einer weiteren Art zusammen, nämlich *Gorgasia maculata*. Diese planktonfressenden Aale leben in Kolonien aus mehreren Dutzend oder gar Hunderten von Individuen. Jedes Tier baut sich einen Tunnel im Sand und ragt vertikal daraus hervor, wo-

Es gibt mehrere Arten der Röhrenaale. Heteroconger hassi erkennt man an den beiden schwarzen Flecken auf den Körperseiten.

bei es mit der Strömung hin und her schwankt. Wenn sich ein Taucher nähert, ziehen sich die Röhrenaale langsam in ihre Verstecke zurück.

Anhand der Färbung und der acht Barteln ist der Korallenwels leicht zu erkennen.

Synodus variegatus liegt auf der Lauer.

Plotosus lineatus
Gestreifter Korallenwels (D),
Poisson-chat rayé, balibot rayé (F),
Striped catfish, striped eel cat-fish (GB),
Gestreepte koraalmeerval (NL),
Qitatt Al-Ba<u>h</u>r, Armoutt, Zahlouq,
Khann Farsi (AR)

Familie Plotosidae. 32 cm.
Eine Art der Küstenriffe, Verbreitung vom Roten Meer bis in den Pazifik, zwischen 1 und 35 m Tiefe. Die Jungfische schwimmen in kompakten Gruppen und ziehen auf der Suche nach Krebstieren und anderen Wirbellosen langsam über Sandböden und Seegraswiesen. Die erwachsenen Tiere leben einzeln und verstecken sich tags unter Überhängen. Der Korallenwels hat vor der Rückenflosse und vor den Bauchflossen Giftstacheln, deren Stich starke Schmerzen hervorruft.

Synodus variegatus
Gefleckter Eidechsenfisch (D),
Poisson-lézard tacheté, anoli bigarré
(F), Variegated lizardfish (GB),
Rif hagedisvis (NL), Tzadyann hashounitt
(HE), Dafaan, Hasoun, Aboulaban,
Qasour (AR), Ala thadou (MAL)

Familie Synodontidae. 20 cm.
Vom Roten Meer bis in den Pazifik, von 5 bis 40 m Tiefe. Hält sich einzeln oder paarweise unbewegt auf dem Riff auf. Färbung braun bis rot, die Flecken oft zu Seitenbändern verschmolzen. Ähnliche Arten: *S. jaculum* (schwarzer Fleck an der Schwanzbasis), *S. dermatogenys* (auf Sand, blaue Linie an der Seite), *Saurida gracilis* (bei geschlossenem Mund kleine Zähne sichtbar).

Myripristis murdjan

Weißsaum-Soldatenfisch (D), Poisson-soldat à œillères, poisson-soldat à grands yeux (F), Blotcheye soldierfish, bigeye squirrelfish, white-edged soldierfish (GB), Rode soldatenvis, grootoogsoldatenvis (NL), Admonn shekhor-ayinn (HE), Diik, Sarkhou (AR), Dhan bodou (MAL)

Familie Holocentridae (Myripristinae). 22–27 cm. Verbreitung vom Roten Meer bis in den Pazifik, zwischen 2 und 37 m. Die großen Augen sind eine Anpassung an die nächtliche Aktivität. Es gibt ungefähr zwölf weitere *Myripristis*-Arten, die sich abgesehen von kleinen Zeichnungsmerkmalen wenig voneinander unterscheiden.

Typische Merkmale dieser Art sind die schwarz und weiß gerandeten Schwanz-, After- und zweite Rückenflosse sowie der dunkle Streifen auf dem Kiemendeckel.

Myripristis vittata (vittatus)

Weißspitzen-Soldatenfisch (D), Poisson-soldat bordé de blanc (F), White-tipped soldierfish (GB), Oranje soldatenvis (NL), Admonn (HE), Al-Joundi, Diik, Sarkhou (AR), Dhan bodou (MAL)

Familie Holocentridae (Myripristinae). 15–20 cm. Ostafrika, Seychellen,Malediven bis in den Pazifik, zwischen 3 und 80 m Tiefe. Im Roten Meer fehlend. Tagsüber hält sich der Fisch in Gruppen unter Überhängen und in Höhlen auf. In der Abenddämmerung verläßt er seinen Unterschlupf. Man kann die Art anhand eines typischen Kennzeichens von ihren Verwandten unterscheiden: Die Spitzen der Stacheln der ersten Rückenflosse sind weiß.

Myripristis vittata unterscheidet sich von M. murdjan durch dunklere Farbe sowie das Fehlen des schwarzen Streifens auf dem Kiemendeckel.

Die drei schwarzen Flecken im letzten Drittel des Körpers sind typisch für S. rubrum und S. melanospilos. Die letzte Art kommt aber nicht in Oman vor, wo dieses Foto aufgenommen wurde.

Sargocentron rubrum (Adioryx ruber)

Schwarzfleckhusar (D), Poisson-écureuil à taches noires (F), Redcoat squirrelfish (GB), Roodstreep eekhoornvis (NL), Barkann adom (HE), Bousili, Diik A᷎mar (AR)

Familie Holocentridae (Holocentrinae). 17–25 cm. Verbreitung vom Roten Meer bis in den Pazifik, zwischen 3 und 25 m. Die Art ähnelt *S. melanospilos,* doch fehlt diese im Roten und im Arabischen Meer. Es gibt mehrere Husarenfische mit weißen und roten horizontalen Streifen: *S. diadema* (erste Rückenflosse sehr dunkel, vom Roten Meer bis in den Pazifik), *S. microstoma* (Kiemendeckel gelblich, Malediven bis Pazifik), *S. seychellense* (Flossen gelb, südöstlicher Indischer Ozean) und so weiter.

Die Färbung dieser Art reicht von karmesinrot bis weißlich.

Sargocentron spiniferum (Adioryx spinifer)

Riesenhusar (D), Poisson-écureuil à épines, soldat armé, marignan-sabre (F), Giant squirrelfish, long-jawed squirrelfish (GB), Grootdoorn eekhoornvis (NL), Barkann kotzani (HE), Sinjab Al-Ba<u>h</u>r, Kahaaya (AR), Raïverimass (MAL)

Familie Holocentridae (Holocentrinae). 45 cm. Verbreitung vom Roten Meer bis in den Pazifik, bis in 122 m Tiefe. Ein großer, spektakulärer Fisch mit großem Giftstachel auf dem Kiemendeckel. Er hält sich tagsüber unbeweglich unter Überhängen im Riff auf und geht nachts als Einzelgänger auf die Jagd nach Krebstieren.

Priacanthus hamrur

*Gewöhnlicher Großaugenbarsch (D),
Gros-yeux commun, priacanthe commune, beauclaire lanterne (F), Common
bigeye, moontail bigeye (GB), Rif groot-
oogbaars (NL), Khakhlil dimdoumiin
(HE), Zanab Al-Qamar, Abou Sharara,
Diik Arabi (AR), Hougou mass (MAL)*

Familie Priacanthidae. 40 cm. Verbreitung vom Roten Meer bis in den
Pazifik, zwischen 2 und 250 m Tiefe. Die Art ist häufig an äußeren
Riffabhängen, wo sie sich bisweilen
gruppenweise unter Überhängen
versteckt. Die Art frißt Plankton
und ist überwiegend nachts aktiv.
Sie ist zu spektakulären, blitzarti-
gen Farbwechseln befähigt, die von
einem silbrigen Rosa bis zu Tiefrot
reichen.

*Anhand der tief eingeschnittenen Schwanzflosse
kann man P. hamrur von verwandten Arten
unterscheiden: P. blochii (Schwanzflosse am Hinterrand konvex) und Heteropriacanthus cruentatus
(Hinterrand der Schwanzflosse gerade).*

Fistularia commersonii

*Flötenfisch (D), Poisson-flûte, aiguillette
du fond (F), Smooth flutemouth, cornet-
fish (GB), Fluitvis (NL), Khalilon khalak
(HE), Samak Al-Fam Al-Ounboubi,
Abou-Zoumaarà, Kharkhor, Bambou
(AR), Onougandou tholhi (MAL)*

Familie Fistulariidae. 150 cm. Verbreitung vom Roten Meer bis in den
Pazifik, bis 128 m Tiefe. Der
Schwanz dieses außerordentlich
schlanken Fisches verlängert sich
zu einem charakteristischen Faden.
Der Flötenfisch hält sich im freien
Wasser über dem Boden auf. Er jagt
einzeln oder in Gruppen und saugt
kleine Fische und Krebstierchen
ein.

*Der Flötenfisch kann schnell seine Farbe verändern
und wird dann metallisch blau.*

Eine gelbe Form des Flötenfisches zwischen den Ästen von Tischkorallen.

Aulostomus chinensis

Trompetenfisch (D), Poisson-trompette (F), Trumpetfish (GB), Trompetvis (NL), Bambou, A'samak Albouqi (AR), Riidhoo tholhi (MAL)

Familie Aulostomidae. 80 cm. Verbreitung vom Indischen Ozean bis in den Pazifik, bis 120 m Tiefe; im Roten Meer fehlend, im Persischen Golf selten. Dieser einzelgängerische Jäger schwimmt langsam und nähert sich dabei kleinen Fischen und Krebstieren, um sie einzusaugen. In diesem Augenblick hat der Mund denselben Durchmesser wie der Körper! Bisweilen versteckt sich der Trompetenfisch hinter großen pflanzenfressenden Fischen, um so seine Beute zu überraschen. Die Färbung schwankt von gelb bis braun, oft mit Längsstreifen.

Aeoliscus strigatus

Gestreifter Schnepfenmesserfisch (D), Poisson-couteau strié (F), Razorfish, shrimpfish, striped shrimpfish (GB), Gestreepte scheermesvis (NL), Al-Samak Al-Sikiin (AR)

Familie Centriscidae. 15 cm. Von Aldabra und den Seychellen bis in den Pazifik verbreitet. Im Roten Meer fehlend, von 0 bis 35 m Tiefe. Der Fisch steht senkrecht mit dem Kopf nach unten und sucht so nach planktischen Krebstieren. Er bildet Gruppen bis zu mehreren hundert Individuen. Er verbirgt sich zwischen den Zweigen von Gorgonien und Weichkorallen und Diademseeigel-Stacheln.

Ein Trio von Aeoliscus strigatus „tanzt" über einer Weichkoralle und lauert dabei auf Krebstierchen.

Corythoichthys flavofasciatus

Netzseenadel (D), Syngnathe à résaux (F), Network pipefish (GB), Netzeenaald (NL), Avouvitt ḥakétem (HE), A'samak Al-Anbouby, Al-Qasabah (AR), Venou bandeyri (MAL)

Familie Syngnathidae. 12–14 cm. Vom Roten Meer bis in den Pazifik, zwischen 0 und 25 m Tiefe verbreitet. Diese Seenadel zieht das Riffdach und algenbewachsene Felsen vor. Die Seenadeln ganz allgemein sind nahe Verwandte der Seepferdchen und saugen wie diese kleine planktische Lebewesen ein. Auch hier brütet das Männchen die Eier in einer Bruttasche aus. Die Paare sind monogam. Es gibt weitere ähnliche Arten: *C. nigripectus, C. schultzi* und *Syngnathus safina.*

Ein Paar Netzseenadeln. Die Breite der braunen Streifen kann schwanken; typisch sind die feinen blauen Linien.

Doryrhamphus multiannulatus

Geringelte Seenadel (D), Syngnathe annelé (F), Many-banded pipefish, multibar pipefish (GB), Geringde zeenaald (NL), Khagoritt rabatt-tabaott (HE), A'samak Al-Ounbouby (AR)

Familie Syngnathidae. 18 cm. Rotes Meer und westlicher Indischer Ozean bis zu den Malediven und den Chagos-Inseln, zwischen 0 und 45 m Tiefe. Die Männchen verteidigen das Territorium mit Bissen und teilen es mit ihren Weibchen. Eine ähnliche Art ist *Doryrhamphus dactyliophorus:* rote Streifen auf weißem Grund breiter, weiter voneinander entfernt und somit weniger zahlreich.

(Foto: John Neuschwander)

Eine Geringelte Seenadel vor einer Straußenfederkoralle (Xenia, links) und vor einer Steinkoralle der Gattung Porites.

Charakteristisch für den Krokodilsfisch ist der große, flache Kopf mit den kugelförmigen Augen.

Papilloculiceps longiceps (Platycephalus crocodilius, Cociella crocodila)

Teppich-Krokodilsfisch (D), Poisson-crocodile, tête plate (F), Common croco-dilefish, carpet flathead (GB), Gewone krokodilvis (NL), Taninoun (HE), Samak A-Timsah, Raaqad, Melaq, Bakiira, Boumalou, Waharah, Shass (AR)

Familie Platycephalidae. 70–100 cm. Rotes Meer und Indischer Ozean, zwischen 1 und 40 m Tiefe. Die Art ist ausgezeichnet getarnt und liegt unbeweglich am Fuß von Riffen auf Sand- und Korallenboden. Die Augen sind von einer Art gezähntem Lid bedeckt, das den Lichteinfall auf die Netzhaut steuert.

Ein Schaukelfisch auf der Lauer. Er läßt sich wie ein totes Blatt von den Wellen hin und her bewegen.

Ablabys taenianotus

Kakadu-Schaukelfisch (D), Poisson-feuille cacatoès (F), Cockatoo waspfish (GB), Schommel voorhoofdsvinvis (NL), Samak Al-Dabour (AR)

Familie Tetrarogidae. 10 cm. Verbreitung vom östlichen Indischen Ozean über die Malediven und die Andamanensee bis in den Pazifik zwischen 0 und 12 m Tiefe. Der Fisch schwankt über Seegraswiesen, Algen und Sedimentböden mit dem Takt der Wellen hin und her. Er bewegt sich nur langsam fort, indem er auf seinen Brustflossen „geht". Die Nahrung besteht aus Würmern, Krebsen und kleinen Fischen. Die Flossenstacheln sind giftig. Ähnliche Arten: *A. binotatus* (westlicher Indischer Ozean) und *Ptarmus gallus* (weißgefleckt, Endemit des Roten Meeres).

Taenianotus triacanthus
Großer Schaukelfisch (D), Poisson-feuil-le, poisson-scorpion feuille (F), Leaf fish, leaf scorpionfish (GB), Bladvis (NL), Samaq Al-Aqrab (AR)

Familie Scorpaenidae. 11 cm. Im Indischen Ozean und im Pazifik, aber nicht im Roten und im Arabischen Meer verbreitet, zwischen 0 und 135 m. Körper stark seitlich zusammengedrückt, einem toten Blatt ähnelnd. Diesen Eindruck verstärkt der Fisch durch sein Verhalten, weil er sich selbst hin und her schaukelt. Färbung sehr variabel: weiß, gelb, braun, rot, grün oder schwarz. Der Fisch häutet sich regelmäßig.

Das Profil dieser Fischart ist sehr charakteristisch. Von vorne gesehen nimmt man ihn praktisch nicht wahr, weil er sehr stark seitlich abgeflacht ist.

Scorpaenopsis oxycephalus (oxycephala)
Fetzen-Drachenkopf (D), Poisson-scor-pion à houppes (F), Tassled scorpionfish, smallscale scorpionfish (GB), Gebaarde schorpioenvis (NL), Akrabann guibenn (HE), Gaanakh, Dedjadja, Samam Al-Djinn, Radjwah (AR), Gaaviḫa mas (MAL)

Familie Scorpaenidae. 36 cm. Vom Roten Meer bis in den Pazifik verbreitet, zwischen 1 und 60 m Tiefe. Es besteht eine große Ähnlichkeit mit *S. venosa* (im Roten Meer fehlend), *S. barbata* (somalische Küste), *S. gibbosa* (Rotes Meer und westlicher Indischer Ozean). Alle Drachenköpfe oder Skorpionsfische sind hervorragend getarnt und liegen auf der Lauer. Färbung braun bis rot, gefleckt.

Dieses Porträt von Scorpaenopsis oxycephalus zeigt die außergewöhnliche Zeichnung des Kopfes, des Vorderkörpers und der Brustflossen.

Von der Seite erkennt man den buckligen Rücken und den schrägen Mund (während er beim echten Steinfisch senkrecht steht).

Scorpaenopsis diabolus (diabola)

Buckel-Drachenkopf, Falscher Steinfisch (D), Faux poisson-pierre, scorpion-diable, poisson cirrheux (F), False stonefish, devil scorpionfish (GB), Valse steenvis (NL), Avnoun (HE), Samak Hadjari, Gaanakh, Samam Al-Djinn, Diik, Radjwah (AR), Gaaviha mas (MAL)

Familie Scorpaenidae. 30 cm. Vom Roten Meer bis in den Pazifik verbreitet, zwischen 0 und 70 m Tiefe. Der Fisch ist hervorragend getarnt und wird oft mit dem Echten Steinfisch verwechselt. Der Stich ist sehr schmerzhaft, kann aber nicht tödlich enden. Man erkennt *Scorpaenopsis* an den folgenden Merkmalen: Rücken bucklig, Mund schräg, Brustflossen hellorange (wenn man den Fisch zum Wegschwimmen zwingt).

Synanceia horrida

Flußmündungs-Steinfisch (D), Poisson-pierre d'estuaire (F), Estuarine stonefish (GB), Wratten steenvis (NL), Avnoun megousham (HE), Boumà, Firyaleh, Samak Hadjari (AR)

Familie Scorpaenidae. 30 cm. Von Indien bis in den Pazifik verbreitet, in der Nähe von Küstenriffen. Der Fisch steigt auch im Brackwasser der Flüsse hoch. Er unterscheidet sich vom Echten Steinfisch durch die folgenden Merkmale: knöcherner Grat oberhalb und zwischen den Augen, Warzen auf den Seiten. Das Gift, das in den Stacheln der Rückenflosse enthalten ist, kann zum Tod führen! Man muß den Stich sofort mit einer Wärmequelle

Dieser Steinfisch ist sehr schwer zu erkennen. Man beachte das Auge mit dem knöchernen Kamm darüber.

behandeln, zum Beispiel mit einer angezündeten Zigarette, die man in einem Abstand von 1 cm von der Stichwunde hält.

Synanceia nana

Arabischer Steinfisch (D), Poisson-pierre arabe, petit poisson-pierre (F), Arabian stonefish (GB), Arabische steenvis (NL), Avnoun megousham (HE), Samak Hadjari Arabi, Boumà Firyaleh (AR)

Familie Scorpaenidae. 30 cm. Man begegnet dieser Art in den Meeren um die Arabische Halbinsel: im Roten Meer, im Golf von Aden, im Arabischen Meer, im Golf von Oman und im Persischen Golf, zwischen 1 und 35 m Tiefe. Die Art ist ebenso gut getarnt und gefährlich wie der Echte Steinfisch. Im Fall eines Stiches muß man das Gift mit einer Wärmequelle möglichst schnell denaturieren.

Dieser Arabische Steinfisch ist vollständig von einer Algenhülle bedeckt, so daß er praktisch nicht zu sehen ist.

Synanceia verrucosa

Echter Steinfisch (D), Poisson-pierre, vrai poisson-pierre (F), Stonefish, reef stonefish, common stonefish, true stonefish (GB), Echte steenvis (NL), Avnoun megousham (HE), Samak Sakhri, Boumà, Firyaleh (AR)

Familie Scorpaenidae. 38 cm. Vom Roten Meer bis in den Pazifik verbreitet, zwischen 0 bis 45 m Tiefe. Tiefe Einbuchtung zwischen den beiden Augen. Eine Verwechslung ist mit *S. nana* und *S. horrida* möglich. Der Echte Steinfisch ist der giftigste Fisch der Welt. Einen Stich behandelt man am besten durch eine lokale Überhitzung (eine Verbrennung ist besser als der Tod...).

Dieser Steinfisch ist gut getarnt zwischen Geröll, ist aber an der rosa Farbe zu erkennen.

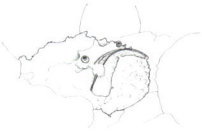

Beim Indischen Rotfeuerfisch sind die Stacheln der Brustflossen ganz von Hautlappen umgeben.

Man erkennt den Antennen-Rotfeuerfisch daran, daß die Stacheln über die Brustflosen hinausreichen.

Pterois miles

Indischer Rotfeuerfisch (D), Poisson-lion, rascasse volante, rascasse-poule (F), Lionfish, turkeyfish, Indian lionfish (GB), Indische koraalduivel (NL), Zaharonn hadour (HE), Asad Al-Bahr, Al-Hindi, Diik, Diik Al-Bahr, Faarkha (AR), Fanhaa mas (MAL)

Familie Scorpaenidae. 40 cm. Rotes Meer und Indischer Ozean, zwischen 0 und 60 m. Im Pazifik lebt die Zwillingsart *Pterois volitans*. Tagsüber verbirgt sich der Rotfeuerfisch unter Überhängen und in Höhlen, wo er bisweilen mit dem Bauch nach oben schwimmt. Nachts jagt er Fische und Krebse und treibt sie mit seinem großen, mit Giftstacheln bewehrten Brustflossen in die Enge. Der Stich ist ziemlich schmerzhaft, für den Menschen aber nur in seltenen Fällen tödlich.

Pterois antennata

Antennen-Rotfeuerfisch (D), Poisson-diable, ptérois à antennes (F), Spotfin lionfish (GB), Rode koraalduivel (NL), Zaharonn makrinn (HE), Asad Al-Bahr, Diik, Diik Al-Bahr, Faarkha (AR), Fanhaa mas (MAL)

Familie Scorpaenidae. 20 cm. Indischer Ozean und Pazifik (nicht im Roten Meer), zwischen 5 und 50 m Tiefe. Wie *P. miles* geht auch diese Art nachts auf die Jagd nach Fischen und Krebstieren. Sie verschluckt ihre Beutetiere mit einem Bissen. Eine ähnliche Art des Roten Meeres und des Pazifiks, *P. radiata*, hat an den Brustflossen weiße Stacheln und keine Augenzeichnung.

Dendrochirus zebra

Zebra-Zwergfeuerfisch (D), Poisson-zébre, poisson-diable (F), Zebra dwarflionfish (GB), Gestreepte dwergko-raalduivel (NL), Zehoritt kitzratt-senapir (HE), Ihmar Al-Walsh Al-Qazam, Diik, Diik Al-Bahr, Faarkha (AR), Fanhaa mas (MAL)

Familie Scorpaenidae. 20 cm. Man begegnet der Art vom Roten Meer bis in den Pazifik zwischen 5 und 60 m Tiefe. Die Strahlen der Brust-flossen sind vollständig von einer Hautmembran umgeben. Männ-chen mit Territorialverhalten: Sie verjagen andere Männchen und locken Weibchen an.

Die häutige Brustflosse, der schwarze Fleck am unteren Ende des Kiemendeckels und das braune „H" am Schwanzstiel erlauben die Bestimmung dieser Art.

Anyperodon leucogrammi-cus

Spitzkopf-Zackenbarsch (D), Mérou élé-gant, loche à lignes blanches, mérou ta-cheté (F), Slender grouper, whitelined grouper (GB), Spitskop tandbaars (NL), Dakrann (HE), Koshaar, Soummann, Ha-mour, Dhawa (AR), Boalha jehi faana (MAL)

Familie Serranidae (Epintpheli-nae). 52 cm. Verbreitung vom Ro-ten Meer bis in den Pazifik, in La-gunen und geschützten Riffen, zwi-schen 1 und 50 m Tiefe. Die weißen Linien des Jugendkleides ver-schwinden mit zunehmendem Alter. Die Jungtiere ahmen pflanzenfres-sende Lippfische nach, um sich ihren Beutetieren leichter nähern zu können.

Auf dem Bild dieses noch nicht erwachsenen Tieres erkennt man noch vage die weißen horizontalen Linien, die typisch sind für diese Art.

Ein Paar von Cephalopholis miniata zwischen Gorgonien der Andamanensee.

Cephalopholis hemistiktos erkennt man am Fehlen der blauen Flecken auf dem Rücken und an der dunklen Schwanzflosse. Die übrigen Zahnbrassen sind rot mit blauen Punkten.

Cephalopholis miniata (miniatus)

Juwelen-Zackenbarsch (D), Mérou rouge, vieille de corail, vieille étoilée (F), Coral hind, jewel grouper (GB), Rode koraalbaars (NL), Dakrann adom (HE), Samak Mourdjani, Koshaar, Soumman, Hamour, Dhawa (AR), Raiy faana (MAL)

Familie Serranidae (Epinephelinae). 40 cm. Vom Roten Meer bis in den Pazifik, zwischen 2 und 150 m Tiefe verbreitet. Die Art kommt häufig an den Außenseiten von Riffen im klaren Wasser vor. Sie ernährt sich von Fischen und Krebstieren. Es gibt weitere rote Zackenbarsche mit blauen Flecken. *C. oligosticta* (17 cm, Endemit des Roten Meres), *C. sexmaculata* (blaue Linien unter dem Auge, vom Roten Meer bis in den Pazifik), *C. hemistiktos.*

Cephalopholis hemistiktos

Rotmeer-Zackenbarsch (D), Mérou de mer Rouge, vieille d'Arabie (F), Halfspotted hind, Red Sea grouper (GB), Rode Zee tandbaars (NL), Dakrann natouf (HE), Smak Al-Bahr, Al-Ahmar, Koshaar, Soumann, Hamour, Dhawa (AR), Faana (MAL)

Familie Serranidae (Epinephelinae). 35 cm. Vom Roten Meer bis nach Pakistan und bis zum Persischen Golf verbreitet, zwischen 4 und 55 m Tiefe. Diese Art ist die häufigste des Roten Meeres. Die Grundfarbe hängt von der Wassertiefe ab: Braun nahe der Oberfläche bis Hellrot unterhalb von 30 m. Jagt Fische und Krebstiere.

Epinephelus fasciatus

*Baskenmützen-Zackenbarsch (D), Mérou
oriflamme, loche rouge, loche écarlate
(F), Blacktip grouper (GB), Alpino tandbaars (NL), Dakar hapasiim (HE), Koshaar, Soumman, Hamour, Dhawa (AR),
Raiy galhi faana (MAL)*

Familie Serranidae (Epinephelinae). 40 cm. Vom Roten Meer bis in
den Pazifik verbreitet, im Arabischen Meer und im Persischen Golf
jedoch fehlend, zwischen 1 und 160
m Tiefe. Die Art zeigt eine sehr variable Färbung, die sich auch
schnell ändern kann. Sie reicht von
weiß oder hellbraun mit braunen
oder rötlichen (Foto) Streifen bis
ganz weiß mit einem einzigen rötlichen Fleck an der Kopfoberseite
(„Baskenmütze").

*Der Baskenmützen-Zackenbarsch ist weiß mit einem
dunkelroten Fleck auf der Oberseite des Kopfes.
Er kann seine Färbung aber in Sekundenschnelle
wechseln.*

Epinephelus tauvina

*Gefleckter Zackenbarsch (D), Mérou lou-
tre, loche mouchetée (F), Greasy grouper
(GB), Roodvlek tandbaars (NL), Dakar
(HE), Koshaar 'ads, Soumman, Hamour,
Dhawa (AR), Asdhaan faana (MAL)*

Familie Serranidae (Epinephelinae). 40 cm. Vom Roten Meer bis in
den Pazifik verbreitet, zwischen 1
und 45 m Tiefe. Häufig an Außen-
riffen mit klarem Wasser. Dieser
Zackenbarsch verbirgt sich oft auf
Sandboden unter Korallenstöcken.
Es gibt weitere Arten mit braunen
oder rötlichen Flecken auf hellem
Grund: *Epinephelus merra, E.
hexagonatus, E. spilotoceps, E. fus-
coguttatus, E. macrospilos, E. chlo-
rostigma, E. gabriellae...* zu viele
für dieses Buch!

*Ein Gefleckter Zackenbarsch in typischer Umge-
bung: auf Korallensand, verborgen unter dem Riff.*

Inmitten von Weichkorallen läßt sich dieser große Räuber vom kleinen Putzerfisch Labroides dimidiatus (oberhalb der Rückenflosse) behandeln.

Plectropomus pessuliferus (marisrubri)

Rotmeer-Forellenbarsch (D), Mérou de mere Rouge, mérou-loche vagabonde (F), Roving coralgrouper, Red Sea coral cod (GB), Rode Zee wrakbaars, panter forelbaars (NL), Dakar Yam-Soufi (HE), Naaghel, Koshaar, Soummann, Hamour (AR), Thilaakolhou faana (MAL)

Familie Serranidae. 90 cm. Es gibt zwei Unterarten: *P. pessuliferus marisrubri* vom Roten Meer und vom Golf von Aden und *P. pessuliferus pessuliferus* von Ostafrika und den Malediven bis zum östlichen Rand des Indischen Ozeans. Diese einzelgängerischen Fische schwimmen in 10 bis 150 m Tiefe knapp über dem Grund.

Variola louti

Mondsichel-Juwelenbarsch (D), Mérou croissant de lune, croissant queue jaune, loche-caméléon (F), Lunartail trout, lyretail grouper, moon grouper (GB), Maanstaart juweelbaars (NL), Variola sisitt (HE), Samak Zanab Al-Qamar, Sherifa, Koshaar, Soummann, Hamour, Dhawa (AR), Kandou haa (MAL)

Familie Serranidae (Epinephelinae). Vom Roten Meer bis in den Pazifik verbreitet, zwischen 1 und 150 m Tiefe. Diesen großen Zackenbarsch erkennt man an der gelb gesäumten Schwanzflosse. Die häufige Art ernährt sich von Krebsen und kleinen Fischen. Eine ähnliche, etwas kleinere Art mit weißer Schwanzzeichnung ist *Variola albimarginata*.

Der Mondsichel-Juwelenbarsch verdankt seinen Namen der Form seiner Schwanzflosse.

Grammistes sexlineatus

Sechsstreifen-Seifenbarsch (D), Poisson-savon à six lignes, poisson-savon ba-gnard, loche-gingembre (F), Sixstriped soapfish (GB), Gestreepte zeepvis (NL), Samak Al-Saboun (AR)

Das Weibchen erkennt man an den gelben Streifen; beim Männchen sind sie weiß.

Familie Serranidae (Grammistinae). 25–30 cm. Vom Roten Meer bis in den Pazifik verbreitet, bis in 40 m Tiefe. Die Art hält sich in Löchern und Spalten des Riffdaches und des äußeren Absturzes auf. Die Haut produziert einen bitteren Giftstoff, das Grammistin, das auf andere Fische tödlich wirken kann. Die räuberische Art verläßt nur nachts ihren Unterschlupf.

Pseudochromis aldabraensis

Aldabra-Zwergbarsch (D), Pseudochromis d'Aldabra (F), Aldabra rock basslet, Aldabra dotty-back (GB), Kobaltblauwe dwergbaars (NL), Tzivonn (HE)

Dieser Zwergbarsch verbirgt sich zwischen den Stacheln eines Diademseeigels und wurde im Golf von Oman, am nördlichsten Punkt seiner Verbreitung, fotografiert.

Familie Pseudochromidae. 9 cm. Man begegnet der Art vom Persischen Golf bis zu den Seychellen und Aldabra in 1 bis 25 m Tiefe. Weiter südlich, von Kenia bis nach Südafrika, lebt eine sehr ähnliche Art, *P. dutoiti*. Dieser Zwergbarsch hält sich zwischen Korallen und in den Spalten des Riffes auf, wo er sich von Kleinfischen und Wirbellosen ernährt. Das Weibchen legt seine Eier unter den Augen des Männchens in eine leere Schale.

Ein männlicher Pseudanthias squamipinnis beim Fang planktischer Lebewesen.

Dieser weibliche Fahnenbarsch gehört zu einem Harem mit einer strikten Rangordnung.

Pseudanthias (Anthias) squamipinnis

Juwelen-Fahnenbarsch (D), Anthias, barbier, barbier rouge à queue de lyre (F), Jewel fairy basslet, lyretail anthias, goldie (GB), Rode vlaggebaars (NL), Pazitt Yam-Souf (HE), Al-Djiniiyeh, Om Robbann (AR), Kashikeyo mass (MAL)

Familie Serranidae (Anthiinae). 15 cm. Vom Roten Meer bis in den Pazifik verbreitet, zwischen 1 und 35 m. Dies ist die häufigste Fahnenbarschart des Roten Meeres. Sie bildet in der Nähe von Korallen große Gruppen, besonders am äußeren Riffabhang. Die Männchen zeigen ein Territorialverhalten und sind von einem Harem mit strikter Hierarchie umgeben. Stirbt das dominierende Männchen, so findet im dominierenden Weibchen („Königin") innerhalb weniger Tage eine Geschlechtsumwandlung statt: Es wird zu einem Männchen! Der Geschlechtsdimorphismus ist sehr ausgeprägt: Weibchen fast einfarbig orange mit einer violetten „Träne" unterhalb der Augen; Männchen größer und bunter, dritter Strahl der Rückenflosse fahnenartig verlängert. Es gibt mehrere ähnliche Arten: *Nemanthias carberryi* (Seychellen, Malediven), *Pseudanthias bicolor* (Mauritius und Malediven bis in den Pazifik), *P. ignitus* (Malediven, Sri Lanka Andamanensee), *P. parvirostris* (von den Malediven bis zu den Maskarenen).

Pseudanthias (Anthias) taeniatus

Rotmeer-Fahnenbarsch (D), Anthias de mer rouge, anthias rayé (F), Red sea fairy basslet, striped anthias (GB), Gestreepte vlaggebaars (NL), Pazitt pesoussa (HE), Djiniiyett Al-Bahr Al-Ahmar (AR)

Familie Serranidae (Anthiinae). 13 cm. Ein Endemit des Roten Meeres, zwischen 10 und 50 m Tiefe. Die Populationen dieses Planktonfressers lieben Stellen mit starker Strömung und bilden mit *Pseudanthias squamipinnis* gern gemischte Gruppen. Weibchen mit orangefarbenem Rücken und hellem Bauch, aber ohne Streifen wie die Männchen.

Zwei Männchen des Rotmeer-Fahnenbarsches vor Kolonien der Lederkoralle Lithophytum arboreum.

Apogon aureus

Sonnenkardinalbarsch (D), Apogon doré, apogon à caudale annelée (F), Golden cardinalfish, ring-tailed cardinalfish (GB), Gouden kardinaalbaars (NL), Khashmanoun (HE), Samak Al-Kardinal Al-Thahaby, Sahiha Alra'aï Al-Dhahabi (AR), Boadhi (MAL)

Familie Apogonidae. 12–14 cm. Vom Roten Meer bis in den Pazifik verbreitet, zwischen 1 und 40 m Tiefe. Die Art ernährt sich von Zooplankton und schwimmt in kleinen Gruppen um Korallenstöcke. Es gibt weitere orangefarbene Apogon-Arten: *A. apogonides* (blaue und schwarze Zeichnung auf dem Kopf, kein schwarzer Ring am Schwanzstiel, im Roten Meer fehlend) und *A. kallopterus* (einfarbig orange, ohne Zeichnung).

Sonnenkardinalbarsche vor Prachtkorallen der Gattung Dendronephthya. Das typische Kennzeichen dieser Art ist der dunkle Schwanzstiel.

(Foto: John Neuschwander)

Dieser Schwarzband-Kardinalfisch steht unbeweg-lich über roten Kalkalgen, die auf dem Höhlen-boden eine Kruste bilden. Hier hält sich der Fisch tagsüber versteckt.

Apogon nigrofasciatus
Schwarzband-Kardinalfisch (D), Apogon à rayures noires (F), Blackstripe cardinalfish, blackbar cardinalfish, broadstriped cardinalfish (GB), Zwartband kardinaalbaars (NL), Khashmanoun (HE), Samak Al-Kardinal Al-Aswad, Sahiha (AR)

Familie Apogonidae. 9–10 cm. Vom Roten Meer bis in den Pazifik ver-breitet, zwischen 2 und 18 m Tiefe. Die Art lebt einzelgängerisch oder paarweise im Riff und verbirgt sich tagsüber unter Überhängen. Sie frißt kleine benthische Wirbellose. Es gibt weitere Arten mit schwar-zen Streifen: *A. angustatus, A. tae-niophorus* und *A. cookii.* Sie alle ha-ben einen schwarzen Fleck an der Schwanzbasis.

Eine Gruppe von Wolfskardinalbarschen im Golf von Oman. Die Gelbfärbung des Kopfes verliert sich im Alter.

Cheilodipterus artus
Wolfskardinalbarsch (D), Apogon strié (F), Wolf cardinalfish, lined cardinalfish (GB), Wolfskardinaalbaars (NL), Khash-manoun (HE), Samak Al-Thïib, Sahiha Al'raaï (AR), Vadaan kashi (MAL)

Familie Apogonidae. 12–20 cm. Persischer Golf und Indischer Oze-an, zwischen 5 und 25 m Tiefe. Im Roten Meer ist die Art noch nicht sicher nachgewiesen. Sie lebt in Gruppen, die unbeweglich über dem Boden, unter Überhängen und in Höhleneingängen stehen. Die Tiere gehen nur nachts auf Jagd. Es gibt mehrere verwandte Arten, dar-unter *C. caninus, C. subulatus* und *C. lachneri.*

Cheilodipterus quinquelineatus

Fünflinien-Kardinalbarsch (D), Apogon à cinq lignes (F), Five-lined cardinalfish (GB), Vijflijnen kardinaalbaars (NL), Khashmanoun (HE), Semman, Sa\underline{h}i\underline{h}a (AR)

Familie Apogonidae. 12 cm. Vom Roten Meer bis in den Pazifik verbreitet, zwischen 3 und 40 m Tiefe. Die Art zeichnet sich durch die fünf schwarzen Linien auf weißem Grund und einen gelb gerandeten schwarzen Fleck am Schwanzstiel aus. Sie frißt kleine Fische und Wirbellose. Tagsüber halten sich die Gruppen unbeweglich zwischen Korallenästen auf. Die Jungtiere sind zwischen den Stacheln von Seeigeln gut getarnt.

Eine Gruppe junger Fünflinien-Kardinalbarsche sucht Unterschlupf zwischen den Stacheln des Diademseeigels Diadema setosum.

Cheilidipterus macrodon

Tigerkardinalbarsch (D), Apogon à grandes dents (F), Tiger cardinalfish, large-toothed cardinalfish (GB), Tijger kardinaalbaars (NL), Khashmanoun (HE), Sa\underline{h}i\underline{h}a Dhat Al-Asnan Al-Kabira, Samak Al-Nimer (AR)

Familie Apogonidae. 24 cm. Vom Roten Meer bis in den Pazifik verbreitet, zwischen 1 und 40 m Tiefe. Dieser große Kardinalbarsch lebt gruppenweise im Schutz des Riffes. Die Männchen bebrüten wie alle ihre Verwandten mehrmals im Jahr bis zu 300 Eier in ihrem Mund. In dieser Zeit ist keine Nahrungsaufnahme möglich. Nach dem Schlüpfen bleiben die Jungfische in der Nähe des Vaters und kehren bei der geringsten Gefahr in dessen Maul zurück (Maulbrüter).

Man erkennt ein brütendes Männchen an der verdickten Kehle. Bei genauem Hinsehen kann man sogar die Eier hinter der transparenten Haut erkennen.

Eine Orientsüßlippe läßt sich vom Putzerfisch Labroides dimidiatus behandeln.

Im Roten Meer kommt nur die Schwarztupfen-Süßlippe vor. In den Malediven ist die Art P. chaetodonoides häufig.

Plectorhinchus orientalis

Orientsüßlippe (D), Gaterin rayé, diagramme oriental (F), Oriental sweetlips (GB), Oosterse diklipvis (NL), Gatrann (HE), Samak Al-Shifah Al-Naʿemah, Gatriin, Khashiim, <u>H</u>alali, Xamyam, Forsh (AR), Kandou gourouwa (MAL)

Familie Haemulidae. 50–85 cm. Von Ostafrika und vom Arabischen Meer bis in den Pazifik verbreitet, zwischen 2 und 40 m Tiefe, im Roten Meer fehlend. Die Art hält sich einzeln oder in Gruppen an geschützten Stellen auf, oft unter tischförmigen Korallen, wo sie der Strömung ausgesetzt ist. Die Jungtiere sind ganz anders gefärbt. Es gibt einige ähnliche Arten, doch kommen sie nur im östlichen Teil des Indischen Ozeans vor.

Plectorhinchus gaterinus

Schwarztupfen-Süßlippe (D), Gaterin tacheté, diagramme moucheté (F), Blackspottet sweetlips (GB), Zwartgespikkelde diklipvis (NL), Gatrann tzahov (HE), Samak Al-Shifah Al-Sawdaʿa, Gatriin, Khannaï, <u>H</u>alali, Khashiim (AR), Galou gourouwa (MAL)

Familie Haemulidae. 45 cm. Rotes Meer, Golf von Oman, Madagaskar und Mauritius. Bei den Seychellen, den Malediven und im östlichen Indischen Ozean fehlend. Zwischen 5 und 55 m Tiefe. Die Jungtiere weisen drei Paar schwarze Linien auf, die mit dem Alter verschwinden und den Flecken Platz machen. Ähnliche Arten: *Plectorhinchus picus, P. chaetodonoides.*

Lutjanus kasmira

Blaustreifenschnapper (D), Lutjan à lig-
nes bleues, vivaneau à raies bleues (F),
Bluelined snapper, bluestriped snapper
(GB), Blauwgestreepte snapper (NL),
Loutyann (HE), Al-Khataf, Al-Moukha-
tatt, Habri, Qalaya, Neissar (AR), Reed-
hoo mass (MAL)

Familie Lutjanidae. 21–35 cm. Vom
Roten Meer bis in den Pazifik verbreitet, zwischen 1 und 265 m Tiefe. Tagsüber halten sich die Fische
in großen Schwärmen unbeweglich
über dem Riff auf. Nachts verteilen
sie sich und machen Jagd auf kleine
Fische und Krebse. Es gibt mehrere
verwandte Arten: *L. bengalensis*
(kein Gelb unter der letzten blauen
Linie), *L. quinquelineatus* (5 blaue
Streifen), *L. notatus* (6 blaue Streifen), *L. coeruleolineatus* (7 oder 8
blaue Streifen).

Lutjanus kasmira erkennt man an den vier blauen
Streifen und der gelben Farbe, die sich über den
vierten Streifen hinaus erstreckt.

Lutjanus johnii

Johns Schnapper (D), Lutjan de John,
vivaneau ziebelo (F), John's snapper
(GB), Johns snapper (NL), Loutyann
(HE), Al-Khataf John, Habri, Qalaya,
Neissar (AR), Dhon filolhou (ML)

Familie Lutjanidae. 63 cm. Vom
Golf von Aden bis in den Pazifik
verbreitet, zwischen 2 und 50 m
Tiefe. Die Art hat einen schwarzen
Fleck auf den Seiten, der allerdings
nicht immer zu sehen ist. Überdies
gibt es weitere Schnapper-Arten
mit einem ähnlichen Fleck: *L. mo-*
nostigma, L. ehrenbergi, L. russelli.
Weitere fleckenlose Arten sind
ebenfalls häufig *(L. bohar, L. ar-*
gentimaculatus, L. fulvus, L. gib-
bus).

Die Art Lutjanus johnii erkennt man an dem leicht
rötlich gefärbten Kopf und den gelben Flossen.

Die weiße, von zwei schwarzen Linien gesäumte Schärpe bildet die Grenze zwischen einer helleren und einer dunkleren Region des Körpers.

Scolopsis bilineatus (bilineata)

Schärpen-Scheinschnapper (D), Brême de mer à écharpe, happeur à deux lignes (F), Twoline spinecheck, twoline thread-fin bream (GB), Sjerpen pseudosnapper (NL), Brayem (AR), Kirou bodahandhi (MAL)

Familie Nemipteridae. 23 cm. Bisher kannte man diese Art von den Malediven und den Lakkadiven bis zum Pazifik. Dieses Foto, das in Oman aufgenommen wurde, stellt den Beweis für eine Verbreitung weiter westlich dar. Der scheue Fisch lebt zwischen 1 und 25 m Tiefe. Die Jungtiere halten sich in Korallennähe auf, die Erwachsenen auf Sandflächen in Riffnähe. Die Art macht nachts Jagd auf Garnelen, Würmer und Fische.

Ein Putzerfisch beschäftigt sich mit diesem Scolopsis ghanam. Der Taucher erkennt ihn an den hellen Linien auf dem Rücken und den kleinen Flecken an den Körperseiten.

Scolopsis ghanam

Arabischer Scheinschnapper (D), Brême de mer arabe, mamila arabe (F), Arabian threadfin bream, dotted spinecheck (GB), Ghanam pseudosnapper, arabische pseudosnapper (NL), Brayem, Zarr'a'a (AR)

Familie Nemipteridae. 18–25 cm. Man begegnet dieser Art in den Gewässern um die Arabische Halbinsel, an der Küste Ostafrikas und westwärts bis zu den Andamanen, zwischen 1 und 20 m Tiefe. Sie lebt oft paar-, manchmal auch gruppenweise. Es handelt sich um die häufigste Art der Familie. Man erkennt sie an den hellen Linien auf dem Rücken.

Monotaxis grandoculus (grandoculus)

Großaugen-Straßenkehrer (D), Empereur bossu, bec-de-cane, daurade tropicale (F), Bigeye emperor (GB), Grootoog straatveger (NL), Shouri arpali (HE), Al-Emberator, Ghaber Abou Aïn, Sha'ari, Khataam (AR), Dhongou (MAL)

Familie Lethrinidae. 60 cm. Vom Roten Meer bis in den Pazifik, zwischen 1 und 100 m verbreitet. Der Einzelgänger macht nachts Jagd auf Weichtiere, Krebse und Würmer. Tagsüber tritt die Art in kleinen Gruppen auf und hält sich über Sandgebieten im Riff auf. Die Fische verändern im Lauf ihres Lebens das Geschlecht: Die jungen Tiere sind weiblich; später verwandeln sie sich in Männchen.

Das kantige Profil und der große Kopf mit den großen Augen sind Merkmale dieser Art.

Lethrinus erythracanthus (kallopterus)

Gelbflossen-Straßenkehrer (D), Bec-de-cane à nageoires jaunes (F), Yellowfin emperor, orangefin emperor (GB), Geelvin straatveger (NL), Shouri makhséné (HE), Sh'aour, Sha'ari (AR), Bolike (MAL)

Familie Lethrinidae. 60–70 cm. Von Ostafrika und den Malediven bis in den Pazifik verbreitet, im Roten und im Arabischen Meer fehlend, zwischen 5 und 120 m Tiefe. Eine einzelgängerische, eher scheue Art. Eine verwandte Form *(Lethrinus mahsena)* hat einen bläulichen, etwas stärker zugespitzten Kopf mit ungefähr zehn dunkleren Streifen auf den silbernen Flanken. Sie ist vom Roten Meer bis in den Pazifik verbreitet.

Dieser Straßenkehrer kann schnell seine Farbe verändern, indem der Kopf zum Beispiel blau wird. Typisch sind jedoch die stets gelben Flossen.

Ein Fledermausfisch aus dem Roten Meer: Es kann also nicht P. pinnatus sein, ebensowenig P. teira, weil der charakteristische schwarze Fleck fehlt. Bleibt somit nur P. orbicularis übrig.

Platax orbicularis

Rundkopf-Fledermausfisch (D), Platax, poule-d'eau (F), Circular batfish (GB), Gewone vleermuisvis (NL), Kanaf, Misht, Thor (AR), Baiypolhi mass (MAL)

Familie Ephippidae. 50–67 cm. Vom Roten Meer bis in den Pazifik verbreitet, zwischen 5 und 35 m Tiefe. Die Art lebt paarweise in Riffnähe, bisweilen in Gruppen im freien Wasser. Die Jungtiere sind sehr viel höher als lang. Ähnliche Arten: *P. teira* mit einem schwarzen Fleck auf der Körperseite, direkt vor der Afterflosse (nicht zu verwechseln mit einem ventralen Fleck, den einige Individuen aufweisen) und *P. pinnatus* (Thailand bis Pazifik).

Mulloidichthys (Mulloides) vanicolensis

Großschulenbarbe (D), Rouget à nageoires jaunes, surmulet sans tache (F), Yellowfin goatfish (GB), Geelvin barbeel (NL), Moulitann hakétem (HE), 'Anbàr, Barbouni, Soultan Ibra<u>h</u>im, <u>H</u>ady (AR)

Familie Mullidae. 38 cm. Vom Roten Meer bis in den Pazifik verbreitet, zwischen 2 und 110 m Tiefe. Tagsüber bildet die Art Großschwärme bis zu 200 Tieren, die z.T. mit Schnappern gemischt sind. Nachts löst sich der Schwarm auf, und die Fische fangen auf dem Sand Wirbellose. Verwandte Art: *M. flavolineatus* mit einem kleinen schwarzen Fleck auf dem gelben Streifen direkt unter der ersten Rückenflosse; Bauch- und Afterflosse weiß.

Die Großschulenbarbe ist einer der häufigsten Fische im gesamten Indopazifik.

Parupeneus forsskali

*Rotmeerbarbe (D), Rouget de mer Rouge
(F), Red Sea goatfish (GB), Rode Zee
barbeel (NL), Oupoon Forsskali (HE),
Anzatt Al-Ba<u>h</u>r Al-A<u>h</u>mar, ʿAnbàr Débis,
Soultan Ibra<u>h</u>im, <u>H</u>ady (AR)*

Familie Mullidae. 28 cm. Im Roten
Meer endemisch und häufig, zwischen 3 und 30 m Tiefe, auf Sandboden, wo der Fisch mit Hilfe seiner Barteln kleine Wirbellose aufspürt. Beim Aufwühlen des Sandbodens lockt er weitere Fische an.
Ähnliche Arten: *P. barberinus* und
P. macronema, die ebenfalls einen
schwarzen Streifen und einen
schwarzen Fleck auf dem Schwanzstiel aufweisen.

*Die Färbung der Rotmeerbarben ist sehr variabel.
Die roten Flecken auf diesem Bild sind nicht typisch. Tagsüber ist der Rücken gelb und der Bauch
weiß, und ein schwarzer Streifen zieht durch das
Auge.*

Parupeneus rubescens

*Rotstreifen-Meerbarbe (D), Rouget à ligne Rouge (F), Redstripped goatfish (GB),
Roodstreepbarbeel (NL), Oupoon rubescens (HE), Al-Anza Al-Moukhatata, ʿAnbàr, Soultan Ibra<u>h</u>im, <u>H</u>ady (AR)*

Familie Mullidae. 30 cm. Rotes
Meer und Arabisches Meer bis nach
Ostafrika, zwischen 5 und 35 m Tiefe. Die Art wurde vor kurzem auch
im Golf von Oman entdeckt. Diese
Meerbarbenart schwimmt tagsüber
auf Sand- und Sedimentböden. Sie
ruht oft in mehr oder minder großen
Gruppen. Die Tiere können ihre
Farbe schnell verändern, doch der
rote Streifen, der durch das Auge
zieht, bleibt im allgemeinen bestehen.

Diese Rotstreifen-Meerbarben wurden in Oman aufgenommen.

Im Roten Meer begegnet man oft kleinen Gruppen von Gelbsattel-Meerbarben, die im Riff jagen. Eine Fehlbestimmung ist nicht möglich.

Parupeneus cyclostomus

Gelbsattel-Meerbarbe (D), Rouget-barbet doré, rouget-citron (F), Yellowsaddle goatfish, goldspottet goatfish (GB), Citroenbarbeel (NL), Ouponn (HE), Al-Anza Al-Thahabiyeh, ʿAnbàr Ghazir, Soultan Ibrahim, Hady (AR), Reedhoo kalhou-oh (MAL)

Familie Mullidae. 50 cm. Vom Roten Meer bis in den Pazifik verbreitet, zwischen 1 und 92 m Tiefe. Diese Meerbarbe macht Jagd auf kleine Fische, die sie mit Hilfe ihrer Barteln in Riffspalten aufspürt. Färbung bläulich bis rosa mit einem gelben Sattel auf dem Schwanzstiel. Als Varietät tritt eine einfarbig gelbe Form auf.

Die beiden dunklen sattelähnlichen Zeichnungen sind typisch für diese große Meerbarbe. Auf diesem Foto, das nachts aufgenommen wurde, erkennt man einen weiteren Fleck in der Augengegend und auf dem Schwanzstiel.

Parupeneus bifasciatus

Doppelband-Meerbarbe (D), Rouget-barbet à deux taches (F), Doublebar goatfish (GB), Dubbelzadel barbeel (NL), Oupoon (HE), Al-Samaka Al-Yahoudiyeh, ʿAnbàr, Soultan Ibrahim, Hady (AR), Galhi kalhou-oh (MAL)

Familie Mullidae. 35 cm. Vom Indischen Ozean bis in den Pazifik verbreitet, zwischen 1 und 80 m Tiefe, im Roten Meer fehlend. Die Art verbringt den Tag oft unbeweglich auf dem Riff. Tagsüber frißt sie Krebse, nachts planktische Larven.

Pygoplites diacanthus
Pfauenkaiserfisch (D), Poisson-ange royal, holacanthe duc (F), Royal angelfish, regal angelfish (GB), Pauwoogkeizervis (NL), Hapassonn (HE), Mesht, Hamama, Anfouz (AR), Koula kokaa (MAL)

Familie Pomacanthidae. 25 cm. Vom Roten Meer bis in den Pazifik verbreitet, zwischen 1 und 48 m Tiefe. Die Art lebt einzeln oder paarweise an Stellen mit vielen Korallen. Sie verbirgt sich oft in Spalten und Löchern und ernährt sich von Schwämmen und Seescheiden.

Die lebhaften Farben dieses Kaiserfisches sind eine stete Quelle des Staunens und der Bewunderung. Welchen Sinn haben sie? Meinungen darüber gibt es viele...

Pomacanthus (Pomacanthodes) imperator
Imperator-Kaiserfisch (D), Poisson-empereur (F), Emperor angelfish, Imperial angelfish (GB), Keizervis (NL), Késar hadour (HE), Mesht, Anfouz Imbrator (AR), Kokaa (MAL)

Familie Pomacanthidae. 30–40 cm. Wie bei vielen Kaiserfischen sind auch die Jungtiere dieser Art völlig anders gefärbt als die erwachsenen Tiere, nämlich schwarz mit konzentrischen weißen und hellblauen Ringen auf der Körperseite. Der Farbwechsel findet bei einer Länge von 10 cm statt. Die Fische leben einzeln oder paarweise. Man begegnet ihnen zwischen 3 und 70 m Tiefe, Verbreitung vom Roten Meer bis in den Pazifik.

Die spektakuläre Färbung der Kaiserfische steht wohl mit ihrem Territorialverhalten im Zusammenhang. Die Gorgonie im Vordergrund ist Acabaria variabilis.

Der Fleck auf der Körperseite, der an einen gelben Kontinent in einem blauen Ozean erinnert, ist ein Kennzeichen von Pomacanthus maculosus.

Pomacanthus maculosus

Arabischer Kaiserfisch (D), Poisson-ange à croissant (F), Arabian angelfish, yellowbar angelfish, moon angelfish (GB), Bruid van de zee (NL), Késar ḥakétem (HE), Om ʿAtiyaa, Anfouz (AR), Koukouraa kokaa (MAL)

Familie Pomacanthidae. 35–50 cm. Um die ganze arabische Halbinsel herum verbreitet, vom Süden bis nach Kenia, zwischen 2 und 50 m Tiefe. Die Tiere sind oft Einzelgänger, die auf Nahrungssuche durch die Riffe schwimmen. Jungtiere schwarz mit abwechselnd hellblauen und weißen, dicken und dünnen senkrechten Streifen. Ähnliche Art: *P. asfur,* gelber Seitenfleck mit der gelben Rückenflosse verschmelzend.

Dieses von den Malediven stammende Tier befindet sich an der Westgrenze des Verbreitungsgebietes dieser Art.

Pomacanthus xanthometopon

Blaumasken-Kaiserfisch (D), Poisson-ange à tête bleue (F), Blueface angelfish (GB), Geelmasker keizervis (NL), Késar (HE), Mesht, Anfouz, Al-Malak Al-Azraq (AR)

Familie Pomacanthidae. 38 cm. Von den Malediven bis in den Pazifik verbreitet, zwischen 5 und 45 m Tiefe. Lebt einzeln oder paarweise und hält sich im allgemeinen in der Nähe von Höhlen in korallenreichen Riffen auf. Ziemlich scheue und seltene Art. Typische Merkmale: der blaue Kopf mit der gelben Augenzeichnung sowie Form und Farbe der Schwanzflosse.

Pomacanthus annularis

Ring-Kaiserfisch (D), Poisson-ange an-nelé (F), Blue-ringed angelfish, Ring angelfish (GB), Koningsvis (NL), Késar (HE), Al-Malak Thou Al-Halaqa, Mesht, Anfouz (AR)

Familie Pomacanthidae. 45 cm. Von Sri Lanka bis in den Pazifik verbreitet, selten vor der ostafrikanischen Küste, zwischen 5 und 35 m Tiefe. Die Art wurde bisher nur einmal in den Malediven beobachtet, und selbst diese Meldung gilt nicht mehr als zuverlässig und müßte bestätigt werden. Der Fisch lebt paarweise und hält sich in Spalten, Löchern und Wracks auf, wo er sich von Zooplankton ernährt.

Ein Ring-Kaiserfisch in der Andamanensee vor einem Busch der Gorgonie Melithaea.

Apolemichthys trimaculatus

Dreipunkt-Kaiserfisch (D), Poisson-ange à trois taches (F), Threespot angelfish (GB), Gele driepunt keizersvis (NL), Késar (HE), Al-Malak Al-Mounaqatt, Mesht, Anfouz (AR), Dhon kokaa (MAL)

Familie Pomacentridae. 26 cm. Von Ostafrika und dem Arabischen Meer bis in den Pazifik verbreitet, zwischen 3 und 50 m Tiefe. Die Art zeigt ein Territorialverhalten und zieht Abhänge und Abstürze an Riffen vor. Sie ernährt sich von Schwämmen und Seescheiden. Anhand der gelben Farbe, des blauen Mundes und des schwarzen Punktes oberhalb der Augen ist sie zweifelsfrei zu bestimmen.

(Foto: John Neuschwander)

Alle Pomacentriden oder Anemonenfische haben einen großen Dorn auf dem Kiemendeckel. Hier ist er hellblau und auf dem gelben Hintergrund gut zu erkennen.

Ein Paar Wimpelfische mit den verlängerten Rückenflossen, die typisch sind für die Gattung.

Typisch für C. semilarvatus ist der schieferfarbene Fleck um das Auge.

Heniochus acuminatus

Gemeiner Wimpelfisch (D), Poisson-cocher commun (F), Longfin-Bannerfish (GB), Gewone wimpelvis (NL), Sharrvititt halahakott (HE), Samakatt Al-Rayah, Abou sher'a, Misht, Misht Al-Arouss (AR), Thoun bibi (MAL)

Familie Chaetodontidae. 25 cm. Vom Süden des Roten Meeres bis in den Pazifik verbreitet, zwischen 2 und 75 m Tiefe. Die Jungtiere sind Putzerfische. Die erwachsenen Tiere fressen Plankton und leben einzeln oder paarweise, selten in größeren Gruppen. Eine nahverwandte Art, der Eckige Wimpelfisch *(Heniochus diphreutes)*, Verbreitung vom Roten Meer bis in den Pazifik, bildet hingegen individuenreiche Gruppen. Der endemische Rotmeer-Wimpelfisch *(H. intermedius)* zeigt dasselbe Verhalten. Es gibt noch weitere Arten dieser Gattung.

Chaetodon semilarvatus

Masken-Falterfisch (D), Poisson-papillon jaune, poisson-papillon citron (F), Masked butterflyfish, lemon butterflyfish, bluecheek butterflyfish (GB), Gele koraalvlinder (NL), Parparonn afour-lekhi (HE), Al-Farasha Al-Mouqana'a, Tabaq, Misht (AR), Dhon bibi (MAL)

Familie Chaetodontidae. 23 cm. Körperseiten gelb mit vertikalen orangefarbenen Streifen. Die Art lebt paar- oder gruppenweise zwischen 3 und 20 m. Sie ernährt sich von Stein- oder Weichkorallen. Häufig nur im Roten Meer und im Golf von Aden.

Chaetodon fasciatus
Tabak-Falterfisch (D), Poisson-papillon
tabac (F), Red Sea racoon butterflyfish
(GB), Masker koraalvlinder (NL),
Parparonn lévann-metzakh (HE),
Mesht, Misht (AR), Handhufalhi bibi
(MAL)

Die Färbung von Chaetodon fasciatus ist einzig-
artig. Der weiße Fleck erstreckt sich nur bis hinter
das Auge und erlaubt die Unterscheidung
gegenüber einigen anderen Arten.

Familie Chaetodontidae. 23 cm.
Auf das Rote Meer und den Golf
von Aden beschränkt, zwischen 2
und 25 m Tiefe. Lebt einzeln oder
paarweise, bisweilen in größeren
Gruppen. Frißt Algen, Korallenpolypen und kleine wirbellose Tiere.
Ähnliche Art: *C. lunula* (gesamter
Indischer Ozean mit Ausnahme des
Roten Meeres; weißer Fleck bis
zum Kiemendeckel verlängert,
schwarzer Fleck an der Schwanzbasis).

Chaetodon oxycephalus
Falscher Riesenfalterfisch (D),
Poisson-papillon trompeur (F),
Spot-nape butterflyfish (GB), Valse raster
koraalvlinder (NL), Parparonn (HE),
Mesht, Misht (AR)

C. oxycephalus ist weniger häufig als die Art
C. lineolatus. Diese ist größer (30 cm) und kommt
im Roten Meer vor. Der schwarze Kopfstreifen ist
nicht unterbrochen und weist einen kleinen weißen
Fleck auf der Stirn auf.

Familie Chaetodontidae. 25 cm.
Von den Malediven bis in den Pazifik verbreitet, zwischen 10 und
40 m. Ernährt sich von Korallenpolypen und lebt paarweise.
Kennzeichnendes Merkmal: Der
schwarze Streifen hinter dem Kopf
ist über dem Auge unterbrochen.
Ähnliche Arten: *C. lineolatus* (vom
Roten Meer bis in den Pazifik), *C.*
falcula (Indischer Ozean, im Roten
Meer fehlend).

Typisch für die Art ist der Faden der Rückenflosse, der über die Schwanzflosse hinausreicht. Die Tiere des Indischen Ozeans zeigen unterhalb des Schwanzes in der gelben Zeichnung einen schwarzen Augenfleck; bei den Exemplaren im Roten Meer (Foto) fehlt er.

Chaetodon auriga

Fähnchen-Falterfisch (D), Poisson-papillon cocher (F), Threadfin butterfly-fish (GB), Oogvlek koraalvlinder (NL), Parparonn hakhoutt (HE), Mesht, Yofyouf, Jabal (AR), Dhon bibi (MAL)

Familie Chaetodontidae. 18–23 cm. Vom Roten Meer bis in den Pazifik verbreitet, zwischen 1 und 40 m Tiefe. Lebt in Korallengebieten und ernährt sich von Algen und wirbellosen Tieren. Es gibt mehrere verwandte Arten, die aber leicht zu unterscheiden sind. Die Populationen des Roten Meeres unterscheiden sich von denen des gesamten Indopazifiks.

C. trifasciatus ernährt sich ausschließlich von Korallenpolypen. Das Foto stammt aus der Andamanensee.

Chaetodon trifasciatus

Rippen-Falterfisch (D), Chétodon à trois bandes, papillon délavé (F), Redfin butterflyfish, rib butterflyfish (GB), Drieband koraalvlinder (NL), Parparonn shekhor-zanav (HE), Al-Farasha, Al-Hamra'a, Shamama, Misht (AR), Dhon bibi (MAL)

Familie Chaetodontidae. 15 cm. Von Ostafrika bis in den Pazifik verbreitet, zwischen 0 und 20 m Tiefe. Die Art lebt paarweise und ernährt sich von Korallenpolypen. Im Roten Meer gibt es eine verwandte endemische Art mit der Bezeichnung *C. austriacus:* After- und Schwanzflosse nur schwarz. Von den Seychellen bis zum Golf von Aden und bis in den Persischen Golf lebt die Art *C. melapterus,* bei der alle Flossen mit Ausnahme der Brustflossen schwarz gefärbt sind.

Chaetodon meyeri

Meyers Falterfisch (D), Poisson-papillon de Meyer (F), Meyer's butterflyfish (GB), Meyers koraalvlinder (NL), Parparonn Meyer (HE), Mesht, Misht (AR), Dhon bibi (MAL)

Familie Chaetodontidae. 18 cm. Mit Ausnahme des Roten Meeres im ganzen Indischen Ozean verbreitet, zwischen 2 und 25 m Tiefe. Die Jungen halten sich zwischen Korallenästen auf. Die erwachsenen Tiere leben paarweise und fressen nur Korallenpolypen. Die Färbung dieses Falterfisches mit seinen diagonalen Streifen ist einzigartig. Von Sri Lanka bis in den Pazifik findet man die verwandte Art *C. ornatissimus* mit gelben Diagonalstreifen.

Die Falterfische oder Chaetodontiden überraschen durch ihre Zeichnungen, die oft die gesamte Gestalt des Körpers auflösen.

Chaetodon collare

Halsband-Falterfisch (D), Papillon à collier blanc, papillon pakistanais (F), Headband butterflyfish, red-tailed butterflyfish, collar butterflyfish (GB), Witkraag koraalvlinder (NL), Parparonn (HE), Moutawaqa, Mesht, Misht, Egessii (AR), Dhon bibi (MAL)

Familie Chaetodontidae. 16–20 cm. Man begegnet dieser Art vom Jemen und vom Golf von Oman bis zu den Malediven, zur Andamanensee und bis nach Bali, zwischen 1 und 20 m Tiefe. Sie lebt in Riffnähe paar- oder gruppenweise und ernährt sich von Kleinkrebsen, Korallenpolypen oder Algen. Die Art ist wenig scheu und unmittelbar am weißen Halsband und am roten Schwanz zu erkennen.

Ein Paar von Chaetodon collare von den Similan-Inseln zeigt die arttypischen Merkmale, das weiße Halsband und den roten Schwanz.

Chaetodon paucifasciatus ist ein Endemit des Roten Meeres, der nirgendwo anders vorkommt.

Forcipiger flavissimus ist ein echter Räuber. Man beachte das falsche Auge am Hinterleibsende, das Feinde in die Irre führt.

Chaetodon paucifasciatus

Rotfleck-Falterfisch (D), Poisson-papillon orange (F), Crown butterflyfish, redback butterflyfish (GB), Kroon koraalvlinder (NL), Parparonn ḫaodem (HE), Al-Farasha Thatt Al-Taj, Mesht, Misht (AR), Madagaskara bibi (MAL)

Familie Chaetodontidae. 14 cm. Eine endemische Art des Roten Meeres und des Golfes von Aden, in 4 bis 30 m Tiefe. Sie lebt paar- oder gruppenweise und ernährt sich von Algen und wirbellosen Tieren. Im ganzen restlichen Indischen Ozean lebt eine sehr ähnliche Art, *C. madagascariensis* (senkrechter Streifen durch das Auge schwarz statt orangerot, Zeichnung am Hinterleib gelborange und nicht rot).

Forcipiger flavissimus

Langmaul-Pinzettfisch (D), Poisson-pincette jaune (F), Long-nosed butterflyfish (GB), Gele pincetvis (NL), Mesht, Misht (AR), Thoun bibi (MAL)

Familie Chaetodontidae. 22 cm. Vom Roten Meer bis in den Pazifik verbreitet, zwischen 2 und 115 m Tiefe. Lebt einzeln oder in kleinen Gruppen und frißt Wirbellose, von denen er Stücke abreißt. Eine extrem ähnliche Art mit noch feinerer und etwas längerer Schnauze und mit feinen schwarzen Punkten auf der Brust ist *F. longirostris*, die mit Ausnahme des Roten Meeres im gesamten Indopazifik lebt.

Carangoides bajad

Goldkörper-Makrele (D), Carangue à points orange (F), Orangespotted trevally, goldbody trevally (GB), Citroen stekelmakreel (NL), Tzeninitann tzehovtipott (HE), AL-Samaqa Al-Thahabiyeh, Gaz, Sal, Battikha, Jash (AR)

Familie Carangidae. 53 cm. Vom Roten Meer bis in den Pazifik verbreitet, zwischen 2 und 50 m Tiefe. Dieser pelagische Fisch jagt gruppenweise am Außenhang von Riffen. Färbung sehr variabel: von silbern mit einigen orangefarbenen Punkten bis vollständig gelborange. Es gibt noch weitere Arten der Gattungen *Carangoides* oder *Caranx*, die wir zusammenfassend Stachelmakrelen nennen. Es handelt sich um große Fische, die am Ende der Nahrungskette stehen; einige werden über 150 cm lang und über 60 kg schwer.

Eine Goldkörpermakrele im blauen Meer.
Ein flüchtiger und immer beeindruckender Anblick.

Gnathanodon speciosus

Schwarzgoldene Pilotmakrele (D), Carangue royale jaune (F), Golden trevally, golden pilot jack (GB), Gouden makreel (NL), Bayad, Sal, Kefdar, Bakès, Zouradydi (AR)

Familie Carangidae. 110 cm. Vom Roten Meer bis in den Pazifik verbreitet, zwischen 2 und 50 m Tiefe. Jungfische leben zwischen den Tentakeln von Seeanemonen. Tiere sind 10 bis 20 cm lang, gelb mit senkrechten schwarzen Streifen. Die erwachsenen Tiere sind silbern und verlieren ihre schwarzen Streifen und gleichzeitig auch ihre Zähne. Von nun an suchen sie in Sandböden nach Wirbellosen.

Eine Gruppe junger Schwarzgoldener Pilotmakrelen mit ihrer typischen Färbung.

Dieser Langschnauzen-Büschelbarsch liegt auf der Lauer. Man erkennt ihn sofort an der langen Schnauze und am Schottenmuster.

Oxycirrhites typus

Langschnauzen-Büschelbarsch (D), Poisson faucon à long nez (F), Longnose hawkfish, longnosed coral guardian (GB), Spitssnuit koraalklimmer (NL), Rissnapir typus (HE), Abou Zakhliit, Soummann, Samak Aʿsaqr, Saqr Al-Baḥr (AR)

Familie Cirrhitidae. 13 cm. Vom Roten Meer bis in den Pazifik verbreitet, zwischen 12 und 100 m Tiefe. Die Art hält sich zwischen Gorgonien und Schwarzen Korallen an Riffabstürzen auf, wo sie auf der Lauer liegt und sich vor allem von kleinen Krebstieren ernährt.

Dieses Individuum sitzt in typischer Art oben auf einem Korallenstock. Man beachte die korallenbewohnenden Austern (Pedum spondyloideum) im Korallenstock.

Paracirrhites forsteri

Forsters Büschelbarsch (D), Poisson faucon à taches de rousseur (F), Freckled hawkfish, Forster's hawkfish (GB), Slanke koraalklimmer (NL), Rissnapir nitzi (HE), Soumman, Samak Aʿsaqr, Saqr Al-Baḥr (AR), Gaa boa (MAL)

Familie Cirrhitidae. 23 cm. Vom Roten Meer bis in den Pazifik verbreitet, zwischen 1 und 40 m Tiefe. Diese Art hält sich oft auf Korallenstöcken auf, von wo aus sie andere Fische und Krebstiere angreift. Zeichnung sehr variabel, rot bis schwärzlichbraun mit mehr oder minder ausgedehnter weißer Zeichnung auf dem Kopf oder Bauch. Kennzeichnend für die Art sind die roten bis schwarzen „Sommersprossen".

Paracirrhites arcatus (arcuatus)

Monokel-Büschelbarsch (D), Épervier strié, épervier à tempe annelée (F), Arc-eye hawkfish, monocle hawkfish (GB), Rode koraalklimmer (NL), Rissnapir (HE), Soumman, Samak A'saqr (AR), Gaa boa (MAL)

Familie Cirrhitidae. 14 cm. Man begegnet der Art im gesamten Indopazifik mit Ausnahme des Roten Meeres, zwischen 1 und 33 m Tiefe. Sie liegt zwischen Korallen auf der Lauer, weil sie verzweigte Kolonien bevorzugt. Die Nahrung besteht überwiegend aus Krebstieren.

Der weiße Streifen fehlt bei diesem Büschelbarsch gelegentlich. Typisch ist hingegen die kreisförmige Monokelzeichnung hinter dem Auge.

Cirrhitichthys oxycephalus

Gefleckter Büschelbarsch (D), Épervier-lutin (F), Pixy hawkfish, spotted hawkfish (GB), Gevlekte koraalklimmer (NL), Soumman, Samak A'saqr (AR), Gaa boa (MAL)

Familie Cirrhitidae. 10 cm. Vom Roten Meer bis in den Pazifik verbreitet, selten im Arabischen Meer, zwischen 1 und 40 m Tiefe. Wie alle Büschelbarsche liegt auch diese Art bei Korallenkolonien auf der Lauer. Sie frißt vor allem Fische. Es gibt einige ähnliche Arten: *C. guichenoti* (Mauritius und Reunion, Schnauze länger) und *C. bleekeri* (Indien und Sri Lanka, Flecken braun, heller und weniger scharf umgrenzt).

Der Gefleckte Büschelbarsch hat Flecken bis zum Schwanz. Man beachte auch die kleinen „Büschel" auf der Rückenflosse.

Der Indopazifische Sergeant lebt in Gruppen an Küstenriffen.

Abudefduf vaigensis

Indopazifischer Sergeant (D), Poisson-bagnard (F), Sergeant major, Indo-Pacific sergeant (GB), Indopacifisch juffertje (NL), Dafdouf hapassiim (HE), Abou Defdouf, Al-Ighésii (AR), Bourandha (MAL)

Familie Pomacentridae (Pomacentrinae). 17–20 cm. Vom Roten Meer bis in den Pazifik verbreitet, zwischen 1 und 12 m Tiefe. Die Art bildet in seichteren Bereichen des Riffes größere Gruppen und ernährt sich von Zooplankton, von kleinen benthischen Wirbellosen und von Algen. Die verwandte Art *A. sexfasciatus* zeigt weniger Gelb auf dem Rücken, und eine schwarze Linie auf jedem Lappen der Schwanzflosse erinnert in der Form an eine Schere. Die übrigen Arten von *Abudefduf* sind seltener. *A. saxatilis* ist die atlantische Schwesterart von *A. vaiginensis.*

P. sulfureus ist ein Allesfresser. Er verteidigt sein Territorium. Typisch ist der schwarze Fleck an der Basis der Brustflossen.

Pomacentrus sulfureus

Zitronengelbe Demoiselle (D), Demoiselle soufre (F), Sulphur damsel, lemon damsel (GB), Zwavel juffertje (NL), Shounitann gafor (HE), Abou Shïtà, Al-Ighésii (AR), Lonoulouboa (MAL)

Familie Pomacentridae (Pomacentrinae). 9–11 cm. Rotes Meer und westlicher Teil des Indischen Ozeans, zwischen 0 und 14 m Tiefe. Typische Art der Küstenriffe. Es gibt Dutzende von Pomacentriden mit ähnlicher Körperform in allen Farben, angefangen von Weiß über Gelb und Blau bis zu Schwarz.

Chromis viridis

Grüner Schwalbenschwanz (D);
Chromis bleu-vert (F), Bluegreen puller
(GB), Blauwgroen juffertje (NL),
Shounitann (HE), Abou Shïtà, Al-Ighésii
(AR), Nilamehi (MAL)

Familie Pomacentridae (Chromitinae). 9 cm. Vom Roten Meer bis in den Pazifik verbreitet, zwischen 1 und 12 m Tiefe. Diese sehr häufige, planktonfressende Art bildet große Schwärme über Tischkorallen der Gattung Acropora und über anderen verzweigten Korallen. Die einzige ähnliche Art ist *C. atripectoralis*, der man von Kenia und den Seychellen bis zum Pazifik begegnet. Sie fehlt aber im Roten Meer und im Norden des Indischen Ozeans.

Die Schwärme der Blaugrünen Schwalbenschwänze halten sich über verzweigten Korallen auf; die Fische verstecken sich bei der geringsten Gefahr zwischen den Korallenästen.

Amblyglyphidodon leucogaster

Weißbauch-Riffbarsch (D), Demoiselle à ventre jaune (F), White-belly damsel (GB), Geelbuik juffertje (NL), Dafdouf Afor (HE), Abou Shiità, Al-Ighésii (AR), Mouraka mass (MAL)

Familie Pomacentridae (Pomacentrinae). 13 cm. Vom Roten Meer bis in den Pazifik verbreitet, zwischen 2 und 45 m Tiefe. Die Art lebt einzeln oder in kleinen Gruppen in Küstenriffen und ernährt sich von Zooplankton. Die Tiere des Roten Meeres und des Indischen Ozeans haben einen weißen, die des Pazifiks einen gelben Bauch. Das erklärt die unterschiedliche Benennung in den verschiedenen Sprachen.

Dieses typische Exemplar vom Roten Meer hat einen weißen Bauch und schwarz eingefaßte Flossen. Im Pazifik ist der Bauch gelb, und die Flossen sind weniger deutlich schwarz gerandet.

Dascyllus aruanus ist an den drei schwarzen, senkrechten Binden kenntlich.

Dascyllus aruanus

Dreibinden-Preußenfisch (D), Demoiselle à trois bandes noires (F), Humbug damsel, threebar dascyllus (GB), Markiezinnetje (NL), Almoughitt ḥapassiim (HE), Abou Shiïtà, Al-Ighésii (AR), Mouraka mass (MAL)

Familie Pomacentridae (Chromitinae). 8 cm. Vom Roten Meer bis in den Pazifik verbreitet, von 0 – 20 m Tiefe. Die Art lebt gerne im Schutz verzweigter Korallen. Im gleichen Verbreitungsgebiet begegnet man einer ähnlichen Art: *Chrysiptera annulata*, die fünf schwarze Streifen anstelle von drei aufweist. Im Pazifik leben weitere ähnliche Arten.

Dascyllus trimaculatus

Dreifleck-Preußenfisch (D), Dascyllus à trois points (F), Three-spot dascyllus (GB), Fluwelen juffertje (NL), Almoughitt shekhora (HE), Abou Shiïtà, Al-Ighésii (AR), Kalhou maagandoumass (MAL)

Familie Pomacentridae (Chromitinae). 14 cm. Vom Roten Meer bis in den Pazifik verbreitet, zwischen 1 und 55 m Tiefe. Die erwachsenen Tiere sind grauschwarz und haben einen weißen Fleck auf jeder Körperseite. Jungtiere tiefschwarz, mit einem weiteren weißen Punkt auf der Stirn: daher der Artname. Die Jungfische leben gruppenweise in Seeanemonen, oft zusammen mit Anemonenfischen der Gattung *Amphiprion*.

Ein erwachsener einzelgängerischer Dascyllus trimaculatus auf der Suche nach Zooplankton. Die schwarzen Jungfische leben zwischen den Tentakeln von Seeanemonen.

Amphiprion bicinctus

Rotmeer-Anemonenfisch (D), Poisson-
clown à deux bandes (F), Red Sea
anemonefish (GB), Rode Zee anemoonvis
(NL), Shoshanonn eylati (HE), Samakatt
Shaqaʿeq Al-Bahr Al-Ahmar, Samak El-
Laʿm, Salamooni, A'samak almouharij
(AR)

Familie Pomacentridae (Amphi-
prioninae). 11–14 cm. Rotes Meer,
Golf von Aden und Chagos-Inseln,
zwischen 1 und 30 m Tiefe. Grundfarbe gelb bis braun. Ähnliche Arten: *A. omanensis* (Oman), *A. allar-*
di (Ostafrika), *A. fuscocaudatus*
(Seychellen und Aldabra), *A.*
chrysogaster (Mauritius und Reunion), *A. clarkii* (vom Arabischen
Golf bis in den Pazifik). Alle leben
in Symbiose mit Seeanemonen.

Ein Paar von Amphiprion bicinctus auf einer
Seeanemone der Art Entacmaea quadricolor.
Diese Anemonenfischart kommt auch mit weiteren
Seeanemonen vergesellschaftet vor:
Heteractis aurora, H. crispa, H. magnifica und
Stichodactyla gigantea.

Amphiprion nigripes

Malediven-Anemonenfisch (D), Poisson-
clown des Maldives (F), Maldives ane-
monefish (GB), Zwartvin anemoonvis
(NL), Shoshanonn (HE), Samakatt Al-
Maldive, A'samak Almouharij (AR)

Familie Pomacentridae (Amphi-
prioninae). 11 cm. Man findet die
Art in den Malediven, den Lakkadiven und bei Sri Lanka, zwischen
1 und 25 m Tiefe. Arttypische
Merkmale: weißer Streifen hinter
dem Kopf, Bauch- und Afterflossen
schwarz. Im gesamten Indischen
Ozean gibt es keine ähnliche Art.

Ein Amphiprion nigripes auf seinem obligatorischen
Wirt, der Seeanemone Heteractis magnifica.

Ein Paar von Amphiprion clarkii zwischen den Tentakeln der Seeanemone Stichodactyla mertensii.

Trotz der enormen Unterschiede zwischen Männchen (Foto) und Weibchen ist das Auge bei beiden Geschlechtern gelb, und jede Schuppe trägt drei deutlich erkennbare Punkte.

Amphiprion clarkii

Clarks Anemonenfisch (D), Poisson-clown de Clark (F), Clark's anemonefish (GB), Clarks anemoonvis (NL), Shosha-nonn Clark (HE), A'samak Almouharij, Boulti (AR), Maagandou mass (MAL)

Familie Pomacentridae (Amphi-prioninae). 14 cm. Vom Persischen Golf bis in den Pazifik verbreitet, zwischen 1 und 55 m Tiefe. Es handelt sich um die häufigste Art. Die Grundfarbe schwankt von Schwarz bis Orange.
Typische Form schwarz, Schnauze, Brust- und Schwanzflossen gelb, zwei weiße senkrechte Streifen, Schwanzstiel weiß. Dieser Anemonen- oder Clownfisch lebt auf einer der folgenden Seeanemonen: *Cryptodendrum adhaesivum, Entacmaea quadricolor, Heteractis aurora, H. crispa, H. magnifica, H. malu, Stichodactyla gigantea, S. haddoni, S. mertensii.*

Cetoscarus (Scarus) bicolor

Masken-Papageifisch (D), Perroquet bicolore (F), Bicolor parrotfish (GB), Tweekleuren papegaaivis (NL), Touki-nonn dougoni (HE), Baghbaghaan, Harid, Djiin (AR), Moudikhey landaa (Männchen), kalhou landaa (Weibchen) (MAL)

Familie Scaridae. 90 cm. Vom Roten Meer bis in den Pazifik verbreitet, zwischen 1 und 30 m Tiefe. Die lebhaft gefärbten Männchen verteidigen ein Territorium, während sich die Weibchen des Harems, die eine einfachere anthrazitgraue Färbung mit gelblichem Rücken aufweisen, in einem größeren Riffgebiet aufhalten. *Cetoscarus bicolor* ernährt sich von Korallen.

Scarus rubroviolaceus

Nasenhöcker-Papageifisch (D),
Perroquet-prairie (Männchen), perroquet
liede-vin (Weibchen) (F), Ember parrot-
fish, redlip parrotfish (GB), Neusbult
papegaaivis (NL), Toukinonn (HE),
Baghbagha'a Al-Shifah, Al-Hamara'a,
Baghbaghaan, Harid, Djiin (AR)

Familie Scaridae. 65–70 cm. Diese Art ist bekannt von Ostafrika, den Maskarenen, den Malediven, Sri Lanka, von der Andamanensee und vom Pazifik. Sie lebt zwischen 1 und 30 m Tiefe. Die Tiere bilden bisweilen große Schwärme und schwimmen dauernd über dem Riff hin und her. Sie weiden die Algendecke ab und brechen auch lebende Korallenstöcke ab. Die Fortpflanzung ist bei allen Papageifischen dieselbe: Das Männchen zeigt ein buntes Kleid und schwimmt mit abgespreizten Brustflossen um das Weibchen herum. Das Paar schwimmt dann in einer schnellen Schraubenlinie zur Oberfläche. Dabei werden im freien Wasser die Eier und der Samen ausgestoßen. Nachts scheiden die meisten Papageifische mit Drüsen hinter dem Kiemendeckel einen Schleimkokon aus. Man nimmt an, daß der typische Geruch dieser Fische in diesem Schlafsack gefangen bleibt, so daß er sie vor Räubern wie den Muränen schützt.

Dieser männliche Nasenhöcker-Papageifisch wurde beim Schlafen in einer Höhle überrascht. Man erkennt deutlich den kräftigen Schnabel, mit dem er Korallenstöcke abbeißt.

Eine Gruppe weiblicher Nasenhöcker-Papageifische beim Abweiden von Felsen in der Umgebung der Similan-Inseln. Die lilafarbenen Flecken im Vordergrund gehören zu roten Kalkalgen.

Ein männlicher Scarus ferrugineus weidet die Algendecke auf einem toten Korallenblock bei Quseir im Roten Meer ab.

Scarus ferrugineus

Rostkopf-Papageifisch (D), Perroquet rouille (F), Rusty parrotfish (GB), Roestnek papegaaivis (NL), Toukinonn (HE), Baghbaghaan, Harid, Djiin (AR)

Familie Scaridae. 40 cm. Die Art kommt um die ganze Arabische Halbinsel und vom Roten Meer bis in den Persischen Golf vor, zwischen 1 und 60 m Tiefe. Sie besucht vor allem geschützte Riffabhänge. Die Färbung der Männchen ist wie bei allen Papageifischen variabel, und die Weibchen erkennt man an ihrem gelben Schwanz. Mit den harten Schnäbeln reißen die Papageifische Korallenbruchstücke los und verschlucken sie ganz. Schlundzähne sorgen dann für eine Zerkleinerung. Den „Korallensand" stoßen sie regelmäßig in Form einer kleinen weißen Wolke aus. Die Papageifische tragen somit zur Erosion des Riffes und der Bildung von Sedimenten bei: Der gesamte weiße Korallensand an den Stränden ist durch die Körper zahlloser Papageifische gewandert!

Die Papageifische sind tagsüber dauernd in Bewegung. Das Weibchen von Scarus ferrugineus erkennt man am gelben Schwanz.

Scarus ghobban

Blaubinden-Papageifisch (D), Perroquet-souris (Männchen, perroquet crème (Weibchen), perroquet à écailles jaunes (F), Bluebarred parrotfish (GB), Blauwband papegaaivis (NL), Toukinonn (HE), Babagha'a Azrag, Baghbaghaan, Harid, Gaïn, Kaïn, Djiin (AR), Noo landaa (MAL)

Ein schlankes Männchen von Scarus ghobban mit blauen Sattelflecken auf dem Rücken.

Familie Scaridae. 75 cm. Man begegnet der Art vom Roten Meer bis in den Pazifik, zwischen 0 und 30 m Tiefe. Sie hält sich eher in seichten Gewässern auf und findet sich oft direkt vor der Küste, in den Sandgebieten vor dem Riffdach. Dieser Papageifisch lebt eher einzeln, und nur die Jungfische bilden Gruppen. Männchen mit blauen Sattelflecken auf dem Rücken. Schuppen wie bei allen verwandten Arten sehr groß und lebhaft gefärbt. Seit einigen Jahren haben sich einige Unterwasserfotografen darauf spezialisiert, das Farbkleid der Papageifische in allen Einzelheiten aufzunehmen. Die Ergebnisse machen den größten abstrakten Malern Konkurrenz: Die Farben und Zeichnungen sind höchst erstaunlich.

Wie bei allen Vertretern der Familie sind auch die Weibchen von Scarus ghobban weniger auffällig gefärbt als die Männchen. Gleichzeitig sind sie deutlich kleiner.

Porträt eines männlichen Scarus strongycephalus mit dem charakteristischen Höcker an der Stirn.

Selbst die Riesenmuräne (Gymnothorax javanicus) hält bei der Behandlung still.

Scarus strongycephalus

Indischer Buckelkopf (D), Perroquet grand bleu (F), Indian Ocean steepheaded parrotfish (GB), Indische bultkop (NL), Toukinonn gavnouni (HE), Al-Babagha'a Al-Hindiyeh, Babhbaghaan Harid, Djiin (AR), Noo landaa (Männchen), raiy landaa (Weibchen) (MAL)

Familie Scaridae. 70 cm. Nördlicher Teil des Indischen Ozeans mit Ausnahme des Roten Meeres, zwischen 2 und 35 m Tiefe. Einzeln oder paarweise lebend, selten in größeren Gruppen. Weibchen mit hellgrünem Rücken und rotem Bauch. Ähnliche Art: *S. gibbus,* ein Endemit des Roten Meeres. Insgesamt leben im behandelten Gebiet ungefähr dreißig Papageifische. Bei jeder Art sehen die Männchen, die Weibchen und die Jungtiere völlig anders aus!

Labroides dimidiatus

Gemeiner Putzerfisch (D), Labre nettoyeur, nettoyeur commun (F), Common cleanerfish, bluestreak cleaner wrasse (GB), Gewone poetslipvis (NL), Nakaï eylati (HE), Mallass, Maïlak, Nabbatt, Kannass (AR), Theyofoulhi mass (MAL)

Familie Labridae (Labrichthyinae). 12 cm. Vom Roten Meer bis in den Pazifik verbreitet, von 0 bis 40 m Tiefe. Der Fisch zieht seine Klienten mit seiner Längszeichnung sowie tanzenden Bewegungen an. Zwischen dem Putzerfisch und seinen „Kunden" besteht eine Symbiose, eine lockere Lebensgemeinschaft zu beiderseitigem Nutzen.

Thalassoma klunzingeri
Rotmeerjunker (D), Girelle paon de Klunzinger (F), Klunzinger's wrasse (GB), Klunzingers lipvis (NL), Tavasonn eylati (HE), Abou Rabï a, Maïlak, Nabbatt (AR), Kaashi hikaa (MAL)

Familie Labridae (Corinae). 20 cm. Ein Endemit des Roten Meeres. Der Fisch schwimmt oft paarweise oberhalb der Korallen am Riffabhang, von 0 bis 20 m Tiefe. Ähnlich ist die Art *T. quinquevittatum*, die mit Ausnahme des Roten Meeres im gesamten Indopazifik vorkommt und die man an der grünen Farbe mit den roten Streifen erkennt.

Der Rotmeerjunker ist ein ziemlich bunter Fisch. Er patrouilliert an den Riffabhängen des Roten Meeres – hier über der Feuerkoralle Millepora dichotoma.

Halichoeres hortulanus
Schachbrettjunker (D), Labre échiquier (F), Checkerboard wrasse (GB), Schaakbord lipvis (NL), Yifatann (HE), Haret Abou Zohliit, Maïlak, Nabbatt (AR), Goulsanpaa hikaa (MAL)

Familie Labridae (Corinae). 27 cm. Vom Roten Meer bis in den Pazifik verbreitet, zwischen 1 und 30 m Tiefe. Die Art ernährt sich von kleinen benthischen Wirbellosen. Nachts schläft sie eingegraben im Sand. Es gibt mehrere weitere bunte *Halichoeres*-Arten. Die vorliegende Form erkennt man am schwarzen Fleck und an den beiden kleinen gelben Flecken direkt unter der Rückenflosse, ferner am Schachbrettmuster der Körperseiten.

Ein Schachbrettjunker über Grünen Seescheiden (Didemnum molle) und über roten Schwämmen in einem Riff der Malediven.

Ein 1 m langer Spiegelfleck-Lippfisch. Die Stirn wird mit dem Alter immer buckliger, während sich die Streifen in der Körpermitte verwischen.

Coris aygula

Spiegelfleck-Lippfisch (D), Labre-clown, labre-peigne (F), Clown coris, clown sandwrasse (GB), Oranjevlek lipvis (NL), Xoulitt yam-soufitt (HE), Al-Mou<u>h</u>arej, Mallass, Maïlak, Nabbatt (AR)

Familie Labridae (Corinae).
120 cm. Vom Roten Meer bis in den Pazifik verbreitet, zwischen 0 und 30 m Tiefe. Es handelt sich um einen großen Lippfisch, der auf dem Riff Krebse, Weichtiere und Seeigel sucht. Nachts vergräbt er sich zum Schlafen im Sand. Weibchen schlanker als Männchen, mit hellen Streifen in der Körpermitte. Jungtiere weiß mit orangefarbenen Flecken und einem schwarzen Augenfleck auf dem Rücken.

Oxycheilinus (Cheilinus) digrammus

Wangenstreifen-Prachtlippfisch (D), Vieille à lignes violettes (F), Bandcheek wrasse, cheeklined splendor wrasse (GB), Wangstreep lipvis (NL), Tifar (HE), Maïlak, Nabbatt (AR)

Familie Labridae (Cheilinae).
30 cm. Vom Roten Meer bis in den Pazifik verbreitet, zwischen 3 und 120 m Tiefe. Der Fisch lebt als Einzelgänger in geschützten Riffen. Unter allen bunten Arten von *Cheilinus* und *Oxycheilinus* erkennt man ihn an den acht schrägen Streifen auf dem Kiemendeckel. Eine Verwechslung ist mit *Cheilinus abudjubbe* möglich, einem Endemiten des Roten Meeres, der jedoch massiver gebaut ist und bei dem die roten Streifen vom Auge ausstrahlen.

Oxycheilinus digrammus ist der einzige Lippfisch des Roten Meeres und des Indischen Ozeans mit einem derart schönen roten Bauch.

Cheilinus lunulatus
Besenschwanz-Prachtlippfisch (D),
Labre à franges (F), Broomtail wrasse
(GB), Bezemstaart lipvis (NL),
Tifar hasaharonn (HE), Maïlak,
Nabbatt (AR)

Familie Labridae (Cheilinae).
50 cm. Im Roten Meer, im Golf von
Aden und um die Arabische Halbinsel herum verbreitet, zwischen 2
und 30 m Tiefe. Die Art lebt normalerweise am Rand der Saumriffe.
Kopf grün, Körpermitte gelblich,
Schwanz violett, Körper fein rot gefleckt, gelber Fleck in Augenhöhe
auf der Wand des Kiemendeckels.
Schwanzflosse stets mit unregelmäßigen Fransen ähnlich einem alten Besen.

Dieses sehr alte Männchen hat versucht, einen
Diademseeigel zu fressen: Man erkennt noch die
Stacheln, die im Fleisch der Stirn stecken.

Cheilinus undulatus
Napoleon (D), Napoléon, labre géant
(F), Humphead wrasse, Napoleonfish
(GB), Napoleonvis lipvis (NL), Tifar
anak (HE), Al-Ahdab, Terbani, Maïlak,
Nabbatt (AR), Maa houlhoumbou
landaa (MAL)

Familie Labridae (Cheilinae).
230 cm. Vom Roten Meer bis in den
Pazifik verbreitet, zwischen 0 und
60 m Tiefe. Der Napoleon ist einer
der größten Fische der Korallenriffe, denn er bringt es auf fast 200 kg.
Mit seinen großen Zähnen sucht er
wirbellose Tiere in Korallensedi-
menten. Die Art ist im allgemeinen
scheu – mit Ausnahme jener Gebiete, in denen die Taucher mit Wür-
sten in ihren Anzügen ausrücken...

Der berühmte Stirnhöcker des Napoleons wirkt
besonders beeindruckend, wenn der Fisch auf den
Taucher zuschwimmt.

Ein jugendlicher Bodianus anthioides im Schutz der Gorgonie Subergorgia hicksoni. Die braune Färbung ist bei den erwachsenen Tieren dunkler.

Den großen Barrakuda erkennt man an den schwarzen Flecken auf den Flanken.

Bodianus anthioides

Zweifarben-Schweinslippfisch (D), Caudène, vieille à queue de lyre (F), Lyretail hogfish (GB), Lierstaart lipvis (NL), Hadouritt (HE), Mallas, Nabbatt (AR)

Familie Labridae (Bodianinae).
21 cm. Vom Roten Meer bis in den Pazifik verbreitet, zwischen 6 und 60 m Tiefe. Dieser Einzelgänger hält sich an den Riffabhängen auf, die ins freie Wasser abfallen, und frißt benthische Wirbellose. In Quseir (Ägypten) beobachtete ich allerdings ein altes Tier, das auf Korallensand lebte und wie ein Schatten einer Rotmeerbarbe *(Parupeneus forsskali)* folgte. Es profitierte von den kleinen Würmern und anderen Wirbellosen, die die Barbe beim Wühlen im Sand aufstöberte.

Sphyraena barracuda (picuda)

Großer Barrakuda (D), Barracuda, grand barracuda (F), Great barracuda (GB), Grote barracuda (NL), Aspirna barakouda (HE), Kanaayà, Qad (AR)

Familie Sphyraenidae. 100 cm und 40 kg. Eine zirkumtropische Art, die zwischen 3 und 100 m vorkommt. Ein einzelgängerischer Jäger. Die Jungtiere ziehen die Küstengewässer (Saumriffe, Lagunen, Ästuarien, Mangroven) vor, während die erwachsenen Tiere Fische und Tintenfische jagen, die am Außenabhang des Riffes leben. Extrem schneller Fisch, der plötzlich aus dem Nichts auftauchen kann. Er greift den Menschen nicht an, sofern man ihn nicht provoziert.

Sphyraena qenie
Querband-Barrakuda (D), Barracuda à nageoires noires (F), Blackfin barracuda (GB), Donkervin barracuda (NL), Aspirna (HE), Kanaayà, Qad, Jad (AR)

Familie Sphyraenidae.
130–170 cm. Vom Roten Meer bis in den Pazifik verbreitet, zwischen 10 und 90 m Tiefe. Es handelt sich um die häufigste Barrakudaart. Sie jagt immer in großen Schwärmen bei Riffen mit starken Strömungen. Weitere Barrakudas: *Sphyraena flavicauda*, 37 cm, Schwanz gelb, zwei braune Längsstreifen auf den Flanken; *S. jello*, 150 cm, Schwanz gelblich, Querstreifen auf den Flanken; *S. putnamie*, 87 cm, weder Flecken noch schwarze Flossen.

Sphyraena qenie erkennt man an den ungefähr zwanzig dunklen Querstreifen und an der schwarzen Schwanzflosse.

Parapercis hexophthalma
Schwanzfleck-Sandbarsch (D), Perche de sable, parapercis ocellé, pintade (F), Speckled sandperch (GB), Staartvlek zandbaars (NL), Pe'érann eylati (HE), Samak Al-Ramel, Sahm, Haret, Abou Rabi'a, Gabour (AR), Alathandou (MAL)

Familie Pinguipedidae. 26 cm. Vom Roten Meer bis in den Pazifik verbreitet, zwischen 2 und 22 m. Die Art lebt auf Sandboden und anderen Sedimenten, wo sie kleine Fische und Wirbellose jagt. Männchen mit Territorialverhalten und einem Harem. Man erkennt diese Art am schwarzen Schwanzfleck. Häufig im Roten Meer. Es kommen dort allerdings noch weitere Arten vor.

Das Männchen bewacht sein Territorium. Es hat feine Streifen auf den Wangen, das Weibchen hingegen kleine Punkte.

Ein Zweifarben-Wippschwimmer mit der typischen Zeichnung, die ihm den Namen verliehen hat.

Ecsenius bicolor

Zweifarben-Wippschwimmer (D), Blennie bicolore (F), Bicolor blenny (GB), Tweekleuren kamtandslijmvis (NL), Karnonitt (HE), Venn (MAL)

Familie Blenniidae. 11 cm. Von den Malediven bis in den Pazifik verbreitet, zwischen 1 und 25 m Tiefe. Die Art lebt auf felsigem Grund oder Korallensand an den Außenabhängen der Riffe und in Lagunen. Zeichnung sehr variabel: Vorderteil des Körpers dunkelblau, Hinterteil gelb (Bild), oder: Bauch weiß, Rücken schwarz, Schwanz gelb, oder: einfarbig dunkelbraun.

Ecsenius midas ist variabel gefärbt, doch man erkennt die Art immer an den zwei blauen Streifen im Auge.

Ecsenius midas

Neonaugen-Wippschwimmer (D), Blennie de Midas (F), Midas blenny (GB), Midas kamtandslijmvis (NL), Karnonitt ḥapezyott (HE), Venn (MAL)

Familie Blenniidae. 13 cm. Vom Roten Meer bis in den Pazifik verbreitet, zwischen 2 und 35 m Tiefe. Er ernährt sich von Zooplankton. Die gelborangefarbenen Tiere verlassen gelegentlich ihr Loch, um sich Schwärmen von *Pseudanthias squamipinnis* anzuschließen. Färbung variabel: ganz gelborange oder braun mit schieferfarbenem Vorderkörper; diese Färbung ist gelegentlich auf dem ganzen Körper anzutreffen.

Ecsenius minutus

Halsband-Wippschwimmer (D), Blennie des Maldives (F), Maldive blenny (GB), Nalolo Kamtandslijmvis (NL), Karnonitt (HE), Samak Al-Maldive (AR), Venn founna (MAL)

Familie Blenniidae. 5 cm. Ein Endemit der Malediven und von Sri Lanka, zwischen 5 und 25 m Tiefe. Die algenfressenden Tiere leben in Riffspalten. Es gibt zwei fast identische Schleimfische: *E. nalolo* (6,5 cm, Rotes Meer, Ostafrika, Seychellen, Malediven) und *E. dentex* (6 cm, ein Endemit des Roten Meeres).

Ein Paar des Halsband-Wippschwimmers sowie ein Malediven-Dreiflosser (Helcogramma maledivensis). Typische Kennzeichen von Ecsenius minutus (zusammen mit E. nalolo und E. dentex): schwarzes Halsband, dunkle Flecken oder Streifen hinter dem Auge, helle Flecken auf dem Vorderkörper.

Plagiotremus rhinorhynchus (rhinorhynchos)

Blaustreifen-Säbelzahnschleimfisch (D), Blennie à rayure bleue (F), Bluestriped fangblenny (GB), Blauwgestreepte sabeltandslijmvis (NL), Mat'ann Kakhol passiim (HE)

Familie Blenniidae. 12 cm. Vom Roten Meer bis in den Pazifik verbreitet, zwischen 1 und 40 m Tiefe. Die Art bewohnt im allgemeinen eine leere Wurmröhre. Färbung orange oder schwarz mit zwei blauen Längsstreifen. Die Jungtiere ahmen den Putzerfisch *Labroides dimidatus* nach (der ein endständiges Maul aufweist), unterscheiden sich aber wie der Falsche Putzerfisch *Aspidontus taeniatus* durch den deutlich unterständigen Mund, mit dem sie etwas an einen Hai erinnern.

(Foto: John Neuschwander)

Dieses Individuum zeigt eine Färbung zwischen den beiden Extremen: orangefarben oder schwarz.

Im Riff leben Tausende von kleinen Fischen. Nur geduldige Beobachter bekommen sie zu Gesicht. Fangen Sie damit an, daß Sie mit den Flossen stillhalten.

Der schwarze Fleck an der Schwanzbasis und das Verhalten erlauben eine zweifelsfreie Bestimmung der Grünen Höhlengrundel.

Helcogramma striata

Gestreifter Dreiflosser (D), Triptérygion strié (F), Striped triplefin, white spotted triplefin (GB), Witpunt drievin (NL), Karnonitt (HE)

Familie Tripterygiidae. 4 cm. Von den Malediven bis in den Pazifik verbreitet, zwischen 3 und 10 m Tiefe. Sehr häufig in seichten Riffen, wo er sich auf den Kolonien von Korallen und Schwämmen aufhält. Frißt benthische Wirbellose. Die weißen Längsstreifen sind charakteristisch. Eine andere Art, die nur auf den Malediven vorkommt (*H. maledivensis*), besitzt Reihen von weißen Flecken (Foto).

Amblygobius albimaculatus

Grüne Höhlengrundel (D), Gobie à taches blanches, gobie annelée (F), Brown-barred goby, tailspot cave goby (GB), Staartvlek grondel (NL), Kholann nekoudatiyim (HE), G'aboul, Nabbatt (AR)

Familie Gobiidae. 17 cm. Im Roten Meer und an den Küsten Ostafrikas, zwischen 3 und 20 m Tiefe in Seegraswiesen und auf Sandböden am Fuß von Riffen. Gräbt sich eine Höhlung unter harten Gegenständen. Die Grundel frißt kleine wirbellose Tiere, die sie aus dem Sand heraussiebt. Deswegen treten aus den Kiemendeckeln zwei Sandfahnen aus. Ähnliche Art des Indischen Ozeans: *A. semicinctus.*

Amblyeleotris, Cryptocentrus, Stonogobiops und Ctenogobiops spp.

Partnergrundel (D), Gobie commensale (F), Partner goby, prawn goby (GB), Symbiose grondel (NL), Sartanoun (HE), G`aboul, Nabbatt (AR)

Familie Gobiidae. 8 cm. Im Roten Meer und im Indischen Ozean leben mindestens vierzig Grundelarten, die mit Garnelen der Gattung *Alpheus* zusammenleben. Sie teilen sich ein Loch im Boden, das die Garnele unterhält, während der Fisch, der viel besser sieht als sein Partner, Wache hält. Diese Fische der Gattungen *Amblyeleotris, Cryptocentrus, Stonogobiops, Ctenogobiops* sind alle ähnlich geformt und unterscheiden sich durch die Größe und die Färbung. Die erwachsenen Tiere leben oft paarweise zusammen.

Eine nicht näher bestimmte Art der Gattung Amblyeleotris vor ihrem Loch im Golf von Oman.

Valenciennea puellaris

Jungfrau-Schläfengrundel, Maiden-Schläfengrundel (D), Gobie tachetée d'orange (F), Maiden goby, maiden sleepergoby (GB), Maagd slaapgrondel (NL), Khavrann hanékouda (HE), G`aboul, Nabbatt (AR), Founna (MAL)

Familie Gobiidae. 17 cm. Vom Roten Meer bis in den Pazifik verbreitet, zwischen 10 und 25 m Tiefe. Sie gräbt Gänge im groben Korallensand und verschließt den Eingang nachts mit Korallenstückchen. Die Arten der Gattung *Valenciennea* leben wie die von *Amblygobius* nicht mit Garnelen der Gattung *Alpheus* zusammen.

Ein Pärchen von Valenciennae beim Eingang ihrer Höhle in Safaga.

Die Gorgonien-Zwerggrundel lebt oft paarweise während des ganzen Lebens auf derselben Gorgonie. Hier ist es Junceella rubra.

Bryaninops amplus (ampulus)

Gorgonien-Zwerggrundel (D), Gobie naine des gorgones (F), Gorgonian dwarfgoby (GB), Gorgoon dwerggrondel (NL), Kvarnouniyim (HE), G'aboul, Nabbatt (AR)

Familie Gobiidae. 5–6 cm. Mit Ausnahme des Roten Meeres im ganzen Indopazifik verbreitet, zwischen 5 und 30 m Tiefe. Die Art kommt vor allem zusammen mit den unverzweigten Gorgonien der Art *Junceella fragilis, J. juncea* und *J. rubra* vor. Man findet sie aber auch auf anderen Arten, auf Lederkorallen und auf Schwarzen Korallen. Sie verbringt dort ihr Leben und fängt Planktonlebewesen. Auch die Eiablage erfolgt auf den Weichkorallen in Form einer bandartigen Spirale.

Bryaninops youngei

Drahtkorallen-Zwerggrundel (D), Gobie naine des antipathaires (F), Whip coral dwarfgoby (GB), Zweepkoraal dwerggrondel (NL), Kvarnouniyim (HE), G'aboul, Nabbatt (AR)

Familie Gobiidae. 3 cm. Vom Roten Meer bis in den Pazifik verbreitet, zwischen 3 und 45 m Tiefe. Die Art lebt ausschließlich mit der Drahtkoralle *Cirripathes anguina* vergesellschaftet. Von ihrer Unterlage aus fängt sie planktische Beutetiere, die in Reichweite vorbeiziehen. Das Weibchen legt die Eier in eine 2 bis 3 cm lange Vertiefung ab, die es in ungefähr 20 cm Abstand von der Korallenspitze in das Gewebe seines Wirtes gräbt.

Eine Drahtkorallen-Zwerggrundel auf ihrem Wirt Cirripathes anguina, dessen charakteristische Polypen deutlich zu erkennen sind.

Nemateleotris magnifica

Pracht-Schwertgrundel (D), Poisson de feu, éléotris magnifique (F), Red firegoby, fire dartfish (GB), Vuurpijlvis (NL), Dhidha founna (MAL)

Familie Microdesmidae. 8 cm. Mit Ausnahme des Roten Meeres im ganzen Indopazifik verbreitet, zwischen 6 und 70 m Tiefe. Die Art bewohnt die kleinen Sandbalkone am Fuß von Abhängen und ernährt sich von Zooplankton. Die erwachsenen Tiere leben paarweise zusammen, während die Jungfische kleine Schwärme bilden. Bei der geringsten Gefahr flüchten sich die Tiere in einen Unterschlupf: Man muß sich ihnen mit Vorsicht nähern!

Dieses Schwertgrundelpaar macht am Fuß des Riffes Jagd auf kleine planktische Krebstiere.

Acanthurus sohal

Arabischer Doktorfisch (D), Chirurgien zébré, chirurgien rayé, chirurgien de Sohal (F), Sohal surgeonfish, Arabian tang (GB), Rode Zee doktersvis (NL), Batrann sohal (HE), Samak Al-Nary, Sohal, Faradh (AR)

Familie Acanthuridae. 40 cm. Um die Arabische Halbinsel, im Roten Meer und im Persischen Golf verbreitet, zwischen 0 und 10 m Tiefe. Dieser große bunte Doktorfisch lebt in geringer Tiefe auf dem Riffdach, das der Brandung ausgesetzt ist, und ernährt sich von Algen. Die Art zeigt ein deutliches Territorialverhalten. Da jedes Territorium verhältnismäßig klein ist, hat man den Eindruck, daß dieser Doktorfisch in Gruppen lebt.

Die Doktorfische verdanken ihren Namen einem Dorn oder Skalpell, das auf dem Schwanzstiel liegt und das sie aufrichten können. Beim Arabischen Doktorfisch ist diese gefährliche Waffe deutlich zu erkennen (orange).

Das prächtige Kleid des Weißkehldoktors ist artspezifisch.

Acanthurus leucosternon

Weißkehldoktor (D), Chirurgien à poitrine blanche (F), Powder-blue tang, powderblue surgeonfish (GB), Witborst doktersvis (NL), Batrann (HE), Faradh (AR), Noo libaas (MAL)

Familie Acanthuridae. 23 cm. Mit Ausnahme des Roten Meeres im ganzen Indischen Ozean verbreitet, zwischen 0 und 25 m Tiefe. Die Art bildet oft große Schwärme, die in der Nähe des Riffdaches und von Klippen umherschwimmen. Sie ernährt sich wie die meisten ihrer Verwandten von Algen, die sie vom Riff abweidet. Auch diese Art zögert nicht, ihr Skalpell am Schwanzstiel einzusetzen, wenn es um die Verteidigung des Territoriums geht. Konkurrenz droht vor allem von den Papageifischen.

Acanthurus mata

Schwarzdorn-Doktorfisch (D), Chirurgien à queue blanche (F), Elongate surgeonfish (GB), Grijze doktersvis (NL), Batrann (HE), Faradh (AR)

Familie Acanthuridae. 50 cm. Vom Süden des Roten Meeres bis in den Pazifik verbreitet, zwischen 5 und 45 m Tiefe. Der Fisch stellt sich gerne in die Strömung und fängt dort Zooplankton. Er kann seine Farbe verhältnismäßig schnell ändern. Artkennzeichen: Zebrastreifen mit sehr feinen blauen Linien, schwarzes Skalpell am Schwanzstiel. Es gibt im Indopazifik ungefähr zwanzig weitere Arten von Doktorfischen; viele unter ihnen sind dunkel gefärbt.

Ein Schwarzdorn-Doktorfisch zwischen großen Haarsternen.

Paracanthurus hepatus

*Paletten-Doktorfisch (D), Chirurgien
bleu, chirurgien palette (F), Palette
surgeonfish, palette tang (GB), Palet
doktersvis (NL), Faradh (AR)*

Familie Acanthuridae. 31 cm. Mit
Ausnahme des Roten Meeres im
tropischen Indopazifik verbreitet,
zwischen 2 und 40 m Tiefe. Dieser
Planktonfresser bildet kleine
Schwärme und schwimmt einige
Meter oberhalb des Riffes. Bei Gefahr flüchtet er sich zwischen die
Äste verzweigter Korallen. Die Populationen vom Süden des Indischen Ozeans sind etwas anders gefärbt und haben einen gelben
Bauch.

*Dieser Doktorfisch wurde direkt unter der Wasser-
oberfläche aufgenommen und zeigt deutlich die
schwarze Zeichnung in Form einer Malerpalette.*

Zebrasoma xanthurum (veliferum)

*Blauer Segelflossendoktor (D),
Chirurgien à queue jaune (F), Blue
sailfin tang, yellowtail surgeonfish (GB),
Geelstaart zeilvindoktersvis (NL),
Natkhann sagol (HE), Féléfel, Faradh,
Moulziim (AR), Dhounfiy mass (MAL)*

Familie Acanthuridae. 25 cm. Um
die Arabische Halbinsel, im Roten
Meer und im Persischen Golf verbreitet, zwischen 0 und 20 m Tiefe.
Die Art bildet oft kleine Schwärme
an korallenreichen Standorten.
Leicht erkennbar an der blauen Färbung mit dem gelben Schwanz.

*Eine Gruppe des Blauen Segelflossendoktors
weidet Fadenalgen ab, die an der abgestorbenen
Basis der Koralle Pocillopora verrucosa im
Golf von Oman wachsen.*

Anhand der wunderschönen Färbung ist Zebrasoma desjardinii leicht zu erkennen.

Zebrasoma desjardinii

Indischer Segelflossendoktor (D),
Chirurgien voilier, chirurgien à voile,
chirurgien de Desjardin (F), Indian sail-
fin tang, Desjardin's sailfin tang (GB),
Indische zeilvindoktersvis (NL), Natk-
hann mifrasi (HE), Faradh (AR)

Familie Acanthuridae. 25 cm. Rotes
Meer und Indischer Ozean, zwischen 2 und 30 m Tiefe. In Indonesien kommt schon *Z. veliferum* vor,
die entsprechende pazifische Art.
Der Indische Segelflossendoktor
lebt paarweise oder in kleinen
Gruppen in Lagunen oder in den
nach außen gerichteten Riffabhängen. Jungtiere gelb mit schwarzem
Augenstreifen und sehr großen
Rücken- und Bauchflossen. Sie leben an geschützten Stellen.

Dieser Gelbklingen-Nasendoktor wurde beim Schnorcheln in geringer Tiefe fotografiert.

Naso lituratus

Gelbklingen-Nasendoktor (D), Nason
à éperons orange, nason bariolé (F),
Yellowkeel unicornfish, orangespine
unicornfish (GB), Koekopvis (NL),
Karnafonn sasgoni (HE), Wákarah
Ráhou, Faradh (AR), Rann geri (MAL)

Familie Acanthuridae. 40–50 cm.
Vom Roten Meer bis in den Pazifik
verbreitet, zwischen 0 und 90 m
Tiefe. Man erkennt die Art vor allem an den beiden orangefarbenen
Skalpellen am Schwanzstiel. Sie
lebt im allgemeinen in geringer Tiefe auf Riffen und auf Korallensand
und ernährt sich dort von Braunalgen wie *Sargassum* oder *Dictyota*.

Naso unicornis

Kurznasendoktor (D), Nason à éperons bleue, Licorne, nason brun (F), Shortnose unicornfish, bluespine unicornfish (GB), Blauwstekel eenhoornvis (NL), Karnafonn (HE), Abou Qárn, Faradh (AR), Thoumbi (MAL)

Familie Acanthuridae. 70 cm. Vom Roten Meer bis in den Pazifik verbreitet, zwischen 1 und 80 m Tiefe. Die Fische bilden gern Schwärme und schwimmen auf der Suche nach Braunalgen, zum Bauspiel *Sargassum*, durchaus auch in der Brandung des Außenriffs. Eine scheue Art, der man sich nicht nähern kann.

Man erkennt diese Art sofort am Horn zwischen den Augen und an den beiden blauen Skalpellen am Schwanzstiel.

Naso vlamingi (vlamingii)

Vlamings Nasendoktor (D), Nason zébré, nason à lignes violettes (F), Bignose unicornfish (GB), Masker eenhoornvis (NL), Karnafonn (HE), Faradh (AR), Vaalan mass (MAL)

Familie Acanthuridae. 70 cm. Indischer Ozean und Pazifik, zwischen 2 und 50 m Tiefe, im Roten Meer fehlend. Dieser Zooplanktonfresser lebt im freien Wasser. Man erkennt ihn am Stirnhöcker, an den fadenförmig ausgezogenen Enden der Schwanzflosse und an der lebhaften Färbung. Diese dient auch als Unterscheidungsmerkmal gegenüber der Art *Naso tuberosus* (Stirnhöcker größer, keine Schwanzfäden, Farben düsterer). Schneller Farbwechsel von hell zu dunkel. Die Art kann auch im Nu ihre blauen Flecken verlieren.

Vlamings Nasendoktor mit typischem Kleid, Malediven.

Man darf den Halfterfisch nicht mit dem Wimpel-fisch (Heniochus) verwechseln, der ebenfalls ein langgezogenes Banner trägt. Bei ihm ist aber der Mund nicht so weit nach vorne gestreckt, und der Schwanz ist niemals schwarz.

Zanclus cornutus

Halfterfisch (D), Idole maure, porte-enseigne, zancle (F), Moorish idol (GB), Maskerwimpelvis (NL), Thoun bibi (MAL)

Familie Zanclidae. 16–25 cm. Mit Ausnahme des Roten Meeres im ganzen tropischen Indopazifik ver-breitet, zwischen 1 und 180 m Tie-fe. Lebt oft paarweise, kann aber auch größere Schwärme von bis zu hundert Individuen bilden. Ernährt sich hauptsächlich von Schwäm-men, aber auch von Algen und ver-schiedenen Wirbellosen. Die Fami-lie Zanclidae umfaßt nur diese eine Art. Sie ist mit den Doktorfischen verwandt, verfügt aber nicht über deren Skalpell.

Ein Riesendrückerfisch gräbt mit seinem mächtigen Wasserstrahl eine Vertiefung im Sand. Auf diese Weise sucht er nach wirbellosen Tieren.

Balistoides viridescens

Riesendrückerfisch (D), Baliste olivâtre, baliste à tête jaune, baliste à moustache (F), Giant triggerfish, moustache trigger-fish (GB), Blauwfin trekkervis (NL), Nitzranyim (HE), Hamara (AR), Maa rondou (MAL)

Familie Balistidae. 75 cm. Vom Ro-ten Meer bis in den Pazifik verbrei-tet, zwischen 1 und 40 m Tiefe. Die erwachsenen Tiere sind Einzelgän-ger oder leben paarweise in Riff-nähe. Befindet sich ein Nest im Sand, so verhält sich der Fisch je-dem Eindringling gegenüber sehr aggressiv. Schon viele Taucher, die es nicht wußten, wurden attackiert und verletzt: Mit den großen Zäh-nen dieses Fisches ist nicht zu spaßen!

Balistoides conspicillum

Leopardendrückerfisch (D), Baliste-
clown (F), Clown triggerfish (GB),
Luipaard trekkervis (NL), Nitzranyim
(HE), Al-Mouḥaredj Hamara (AR),
Biss rondou (MAL)

Familie Balistidae. 50 cm. Mit Ausnahme des Roten und des Arabischen Meeres im tropischen Indopazifik verbreitet, zwischen 1 und
75 m Tiefe. Die Jungtiere halten
sich in Höhlen und unter Überhängen auf. Erwachsene Tiere einzelgängerisch, im freien Wasser über
dem Außenabhang von Korallenriffen.

Der Leopardendrückerfisch ist ein wunderschönes
Tier mit charakteristischer Färbung.

Balistapus undulatus

Gelbschwanz-Drückerfisch (D), Baliste
strié, baliste vert (F), Orangestriped
triggerfish, yellowtail triggerfish (GB),
Groene trekkervis (NL), Barnatzrann
kavi (HE), Dibabiss (AR), Daiyfoukou
rondou (MAL)

Familie Balistidae. 30 cm. Vom Roten Meer bis in den Pazifik verbreitet, zwischen 1 und 50 m Tiefe.
Zeichnung variabel: Weibchen und
junge Männchen mit einem Netz
aus orangefarbenen Punkten und
Linien zwischen Schnauze und Auge sowie auf der Wange. Beim erwachsenen Männchen verschwindet diese Zeichnung. Die Art bewohnt Riffe und Gebiete mit Korallensand und frißt vor allem Korallen, Schwämme, Würmer, Weichtiere, Krebse und kleine Fische.

Der einfarbig grüne Kopf dieses Individuums zeigt,
daß es sich um ein erwachsenes Männchen handelt.

Man kann sich dieser Art nur schwer nähern, weil sie bei der geringsten Gefahr einen Unterschlupf aufsucht.

Odonus niger

Rotzahn-Drückerfisch (D), Baliste bleu, baliste à dents rouges (F), Redtooth triggerfish, black triggerfish (GB), Roodtand trekkervis (NL), Nitzranyim (HE), Hamara, Hamraa Alsinn, Shʿa-roum Asraq, Khanziir (AR), Vaalan rondou (MAL)

Familie Balistidae. 40 cm. Vom Roten Meer bis in den Pazifik verbreitet, zwischen 1 und 55 m Tiefe. Die Jungfische leben einzeln auf dem Riff. Die Erwachsenen bilden bisweilen große Schwärme, die sich direkt unter der Wasseroberfläche von Plankton ernähren. Es ist eine Verwechslung mit einem weiteren blauen Drückerfisch möglich, nämlich *Pseudobalistes fuscus*. Dieser hat kleine Punkte auf dem Kopf, während man *Odonus niger* an den deutlichen Linien erkennt.

Rhinecanthus assasi

Arabischer Picassodrücker (D), Baliste picasso arabe, baliste picasso de la mer Rouge (F), Arabian picassofish (GB), Arabische picassotrekkervis (NL), Picasson yam-soufi (HE), Hegam ʿazasi, Hamarah (AR), Gaboulhi rondou (MAL)

Familie Balistidae. 30 cm. Vom Roten Meer bis in den Persischen Golf verbreitet, zwischen 2 und 15 m Tiefe. Der einzelgängerische Fisch liebt sandige Bereiche am Außenabhang des Riffes, wo er sich von Würmern, Krebsen, Seeigeln und Seesternen ernährt. Weitere Picassodrücker: *R. aculeatus* (Bauch weiß und schwarz gezeichnet, nicht im Roten Meer), *R. verrucosus* (Rücken gelb, großer schwarzer

Aufgrund ihrer merkwürdigen Zeichnung heißen die Arten der Familie Rhinecanthus Picassodrücker.

Fleck auf dem Bauch, nicht im Roten Meer), und *R. rectangulus* (großer schwarzer Bereich vom Auge bis zum After).

Sufflamen (Hemibalistes) albicaudatus

Weißschwanz-Flossendrücker (D), Baliste à gorge bleue et queue blanche (F), Bluethroat triggerfish, whitetail triggerfish (GB), Rode Zee trekkervis (NL), Nitzranitt livnatt-zanav (HE), Karkoumba, Hamarah (AR), Rondou (MAL)

Familie Balistidae. 22 cm. Vom Roten Meer bis in den Golf von Oman verbreitet, zwischen 2 und 22 m Tiefe. Ein kleiner Drückerfisch, der sich gern über Korallensand aufhält. Er lebt im allgemeinen einzeln, obwohl Helmut Debelius Schwärme im Golf von Aden meldet.

Anhand der weißen und gelben Zeichnung des Schwanzes kann man diese Art sicher bestimmen. Sie lebt im gesamten Gebiet um die Arabische Halbinsel.

Sufflamen bursa

Blasser Drückerfisch (D), Baliste carène, baliste à ligne blanche (F), Scythe triggerfish (GB), Sikkel trekkervis (NL), Nitzranyim (HE), Karkoumba, Hamarah (AR), Dhon rondou (MAL)

Familie Balistidae. 24 cm. Mit Ausnahme des Roten Meeres im tropischen Indopazifik verbreitet, zwischen 3 und 90 m Tiefe. Die Art lebt am Außenabhang von Korallenriffen und ernährt sich von Algen und benthischen Wirbellosen. Vom Roten Meer und vom Indischen Ozean sind ungefähr zwanzig Drückerfische bekannt. Leider war es nicht möglich, alle in diesen Führer aufzunehmen.

Die sichelförmige Zeichnung, die durch das Auge zieht, ist ein sicheres Unterscheidungsmerkmal dieser Art.

Die Plattfische können ihre Färbung außerordentlich gut der Umgebung anpassen.
Man sieht die Tiere nur, wenn sie sich bewegen!

Diesen Feilenfisch erkennt man am typischen Profil mit dem sehr großen Schwanz und an der blauschwarzen Zeichnung auf beigem Grund.

Bothus pantherinus (pantherines)

Panther-Butt (D), Turbot-léopard, rombou-léopard (F), Leopard flounder (GB), Panter bot (NL), Samak Al-Fa__hed__, Khoubz, Al-Ba__hr__, Khofa'ah (AR)

Familie Bothidae. 35–40 cm. Vom Roten Meer bis in den Pazifik verbreitet, zwischen 0 und 110 m Tiefe. Dieser Plattfisch lebt im Sand und hat wie alle seine Verwandten einen asymmetrischen Kopf: Er liegt auf der einen Körperseite, wobei das rechte Auge auf die linke Körperseite hinüberwanderte. Färbung extrem variabel, wird stets der Umgebung angepaßt, enthält aber immer kleine blaue Kreise. Eine nahverwandte Art mit etwas weiter auseinanderstehenden Augen ist *Bothus mancus.*

Aluterus (Aluteres) scriptus

Schrift-Feilenfisch (D), Poisson-lime gribouillé (F), Scribbled filefish (GB), Letter vijlvis (NL), Abou ᶜArabiya, Karboutt, __Haz__ef (AR)

Familie Monacanthidae. 100–110 cm. Zirkumtropische Verbreitung, zwischen 1 und 80 m Tiefe. Ein scheuer Einzelgänger, langsam schwimmend, ein Allesfresser, der Algen, Seegras, Gorgonien, Hydrozoen und auch Seescheiden nimmt.

Paraluteres prionorus
Schwarzsattel-Feilenfisch (D), Mona-
canthe à selles noires (F), Mimic filefish
(GB), Zwartzadel vijlvis (NL), Karboutt,
Hazef, Abou 'Arabiya (AR)

Familie Monacanthidae. 10 cm.
Diese Art ahmt den Sattel-Krugfisch (S. 386) nach und unterscheidet sich nur durch die Flossen. Sie
lebt im gesamten Indischen Ozean
(Ostafrika, Mauritius, Sri Lanka)
bis in den Pazifik zwischen 1 und
25 m Tiefe. Nur im Roten und im
Arabischen Meer ist sie nicht anzutreffen.

Dieser Schwarzsattel-Feilenfisch wurde bei
einem nächtlichen Tauchgang im Schlaf
überrascht. Er hielt sich mit dem Mund an
den Polypen der Weichkoralle Dendro-
nephthya fest, um von der Strömung nicht
fortgetragen zu werden!

Ostracion cyanurus
Arabischer Kofferfisch (D), Poisson-
coffre à points bleus (F), Bluetail trunk-
fish, Arabian boxfish (GB), Blauwe
koffervis (NL), Koufsinonn sagol (HE),
Abou-Sandouq, Sandouq Al-Bahr (AR),
Gonou (MAL)

Familie Ostraciidae. 15 cm. Um die
Arabische Halbinsel, vom Roten
Meer bis in den Persischen Golf
verbreitet, zwischen 3 und 25 m
Tiefe. Körper hart, gepanzert und
eckig, was die merkwürdige
Schwimmweise erklärt. Männchen
mit Territorialverhalten und einem
Harem aus vier oder fünf Weibchen.
Die Kofferfische halten sich immer
in Riffnähe auf und flüchten sich
bei der geringsten Störung in einen
Unterschlupf. Einzelgängerisch oder
in kleineren Gruppen lebend.

Die Färbung der Jungfische (Foto) unterscheidet
sich von der der erwachsenen Tiere (Rücken grün-
lichgelb, Körperseiten blau).

(Foto: John Neuschwander)

Ein junges Weibchen des Gelben Kofferfisches versteckt sich in einer Nische des Riffes.

Ostracion cubicus

Gelbbrauner Kofferfisch (D), Poisson-coffre jaune (F), Yellow boxfish, cube boxfish (GB), Geelbruine koffervis (NL), Koufsinonn (HE), Abou-Sandouq, Sandouq Al-Ba<u>h</u>r (AR), Gonn (MAL)

Familie Ostraciidae. 45 cm. Vom Roten Meer bis in den Pazifik verbreitet, zwischen 1 und 35 m Tiefe. Eine einzelgängerische, scheue Art, die sich gerne unter Überhängen aufhält. Jungtiere gelb mit schwarzen Punkten, Weibchen (Foto) beigegelb mit weißen, schwarzgerandeten Kreisen. Bei den erwachsenen Männchen sind diese Flecken eher hellblau und von kleinen schwarzen Punkten umgeben, die sich zunehmend auf den restlichen Körper ausdehnen.

Trotz ihres steifen Körpers sind die Arten der Gattung Canthigaster geschickte Schwimmer, die sich sogar rückwärts fortbewegen können.

Canthigaster valentini

Sattel-Krugfisch (D), Canthigaster à selles, souffleur à selles (F), Black-saddled toby (GB), Zadelvlek spitskopkogelvis (NL), Bouqmah, Fougoul (AR), Thaakihaa koli (MAL)

Familie Tetraodontidae. 10 cm. Vom Roten Meer bis in den Pazifik verbreitet, zwischen 1 und 55 m Tiefe. Ein Allesfresser, der ebenso Algen wie Wirbellose frißt. Männchen mit Territorialverhalten und Harem. Es kann jeden Tag die Eier eines anderen Weibchens besamen, die auf ein Algenbüschel abgelegt werden. Die Art ist wie alle Kugelfische giftig und wird vom ungiftigen Schwarzsattel-Feilenfisch (S. 389) nachgeahmt. Diese Erscheinung nennt man Mimikry.

Arothron diadematus
Maskenkugelfisch (D), Poisson-globe masqué (F), Masked pufferfish (GB), Masker kogelvis (NL), Napoukhitt memoushkéfett (HE), Al-Samaka Al-Mouqana'a, Dremma, Jazal, Fougoul (AR)

Familie Tetraodontidae. 30 cm. Eine endemische Art des Roten Meeres, zwischen 5 und 25 m Tiefe. Der einzelgängerische Fisch lebt in Saumriffen mit zahlreichen Korallen. Während der Fortpflanzungszeit bildet er größere Gruppen. Er bläst sich auf, um einen Angreifer abzuschrecken. Der Taucher sollte nicht mit diesem Phänomen spielen (siehe *A. hispidus*)!

Die schwarze Maske auf den Augen ist ein sicheres Merkmal zur Artbestimmung.

Arothron hispidus
Weißfleck-Kugelfisch (D), Poisson-globe à taches blanches, poisson-ballon à épaule noire (F), Whitespotted pufferfish (GB), Witgevlekte kogelvis (NL), Npoukhitt livnatt-ketamiim (HE), Dremma, Jaal, Fougoul (AR), Fouh koudhi koli (MAL)

Familie Tetraodontidae. 48 cm. Vom Roten Meer bis in den Pazifik verbreitet, zwischen 1 und 50 m Tiefe. Die Art lebt in Seegraswiesen und Riffen, wo sie sich oft auf sandigen Stellen aufhält. Allesfresser: Algen, Schwämme, Korallen, Seeanemonen, Seescheiden, Würmer, Krabben, Seesterne. Der Taucher sollte nicht mit den Kugel- oder Igelfischen spielen, um zu sehen, wie sie sich aufblasen: Das bedeutet für sie eine große Anstrengung, und sie können an Streß eingehen... Mit ihren kräftigen Zähnen können sie übrigens einen Finger abbeißen!

Die weißen Flecken und die konzentrischen Linien rund um die Augen sind typisch für diese Art.

Ein großes altes Individuum, das leicht 120 cm erreicht, hält bei Quseir im Roten Meer auf Distanz.

Man erkennt deutlich die kleinen Punkte, die typisch sind für die Art, sowie die dem Körper anliegenden Stacheln. Sie dienen der Verteidigung und stellen sich beim Aufblasen auf.

Arothron stellatus

Riesenkugelfisch (D), Poisson-ballon géant, poisson-ballon étoilé (F), Giant pufferfish (GB), Reuzen kogelvis (NL), Napoukhitt ḥakokhaviim (HE), Dremma, Jazal, Fougoul (AR), Fouh koudhi koli (MAL)

Familie Tetraodontidae. 120 cm. Vom Roten Meer bis in den Pazifik verbreitet, zwischen 3 und 60 m Tiefe. Eine einzelgängerische, scheue Art, die sich auf sandigen Stellen in Riffnähe aufhält. Man kann sich diesen friedlichen Riesen kaum nähern. Sie ernähren sich von Wirbellosen: Schwämmen, Korallen, Weichtieren und Krebstieren. Keinesfalls darf man den Fisch soweit ärgern, daß er sich aufbläst (s. *A. hispidus*).

Diodon hystrix

Gewöhnlicher Igelfisch (D), Diodon, poisson-porc-épic, poisson armé (F), Common porcupinefish (GB), Gestippelde egelvis (NL), Kipodag darbani (HE), Meshoua῾aa, Shàk῾aa (AR), Kashi koli (MAL)

Familie Diodontidae. 90 cm. Zirkumtropische Verbreitung, zwischen 5 und 65 m Tiefe. Bewohnt Korallenriffe und felsige Gebiete und ernährt sich von verschiedenen Wirbellosen. Bläst sich bei Bedrohung mit Wasser auf. Die Hautstacheln richten sich dabei auf. Zu viele Taucher amüsieren sich damit, diese Reaktion hervorzurufen. Doch das führt zu Streß, der gelegentlich tödlich enden kann, und bedeutet auf jeden Fall eine große Anstrengung für das Tier!

Diodon holacanthus (holocanthus)

Langstachel-Igelfisch (D), Poisson-porc-épic à taches (F), Freckled porcupine-fish (GB), Bruine egelvis (NL), Kipodag dou-shiniyim (HE), Meshoua'aa, Shàk'aa (AR), Kashi koli (MAL)

Familie Diodontidae. 30–50 cm. Zirkumtropische Verbreitung, zwischen 1 und 100 m Tiefe. Unterscheidet sich von *Diodon hystrix* durch den dunklen Streifen, der durch das Auge zieht. In verschiedenen Lebensräumen anzutreffen: Riffen, sandigen Gebieten, Seegraswiesen. Ernährt sich von Wirbellosen mit harter Schale: Weichtieren und Krebstieren. Im tropischen Indopazifik lebt eine ähnliche Art, *Diodon liturosus*, de-

Die Punkte von Diodon holacanthus sind weniger zahlreich und weiter voneinander entfernt als die von D. hystrix. Die großen dunklen Flecken sind arttypisch.

ren dunkle Flecken von einem weißen Rand umgeben sind.

Meeresbewohnende Reptilien und Säuger

Eretmochelys imbricata

Echte Karettschildkröte (D), Caret, tortue im-briquée, tortue à écailles (F), Hawksbill turtle (GB), Echte Karetschildpad (NL), Tzav-yam karni (HE), Soulhafatt Minqar Al-Saqr (AR)

Familie Cheloniidae. 90 cm, 120 kg. Zirkumtropische Verbreitung. Eine typische Art der Korallenriffe, wo sie sich von Schwämmen, Stachelhäutern, Weichtieren, Krebstieren und Quallen ernährt. Diese Art ist wie alle Meeresschildkröten geschützt, wird aber in gewissen Ländern wegen der Schönheit ihrer dunkelbraun und gelb geflammten Rückenschilder gejagt. Man stellt aus diesem Schildpatt kunsthandwerkliche Gegenstände her. Kaufen Sie nichts!

Schätzungen zufolge leben nur noch 6000 Individuen auf der ganzen Welt. Vielleicht begegnen Sie einem Tier, weil die Art am häufigsten in Korallenriffen auftritt. Die übrigen Meeresschildkröten führen eine eher pelagische Lebensweise. Die verschiedenen Arten unterscheiden sich folgendermaßen: *Eretmochelys imbricata:* Rückenschilder geflammt, dachziegelartig übereinanderliegend, vier Paar Randschilder, diese paarig angelegt, zentrale Schilder unpaarig. Die Unechte Karettschildkröte *(Caretta caretta)* kann 210 cm lang und 400 kg schwer werden; Bauch gelb, Rücken braun, oft mit Seepocken; ihre Schilder berühren sich, liegen aber nicht

Eine Echte Karettschildkröte bei den Malediven. Man erkennt die gelbe und dunkelbraune Zeichnung der dachziegelartig übereinanderliegenden Schilder.

dachziegelartig übereinander, fünf Paar Randschilder. Von dieser Art existieren noch 48 000 Individuen. Bastardschildkröte *(Lepidochelys olivacea)*: 70 cm lang, 45 kg schwer, einfarbig grün, Schilder nicht übereinanderliegend, sechs bis neun Paar Randschilder. Heutiger Bestand 720 000 Tiere. Lederschildkröte *(Dermochelys coriacea)*: bis 230 cm lang, 900 kg schwer, ohne Schilder, Rücken mit einem ledrigen Carapax mit acht Längskielen.

Weltbestand: 44 000 Tiere. Suppenschildkröte siehe unten.

Chelonia mydas

Suppenschildkröte (D), Tortue verte, tortue franche (F), Green turtle (GB), Soepschildpad (NL), Tzav-yam khoum (HE), Al-Soulhoufah Al-Khadra'a (AR)

Familie Cheloniidae.
180 cm, 150 kg. Zirkumtropische Verbreitung. Eine Art der tropischen und gemäßigten Meere. Ernährung vegetarisch, denn die Art frißt nur Seegras. Im Alter von 10 bis 40 Jahren ist das Weibchen geschlechtsreif und legt drei- bis fünfmal pro Jahr ungefähr hundert Eier. Es gibt auf der ganzen Welt noch 180 000 Suppenschildkröten. Eier und Fleisch wohlschmeckend, und das ist auch der Hauptgrund für die Bedrohung der Art. Rückenpanzer braun oder dunkeloliv, marmoriert mit vier Paar Randschildern. Kopf viel massiver als bei der Echten Karettschildkröte.

Diese Suppenschildkröte kam nachts an den Strand, grub ein Loch in den Sand und legte dort 100 bis 200 Eier ab. Dann kehrte sie wieder ins Meer zurück.

(Foto: John Neuschwander)

Laticauda colubrina

Gelblippen-Seeschlange (D), Cobra de mer (F), Yellow-lip sea krait (GB), Geellip zeecobra (NL), Thou-aban Al-Bahr (AR).

Familie Laticaudidae. 180 cm. Von Sri Lanka bis in den Pazifik verbreitet, zwischen 0 und 30 m Tiefe. Körper weiß, mit dreißig bis fünfzig schwarzen Ringen, Kopf gelblich, Schwanz abgeflacht. Biß giftig und gefährlich, doch ist die Art friedlich und greift den Menschen nicht an. Es gibt noch weitere schwarz geringelte Seeschlangen aus der Familie Hydrophiidae. Blaugebänderte Ruderschlange (*Hydrophis cyanocinctus*): Biß tödlich; *Hydrophis caerulescens*: Biß gefährlich; *Enhydrina schistosa*: im Riff selten, Biß tödlich. Alle drei Arten sind vom Persischen Golf bis in den Pazifik verbreitet.

Eine Gelblippen-Seeschlange auf der Suche nach kleinen Beutetieren.

Tursiops truncatus

Großer Tümmler (D), Grand dauphin, souffleur, dauphin à gros nez (F), Bottlenose dolphin (GB), Tuimelaar (NL), Dolfinann yamsoufi (HE), Dolphiin (AR)

Länge: 3–4 m, Gewicht: 200–600 kg. Ein Zahnwal der Küstengebiete, häufig in allen gemäßigten und warmen Meeren der Erde. Der Tümmler ist der bestbekannte Delphin, denn er wird in vielen Delphinarien oder Ozeanarien gehalten. Er ernährt sich von benthischen wie pelagischen Fischen und Wirbellosen. Der Große Tümmler wird 25–30 Jahre alt.

(Foto: Gérard Soury)

Solche Begegnungen sind selten, können aber durchaus vorkommen! Ich wünsche sie Ihnen...

Tauchen und Unterwasserfotografie
Im Zustand der Schwerelosigkeit

Dieses Buch will weder ein praktisches Handbuch für den Taucher noch für den Unterwasserfotografen sein. Über diese Themen gibt es bereits hervorragende Bücher. Das Tauchen erlernt man übrigens am besten in speziellen Klubs mit einem Lehrer, und ein Buch könnte da nur Zusatzinformationen liefern. Bei der Unterwasserfotografie ist es ganz anders. Es gibt inzwischen zwar Kurse, aber im allgemeinen lernt man am meisten durch eigene Erfahrung. Die Ergebnisse erscheinen dem Anfänger oft enttäuschend, und sehr viele verkaufen nach einer ersten mißlungenen Saison ihre Ausrüstung wieder. Das ist schade! Denn die „Unterwassersafari" ist eine der schönsten Beschäftigungen des Tauchers. Er muß gut tauchen, fotografieren und beobachten können und über tiefgreifende Kenntnisse der Unterwasserwelt verfügen. Und dazu ist noch ein künstlerisches Auge gefordert. Dies alles erlernt man nur nach langer Übung. Ich erlaube mir deswegen, dem Leser einige Ratschläge zu erteilen.

Das Tauchen

Die Tauchtechniken sollte man soweit beherrschen, daß sie einem in Fleisch und Blut übergegangen sind. Dann kann man sie auch vergessen!

Bleigürtel. Hat man Ihnen beigebracht, daß man im Wasser schwerelos sein sollte? Falsch! Legen Sie ein zusätzliches Bleigewicht von 1 bis 2 kg in Ihren Gürtel. Die meisten Beobachtungen der Unterwasserwelt macht man auf dem Boden. Man kniet sich hin oder legt sich flach auf den Bauch. Mit etwas mehr Ballast ist das viel bequemer. Natürlich muß man darauf achten, daß keine Korallen und andere zerbrechliche Lebewesen beschädigt werden. Für Beobachtungen und die Fortbewegung im freien Wasser bläst man die Tarierweste etwas auf und erreicht dadurch einen Auftriebsausgleich.

Schwimmen mit Flossen. Hat man Sie während des Unterrichts Kilometer um Kilometer schwimmen lassen? Unnütz! (Allerdings nicht ganz: Wenn Sie einmal von der Strömung abgetrieben werden und das Schiff wieder schwimmend erreichen müssen, danken Sie Ihrem Tauchlehrer, der Sie gequält hat). Man legt sich auf den Boden (siehe Bleigewichte). Vor allem versucht man nicht, sich durch Schwimmbewegungen mit den Flossen an Ort und Stelle über dem Boden zu halten: Das macht allen Fischen Angst. Überdies werden Schlamm- und Sandwolken aufgewirbelt, so daß sich die Sichtverhältnisse und die Möglichkeiten zu fotografischen Aufnahmen verschlechtern. Legen Sie sich flach auf den Bauch oder knien Sie sich hin, ohne die Flossen einzusetzen! Bleiben Sie unbeweglich und verschmelzen Sie dabei mit dem Hintergrund. Dann lassen sich auch die Fische blicken. Wenn man weniger atmet, treten auch weniger Luftblasen auf, die die Fische erschrecken. Man kann dadurch auch länger auf dem Meeresboden bleiben. Die eigene Unbeweglichkeit ermöglicht es auch, immer mehr kleine Tiere der Umgebung zu entdecken. Wenn man eine Stunde auf einer Strecke von 20 m verbringt, sieht man sehr viel mehr, als wenn man eineinhalb Kilometer schwimmt! Auf sedimentreichem Boden bewegt man sich gegen oder rechtwinklig zur Strömung. So stört der aufgewirbelte Schlamm nicht. Wenn man zu zweit oder in größeren Gruppen taucht, muß man quer zur Strömung die Reihe so versetzen, daß keiner vom aufgewirbelten Sediment des anderen gestört wird.

Tiefe. Die artenreichsten Gebiete liegen zwischen der Oberfläche und etwa 20 m Tiefe. Es macht keinen Sinn, Rekordtiefen erreichen zu wollen. Jenseits von 20 m Tiefe sieht man weniger, und dem Taucher steht auch deutlich weniger Zeit zur Verfügung.

Schnorcheln. Beim Schnorcheln sieht man auch Tiere, die dem Taucher entgehen. Scheue Fische flüchten zum Beispiel vor dem Geräusch der Atemluft. Ungefähr 10 % aller Unterwasser-fotografien in diesem Buch wurden beim Schnorcheln gemacht... Doch Achtung! Auch das Schnorcheln ist nicht ohne Gefahren. Lassen Sie sich von Ihrem Tauchlehrer sagen, was man tun und lassen sollte.

Die Unterwasserfotografie

Überlegen Sie es sich genau, bevor Sie sich in dieses Abenteuer stürzen. Der Weg ist mit Frustration gepflastert, und das Hobby ist teuer! Doch welch eine Befriedigung, wenn man die ersten gelungenen Fotografien in Händen hält...

Kamera. Der Anfänger beginnt mit einer Nikonos oder einer Sea & Sea Motormarine. Diese Kameras sind einfach zu handhaben, bieten viele Möglichkeiten und sind auch bei vielen Berufsfotografen beliebt. Ungefähr 20 % der Fotos in diesem Buch wurden mit einer Nikonos aufgenommen. Wenn Sie sich eine gebrauchte Nikonos III beschaffen können, wäre das ideal. Sie ist das zuverlässigste Modell der ganzen Reihe. Die Nikonos V (neu oder gebraucht) ist noch ausgeklügelter, gleichzeitig aber auch anfälliger. Meiden Sie die Modelle II und IV. Man beginnt mit einem Standardobjektiv (35 mm) und begibt sich dann auf das Gebiet der Makrofotografie mit Hilfe von Zwischenringen. Man beginne mit einem Auszug von 1 : 3 und 1 : 2. Die Scharfeinstellung macht keine Probleme. Mit der richtigen Belichtung kann man vom ersten Ferientag an technisch – aber nicht immer ästhetisch – gelungene Fotos machen. Später nehmen Sie einen Auszug 1 : 1.

Blitzlicht. Blitzlicht ist unerläßlich wegen der Farbwirkung. Für Blendenöffnungen f = 16 oder f = 22 braucht man auch viel Licht, denn nur mit diesen Blendenwerten erhält man in der Nahfotografie die benötigte Schärfentiefe. Wählen Sie auch nicht ein zu starkes Blitzlicht! Kleine Blitzgeräte, etwa Yellow Sub 50 von Sea & Sea oder Ikelite MV, reichen vollkommen aus.

Film. Machen Sie vorwiegend Diapositive mit 50 oder 100 ASA. Die Wahl des Filmes ist eine Geschmacksfrage. Man kann zwischen Kodachrome, Ektachrome, Fujichrome oder Agfachrome wählen. Die anderen Marken sind billiger, aber eben auch weniger gut.

Vorbereitung. Die Vorbereitung geschieht im Schwimmbad. Nehmen Sie dort einen Film auf, um mit der Kamera vertraut zu werden. Machen Sie identische Bilder mit unterschiedlichen Blendenöffnungen. Nehmen Sie dazu einen Ausschnitt aus dem Tauchanzug (1 : 2) bei f = 11, f = 16 und f = 22 auf. Schreiben Sie die nötigen Daten auf eine Schiefertafel. Nach der Entwicklung wissen Sie, welche Werte Sie einstellen müssen.

Wie man gelungene Fotos schießt. Vor allem mit Geduld... Machen Sie nicht Tausende von Bildern. Nehmen Sie sich Zeit, zu beobachten, die Neigung Ihres Apparates und auch Ihren Standort zu verändern. Stellen Sie sich das Ergebnis vor. Die Komposition ist sehr wichtig. Ein Aufbau in der Diago-nalen wirkt oft Wunder. Aufgewirbelter Schlamm ruiniert die Fotos, besonders wenn man mit Blitzlicht arbeitet (s. Bleigürtel und Schwimmen mit Flossen).

Pflege der Kamera. Ein ganz wichtiger Punkt. Auf dem Schiff schützt man die Kamera vor Stößen und vor der Sonne. Am besten wickelt man sie in ein feuchtes Frottierhandtuch ein. Nach dem Tauchgang sollte man die Kamera in Süßwasser legen (ungefähr 10 Minuten lang, nicht mit scharfem Strahl abspritzen). In regelmäßigen Abständen reinigt man die beweglichen Teile und entfernt Sandkörner und Salzkristalle. Die Schmierung erfolgt mit einer dünnen Schicht Silikonöl. Alle zwei Jahre sollte man die Kamera dem Händler zur Wartung geben.

Und dann? In der darauffolgenden Etappe, die viel schwieriger wird, macht man sich daran, Taucher, Unterwasserlandschaften und Wracks aufzunehmen. Dazu braucht man ein Weitwinkelobjektiv. Nikon und Sea & Sea bieten eine ganze Produktpalette von 28 bis 15 mm an. Die Produkte von Sea & Sea sind hervorragend und nicht so teuer. Die Objektive von Nikon ergeben kontrastreichere Bilder, wenn bloß der Preis nicht wäre... Das 15-mm-Objektiv von Nikon ist ein wahres optisches Juwel, daß sein Gewicht in Gold wert ist, und das ist wörtlich zu nehmen. Man verwendet diese Objektive mit einem Sucher, der separat verkauft wird. Zunächst macht man Fotos bei Umgebungslicht. Dann wird schnell ein Unterwasser-Belichtungsmesser notwendig... Ich habe Sie gewarnt, ein aufwendiges Hobby!

Unterwassergehäuse. Sie stellen das Nonplusultra dar. Das Gehäuse enthält eine Spiegelreflexkamera, die einen Objektivwechsel ermöglicht (vor jedem Tauchgang!). Vor allem sieht man aber genau, was man fotografiert. Scharfeinstellung und Bildausschnitt sind perfekt! Ich rate nur jenen zu dieser Lösung, die eine solche Ausrüstung schon seit längerer Zeit auf dem Festland verwenden. Eine Kamera und ein Gehäuse und ein Blitzlichtgerät summieren sich zu einer schweren, umfangreichen Ausrüstung. Da braucht man eine besondere Hingabe... Die professionellste Ausrüstung liegt im Mittelformatbereich (4,5 x 6 cm oder 6 x 6 cm), doch diese liegt definitiv nicht mehr in der Reichweite aller Liebhaber. Im Jahr 1992 brachte Nikon die Nikonos RS-AF auf den Markt, die erste Kamera mit dem Bildformat 24 x 36 mm, die dem Unterwasserfotografen alles bietet, was er braucht: Spiegelreflexsucher, Autofocus, Blitz TTL, Zoom und so weiter. 1997 wurde die Herstellung dieser Kamera leider eingestellt. Der Preis richtet sich nach der Leistung.

Gefahren der tropischen Meere

Wir sind Festlandsbewohner! Wenn wir uns ins Meer wagen, befinden wir uns nicht mehr in der vertrauten Umwelt. Dessen muß man sich bewußt sein. Gefahren muß man kennen, bevor man sie meiden kann. Und wenn etwas geschieht, muß man das Richtige tun. Im folgenden einige Ratschläge.

Brandung. Wellengang kann auf dem Tauchschiff zur Seekrankheit führen. Gefahr besteht nur an der Küste, wo der Wellengang zur Brandung wird. Wenn man von der Küste aus taucht, muß man die Einstiegs- und Ausstiegsstelle klug wählen. Das bedeutet auch, daß man einmal auf einen Tauchgang verzichtet, wenn die Bedingungen nicht entsprechend sind.

Strömung. Auch in diesem Fall muß man erst beobachten, bevor man ins Wasser geht! Ist die Strömung zu stark, um wieder zum Schiff oder zur Ausstiegsstelle an der Küste zurückzukehren, so tauchen Sie erneut ab und bleiben in Bodennähe oder schwimmen senkrecht zur Strömung, um aus ihr herauszukommen. Wenn dies nicht gelingt und Sie abgetrieben werden, so bewahren Sie Ruhe! Behalten Sie Ihre Ausrüstung, atmen Sie mit dem Schnorchel, ziehen Sie die Beine an und legen die Arme darum. In dieser Kugelform verliert man möglichst wenig Wärme. Verzweifeln Sie niemals!

Ich kenne zwei Taucher, die mehrere Tage und Nächte abgetrieben wurden und die dennoch überlebt haben! Mit einer Oberflächenboje kann man auf sich aufmerksam machen. Es empfiehlt sich, eine in der Tarierweste mitzuführen. Sie kostet nicht viel und hat schon manchem genützt... Es gibt auch Alarmpfeifen, die mit Druckluft funktionieren. Sie sind mindestens 1 km weit zu hören und haben schon mehr als ein Taucherleben gerettet.

Tiere. Im Prinzip werden Taucher nicht angegriffen. Es liegt an den Tauchern selbst, keine Tiere zu provozieren und vor allem potentiell gefährliche Individuen nicht zu berühren. Durch Unwissenheit oder durch ein Versehen kann dies trotzdem vorkommen. Wir wollen hier die wichtigsten Gruppen behandeln.

Nesseltiere. Einige Hydrozoen, alle Feuerkorallen, manche Seeanemonen und Quallen verursachen Verbrennungen. Man beginnt mit der Behandlung noch direkt im Wasser: Man reibt die Haut mit Sand ab, um die letzten festgeklebten Nesselzellen zu entfernen. Erste Hilfe: Einnehmen von Schmerzmitteln (Aspirin, Paracetamol); Behandlung der betroffenen Hautstellen mit Olivenöl, Zitronensaft oder einer Lösung von Natriumbikarbonat (Alka Seltzer). Verliert das Opfer das Bewußtsein, so kann eine künstliche Beatmung notwendig werden. Bei schweren Symptomen muß ein Arzt gerufen werden, der im Bedarfsfall auch starke Schmerzmittel verschreibt, ferner Antihistaminika und Medikamente, die die Funktion des Herzens unterstützen.

Weichtiere. Am gefährlichsten sind die Kegelschnecken mit ihrem tödlichen Stich und der hellblau geringelte Krake mit seinem Biß. Beide Formen bewirken Lähmungen, Atem- und Herzprobleme. Ein direktes Gegenmittel gibt es nicht. Man muß so schnell wie möglich zum Schiff oder zur Küste zurückkehren, bevor Lähmungserscheinungen oder Bewußtlosigkeit eintreten. Das Gift aussaugen und/oder durch Hitzebehandlung zerstören (siehe weiter unten). Künstliche Beatmung, gegebenenfalls mit Sauerstoff und Herzmassage, können notwendig werden. Man muß sofort einen Arzt rufen, der Schmerzmittel, Antihistaminika, Medikamente zur Unterstützung der Herztätigkeit und zur Stimulierung des zentralen Nervensystems verschreibt.

Seeigel und Seesterne. Die Stacheln der Seeigel dringen in die Haut ein und brechen dort ab. Es gibt mehrere Verfahren, um sie zu entfernen. Ich verwende eine Nadel, die ich unter den Stachel in die Haut stoße, um ihn dann herauszuheben. Danach muß desinfiziert werden! Man kann auch nichts unternehmen, denn die Fragmente werden vom Körper aufgenommen oder mit der Zeit abgestoßen. Die Stacheln der

Diademseeigel und der Dornenkrone sind von einer Schleimhaut bedeckt, die starke Schmerzen verursacht. Schmerzmittel können eine Hilfe sein. Einige Seeigel sind sehr giftig. Der Stich von *Asthenosoma* und der Biß durch Pedizellarien von *Toxopneustes* können starke Beschwerden verursachen und sogar zum Tode führen. Behandlung: Das Gift aussaugen, Hitzebehandlung, Schmerzmittel und so weiter (siehe Weichtiere).

Stiche durch Fische und Bisse von Seeschlangen. Hier ist es auf jeden Fall besser vorzubeugen als zu heilen! Schauen Sie genau hin, wo Sie sich mit den Händen aufstützen. Viele hervorragend getarnte Fische haben Giftstacheln: Rochen, Skorpionsfische, Steinfische... Die Rotfeuerfische und Welse sind deutlich zu sehen. Seeschlangen haben ein außerordentlich starkes Gift, verhalten sich aber nicht aggressiv. Sollten Sie von einem Fisch gestochen oder von einer Schlange gebissen werden, so ist es am besten, das Gift auszusaugen und/oder mit Hitze zu behandeln, so daß eine Denaturierung der Toxine erfolgt. Dann bleibt nur eine symptomatische Behandlung übrig (siehe Weichtiere).

Bisse von Fischen. Die Zähne des Meeres... Die meisten Bisse stammen von Muränen. Man hüte sich auch vor den Drückerfischen, die ihr Territorium und ihr Eigelege bewachen. Bisse von Barrakudas und Haien treten nur sehr selten auf. Am ehesten sind sie bei schlechten Sichtverhältnissen möglich, wenn der Mensch diesen Raubfischen als mögliche Beute erscheint. Die Badenden und die Unterwasserjäger riskieren sehr viel mehr als der friedliche Taucher. Natürlich stellt das künstliche Füttern, wie es an manchen Stellen kommerziell betrieben wird, eine große Aufregung für die Haie dar. Bleiben Sie im Fall einer Bedrohung ruhig! Schützen Sie Ihren Rücken, indem Sie ihn dem Riff zuwenden oder indem Sie mit einem Partner eine Zweiergruppe bilden. Ein entschiedener Schlag auf die Schnauze, die Augen oder die Kiemen kann einen Angreifer in die Flucht schlagen. Bei einem Biß darf man die Desinfektion nicht vergessen. Je nach Schwere des Bisses: Schmerzmittel, Klammern und Nähen, Krankenhaus... oder Sarg!

Die Apotheke des Tauchers

Reagieren heißt vorausschauen...
Mitzuführen sind:

1. Aspirin. Es ist das beste allgemeine Schmerzmittel und hilft besser als viele lokale Behandlungen. Ein harmloses lokales Behandlungsverfahren bei Verbrennungen durch Nesseltiere: erst Zitronensaft oder Essig, gefolgt von Olivenöl.
2. Alkohol oder ein anderes Mittel, z. B. Swin Ear, zur Desinfektion von Wunden.
3. Gaze und Heftpflaster bei Schrammen und Abschürfungen.
4. Pinzette und Nadeln zur Elimination von Stacheln.
5. Ein Apparat zum Absaugen von Giftstoffen. Gebrauchsanweisung lesen.
6. Antihistaminika. Fragen Sie dazu Ihren Arzt und lesen Sie genau die Gebrauchsanweisung.
7. Zigaretten und Feuerzeug. Eine brennende Zigarette, die man in einem Abstand von weniger als 1 cm von der verwundeten Stelle hält, führt zur Denaturierung der Toxine und wird vom Opfer besser vertragen als die heißen Kompressen, die man früher anwendete. Je schneller die Behandlung nach dem Unfall durchgeführt wird, um so wirksamer ist sie.

Bibliografie

Es ist hier nicht möglich, die über hundert Titel (Bücher und Artikel in wissenschaftlichen Zeitschriften) aufzuführen, die ich bei der Ausarbeitung dieses Führers benutzt habe. Hier werden nur einige Werke zitiert, mit deren Hilfe sich der Leser in die Materie weiter vertiefen kann.

Allen, Gerald R. & Steene, Roger:
Indo-Pacific Coral Reef Field Guide, Tropical Reef Research, Singapur, 1994

Baumeister, Werner:
Farbatlas, Meeresfauna – Niedere Tiere. Rotes Meer – Indischer Ozean (Malediven), Eugen Ulmer Verlag, Stuttgart, 1993

Carcasson, R. H.:
A Field Guide to the Coral Reef Fishes of the Indian and West Pacific Oceans, Collins, London, 1977

Colon, Patrick L. & Arneson, Charles:
Tropical Pacific Invertebrates, Coral Reef Press, Beverly Hills, 1995

Debelius, Helmut:
Fischführer Indischer Ozean, Aquaprint, Neu Isenburg, 1993

Debelius, Helmut:
Unterwasserführer Rotes Meer, Fische, Delius Klasing/Edition Naglschmid, Bielefeld/Stuttgart, 1995

De Couet, Heinz Gert; Moosleitner, Horst & Naglschmid, Friedrich:
Gefährliche Meerestiere, Jahr Verlag, Hamburg, 1981

Eichler, Dieter & Lieske, Ewald:
Korallenfische Indischer Ozean, Jahr Verlag, Hamburg, 1994

Fautin, Daphne G. & Allen, Gerald R.:
Field Guide to Anemonefishes and their Host Sea Anemones, Western Australian Museum, Perth, 1992

Göthel, Helmut:
Unterwasserführer Malediven – Niedere Tiere, Delius Klasing/Edition Naglschmid, Bielefeld/Stuttgart, 1995

Guille, Alain; Laboute, Pierre & Menou, Jean-Louis:
Guide des étoiles de mer, oursins et autres échinodermes du lagon de Nouvelle-Calédonie, coll. „Faune tropicale", No. XXV, Éditions de l'ORSTOM, Paris, 1986

Kuiter, Rudie H. & Debelius, Helmut:
Fischführer Südostasien, Ikan, Frankfurt, 1994

Lieske, Ewald & Myers, Robert F.:
Guide des poissons des récifs coralliens, Région caraibe, océan Indien, océan Pacifique, mer Rouge, Delachaux et Niestlé, Lausanne, 1995

Monniot, Claude; Monniot, Françoise & Laboute Pierre:
Coral Reef Ascidians of New Caledonis, coll. „Faune tropicale", No. XXX, Éditions de l'ORSTOM, Paris, 1991

Randall, John E., Allen, Gerald R. & Steene, Roger C.:
Fishes of the Great Barrier Reef and Coral Sea, University of Hawaii Press, Honolulu, 1990

Schmid, P. & Paschke, D.:
Unterwasserführer Rotes Meer – Niedere Tiere, Delius Klasing/Edition Naglschmid, Bielefeld/Stuttgart, 1995

Veron, J. E. N.:
Corals of Australia and the Indo-Pacific, Angus & Robertson, London, 1986

Vine, Peter:
Red Sea Invertebrates, Immel Publishing, London, 1986

Namensverzeichnis

Danksagung

Keiner kann alles fotografieren. Freunde haben die Lücken gefüllt. Es sind dies: Helmut DEBELIUS (Frankfurt), Jean-Luc JOLY (Nouméa, Neukaledonien), Wiebe KOOISTRA (Bremerhaven), Stefan KRAAN (Groningen, Niederlande), Jean-Philippe MATTEI (Paris), John Neuschwander (Eindhoven, Niederlande), Peter RINGSEIS (Wien), Gérard SOURY (Taverny, Frankreich), Jan VAN DER KUUR (Delft, Niederlande), Peter VERHOOG (Monster, Niederlande), Eddy WESTINGA (Manado, Indonesien) und Peter WIRTZ (Funchal, Madeira). Die betreffenden Fotos sind jeweils mit den entsprechenden Namen gekennzeichnet.

Viele Spezialisten haben mir bei der Bestimmung von Lebewesen geholfen. Es handelt sich um: M. Mebrahtu ATEWEBERHAN, Dr. Eric COPPEJANS, Dr. Wiebe KOOISTRA und Dr. Willem PRUD'HOMME VAN REINE (Algen), Dr. Gérard BRETON (Protozoen), Dr. Rob VAN SOEST (Schwämme), Frau Marie-José D'HONDT, Dr. Manfred GRASSHOFF und Frau Dr. Leen VAN OFWEGEN (Octocorallia), Dr. Coos DEN HARTOG und Frau Dr. Daphne FAUTIN (Anemonen), Frau Dr. Maya BEST und Dr. Bert HOEKSEMA (Scleractinia), Prof. Dr. W. VERVOORT (Hydrozoen), Frau Dr. Leslie NEWMAN, Dr. Ronald SLUYS und Dr. Leigh WINSOR (Plattwürmer), Frau Dr. Phyllis KNIGHT-JONES und Dr. Harry TEN HOVE (Ringelwürmer), Dr. Jean-Loup D'HONDT (Moostierchen), Dr. Philippe BOUCHET, Rob MOOLENBEEK und Pet VAN PEL (Weichtiere), Frau Dr. Nadja AMEZIANE (Schlangensterne und Haarsterne), Prof. Dr. Michel JANGOUX (Seesterne), Frau Dr. Chantal DE RIDDER (Seeigel), Dr. Claude MASSIN (Seegurken), Dr. Charles FRANSEN und Dr. L. B. HOLTHUIS (Krebstiere), Prof. Dr. Claude MONNIOT und Frau Dr. Francoise MONNIOT (Seescheiden). Diese Spezialisten haben nicht alle Fotografien bestimmt. Ich trage die Verantwortung für allfällige Fehler und wäre dankbar für Berichtigung. Für ihre weichtierkundlichen Ratschläge danke ich ebenfalls Willem FABER und Jan Paul BUIJS.

Der vorliegende Führer ist das Ergebnis mehrerer Reisen in der Zeit zwischen 1977 und 1995. Auf meinen Fahrten haben mich viele Institutionen, Tauchzentren und Einzelpersonen unterstützt: Voyages Europa, Luxembourg (Vincent RINDONE); Sportreizen Service, Oudenbosch, Niederlande (Renata HOONHOUT); Laboratoire de Biologie Marine Heinz Steinitz, Eilat, Israel (Hudi BENAYAHU); Red Sea Diving Center, Hurghada, Ägypten (Rudi und Somaya KNEIP); Subex Dive Center, Hurghada, Ägypten (Johann und Verena VIFIAN); Red Sea Diving Safari, Quseir, Ägypten (Peter VERHOOG und Georgine WIERSMA); Muscat Holiday Inn, Oman (Cheryl MIT-

CHELL), Sunny Day Watersports, Oman (Jason ERODOTOU), Oman Dive Center, Oman (John DAVIES); Bandos Diving-Base, Maldives (Claude STROBBE); Kreuzfahrtschiff „Nasru Ali", Malediven; Kreuzfahrtschiff „Andaman Explorer", Phuket, Thailand (Jeroen HOEFNAGELS), Baruna Watersports, Candi Dasa, Bali, Indonesien (Wally SIAGIAN); Dive Paradise Tulamben, Bali, Indonesien (Emiko SHIBUYA und Negha PUTUH); Prince John Dive Resort, Tanjung Karang, Sulawesi, Indonesien (Peter und Maureen MERONIAK); Murex Underwater Explorations, Manado, Sulawesi, Indonesien (Hanny und Ineke BATUNA); Marine Laboratory, LIPI, Ambon, Indonesien (Dr. Dwi Listyo RAHAYU); Christensen Research Institute, Madang, Papua-Neuguinea (Matthew JEBB); Walindi Plantation Resort, Kimbe, Papua-Neuguinea (Max BENJAMIN) und Rabaul Dive centre, Rabaul, Papua-Neuguinea (Frank BUTLER und Marie-Hélène GARRONE).

Ich danke besonders meinen Tauchpartnern, weil sie meine Apparate geschleppt, meine langen Tauchfahrten ausgehalten und mich immer wieder auf wundervolle Tiere aufmerksam gemacht haben: Hudi BENAYAHU, Azzedine DADAS, Dieter und Hilde DISCH, Klara DOERT, Bernard DOLONGTE-LEDE, Juliette FAUCHOT, John GAL-LICK, Albert, Chantal, Dave und Melanie GARDINER, Mary GENDLER, Marie-Hélène GARRONE, Stuart Grocutt, Arnaud und Romaine GUÉRIN, Abdul HAYATH, Stephanie HELLE-MAN, Jean-Luc JOLY, Jayne McCRE-TON, Harry KLERKS, Marie-Xavier LASSAUZET, John MENTJENS, Andrew MIDDLETON; John NEU-SCHWANDER, Daniel PELASULA, Norbert und Anni PROBST, Jacques QUILLIEN, Peter RINGSEIS, Ali U. SANGADJI, Frank STUBENITSKY, Nurhalis TARMIN, Yann und Olivier WEINBERG, Eddy WESTINGA, David WHYTE, Francisca ZIJLSTRA. Und meine Entschuldigungen gehen an jene, die ich vielleicht vergessen haben könnte.

Herr Dr. Emmanuel BULZ (Luxemburg) hat mit viel Geduld die hebräischen Namen transkribiert. Die arabischen Transkriptionen gehen auf Rita GHALAYINI, B. Sc., M. Sc. (Amman Baccalaureate School, Jordanien) und Tanguy COSTE-CHAREYRE (Institut National des Langues et Civilisations Orientales, Paris) sowie auf Thabit Zahran Salim AL-ABDESSALAAM (Direktor des Marine Science Center, Oman) zurück. Ich bin ihnen zu großem Dank verpflichtet.

Ferner danke ich dem Redaktionstrio von Nathan Nature: Carole HARDOÜIN, Michèle REBY und Juliette SALADIN.

Noch einmal bitte ich die Leser, mir ihre Beobachtungen sowie Berichtigungen mitzuteilen. Sie mögen an folgende Adresse schreiben:

Steven Weinberg
École Européenne de Luxembourg
23, Boulevard Konrad Adenauer
L-1115 LUXEMBOURG
e-mail: steven.weinberg @ci.educ.lu

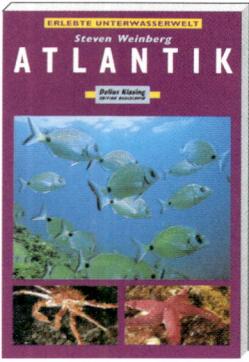